Béla Balázs

Der Film

Werden und Wesen einer neuen Kunst

Globus Verlag Wien

Der 1949 erschienenen ersten Auflage von „Der Film" lag eine vom Autor durchgesehene, von Alexander Sacher-Masoch besorgte Übersetzung des ungarischen Originalmanuskripts zugrunde.

Die vorliegende Auflage wurde durch Abschnitte aus folgenden anderen filmtheoretischen Werken von Béla Balázs erweitert:

„Filmkultura". A Film müvészetfilozofiája. Szikra Kiadó, Budapest 1948.

„Der Geist des Films". Wilhelm Knapp, Halle 1930.

„Der sichtbare Mensch" oder „Die Kultur des Films". Deutsch-Österreichischer Verlag, Wien – Leipzig 1924.

5. Auflage 1976

ISBN 3 85364 017 6,

Gesamtausführung: Globus, Wien XX

Erster Teil

Erstes Kapitel

Eine Filmästhetik

Vor fünfundzwanzig Jahren – 1923 – habe ich die erste Ästhetik und Kunstphilosophie des Films geschrieben. Damals war der Film noch in seinem
Urzustand, eine Jahrmarktnummer: ohne die Hemmungen der Bildungstradi-
tion und des Geschmacks, ein genialer Schund, der täglich Neues wagte.
Obwohl er sich willkürlich auch der verfeinertsten Mittel der alten, vornehmen
Künste bediente, kannte und bekannte er sich selbst nicht als Kunst. Dieser
akademische Grad gebührte ihm nicht, und er übernahm auch nicht dement-
sprechende Ansprüche. Er hatte keine anerkannte Nobilität, die ihn verpflichtet
hätte. Er hatte keine Ästhetik, niemand forschte nach seinen Gesetzen, keine
eigenständige Kultur lenkte sein Publikum (und damit seine Entwicklung).
Die Weltpresse, deren Spalten für Theater-, Literatur-, Kunst- und Musik-
kritik vornehme Rubriken mit jahrhundertealter Tradition waren, kannte
keine ernste Filmkritik. Bezahlte Annoncen lobten die Produkte der neuen
Schaustellerindustrie.
Meine erste Filmtheorie, „Der sichtbare Mensch oder Die Kultur des
Films“, war die heftige Proklamation nicht nur einer neuen Kunst, die kaum
erst ihre eigenen Formen zu entfalten begann, sondern fast des Anhebens
einer neuen Kulturepoche.
„Denn jede Kunst“ – so sagt das Vorwort zum „Sichtbaren Menschen“ –
„bedeutet ein eigenes Verhältnis des Menschen zur Welt, eine eigene Dimension der Seele. Solange der Künstler in diesen Dimensionen bleibt, können
seine Werke nie dagewesen, neu sein, seine Kunst ist es nicht. Wir können
mit Teleskop und Mikroskop tausend neue Dinge entdecken, es wird doch
immer nur das Gebiet des Gesichtssinns sein, das erweitert wurde. Doch
eine neue Kunst wäre wie ein neues Sinnesorgan. Und diese vermehren sich
auch nicht allzu häufig. Und dennoch sage ich euch: Der Film ist eine neue
Kunst und so verschieden von allen anderen, wie Musik von der Malerei
und diese von der Literatur. Sie ist eine von Grund aus neue Offenbarung
des Menschen.“
Mein erstes Buch konnte die Gesetze dieser neuen Kunst noch nicht aus
den gesammelten Erfahrungen, mit der synthetischen Methode gewinnen. Man
mußte vielmehr aus der Analyse der ersten Zeichen auf die Zukunft schließen.

Ich nannte sie eine „Kolumbus-Theorie", die zu Entdeckungen, Abenteuern anfeuert und die, mag sie auch das unerreichte Indien versprechen, uns doch bis nach Amerika führen kann.

Aber der Film ist im Zuge der Entwicklung der letzten Jahrzehnte *von seinem eigenen Weg* abgekommen, auf dem er zur Entdeckung neuer Gebiete des menschlichen Erlebens mit großem Schwung aufgebrochen war. In seiner Haupttendenz wurde er *photographiertes Theater,* wie er an seinem ersten Anbeginn gewesen, nur mit verfeinerten Mitteln. Das Experimentieren einiger sich selbst überlassener Künstler, um jene von uns erträumte Filmkunst, die mit ihr eigenen Mitteln spezifische Erlebnisse zum Ausdruck bringt, zumindest in Details zu erhalten oder neu zu schaffen, ist ungenügend. Deshalb fühle ich die Notwendigkeit, in diesem Buch auch die Rechnungen alter, uneingelöster Versprechen einzureichen. Wenn ich beweisen will, daß der Film sich selbst untreu geworden ist, dann muß ich sagen, wer „er selbst" eigentlich ist. Mit einer theoretischen Analyse bis zum Grund muß ich die Wurzeln seiner Anfänge und das Geheimnis seiner Geburt aufdecken, damit er, sich seiner eigenen Natur und ihrer Gesetze bewußt werdend, den Weg seiner besonderen Entwicklung finden kann. Dieses Buch soll eine Biographie des Films sein: sowohl in biologischem als auch in historischem Sinn. Eine Biographie, die dem weiteren Leben eine Verpflichtung auferlegt.

Mein erstes Buch vom Film – „Der sichtbare Mensch" – war ein Kennenlernen und eine Liebeserklärung. Es enthielt eine Ästhetik des Stummfilms, die das Stummsein als das Wesen dieser Kunst, als ihr Principium stilisationis ansah, welches alle formalen Gesetze des Films bestimmt. Mein Buch konnte eine Kunst prophezeien – nicht aber eine Technik. Man hat den Tonfilm entdeckt. Der Stummfilm war eine eigene, große Kunst, aber er ist gestorben. Mein zweites Buch, „Der Geist des Films", hat die große kritische Wendung des Tonfilms theoretisch eingeleitet und begleitet. Dieses Buch kann das theoretische Tagebuch eines Augenzeugen und Teilnehmers genannt werden. Mein drittes Buch, das zuerst in Moskau erschienen ist – „Iskustwo Kino" – (Gosisdatkino, 1945) – ist eine reguläre kunsthistorisch-theoretische Arbeit. Das will dieses Buch auch sein. Es ist historisch, weil es die neuen Formen einer vor unseren Augen entstandenen und sich entwickelnden neuen Kunst in ihrem herausgebildeten Verlauf analysiert. Aber der Leser darf in ihr keine historische Vollständigkeit suchen. Mittels der analysierten historischen Vorgänge will ich nur in die ästhetischen Gesetze hineinleuchten.

Ich nehme viele Beispiele aus der sowjetischen Kinematographie, und auch sonst befasse ich mich viel mit ihr. Dies erklärt sich daraus, daß ich von 1932 an fünfzehn Jahre in der Sowjetunion gelebt und dort, auch als Professor der

8

Moskauer Filmhochschule, gearbeitet habe und in einen der tiefsten, interessantesten und lehrreichsten Vorgänge der Kulturgeschichte Einblick bekam, nämlich: *wie entsteht aus der Realität einer neuen Gesellschaft eine neue Kunst.*

Umfassendere Bildung tut not

Es gibt eine große Menge von Filmfachschulen. Auch daß die Theorie des Films – *für Fachleute* – interessant und notwendig sein kann, ist unbestritten. In Paris und in London entstehen immer neue wissenschaftliche Gesellschaften und Institute zur Pflege der „*Filmologie*". Daß es sich aber hier *nicht um eine Fachwissenschaft* für Spezialisten, sondern um eine *allgemeine,* den Grad der menschlichen Kultur anzeigende, mit der Würde des Menschen in strenger Wechselwirkung stehende Bildungserscheinung handelt, das ist in das Volksbewußtsein nicht übergegangen. Wenn einer überhaupt nichts von Literatur und von Musik versteht, dann zählt er nicht als gebildeter Mensch. Wenn er Beethoven oder Michelangelo nicht kennt, wird die gute Gesellschaft die Nase rümpfen. Wenn er aber keine Ahnung von der Filmkunst hat und niemals von David Griffith oder von Asta Nielsen gehört hat, kann er immer noch als gebildeter Mensch gelten und auch den allerhöchsten diesbezüglichen Ansprüchen genügen. Von dieser anerkannt wichtigsten Kunst braucht er überhaupt nichts zu wissen. Und doch ist es eine dringende Forderung des gesunden Volksempfindens und der Kulturgeschichte, jenen Geschmack zu entwickeln, der seinerseits wieder die Kunst, die den Massengeschmack erzieht, zu kontrollieren vermag.

Solange nicht alle Lehrbücher der allgemeinen Kunstgeschichte und der Ästhetik das Kapitel über die Filmkunst aufgenommen haben, solange diese Kunstgattung nicht auf den Universitäten und in den Mittelschulen als Pflichtgegenstand gelehrt wird, haben wir eine entscheidende Wendung der Entwicklungsgeschichte des Menschen in unserem Jahrhundert nicht in die Sphäre des Bewußten erhoben.

Schöpferische Bildung

Es handelt sich diesmal nicht nur um das *Verständnis* für eine fertige Kunst, sondern darüber hinaus um das *Schicksal* einer Kunst, *die abhängig ist von unserer Kenntnis ihres Wesens.* Wir sind für ihr Niveau verantwortlich. Denn es ist ein Gesetz der Kulturgeschichte, daß Kunst und Bildung in dialektischer Wechselwirkung stehen. Die Kunst entwickelt den Geschmack des Publikums. Der verfeinerte Geschmack erstrebte und ermöglichte die höhere Kunst, die ihrerseits wieder die Menschen zur Kunstempfänglichkeit erzogen hat.

Für den Film gilt dies in weitaus höherem Maße als für jede andere Kunstgattung. Denn es ist denkbar, daß ein Künstler, der Kultur seiner Zeit vorauseilend, in der Einsamkeit seiner vier Wände ein Buch schreibt, ein Bild malt, ein Lied komponiert, das seine Zeitgenossen nicht begreifen, das jedoch von der Nachwelt, von den gebildeteren Generationen späterer Jahrhunderte, aufgenommen und verstanden wird. Der Künstler mag daran zugrunde gehen, das Werk bleibt erhalten. Im Falle des Films jedoch wird durch Unbildung und Unverständnis nicht der Künstler, sondern vor allem die Kunst im Keim erstickt, da sie von vornherein unmöglich gemacht wird. Der Film ist, als Industrieprodukt, eine viel zu teure und verwickelte kollektive Schöpfung, als daß sie von einem einsamen Genius, der dem Zeitgeschmack Trotz bietet, als Meisterwerk geschaffen werden könnte. Das ist nicht nur bei der auf unmittelbaren Gewinn eingestellten kapitalistischen Produktion so. Auch die sozialisierte Filmproduktion vermag sich nicht auf das Publikum eines künftigen Jahrhunderts einzustellen.

Ein gewisses Mindestmaß von Erfolg – oder Verständnis – ist die unerbittliche materielle Voraussetzung der Entstehung eines Films. Das Paradoxe an dieser Situation ist, daß das verständige Publikum *vor* dem Werk vorhanden sein muß, also ehe das Werk entstanden ist, da dessen Erfolg doch nur durch ein im voraus sichergestelltes Verständnis (mit dem der Produzent rechnen darf) bedingt sein kann. Hier ist nicht mehr von einem das Fertige passiv aufnehmenden Geschmack die Rede, sondern von einem beschwingten, von einem ausstrahlenden, *schöpferischen Geschmack*. Es handelt sich hier also um ein theoretisches Verständnis und um jene Ästhetik, die nicht aus dem vorhandenen Kunstwerk ihre Lehren ableitet, sondern dieses vorausdenkend plant, fordert und erwartet.

Verantwortliches Publikum und vorsichtige Ästheten

Dies ist der Sinn und die Rolle der in fast allen zivilisierten Ländern ins Leben gerufenen Gesellschaften „der Filmfreunde". Es gibt auch „Musikfreunde" und andere Gesellschaften von „-Freunden", die sich zum gemeinsamen Genuß von weniger volkstümlichen, aber wertvollen Kunstschöpfungen zusammengetan haben. Sie unterstützen die gute Kunst, die dies gewiß nötig hat – aber nur eine *vorhandene* Kunst. Die „Filmfreunde" hingegen bieten sich als theoretisch vorgebildetes, als *von vornherein sicheres Publikum* dem Produzenten an, um ihn so zu Neuem, Wertvollem zu ermuntern.

Die Kolumbus-Theorie

Eine Theorie, welche die Zielrichtung der immanenten Gesetze der Entwicklung aufzeigt, wird nicht nur eine Eule der Minerva sein, die – laut Schlegel – ihren Flug erst abends beginnt; sie wird nicht nur eine *Nachtheorie* zur Zusammenfassung bereits gewonnener Lehren sein, in den Abend einer Kunstentwicklung hineingesprochen, sondern eine zukunftsweisende, richtunggebende Theorie, welche neuen Kolumbussen die Pläne unbekannter Meere skizziert. Das wird eine zündende, die Phantasie erregende Theorie für jene sein, die nach neuen Kontinenten des Kunstschaffens aus sind. Eine würdige Aufgabe für Ästheten.

Wir dürfen uns jedoch nicht damit zufriedengeben, daß jener durch andere Künste entwickelte „allgemeine" Geschmack zur Genüge wegweisend auch für die Entwicklung einer völlig neuen Kunst sein könnte. Dieses Buch wird unter anderem eben auch dafür den Beweis erbringen, daß die durch die alten Künste entwickelte Kunstkultur mit ihren verknöcherten gestrigen Vorstellungen die Entwicklung der Filmkunst in Europa am meisten gehindert hat. Andere Künste haben mit ihren auf die neue Erscheinung nicht anwendbaren Theorien die neuen Theorien unterdrückt. Und doch kann man das Flugzeug nicht ohne weiteres ein schlechtes Automobil nennen, weil es auf der Landstraße nicht fahren kann. Die großen alten Künste, die sich durch die Übung jahrtausendealter Regeln selbst beweisen, haben einen theoretischen Wahrheitsbeweis weit weniger nötig als jene ersten, kaum spürbaren zarten Umrisse, in denen kommende Riesen sich andeuten.

Das ärgste Versäumnis der Wissenschaft

Wenn es also so ist, daß die Filmkunst noch nicht voll entwickelt ist, bietet sich dann der Ästhetik nicht eine unvergleichliche Gelegenheit, die Entwicklungsgesetze einer vor unseren Augen erst Gestalt annehmenden Kunst zu studieren? Schon in meinem Buch „Der sichtbare Mensch" (erschienen 1924) habe ich dazu aufgerufen, damals und seither immer vergebens.

Die Ästheten, Kunsthistoriker und Psychologen hätten Gelegenheit gehabt, eine neue Kunst, die vor ihren Augen geboren wurde, zu beobachten. Denn der Film ist bekanntlich die einzige Kunst, deren Geburtstag wir kennen. Die Anfänge aller anderen Künste verlieren sich im Nebel vorgeschichtlicher Zeit. Jene symbolischen Mythen, die von ihrer Entstehung berichten, erhellen das Geheimnis nicht, *weshalb* und *wie* sie geworden sind und *warum* gerade *so* und nicht anders – diese Künste, die wichtigsten Formen menschlicher Offenbarung. Keinerlei Ausgrabungen und Altertumsforschung können uns über die Rolle erschöpfend Aufschluß geben, welche die Kunst in ihren Anfängen innerhalb der vorgeschichtlichen Gesellschaft gespielt hat. Wir kennen jene gesellschaftlichen und wirtschaftlichen Umstände nur unzureichend, innerhalb deren jene Künste entstanden sind, und wir wissen nicht genug vom Zustand des menschlichen Bewußtseins, aus dem heraus sie geboren wurden. Die Historiker arbeiten im wesentlichen mit Hypothesen und gewagten Spekulationen.

Aber vor 50 Jahren, ja eigentlich vor 30 Jahren, wurde eine völlig neue Kunst geboren. Haben die Akademien Forschungsstationen errichtet? Haben sie von Stunde zu Stunde ihre Tagebücher darüber geführt, wie sich das Neugeborene entwickelt und in seinen Regungen die Gesetze seines Lebens verrät?

Die gelehrten Akademiker haben dies verabsäumt. Obwohl seit Jahrhunderten zum erstenmal mit freiem Auge *eines der seltensten Ereignisse der Kulturgeschichte zu beobachten gewesen wäre:* die Entstehung neuer künstlerischer Ausdrucksformen, nämlich der Ausdrucksformen der einzigen Kunst, die in unserem Zeitalter, in unserer Gesellschaftsordnung geboren wurde, deren materielle und geistige Vorbedingungen wir daher alle kennen. Es wäre für die Wissenschaft lohnend gewesen, sich diese herrliche Gelegenheit zunutze zu machen, schon darum, weil sie durch das unmittelbare Kennenlernen der Entwicklungs- und Lebensgeschichte der neuen Kunstformen auch den Schlüssel zu vielen Geheimnissen der alten Künste erlangt hätte.

Zweites Kapitel

Urgeschichte

Kinematograph und Großindustrie

Ich nenne es Urgeschichte, denn es handelt sich um die Zeit, in der die Sehenswürdigkeiten des Kinematographen noch nicht Filmkunst waren.

Im März 1895 wurde in Frankreich der Aufnahmeapparat der Gebrüder Lumière fertiggestellt. Dennoch wurden die neuen Ausdrucksmittel des Films erst 10 bis 12 Jahre später in Amerika geboren. Ein Jahrzehnt lang existierte also bereits die Technik des Films, sie lag in den Händen der mit dem Großkapital zusammenarbeitenden Filmindustrie, und doch hat die französische Kinematographie damals nicht eine einzige neue Ausdrucksform dieser Kunst entwickelt. Die Filmkunst entwuchs der Aufnahmekamera der Franzosen *nicht* automatisch. Sie entstand auch nicht als mechanische Folge der allgemeinen Gesetze des Sehens. Andere Kräfte haben die neue Kunst erzeugt, und es ist kein Zufall, daß sie von den Vereinigten Staaten aus in Wirkung traten.

Die *Technik* der Kinematographie nahm zu Beginn des 20. Jahrhunderts Gestalt an. Nicht zufällig gerade zu einer Zeit, als auch andere geistige Produkte in den Herstellungsprozeß der Großindustrie überzugehen begannen. Literatur und Presse, Theater und Musik gerieten damals in die Botmäßigkeit rasch sich formierender und ausdehnender Trusts und Konzerne. Die Industrialisierung geistiger Erzeugnisse im großen begann nicht beim Film. Der Film fügte sich jedoch in diese allgemeine Entwicklung ein.

Photographiertes Theater

Die neue Erfindung wurde alsbald zur großindustriellen Verwertung der Bühnenkunst verwendet. Mit Hilfe der Filmkamera ersetzte man die unmittelbare körperliche – wenn man so sagen darf: die handwerkliche – Produktion der Schauspieler (also gleichsam die Erzeugnisse einer Manufaktur) durch einen Artikel, der bei maschineller, fabrikmäßiger Erzeugung unbegrenzt vervielfältigt werden und daher billiger vertrieben werden konnte. Den ersten großen allgemeinen Vertrag in diesem Industriezweig schloß die Firma Pathé

Frères mit der Société des Auteurs Dramatiques (Verband der Bühnenschrift-
steller) zu dem Zweck, Theateraufführungen zu photographieren und auf diesem Wege zu verbreiten.

Die Kinematographie war in jenen Jahren nicht mehr als eine Schaukunst für
Jahrmärkte, ein bewegtes Bild der Sensation und ein Werkzeug, Kopien von
Theateraufführungen in Massen zu erzeugen. Sie war keine eigene Kunst mit
eigenen Gesetzen. Und doch wurde sie, wenn sie auch nichts weiter vorstellte
als „photographiertes Theater", von ihren eigenen, weitreichenden technischen
Möglichkeiten rasch auf den Weg geführt, Szenen zu photogtaphieren, welche
innerhalb geschlossener Bühnenkulissen unerreichbar waren und selbst auf gewöhnlichen Freiluftbühnen nicht gezeigt werden konnten. Zur Freiluftbühne
des Films wurde tatsächlich bald die ganze Natur. Auf diese Weise hat das
photographierte Theater die Kunst der geschlossenen Bühne gleich von Anfang an mit Schaustellungen bereichert, aber auch mit *Themen und Handlungen,* die nur durch die nunmehr darstellbaren und so auch dramatisch formbaren Naturereignisse ermöglicht worden waren. Das photographierte Theater
konnte sogar auch „Zaubertricks" zeigen, wie sie das Theater selbst in dieser
Form nicht vorführen konnte.

Neue Themen

Urban Gad, der namhafte dänische Regisseur, schrieb 1918 ein Buch über den
Film. In diesem geistvollen und kenntnisreichen Buch ist noch nicht von der
neuen Formsprache der neuen Kunst die Rede, da Urban Gad sie noch nicht
gekannt hat. Er schrieb daher hauptsächlich über die neue *besondere Thematik* des Films. Seiner Meinung nach muß jeder Film irgendeine spezifische
Szene der Natur darstellen, die, da sie die Menschen, die in ihr leben, beeinflußt, selbst als Gegenspieler auftritt und in das Leben, in das Schicksal der
Menschen eingreift. So erscheint ein neuer Darsteller im photographierten
Theater, der auf der Bühne nicht aufzutreten vermag: die Natur.

Die Natur wurde uns als neuer Darsteller auch nicht nach anderen Gesetzen
gezeigt, als die alten Darsteller und die bekannten Szenen der Bühne gezeigt
worden waren. Das Theater wurde bloß reicher und weiter. Aber seinen
künstlerischen Grundprinzipien nach blieb es – Theater.

Auch in seinen dramatischen Schattierungen wurde es reicher, denn es vermochte die Wirkung der Naturstimmungen auf den Gemütszustand des Menschen in unmittelbarer Verbindung darzustellen und ebenso den oft schicksal-
haften Einfluß der Natur. Dennoch blieb es Theater.

Diese thematische Bereicherung und Erneuerung wurde zum Merkmal des photographierten Theaters. Es ist natürlich, daß es sich nach dem Gesetz des freien Wettbewerbs in dieser Richtung entwickeln mußte, in die ihm das alte Theater nicht zu folgen vermochte. In den ersten Jahren der Kinematographie lag die Betonung vor allem auf der Bewegung. Das war die erste Konjunktur der Cowboyfilme. Galopp, Hürden, rasende Fahrten, Laufen, Klettern, Schwimmen wurden zu wichtigsten Elementen der Filmhandlung. Oft genug geschah nichts anderes. Der Film zeigte das, was man auf dem Theater nicht sehen konnte. Wieso blieb es trotzdem Theater?

Neue Darsteller

Bald aber tauchten auch neue Schauspieler auf, die auf der Bühne nur schwer und selten gezeigt werden konnten: *Kinder* und *Tiere* traten auf. Das waren neue Gestalten in der alten Kunst des photographierten Theaters. Die ersten Stars waren der berühmte Panther der Pathé Frères und der weltbekannte Wolfshund Rintintin. Dann erschienen hochbegabte, reizende Wunderkinder wie Jackie Coogan, Chaplins kleiner Freund, der unvergeßliche kleine große Künstler. Das waren neuartige Darsteller, die durch die neue Technik in die alte Schauspielkunst Einlaß fanden. So geschah es, daß der Film bereits in seinen allerersten Jahren mit neuen Themen, neuen Geschehnissen, ja mit neuen Gestalten bereichert wurde, noch ehe er seine eigene Ausdrucksform, seine eigene Formsprache zu entwickeln vermochte.

Die Filmgroteske

Um jene Zeit entstand eine neue, ureigene Kunstform: die Filmgroteske. Ihr Held war nicht so neu und typisch als Darsteller, wie etwa die Tiere oder die Kinder es waren. Die Hauptrolle hatte nämlich der Spaßmacher, der Clown und der in der Bewegung groteske Komiker. Das sind die noch aus der Manege des Zirkus ins Theater übernommenen Urgestalten der Theatergeschichte. Im Zirkus aber und auf der Bühne hatte ihre künstlerische Eigenart geringe Entwicklungsmöglichkeiten. Jenen größeren Raum, der dem Stil ihres Spieles gerecht wurde, bot das Freilufttheater, das der Film photographisch festhielt.

Die allerersten Filme hatten einen stereotypen Abschluß, ein ebenso standardisiertes Ende, wie es etwa der Kuß bei den späteren Happy-End-Filmen war.

Den Abschluß jener alten Filmgrotesken bildete ein allgemeines Rennen. Der Held, der in Not geraten ist, flüchtet und wird verfolgt: Ein Mensch, zwei Menschen, dann dreißig und schließlich sämtliche Darsteller des Films rasen über die Leinwand, ob sie nun mit dem Fliehenden etwas zu tun haben oder nicht. Eine Menschenlawine setzte sich in Bewegung und zog alles in ihren sinn- und ziellosen Strudel. Diese von der Handlung abstrahierte Bewegung unterhielt die Zuschauer als das Wesen der Kinematographie, als die Substanz alles Lebens.

Auch im Verlaufe der späteren Entwicklung der Filmkunst blieb die Filmgroteske eine klassische Kunstform, genau so wie auch Tiere und Kinder nicht aufhörten, überaus populäre Darsteller des Films zu sein.

So wurde innerhalb der Filmkunst eine eigene Kunstgattung mit eigenstem Stil geboren, noch ehe die eigenen neuen Methoden der Filmkunst und die neue Formsprache der Bilder entwickelt waren. Wie kann man das erklären?

Das photographierte Schauspiel hatte eine Eigentümlichkeit, die es vom *lebendigen* Theater unterschied: die *Stummheit*. Im Verlaufe der späteren Entwicklung des Stummfilms wurden die Worte durch das ausdrucksvolle Mienenspiel und die feinen Schattierungen nahe herangeführter Gesten ersetzt: Die Mimik redete. Damals aber war das Kinematographenbild, auch rein physiognomisch betrachtet, noch stumm. Die Szene wurde ja nur aus der Entfernung und im ganzen geschaut, ohne isolierte Einzelaufnahmen, also ganz wie im Theater. Deshalb war es notwendig, Pantomimen mit übertrieben großen, grotesken, stummen Gesten zu spielen, die auf den heutigen Zuschauer eine unwiderstehlich komische Wirkung ausüben. So verwandelte der Komiker der Bewegung einen Mangel des Films – die Stummheit – in ein stilbildendes Motiv der übertriebenen Bewegung. Eine neue Dramaturgie rein pantomimisch aufgefaßter Situationskomik bildete sich heraus, eine Situationskomik, die weder erklärender Worte noch persönlich gefärbter Mimik bedarf.

Beispiele

Es sei hier die „Handlung" eines prächtigen Stückes dieser Urform der Filmkunst erzählt. Max Linder, einer der ersten Stars der Filmgroteske, geht eine Badewanne kaufen. Nachdem er sie erworben hat, will er sie selbst nach Hause tragen. Aber die Wanne ist groß, und es ist allein schon zum Lachen, wie er sie auf verschiedene Weise anzupacken und zu schleppen versucht. Nach zahlreichen grotesken akrobatischen Bemühungen stülpt er sich die

Badewanne schließlich über den Kopf wie einen Riesenhut. Die Wanne ist schwer, sie drückt ihn allmählich zu Boden. Zuletzt kriecht Max Linder, völlig unter der Wanne verschwindend, auf allen vieren dahin. So geht nun die Wanne scheinbar allein auf dem bevölkerten Gehsteig spazieren und erschreckt die Menschen. Ganze Scharen von Hunden umbellen sie wild. Aber die Wanne kommt richtig bei Linders Haus an, kriecht allein die Treppe hinan und will endlich in Linders Wohnung hinein – aber sie ist breiter als die Türe. Jetzt kriecht Linder unter der Wanne hervor und – stellt diese, da er sie nicht in seine Wohnung bringen kann, vor die Türe im Treppenflur auf; da er nun baden will, füllt er sie mit Wasser, das er Eimer für Eimer aus seiner Wohnung bringt. Dann entkleidet sich Max in aller Seelenruhe auf der Treppe und setzt sich in die Wanne. Zwei Damen kommen gerade treppauf. Der schamhafte Linder taucht in der Badewanne unter. Aber die Damen erblicken ihn trotzdem und holen empört den Hausmeister. Der versucht, Linder mit Gewalt zu entfernen. Jedoch unser Held wehrt sich. Er tut es mit der wirksamsten Methode: mit Wasser. Und hier findet sich jenes Körnchen psychologischer Realität, die in jeder Groteske, inmitten von Absurditäten, die allerkomischste Wirkung ausübt. Denn ein reales und überzeugendes Motiv verleiht auch dem übrigen eine gewisse Scheinrealität. Der mächtige, vierschrötige Hausmeister hat nämlich vor dem Wasser mehr Angst, als wenn man ihn mit einem Stock bedroht hätte. Jedermann glaubt das. Er holt die Polizei zu Hilfe. Linder bespritzt weiterhin wild und heldenhaft alles mit Wasser, was auch die Polizei nicht erträgt. (Jetzt ist auch das schon überzeugend.) Schließlich wird die Feuerwehr geholt, die gegen Linders Wasserwaffe ihren Löschwagen auffahren läßt.

Dieser Scherz ist nicht nur darum sehr filmwirksam, weil vieles dabei gezeigt werden kann, was auf der Bühne zu zeigen unmöglich ist, sondern auch deshalb, weil diese neuen Motive auch solche *groteske psychologische Reaktionen* erzielen, die bisher nicht erreicht werden konnten.

Die ersten blendenden Kurzfilme Chaplins waren von ähnlicher Art: sein Kampf mit dem dämonischen Schaukelstuhl, in den er sich setzt, ohne ihn wieder verlassen zu können, oder seine Auseinandersetzung mit jener bösartigen Drehtür, die ihn immer wieder auf die Straße hinauswirft, oder jene erste Rollschuhlektion, bei der die an seinen Schuhen befestigten Rollschuhe gegen ihn aufstehen und sich selbständig machen.

Der tiefe Sinn von Chaplins „Ungeschicklichkeit" ist nämlich, daß sein Kampf mit der Tücke des Objekts nicht nur dessen dämonische Natur offenbart, sondern daß die Dinge damit zu gleichwertigen, ja zu überlegenen Partnern werden. Sie besiegen Chaplin gerade deshalb, weil er sich in seiner „unverdinglichten" Menschlichkeit den Mechanismen nicht angleichen kann. Diese groteske Kunst entwuchs der Natur des Stummfilms. Sie kam aus der Natur des *stummen, aber fernen und noch nicht in Einzelbilder aufgelösten, also der Theaterbühne ähnlichen Bildes. Damals hatten nämlich die Bewegungen noch keine intime seelische Bedeutung, die nur aus der Nähe bemerkbar gewesen wäre.* Im Gegenteil: Die Gesamtpantomime, das Gestrampel des zappelnden Menschen, ergab den komischen Effekt.

Es ist sehr bezeichnend, daß mit dem Erscheinen des Tonfilms und des Sprechfilms die beschriebene Abart der Filmgroteske, der die ersten weltberühmten Filmstars entwachsen waren, aufhörte zu bestehen. Auch Max Linder, Prince, Cretinetti und Charlie Chaplin entstanden innerhalb dieser alten Kunstform. Die Groteskhelden der zweiten Generation, Harold Lloyd und Buster Keaton, tauchten bereits zur Zeit des voll entwickelten Stummfilms auf, als die neue Kunst bereits mit *wechselnden Einstellungen der Filmkamera* und mit *Nahaufnahmen* arbeitete. Daher faßten diese neuen Darsteller ihre Arbeit bereits persönlicher und mehr von der psychologischen Seite auf: Sie waren *Charakterkomiker.* Dennoch ist es ihnen nicht gelungen, ihre Kunst in den Tonfilm hinüberzuretten, weil ihr Groteskes eben aus dem Geist des photographierten Theaters geboren war. Selbst für den großen Chaplin bedeutete der Übergang zum Tonfilm eine schwere Krise, von deren tiefer Bedeutung später die Rede sein wird.

Der Film hatte schon in seinen allerersten Jahren noch eine weitere Spezialität. Der Film konnte besser *zaubern* als alle Meisterzauberer der Bühne. Georges Meliès, ein „Illusionist" von Beruf, entdeckte bald, welche Wunder mit Hilfe der Filmtechnik produziert werden können. Man konnte Dinge und Menschen verschwinden, in der Luft schweben lassen, gegenseitig ineinander verwandeln. Es gibt kaum einen technischen Trick der Kamera, den er nicht bereits in den ersten Jahren verwendet hätte. Und doch war auch all das, was er machte, nur photographiertes Theater.

Denn die Urform des Theaters, sein Grundprinzip, wird ja nicht dadurch verändert, daß etwa mit Hilfe einer raffinierten Bühnentechnik auf offener Szene Gestalten verschwinden, in der Luft fliegen oder sich verwandeln.

Drittes Kapitel

Die neue Formsprache

Der Film hat also bereits in den ersten Jahren seines Bestehens eigene, neue Themen, neue Gestalten, einen neuen Stil, ja eine neue Kunstgattung entwickelt. Was veranlaßt mich doch zu der Feststellung, daß er damals nichts anderes war als ein technisch hochentwickeltes photographisches Abbild des Theaters?

Wie und wann wurde aus der Kinematographie eine eigene, unabhängige Kunst, die vom Theater wesentlich verschiedene Methoden verwendet und eine völlig neue Formsprache spricht? Wo liegt der Unterschied zwischen photographiertem Theater und Filmkunst? Handelt es sich denn nicht in beiden Fällen um lebende Bilder, die auf eine Bildfläche projiziert werden? Worauf gründe ich also die Behauptung, daß es sich bei der einen Form um eine ausschließlich technische Reproduktion des Freilichttheaters, bei der anderen hingegen um eine selbständige Kategorie der bildenden Künste handelt?

Ein grundlegendes Formprinzip des Theaters besagt, daß der *Zuschauer die gespielte Szene räumlich ungeteilt sieht.* Er überblickt also stets den ganzen Raum der gespielten Szene. Es kommt vor, daß auf der Bühne nur eine Ecke irgendeines Saales gezeigt wird. Diese Ecke jedoch sieht der Zuschauer während des Auftritts stets ganz, und ganz sieht er auch immer alles, was darin geschieht, in ein und demselben Rahmen.

Einem zweiten grundlegenden Formprinzip des Theaters zufolge sieht der Zuschauer die Szene stets aus einer bestimmten, *unveränderten Entfernung.* Man hat zwar beim photographierten Theater bereits verschiedene Szenen aus verschiedenen Entfernungen aufgenommen, aber die Distanz während der einzelnen Szenen änderte sich nicht.

Ein drittes grundlegendes Formprinzip des Theaters erblicken wir darin, daß die „Einstellung" des Zuschauers (sein Blickwinkel, seine Perspektive) unverändert bleibt. Das photographierte Theater hat die Perspektive mitunter – von Szene zu Szene – verändert. Innerhalb ein und derselben Szene jedoch veränderte sich der Blickwinkel ebensowenig wie die Entfernung.

Diese drei grundlegenden Formprinzipien des Theaters stehen in einem natürlichen Zusammenhang und gehören zu den Urprinzipien der künstlerischen Ausdrucksform und des Stils im Schauspiel, unabhängig davon, ob wir die fraglichen Theaterszenen unmittelbar auf der Bühne erblicken oder als photographierte Reproduktionen, und unabhängig auch davon, ob es sich um Szenen handelt, die auf der Bühne gar nicht gezeigt werden können, sondern nur mit Hilfe der photographischen Technik oder in der freien Natur.

Diese Grundprinzipien der Schauspielkunst verloren ihren Sinn mit der Geburt der Filmkunst, die dort beginnt, wo diese drei Gesetze der Darstellung enden und neuen Methoden weichen müssen. Diese neuen Prinzipien sind die folgenden:

1. Variable Entfernung zwischen Zuschauer und Szene innerhalb ein und derselben Szene: Hieraus ergibt sich eine *wechselnde Größe* der in Rahmen und Komposition des Bildes Platz findenden Szene;

2. Aufteilung des totalen Bildes der Gesamtszene in *Detailbilder;*

3. die auch innerhalb der Szene *wechselnde Einstellung* (Blickwinkel, Perspektive) von Detailbildern;

4. der *Schnitt,* das ist das Einfügen der zerlegten Details in eine geordnete Reihe, in der nicht nur ganze Szenen (und mögen sie noch so kurz sein) aufeinanderfolgen (ähnliches geschieht auch auf der Shakespeare-Bühne), sondern auch Aufnahmen kleinster Einzelheiten innerhalb einer Szene. Aus diesen ersteht, wie aus zeitlich nacheinander gelegten Würfeln eines Zeitmosaiks, die Szene als Ganzes. Das ist die Montage, der Schnitt.

Die durch diese Methoden bedingte Revolutionierung des visuellen Ausdrucks schuf hier völlig neue Grundlagen der künstlerischen Entwicklung. Ihre Wiege steht in den Vereinigten Staaten – in Hollywood. Diese etwa zu Beginn des ersten Weltkriegs hervorgerufene Umwälzung im Film verdanken wir dem Genie David Griffiths. Er schuf nicht nur neue herrliche Kunstwerke – mit ihm begann eine völlig neue Kunst.

Spezifisch für die Filmkunst ist, daß wir in kleinen, vom Gesamtbild der Szene abgesonderten Detailbildern nicht nur sozusagen die Atome des Lebens aus der Nähe zu betrachten vermögen (des Lebens, das uns hier seine verborgensten, intimsten Geheimnisse offenbart), sondern auch, daß diese Intimität des Details samt seinem Stimmungswert erhalten bleibt, ganz anders als auf der Bühne oder auf einem Gemälde. Denn diese Stimmung wird nicht übertönt vom Gesamteindruck des noch immer sichtbaren totalen Bildes.

Nicht die Orkane auf den Meeren, nicht der Anblick der feuerspeienden Vulkane waren jene überraschend neuen Themen, die durch die neuen Ausdrucksmittel der Filmkunst sichtbar wurden. Das Verborgenste trat zutage: die einsam blinkende Träne, die auf der Bühne in ihrer erschütternden Bedeutung nie zur Geltung kam.

Der Regisseur des Films gestattet uns nicht, innerhalb einer Szene frei und je nach Laune oder Zufall alles zu betrachten. Er zwingt unsere Augen, von Detail zu Detail des Gesamtbildes zu eilen, die vorgeschriebene Reihe seiner Montage entlang. Durch dieses *Nacheinander* wird der Regisseur in die Lage versetzt, manches zu betonen, den Film also nicht nur zu *zeigen,* sondern zugleich zu *deuten.* Hier tritt die Persönlichkeit des Filmschöpfers in den Vordergrund. Zwei Filme, deren Handlung völlig die gleiche wäre, würden, wenn verschieden im Schnitt, zwei ganz verschiedene Persönlichkeiten ausdrücken, zwei ganz verschiedene Weltbilder darstellen, also verschiedene Filme sein.

Viertes Kapitel

Visuelle Kultur

Mit der Geburt der Filmkunst wurden nicht nur neue Kunstwerke geboren. Es entwickelten sich auch neue Fähigkeiten im Menschen, die neue Kunst zu erfühlen und aufzufassen. Karl Marx schreibt:
„Wie erst die Musik den musikalischen Sinn des Menschen erweckt, wie für das unmusikalische Ohr die schönste Musik keinen Sinn hat (kein Gegenstand ist), weil mein Gegenstand nur die Bestätigung einer meiner Wesenskräfte sein kann, also nur so für mich sein kann, wie meine Wesenskraft als subjektive Fähigkeit für sich ist, weil der Sinn eines Gegenstandes für mich (nur Sinn für einen ihm entsprechenden Sinn hat) grade so weit geht, als mein Sinn geht, darum sind die Sinne des gesellschaftlichen Menschen andre Sinne wie die des ungesellschaftlichen; erst durch den gegenständlich entfalteten Reichtum des menschlichen Wesens wird der Reichtum der subjektiven menschlichen Sinnlichkeit, wird ein musikalisches Ohr, ein Auge für die Schönheit der Form, kurz, werden erst menschlicher Genüsse fähige Sinne, Sinne. welche als menschliche Wesenskräfte sich bestätigen, teils erst ausgebildet, teils erst erzeugt." (Karl Marx, Ökonomisch-philosophische Manuskripte, 1844, Marx-Engels-Gesamtausgabe, I. Abt., 3. B., S. 120, Marx-Engels-Verlag, Berlin 1932.)
An einer anderen Stelle sagt Karl Marx: „Der Kunstgegenstand – ebenso jedes andre Produkt – schafft ein kunstsinniges und schönheitsgenußfähiges Publikum: Die Produktion produziert daher nicht nur einen Gegenstand für das Subjekt, sondern auch ein Subjekt für den Gegenstand." (Karl Marx, Grundrisse der Kritik der politischen Ökonomie, Einleitung.)
Es ist ein großes Versäumnis, daß sich die Kunstwissenschaften bisher hauptsächlich nur mit den erzeugten Kunstgegenständen befaßten, und nicht mit jenen durch dialektische Wechselwirkung entstandenen *„subjektiven Fähigkeiten"*, die es ermöglichen, die erzeugte Schönheit zu sehen und als Schönheit zu genießen. Wohl ist die objektive Wirklichkeit unabhängig vom Subjekt, die Schönheit aber verlangt – nach Marx – ein aufnahmefähiges Subjekt, um Wirklichkeit, nämlich Erlebnis, zu werden. Diese Schönheit ist nicht *nur* objektiv *wirklich*, nicht *nur* ein vom Betrachter völlig unabhängiges Attribut der Gegenstände, sie ist nicht etwas, das als ein Gegenstand angesprochen werden könnte, auch ohne Subjekt, auch dann, wenn es zum Beispiel

auf Erden keine Menschen gäbe. Denn *jene* Schönheit, die den Menschen anspricht (von einer anderen haben wir keine Kenntnis), ist ein *menschliches Erlebnis,* eine psychische Funktion, die sich je nach Menschenrasse, Epoche und Kultur verändert. Schönheit ist also ein *durch die objektive Wirklichkeit ausgelöstes subjektives Erlebnis des menschlichen Bewußtseins.* Dieses Erlebnis gehorcht Gesetzen: den *allgemeinen* Gesetzen des Bewußtseins, die man daher freilich nicht als rein subjektiv bezeichnen kann.

Die Kunstgeschichte hat sich bisher nicht wesentlich mit diesem Subjekt befaßt, das als Träger der künstlerischen Kultur angesprochen werden muß und dessen Sensibilität und Erlebnisreichtum sich unter der Wirkung der Künste nicht nur entwickelt, sondern, wie Marx behauptet, auch unter ihrer Wirkung *„entsteht".* Somit ist hier nicht nur von der *Geschichte der Kunst,* sondern gleichzeitig und in direkter Verbindung damit auch von der *Geschichte des Menschen* die Rede.

Jenen Teil in der Entwicklung der menschlichen Empfindungsfähigkeit (Sensibilität), der in Wechselwirkung mit der Filmkunst steht, zu untersuchen und zu skizzieren, ist die Aufgabe dieses Buches.

Filmkultur

Die so in Fluß gekommene Entwicklung der menschlichen Empfindungsfähigkeit eröffnet einen neuen Abschnitt in der Bildungsgeschichte der Menschheit. So, wie sich unter der Wirkung der Musik das musikalische Gehör entwickelt (also die Musikkultur), so entstand als Folge einer objektiven Bereicherung der Filmkunst das filmische „Sehen" oder: die Filmkultur. Die stummen Ausdrucksformen des Films entwickelten sich von Stufe zu Stufe mit großer Schnelligkeit und erweckten nun ihrerseits die Fähigkeit des Publikums, die neue Formsprache zu begreifen. Vor unseren Augen entstand nicht nur die neue Kunst, sondern auch der über neue Empfindungsfähigkeit, neues Talent, neue Kultur verfügende Mensch.

Ein Engländer aus den Kolonien

Der folgende Fall eines englischen Kolonialbeamten wird berichtet:
Er befand sich während des ersten Weltkrieges, abgeschnitten von der Umwelt, auf einer zentralafrikanischen Farm und mußte auch später noch eine Zeitlang dort ausharren. Während dieser Zeit war er nicht ein einziges Mal

in einer Stadt gewesen. Er war ein gebildeter Mensch und ließ sich laufend Zeitungen und Bücher zusenden. Auch über den Film wußte er Bescheid und kannte sämtliche Stars aus den illustrierten Zeitschriften. Er las auch Filmnovellen und Filmkritiken, aber in einem Kino war er noch niemals gewesen. Als er zum erstenmal einen Ort erreichte, wo es ein Kino gab, suchte er es sofort auf. Man gab einen sehr simplen Film. Rings um ihn saßen Kinder, die den Film mit großem Interesse verfolgten. Unser erwachsener, gebildeter Kolonialbeamter starrte mit gespannter Aufmerksamkeit, sichtlich angestrengt, auf die Leinwand. Nach Schluß der Vorstellung war er völlig erschöpft.

„Nun, wie gefiel es dir?" fragte ihn in Freund, der ihn begleitet hatte.

„Es war außerordentlich interessant", erwiderte der Afrika-Engländer höflich, aber noch immer verwirrt und nachdenklich, „doch sag mir, bitte, eines: Was geschah in diesem Film?"

Er hatte den Film nicht verstanden. Er begriff den Gang der Handlung nicht, er verstand nicht, was jedes Kind jener Stadt verstanden hatte. Denn er begriff die Formsprache nicht, in welcher die Story des Films erzählt, gezeigt wurde. Diese Formsprache war damals bereits jedem Stadtbewohner geläufig.

Ein Mädchen aus Sibirien

Einer meiner alten Moskauer Freunde erzählte einst von seiner neuen Hausangestellten, die, aus irgendeinem sibirischen Kolchos kommend, erst vor wenigen Tagen in der Stadt eingetroffen war. Sie war ein intelligentes junges Mädchen mit Schulbildung, aber infolge zufälliger Umstände hatte sie noch nie einen Film gesehen. (Dieses Ereignis liegt sehr viele Jahre zurück!) Ihre Arbeitgeber schickten sie ins Kino, wo irgendein volkstümliches Lustspiel gegeben wurde. Bleich, mit finsterer Miene kam sie zurück.

„Wie hat es dir gefallen?" fragte man sie. Sie stand noch immer unter der Wirkung des Geschauten und blieb eine Weile starr und stumm.

„Fürchterlich", sagte sie schließlich empört. „Ich kann nicht verstehen, daß man es hier in Moskau erlaubt, solche Scheußlichkeiten zu zeigen."

„Ja, was hast du denn gesehen?"

„Ich habe gesehen, wie sie Menschen in Stücke gerissen haben. Der Kopf, die Füße, die Hände, alles war woanders."

Wir wissen, daß in jenem Hollywooder Kino, in welchem Griffith zum erstenmal seine Premierplan-Detailbilder vorführte und ein riesengroßer „abgehackter" Kopf dem Publikum zulächelte, Panik ausbrach. Wir sind uns dessen überhaupt nicht mehr bewußt, welch komplizierter Vorgang unseres Bewußtseins dazu nötig war, daß wir visuell zu assoziieren lernten. Es gilt, die in ihre Elemente zerlegten Bilder, die *zeitlich nacheinander* erscheinen, in unserem Bewußtsein dergestalt zu einer einheitlichen und stetig abrollenden Szene zusammenzusetzen, daß uns dieser ganze komplizierte Vorgang überhaupt nicht mehr bewußt wird. Die getrennt nacheinander gezeigten Handlungsmomente vollziehen sich ja in der Wirklichkeit gleichzeitig und sind Elemente einer stetigen Handlung.

Es handelt sich hier um eine neue Vorstellungen schaffende Fähigkeit, um eine hohe Kultur, die sich innerhalb einer kurzen Epoche entwickelt hat. Es ist uns heute überhaupt nicht mehr bewußt, wie sehr wir es innerhalb weniger Jahre erlernt haben, die Bildsprache zu verstehen, aus Bildern Schlüsse zu ziehen, Bildperspektiven, Bildmetaphern und Bildsymbole zu erkennen. Innerhalb zweier Jahrzehnte entstand eine große visuelle Kultur.

Wir haben sehen gelernt

So entstanden in den Spuren der neuen Kameratechnik eine neue Art der Darstellung und eine neue Methode, die Handlung vorzuführen. Die neue Bildsprache hat sich innerhalb von zwanzig Jahren mit unwahrscheinlicher Geschwindigkeit entwickelt, verfeinert und differenziert. Dies kann daran gemessen werden, daß jene Filme, die heute jedermann versteht, wir vor zwanzig Jahren erwiesenermaßen selbst nicht verstanden hätten.

Erstes Beispiel: Ein Mann eilt seiner Liebsten nach zum Bahnhof, um sie noch ein letztes Mal zum Abschied sehen. Wir erblicken ihn auf dem Bahnsteig. Den Zug sehen wir nicht, aber wir entnehmen dem suchenden Blick seiner Augen, daß „sie" bereits in irgendeinem Abteil sitzt. Wir sehen überhaupt nichts anderes als eine Großaufnahme seines Gesichtes, dann ein erschrecktes Zucken seiner Mundwinkel, während Licht, Schatten und Licht in immer schnellerem Tempo über sein Antlitz laufen. Eine Träne quillt aus seinem Auge. Das ist die ganz Szene, nichts sonst. Wir müssen erraten, was geschehen ist. Heute wissen wir es bereits.

Als ich diesen Chaplin-Film zum erstenmal in Berlin sah, begriff auch ich den Sinn dieser Szene nicht sofort. Bald erfaßten alle, was geschehen war: Der Zug hatte sich in Bewegung gesetzt, und der Widerschein seiner Lichter wechselte immer schneller auf dem Gesicht des Mannes.

Zweites Beispiel: Ein Mann sitzt mit düsterem, gequältem Gesichtsausdruck in seinem Zimmer. Der Zuschauer weiß aus der vorhergegangenen Szene, daß die Frau im Nebenzimmer ist. Großaufnahme des Mannes, das Gesicht plötzlich von der Seite her beleuchtet. Der Mann hebt den Kopf, seine Miene erhellt sich auch von innen her, er wendet sich hoffnungsvoll der Quelle des Lichtes zu. Da aber verschwindet das Licht ebenso plötzlich wie es gekommen war. Auch das innere Leuchten erlischt jetzt. Enttäuscht neigt er den Kopf. Es wird dunkel. Dies ist das letzte Bild einer tragischen Szene. Und es genügt vollkommen.

Was ist hier geschehen? Seit langem weiß es, begreift es jeder Kinobesucher. Die Tür des Nachbarzimmers hat sich für einen Augenblick geöffnet, die Frau stand in der beleuchteten Türöffnung, zögerte ... vielleicht wollte sie doch ... dann aber kam sie dennoch nicht herein und machte die Tür wieder zu. *Für immer* ... Auch dieses „für immer" war aus dem langsam in völlige Dunkelheit entschwindenden Bild herauszufühlen. Aber unsere Phantasie und Stimmung wurde gerade dadurch angeregt, daß der Film nicht *mehr* zeigte. Eben dies ergab seine besondere Feinheit.

Weshalb wirken alte Filme komisch?

Wir verstehen heute nicht nur die Situation, die das Filmbild darstellt, sondern auch jede Schattierung ihrer Bedeutung und all ihre künstlerischen Symbole (es sei denn, wir hätten sie wieder vergessen). Die Geschwindigkeit dieser Entwicklung können wir ermessen, wenn wir alte Filme betrachten. Wir schütteln uns vor Lachen, ganz besonders beim Anblick von Tragödien, und können nicht glauben, daß es möglich war, diese Dinge vor kaum zwanzig Jahren ernst zu nehmen. Was ist der Grund dieser Tatsache? Alte Kunst pflegt keineswegs komisch zu wirken, weder Giotto noch Cimabue sind komisch. Wir lachen im allgemeinen auch nicht über die primitivsten und naivsten Kunstschöpfungen.

Normalerweise drückt nämlich die alte Kunst adäquat den Seelenzustand alter Zeiten aus. Was wir aber im Film sehen, beziehen wir noch auf uns selbst. Das ist noch nicht „Geschichte", und wir lachen, weil wir über unser eigenes gestriges Selbst lachen. Es handelt sich hier noch nicht um eine geschichtliche Tracht, die schön und würdevoll sein kann, sondern um die Mode von vorgestern, die komisch wirkt.

Primitive Kunst ist der adäquate Ausdruck primitiven Wissens und primitiven Geschmacks. Die Primitivität der alten Filme jedoch erweckt den Eindruck grotesker Unbeholfenheit. Die Lanze in der Hand eines nackten Wilden ist nicht so lächerlich wie in den Händen eines modernen Soldaten. Und eine portugiesische Galeere des fünfzehnten Jahrhunderts ist zweifellos ein prächtiger Anblick; aber die ersten Lokomotiven und die allerersten Automobile sind lächerlich. Denn wir sehen darin nicht etwas grundlegend anderes, das es heute nicht mehr gibt, sondern wir erkennen darin die unvollkommene, lächerliche Form dessen, was wir auch heute haben. Der Grund dieser Lächerlichkeit ist der gleiche wie der, weshalb uns der Affe lächerlich erscheint, der – uns ähnlich sieht.

Die Filmkultur hat sich so schnell entwickelt, daß wir in ihren primitiven Urformen noch uns selbst erkennen können. Darin liegt die besonders hohe Bedeutung dieser Kultur für uns, schon darum, weil sie Millionenmassen zugänglich ist.

Fünftes Kapitel

Der sichtbare Mensch

Dieses Kapitel, das von der durch den Stummfilm entwickelten visuellen Kultur handelt, entnehme ich meinem Buch „Der sichtbare Mensch". Ich habe dort den Stummfilm als den großen Wendepunkt der Kulturgeschichte begrüßt, nicht ahnend, daß bald darauf der Tonfilm seine Stimme erheben werde. Jene Wahrheit, die seinerzeit eine damals gültige Tatsache feststellte und ihre Bedeutung analysierte, blieb wahr. Die Wirklichkeit aber entwickelte sich weiter. Neue Feststellungen, neue Analysen wurden notwendig.

Dieses Kapitel wird jedoch nicht nur als ein Abschnitt der Theorie von Interesse sein, und auch nicht nur, weil das Wesen und der visuelle Inhalt des Films das Bild geblieben ist. Die Entwicklung ist nicht starr geradeaus gerichtet. In serpentinartiger dialektischer Rückkehr wird hier das Licht früherer Erkenntnisse auf neue Wege geworfen. Mir scheint, daß eben gegenwärtig die Entwicklung des Films eine solche leicht in die Vergangenheit ausbiegende Serpentine beschreibt, wo einmal erreichte und wieder verlorengegangene Ergebnisse des Stummfilms von neuem verwertet werden sollen. Darum möge diese Apotheose des Stummfilms, im Wesen wie ich sie 1923 geschrieben habe, hier eingefügt werden.

Die Erfindung der Buchdruckerkunst hat die Gesichter der Menschen allmählich unleserlich gemacht. Sie konnten nunmehr so viel von bedrucktem Papier lesen, daß sie die Mimik der Mitteilung vernachlässigen durften.

Victor Hugo hat in einem Kapitel seines Romans „Notre-Dame de Paris" dargelegt, daß das gedruckte Buch die Rolle der mittelalterlichen Kathedrale übernommen hat und zum Träger des Geistes der Völker geworden ist. Aber die tausend Bücher zerrissen den einen Geist der Kathedrale in tausend Meinungen. Das Wort zerschlug den Stein in Trümmer. Die eine Kirche wurde in tausend Bücher aufgeteilt.

Aus dem *sichtbaren* Geist wurde so ein *lesbarer* Geist, und aus der visuellen Kultur entstand die begriffliche Kultur. Das hatte natürlich ökonomische und gesellschaftliche Gründe, die das allgemeine Gesicht des Lebens veränderten. Wir zogen jedoch kaum in Betracht, daß sich im Zusammenhang hiemit auch die *Gesichter der einzelnen Menschen* – ganz konkret gesprochen: ihre Stirnen, Augen, ihr Mund – verändern mußten.

Es wird nun an einer neuen Erfindung, einer neuen Maschine gearbeitet, die die Menschen wieder der visuellen Kultur entgegenführen und ihnen ein neues Gesicht geben soll: an der Filmkamera. Ihr Verfahren ist eine Technik, die, ähnlich jener der Buchdruckerpresse, dazu dient, geistige Produkte zu vervielfältigen und zu verbreiten, und ihre Wirkung auf die menschliche Kultur wird keine geringere sein als die des Buchdrucks.

Nicht reden bedeutet noch nicht, daß man nichts zu sagen hat. Wer nicht spricht, kann angefüllt sein mit Erlebnissen, die nur in Formen, in Bildern, durch Mienenspiel und Bewegung ausgedrückt werden können. Denn ein Mensch der visuellen Kultur wird durch seine Gesten *nicht Worte ersetzen.* Er deutet nicht Worte an, wie es der Taubstumme mittels seiner Zeichensprache tut. Er denkt nicht an Worte, deren Silben er, Morsezeichen vergleichbar, in die Luft schreibt. Seine Gesten bedeuten Begriffe und Empfindungen, die durch Worte überhaupt nicht ausgedrückt werden können. Sie stellen innere Erlebnisse dar (nicht rationale Gedanken), die auch dann unausgesprochen geblieben wären, wenn der Mensch alles, was mit Worten gesagt werden kann, bereits gesagt hätte. Was hier ausgedrückt werden soll, liegt tief in einer Schichte der Seele, die von Worten und Begriffen nicht erreicht werden kann, ähnlich wie ja unsere musikalischen Erlebnisse nicht in rationale Begriffe eingefangen werden können. Auf dem Antlitz des Menschen und in seinem Mienenspiel erscheint ein Geist, der ohne Worte unmittelbar Gestalt annimmt und sichtbar wird, so wie der „Geist der Musik" unmittelbar akustische Gestalt annimmt.

Die große Zeit der bildenden Künste war jene, als die Maler und die Bildhauer den leeren Raum nicht nur mit abstrakten Formen von Figuren anfüllten, sondern als ihre Absicht weiterging, denn der Mensch und die Natur waren für sie kein reines Formproblem. Das war jene glückliche Zeit, als gemalte Bilder noch ein „Thema" und eine „Idee" haben konnten, weil die Idee nicht vorher als Begriff und als diesen bezeichnendes Wort erschienen war, das der Maler nun nachträglich „illustriert" hätte.

Seither wurde die Buchdruckerkunst zur Hauptbrücke des geistigen Verkehrs der Menschen. Die Seele sammelte sich und kristallisierte hauptsächlich im Wort. Man glaubte, auf die verfeinerten Ausdrucksmittel des *Körpers* verzichten zu können. Darum wurden unsere Körper seelenlos und leer, denn was die Natur nicht verwendet, das läßt sie verkümmern.

Die Ausdrucksfläche unseres Körpers beschränkte sich auf das Gesicht, und nicht nur darum, weil die übrigen Körperteile von Kleidern verdeckt wurden. Das auszudrücken, was nach dem Rückgang des körperlichen Ausdrucks noch möglich war, dazu genügte die Fläche des Gesichts. Jetzt ragte das Gesicht wie ein unbeholfener Semaphor der Seele in die Luft, bemüht, Zeichen zu geben, so gut es eben konnte. Mitunter half eine Geste der Hände mit. In der Zeit der Wortkultur begann die Seele zu sprechen, aber sie wurde fast unsichtbar dabei.

Nun war der Film bemüht, der Kultur eine neue Wendung zu geben oder wenigstens eine neue Schattierung zu verleihen. Viele Millionen Menschen saßen allabendlich im Kino und durchlebten, nur *sehend*, Schicksale, Charaktere, Gefühle und Stimmungen, ja auch Gedanken, ohne dabei auf das Wort angewiesen zu sein. Die Menschheit lernte bereits die wunderbare, vielleicht schon dagewesene reiche Sprache des Mienenspiels, der Bewegung und der Gesten. Das war nicht eine die Taubstummensprache ersetzende, Worte anzeigende Zeichensprache, sondern die visuelle Korrespondenz der unmittelbar Gestalt gewordenen Seelen. Der Mensch wurde wieder sichtbar.

Die Sprachforschung hat festgestellt, daß als Ursprung der Sprache die *Ausdrucksbewegung* bezeichnet werden muß, daß also der Mensch, der zu sprechen beginnt (genau so wie das Kind), Zunge und Lippen ebenso bewegt wie die übrigen Muskeln seines Gesichtes und seiner Hände. Ursprünglich geschieht dies also gar nicht in der Absicht, dadurch Laute zu bilden. Die Bewegung von Zunge und Lippen ist im Anfang eine Reflexbewegung, eine ebenso spontane Geste wie alle anderen Ausdrucksbewegungen des Körpers. Daß dabei oder dadurch Laute entstehen, ist eine vorerst gar nicht beabsichtigte Begleiterscheinung, die gleichsam erst später praktisch ausgewertet wurde. Der *unmittelbar sichtbare Geist* wurde so zum *mittelbar hörbaren Geist*. Im Verlaufe dieses Prozesses ging – wie bei allen Übertragungen – sehr viel verloren. Die ausdrucksvolle Gebärde aber, die Geste, ist die Urmuttersprache der Menschheit.

Jetzt beginnen wir, uns ihrer zu erinnern, und erlernen sie neu. Sie ist noch unbeholfen, steckt in den Anfängen und ist noch sehr weit entfernt von der großen Differenziertheit der Wortkunst. Dennoch vermag sie manchmal Dinge auszudrücken, die von den Wortkünstlern nicht formuliert und ausgesprochen werden können. Wieviel menschlicher Gehalt bliebe unausgedrückt ohne Musik? Die jetzt sich entwickelnde Kunst der Mimik und der Geste wird ebensoviel Verborgenes ans Licht bringen – nicht an rationalem, begrifflichem Gehalt, doch auch nicht Unklares und Unbestimmtes. Was hier erwartet werden kann, ist – wie bei der Musik – rational nicht formulierbares, klares und eindeutiges menschliches Erlebnis. So wird auch der innere Mensch sichtbar werden.

Aber dieser sichtbare Mensch ist heute *nicht mehr* und *noch nicht* vorhanden. Es ist ja, wie gesagt, ein Naturgesetz, daß nichtbenützte Organe verkümmern. Wenn Tiere nichts zu beißen haben, verlieren sie die Zähne. In der Zeit der Wohnkultur haben wir die Ausdrucksfähigkeit unseres Körpers nicht voll ausgewertet und sie darum teilweise verloren. Es ist sehr häufig der Fall, daß Gesten und Bewegungen primitiver Völker in ihrem Ausdruck vielfältiger sind als jene hochgebildeter Europäer, die über den allerreichsten Sprachschatz verfügen. Noch ein paar Jahrzehnte Filmkunst, und die Gelehrten werden erkennen, daß man mit Hilfe der Kinematographie ebenso Lexika der Mimik, der Bewegungen und der Gesten wird herstellen können und müssen, wie es Lexika und Enzyklopädien des Wortes schon seit langem gibt. Das Publikum wartet jedoch diese Grammatik der Gesten künftiger Akademien nicht ab, es geht ins Kino und erlernt sie dort.

Aber nicht nur die Ausdruckskraft des Körpers verkümmerte, weil wir ihn als Ausdrucksmittel vernachlässigten, auch die Seele verlor viel, da man es verabsäumte, sie auszudrücken. Denn, wie bereits erwähnt, ist es nicht der gleiche Geist, nicht die gleiche Seele, die sich einmal im Wort, ein andermal in der Geste offenbart. Auch die Musik drückt nicht auf andere Weise das gleiche aus wie die Dichtung. Sie geht andere Wege. Mit dem Gefäß Wort schöpfen wir andere Tiefen aus und bringen anderes ans Licht als mit den Gesten.

Aber das darf nicht so verstanden werden, daß ich die Kultur der Gesten und der Mimik wieder an die Stelle der Wortkultur setzen möchte. Das eine vermag das andere nicht zu ersetzen. Ohne die rationale Begriffskultur und die mit ihr verbundene wissenschaftliche Entwicklung *gibt es keinen gesellschaftlichen, also keinen menschlichen Fortschritt.* Der Bindestoff der heutigen Gesellschaft sind Wort und Schrift, und wo er fehlt, ist jede Organisation und Planung unmöglich. Wohin andererseits die Tendenz führt, die menschliche Kultur statt auf klaren Begriffen auf unbewußten Empfindungen zu begründen, das hat der Faschismus gezeigt.

Hier ist nur von Kunst die Rede und dabei keineswegs von einem Ersatz der – rationelleren – Wortkunst. Es besteht kein Anlaß, auf einen Reichtum zugunsten eines anderen zu verzichten, auch die höchstentwickelte Musikkultur wird die rationale Kultur nicht verdrängen.

Kehren wir zu unserem vorigen Vergleich zurück. Man sagt, daß Brunnen versiegen, aus denen niemand schöpft. Psychologie und Philologie haben bewiesen, daß unsere Gefühle und Gedanken von vornherein von der Möglichkeit, sie auszudrücken, bestimmt werden. Wir wissen auch, daß nicht nur Begriffe und Gefühle Worte erschaffen, sondern daß auch umgekehrt

Worte Begriffe erzeugen und Gefühle erwecken. Dies ist die Ökonomie unseres geistigen Organismus, der ebensowenig die Neigung hat, Unverwendbares zu erzeugen, wie der Körper. Auch hierin ist der Prozeß der menschlichen Geistesentwicklung dialektisch. Einerseits vermehrt der Geist im Wachstum seine Ausdrucksmittel, und andererseits erleichtert und beschleunigt diese Vermehrung der Ausdrucksmittel sein Wachstum. Wenn sich also die Ausdrucksmöglichkeiten des Films vermehren, weitet sich auch der Geist, den er auszudrücken vermag.

Wird diese zu neuer Entwicklung gelangte Sprache der Mimik und der Gesten die Menschen einander näherbringen oder sie noch weiter voneinander entfernen? Auch beim Turmbau zu Babel standen hinter den verschiedenen Wörtern gemeinsame Begriffe, und es ist ja möglich, die Sprachen anderer zu erlernen. Begriffe aber haben in den Kulturkreisen einen konventionell festgelegten Vorstellungsinhalt. Eine allgemeingültige Grammatik war ein Ring, der die einander entfremdeten, auseinanderstrebenden Individuen der bürgerlichen Gesellschaft zusammenhielt. Auch die Literatur des extremsten Subjektivismus arbeitete mit einem allgemeingültigen Wörterbuch, das sie vor der Einsamkeit des völligen Unverstandenseins bewahrte.

Die Sprache der Mimik ist viel persönlicher als die Sprache der Worte. Sie ist dies in einem solchen Maße, daß, obgleich auch bei der Mimik eingewöhnte Formen und deren konventionelle Deutung allgemein festliegen, es möglich, ja notwendig wäre, nach dem Muster der vergleichenden Sprachforschung eine vergleichende Mimik- und Gestenlehre zu schaffen. Nun gibt es zwar im Allgemeinbewußtsein lebendige Überlieferungen dieser mimischen und Gestensprache. Sie folgen jedoch keiner strengen Grammatik, die, von der Akademie empfohlen, für jedermann verbindlich wäre. Es ist in den Schulen nicht vorgeschrieben, die gute Laune durch diese Art des Lächelns und den Mißmut durch jene Art des Stirnrunzelns auszudrücken. Es gibt keine „mimischen Fehler", die in der Schule bestraft werden, aber das Kind sieht und erlernt zweifellos auch diese stummen Ausdrücke. Sie kommen stets, da aus inneren Affekten geboren, unmittelbarer zustande als Worte. Dennoch wird es vielleicht am ehesten der Filmkunst möglich sein, die Völker und Nationen in ihrer leiblichen Wirklichkeit aneinander zu gewöhnen, sie zum gegenseitigen Verständnis zu führen. Der Stummfilm kennt die trennenden Mauern der Sprachverschiedenheit nicht. Die Mimik der anderen betrachtend und begreifend, ertasten wir nicht nur unsere gegenseitigen Gefühle, wir erlernen sie auch. Die Geste ist nicht nur ein Produkt des Affekts, sondern auch seine Erweckerin.

Die Internationalität des Films ist in erster Linie bedingt durch ökonomische

Ursachen, die ja immer die zwingendsten sind. Die Herstellung eines Filmes ist so teuer, daß sie sich nur der innere Markt ganz weniger Nationen leisten kann. Aber die erste Voraussetzung der internationalen Popularität eines Films wird die internationale Lesbarkeit seiner Mimik und Gestik sein. Folkloristische Eigentümlichkeiten wird man nur noch als exotische Eigentümlichkeiten zeigen dürfen. Auch wird eine gewisse internationale Angleichung der Gestik unerläßlich sein. Die Forderung des Filmmarktes duldet nur ein allgemeinverständliches Mienenspiel und allen geläufige Bewegungen, die von der Herzogin bis zur Köchin, von San Franzisko bis Smyrna jedermann begreift. Und es ist heute schon so, daß der Film die einzige, überall verständliche gemeinsame Weltsprache redet.

Manchmal werden einzelne Filme durch volkskundliche Eigenheiten und nationale Spezialitäten farbiger und stilisierter; diese aufgesetzten Lichter werden jedoch niemals zu vorwärtstreibenden Motiven der Handlung, denn jede Geste, die Fluß und Sinn der Handlung entscheidet, muß für sämtliche Zuschauergruppen gleichermaßen verständlich sein, sonst verliert der Filmproduzent sein Geld.

Der Stummfilm bewirkt, daß die Menschen sich vom Körper her aneinander gewöhnen, und er arbeitet an der Schaffung des internationalen Typus Mensch. Wenn dereinst die klassenlose Gesellschaft die Menschen *innerhalb* der Völker und Rassen vereinigt haben wird, dann wird auch der Film, der den sichtbaren Menschen für alle gleich sichtbar macht, daran mithelfen, daß die körperlichen Unterschiede der Völker und der Rassen den Menschen vom Menschen nicht mehr entfernen; so wird der Film einer unserer nützlichsten Wegbereiter des internationalen Welthumanismus sein.

Die Filmsubstanz

Wenn der Film eine eigene Kunst mit eigener Ästhetik sein will, dann hat er sich von allen anderen Künsten zu unterscheiden. Das Spezielle ist das Wesen und die Berechtigung jeder Erscheinung, und das Spezielle ist durch seine Verschiedenheit am besten darzustellen. So wollen wir nun die Filmkunst abgrenzen von ihren Nachbargebieten und damit ihre Autonomie erweisen.

Vor allem ist man geneigt, im Film ein mißratenes und verkommenes Kind des Theaters zu erblicken, und ist der Ansicht, daß es sich hier um eine verdorbene und verstümmelte Abart handle, um einen billigen Theaterersatz, der sich zur echten Bühnenkunst so verhält, wie etwa die photographische

Reproduktion zum Originalgemälde. In beiden Fällen – so scheint es – werden ja erdichtete Geschichten von Schauspielern dargestellt.

Die Einschichtigkeit des Films

Allerdings. Aber nicht im selben Material. Auch Skulptur und Malerei stellen gleicherweise Menschen dar und haben doch ganz verschiedene Gesetze, die durch das verschiedene Material bestimmt sind. Das Material der Filmkunst aber, seine Substanz, ist von der des Theaters grundverschieden.

Es ist immer ein doppeltes Ding, das wir auf dem Theater wahrnehmen: das Drama und seine Darstellung. Sie erscheinen uns unabhängig, in einem freien Verhältnis zueinander, immer als eine Zweiheit. Der Theaterregisseur bekommt ein fertiges Stück, der Bühnenschauspieler eine fertige Rolle in die Hand. Ihnen bleibt nur die Aufgabe, den vorhandenen, festgelegten Sinn herauszustreichen und plastisch darzustellen. Dabei hat das Publikum die Möglichkeit der Kontrolle. Denn wir hören ja aus den Worten, was der Dichter gemeint hat, und sehen, ob Regisseur und Schauspieler es richtig oder unrichtig darstellen. Sie sind nur Interpreten des Textes, der uns im Original – durch ihre Darstellung hindurch – zugänglich ist. Denn das Material des Theaters ist eben zweischichtig.

Beim Film ist die Sache anders. Wir können nicht hinter der Darstellung ein selbständiges Stück wahrnehmen, dieses unabhängig von der Vorführung betrachten und beurteilen. Das Publikum hat beim Film keine Möglichkeit irgendeiner Kontrolle darüber, ob Regisseur und Schauspieler das Werk des Dichters richtig oder unrichtig dargestellt haben, denn es ist einzig und allein ihr Werk, welches das Publikum zu Gesicht bekommt. Was uns gefällt, haben sie gemacht, und sie sind verantwortlich dafür, was uns mißfällt.

Dichtende Darsteller

Darum sind auch die Filmregisseure bekannter und berühmter als ihre Kollegen vom Theater. Wer hingegen merkt sich den Namen (wenn er überhaupt genannt wird) eines Filmautors? Auch mit den „Filmstars" wird ein viel größeres Wesen getrieben als mit den Bühnensternen. Geschieht hier ein Unrecht, das nur auf die Reklame zurückzuführen ist? Nein. Auch die größte Reklame kann nur dann nachhaltig wirken, wenn sie auf vorhandenes Interesse gegründet ist. Die Sache ist eben die, daß Regisseure und Schauspieler die eigentlichen Dichter des Films sind.

Wenn ein Schauspieler einen Satz sagt und dazu ein Gesicht schneidet, dann erfahren wir aus seinen Worten, was er meint, und seine Mienen sind nur eine Art Begleitung dazu. Wenn diese Begleitung falsch ist, wirkt das unangenehm, gerade darum, weil wir in der Lage sind, festzustellen, daß es falsch ist. (Denn der Träger des Sinnes ist das Wort.)

Im Film geben uns Worte keine Anhaltspunkte. Wir erfahren alles aus dem Gebärdenspiel, das nun keine Begleitung und auch nicht Form und Ausdruck, sondern *einziger Inhalt* ist.

Freilich können wir auch im Film bemerken, wenn schlecht gespielt wird. Doch hat das schlechte Spiel hier eine andere Bedeutung. Es ist keine falsche Interpretation einer vorhandenen Figur, sondern eine falsche Gestaltung, durch die eine Figur überhaupt nicht zustande kommt. Es ist eine schlechte Dichtung. Die Fehler sind nicht Widersprüche mit einem Text, der zugrunde liegt, sondern Widersprüche des Spiels mit sich selber. Auch im Theater ist es möglich, daß ein Schauspieler auf Grund eines Mißverständnisses eine Figur der Dichtung konsequent und doch gut verfälscht. Wenn das einem Filmschauspieler gelingt, sind wir nicht in der Lage, zu bemerken, daß eine Fälschung vorliegt. Denn der Urstoff, die poetische Substanz des Films, ist die sichtbare Gebärde. Aus dieser wird der Film gestaltet.

Sechstes Kapitel

Die schöpferische Kamera

Was wir auf der Projektionsfläche sehen, ist eine Photographie, also als Werk nicht auf der Leinwand entstanden (wie zum Beispiel das gemalte Bild). Es war schon vorher fertig und sichtbar in der Wirklichkeit vorhanden. Es mußte sich vor der Filmkamera (Aufnahmeapparat) abspielen, sonst hätte man es nicht photographieren können. Die eigentlich schöpferische Arbeit, die ursprüngliche Handlung, spielte sich also im Atelier des Studios oder in der freien Natur ab, auf jeden Fall aber räumlich *vor* der Kamera und zeitlich *vor* der Bildwiedergabe der Aufnahme. Dort, damals spielten die Schauspieler, beleuchtete der Beleuchter. All das mußte erst Wirklichkeit gewesen sein, ehe es zum Bild wurde. Also ist der Film, den wir auf der Leinwand sehen, keineswegs etwas anderes als eine photographische Reproduktion, und zwar – zumeist – die Reproduktion schauspielerischer Leistungen.

Aber sehen wir etwa im Film, auf der Leinwand, nicht auch Dinge, die wir im Atelier nicht sehen könnten? Auch dann nicht, wenn wir bei der Aufnahme dabei sind? – Welches sind jene Wirkungen, die *erstmalig auf dem Filmstreifen, durch Bildprojektion zustande kommen?* Worin besteht jenes Etwas, das der Film nicht reproduziert, sondern *produziert*, und demzufolge er zu einer selbständigen, von Grund auf neuen Kunstform wurde? Wir haben es bereits definiert:

die wechselnde Entfernung,
das Detailbild,
die Nahaufnahme,
die wechselnde Einstellung,
der Schnitt.

Und das Wichtigste – die neue psychologische Wirkung, die der Film durch die hier aufgezählten technischen Maßnahmen erzielt: *die Identifizierung.*

Angenommen, daß ich bei sämtlichen Aufnahmen anwesend bin und sie alle im Studio verfolge, wird es mir doch nicht möglich sein, jene Bildwirkungen zu sehen, die sich daraus ergeben, daß die Aufnahmen aus geringerer und dann wieder aus größerer Entfernung gemacht werden, und dementsprechend werde ich auch nicht imstande sein, den Rhythmus des Schnittes zu sehen, zu ertasten, der sich daraus ergibt. Im Atelier sehe ich nämlich jede Szene und jede Gestalt *ganz* (wie auf der Bühne) und vermag die Bilddetails mit freiem Auge nicht vom Ganzen gesondert wahrzunehmen. Wir können in der Wirklichkeit das Gesicht der Dinge (auch wenn wir während der Aufnahme dicht neben der Kamera stehen) niemals bis in jene mikroskopischen Einzelheiten sehen, die uns die Nahaufnahme zeigt. Den Ausschnitt der Nahaufnahme wählen, ist Kompositionsarbeit. Was wegbleibt, was hineingehört, alles hat seine Bedeutung. Diese Bedeutung aber verleiht ausschließlich die Kamera dem Bild, und sie wirkt auf uns nur von der Leinwand herab.

Es sind also die *Einstellung* und der *Blickwinkel*, die den Dingen ihre Form geben, und zwar in so hohem Maße, daß zwei unter verschiedenen Blickwinkeln gezeichnete Bilder ein und desselben Gegenstandes einander oft gar nicht ähnlich sind. Dies ist das charakteristischste Merkmal des Films. Er *reproduziert* seine Bilder *nicht*, er *produziert* sie. Es ist dies die „Art, zu sehen", des Operateurs, seine künstlerische Schöpfung, der Ausdruck seiner Persönlichkeit, etwas, das nur auf die Leinwand projiziert sichtbar wird.

Und schließlich – der *Schnitt*. Er ist die letzte, zusammenfassende, schöpferische Arbeit am Film, die sich nicht auf den Verlauf der Aufnahmen stützt; sie erzeugt jenen Bildrhythmus und ideenverbindenden Vorgang, der schon allein darum nicht als reproduktiv angesehen werden kann, weil er überhaupt nicht von einem Original, einem schon vor dem Film dagewesenen „Modell", ausgeht, das er kopieren könnte, wie etwa ein Maler dies tut. Der Schnitt (Montage) ist die *bewegliche Architektur* des Bildmaterials: eine ureigene und neue schöpferische Kunstform.

Das also sind die grundlegend neuen Elemente der Filmkunst. Es sind jene, welche die Erfindung der Filmkamera in Frankreich nicht automatisch mit sich brachte. Es sind jene, die erst Jahrzehnte später in Hollywood entdeckt wurden.

Wir sind im Bild mitten darin

Alle diese auf neue Art wirkenden Ausdrucksmittel gründen sich auf die ständige Bewegung der Kamera, die nicht nur ununterbrochen neue Dinge, sondern diese auch immer wieder in wechselndem Blickwinkel zeigt. Hierin liegt die historische Neuartigkeit des Films. Es ist Wahrheit, daß der Film neue Welten entdeckt hat, die uns bis dahin verborgen gewesen waren: so zum Beispiel die Seele der Umgebung der Menschen, das Antlitz der Dinge, die er berührt. Der Film ließ uns die dramatische Wucht des Raumes spüren, die sprechende Seele der Landschaft, den Rhythmus der Massen und die geheime Sprache des stummen Seins vernehmen.

All dies aber bedeutet neue Erkenntnisse, neue Themen, neuen Inhalt, neuen Stoff. Eine entscheidendere, historisch bedeutendere Wandlung aber war, kunstphilosophisch betrachtet, daß der Film nicht allein *anderes,* sondern daß er es auch *anders* zeigte, daß er im Bewußtsein des Zuschauers das ständige Entrücktsein des Werkes und damit jene innere Distanz aufhob, die bis dahin zum Wesen des Kunsterlebnisses gehört hatte.

Die Identifizierung

Im Kino reißt die Kamera unseren Blick mit sich fort in die Räume der Filmhandlung, des Filmbildes. Es ist, als sähen wir alles von *innen heraus,* als wären wir umgeben von den Gestalten des Films. Sie müssen uns nicht mitteilen, was sie empfinden, wir sehen ja, wie sie es sehen. Zwar bist du an den Platz gebunden, den du bezahlt hast, aber du siehst Romeo und Julia nicht von dort aus. Mit Romeos Augen blickst du zum Balkon empor, mit Julias Blicken siehst du hinab zu Romeo. Durch deinen Blick *identifiziert* sich dein Bewußtsein mit den Gestalten des Films. Du betrachtest alles unter *ihrem* Blickwinkel, du hast keinen eigenen Standpunkt. Du gehst mit in der Masse, du reitest mit dem Helden, du fliegst, stürzt, und wenn auf der Leinwand einer in die Augen des anderen blickt, dann blickt er von der Leinwand in deine Augen. Denn deine Augen sind in der Kamera, sie identifizieren sich mit den Augen der handelnden Personen. Diese Personen sehen mit deinen Augen. Diesen psychologischen Akt nennen wir *Identifizierung.*

Einen dieser Identifizierung ähnlichen Vorgang hat es als reguläre Auswirkung irgendeiner Kunstform bisher nicht gegeben, und hierin offenbart sich, kunstphilosophisch betrachtet, zutiefst die neue Eigenart des Films.

Neue Kunstphilosophie

Die Film*kamera* kam aus Europa nach Amerika. Weshalb also gelangte die Film*kunst* aus Amerika nach Europa? Wie kam es, daß man in Hollywood die neuen, ureigensten Ausdrucksformen des Films früher entdeckte als in Paris? Hier geschah es zum erstenmal in der Geschichte, daß Europa von Amerika eine Kunst erlernen mußte.

Der Film ist nämlich die einzige unter den Künsten, die im kapitalistischen

Zeitalter entstanden ist. Die Wurzeln aller anderen Künste lassen sich bis in die vorkapitalistische Vergangenheit zurückverfolgen, sie alle zeigen daher noch Spuren alter Formen, früher Ideologien. Dazu kommt noch die Überlieferung der *bürgerlichen Ästhetik und Kunstgeschichte,* die mit ihren „ewigen Gesetzen" eine absolute Autorität der vorkapitalistischen, vor allem der antiken Künste verkündeten. Das Bürgertum erhob die Kunst der Antike, die nicht aus seiner eigenen Gesellschaft und seiner Ideologie geboren worden war, zur einzigen Norm, zum absoluten Maßstab. Alle Akademien und offiziellen Kulturorganisationen vertraten diesen Standpunkt. Diese Kunstbetrachtung der europäischen Kultur war keine günstige Plattform für jenen ohne Übergang vollzogenen jähen Sprung in eine grundlegend neue, *bürgerliche Kunst,* für jenen Sprung, den die traditionslosen, unvoreingenommenen Amerikaner ohne weiteres wagten.

Im Schatten der konservativen Académie Française, nahe den historischen Kunstschätzen des Louvre, dicht bei der Comédie Française, wo man heute noch Corneille und Racine genauso deklamiert wie vor zwei Jahrhunderten, wäre diese Neuerung weit schwerer durchzusetzen als im kulturellen Neuland Hollywood. Die Ideologie des amerikanischen Bürgertums war nicht an alte Kulturüberlieferungen gebunden. Worin unterscheidet sich aber die traditionelle europäische Kunstbetrachtung von der amerikanischen?

Das Prinzip des Mikrokosmos

Von den Tagen der alten Griechen bis in unsere Zeit besagt das Grundprinzip der europäischen Ästhetik und der Kunstphilosophie, daß zwischen Mensch und Kunstgegenstand eine äußere und eine innere Entfernung, ein Dualismus, besteht. In diesem Prinzip ist es begründet, daß jedes Kunstprodukt einen in sich selbst geschlossenen und kompositionell eigenen Gesetzen unterworfenen Mikrokosmos vorstellt. Es mag wohl die Wirklichkeit darstellen, steht jedoch in keinem unmittelbaren oder wie immer gearteten Zusammenhang mit ihr. Das Produkt der Kunst wird von der empirischen Wirklichkeit nicht nur durch den Bilderrahmen, den Statuensockel, die Theaterrampe getrennt. Der Kunstgegenstand löst sich infolge seines Wesenskernes, seiner geschlossenen Komposition, seiner eigenen Gesetzmäßigkeit vom Natürlichen, von der Wirklichkeit los. Eben weil er die Wirklichkeit darstellt, kann er keine mit ihr zusammenhängende Fortsetzung der Wirklichkeit sein. Wenn ich ein Bild in Händen halte, werde ich nie in den gemalten Grund des Bildes eindringen können. Ich bin hierzu nicht nur körperlich unfähig, auch mein Bewußtsein wird keinen Platz darin finden, denn niemals wird solch ein Bild die Vorstellung in mir erwecken wollen, ich sei ein Teil davon und glaube von mir selbst, daß ich mich in der gemalten Fläche befinde.

Die Welt des auf der Sprechbühne abrollenden Stückes bliebe mir auch dann verschlossen, wenn ich oben auf der Bühne inmitten der Darsteller säße oder wenn die Arena der Bühne von Zuschauern umringt wäre, wie dies im Zirkus der Fall ist. Denn auch dann könnte ich nicht an der Handlung teilhaben. Die Darsteller sprechen nicht zu mir, nehmen mich nicht zur Kenntnis. Ich kann durch meine Gegenwart die Komposition des Werkes zwar stören, ein Teil davon werden kann ich nie.

Die Legende des Apelles

Die innere Einstellung des Menschen zur Kunst war nicht immer und überall und bei allen Völkern von dieser Art. In der altgriechischen Legende von dem Maler Apelles kommt die europäische Kunstphilosophie zum Ausdruck. Jene Legende erzählt, Apelles habe das Bild einer Weintraube so wunderbar gemalt, daß die Spatzen getäuscht wurden und sich auf dem Bild niederließen. Aber diese europäische Legende schweigt davon, ob die Spatzen von jenen Trauben auch satt geworden sind. Denn es war nur ein Bild, eine Darstellung. Wie echt sie auch wirken mochte – zur Wirklichkeit konnte sie nicht werden.

Die chinesische Legende

Die alten Chinesen faßten die Produkte ihrer Kunst nicht als eine so ganz unnahbare, *andere* Welt auf. Ihr Mythos der Malerei erzählt folgendes: Einst lebte ein alter Maler, der ein herrliches Landschaftsbild schuf. Darauf wand sich durch ein reizendes Tal ein Pfad, schlang sich um einen hohen Berg, hinter dem er schließlich verschwand. Dem Maler gefiel sein Bild so sehr, daß ihn die Sehnsucht packte. Er ging in sein Bild hinein und folgte dem Pfad, den er selbst gemalt hatte. Er wanderte immer weiter und weiter in die Tiefe des Bildes, dann verschwand er hinter dem Berg und kam nie mehr zum Vorschein.

Ein anderes chinesisches Märchen berichtet von einem Jüngling, der in einer Tempelhalle ein herrliches Bild erblickte, mit Mädchen darauf, die auf einer

Wiese spielten. Eines der Mädchen war so schön, daß er sich augenblicklich verliebte. Da betrat er die Landschaft des Bildes und nahm das Mädchen zur Frau. Ein Jahr später aber sah man auf dem Bild außer dem Mädchen und dem Jüngling auch noch ein Kind.

Ein solches Märchen, genauer gesagt, eine solche Mythologie der Kunst, hätte in den Köpfen von Menschen, die innerhalb des europäischen ästhetischen Kulturkreises aufwuchsen, niemals geboren werden können. Der europäische Kunstbetrachter empfindet den inneren Raum eines durch seine geschlossene Komposition abgesperrten Bildes als völlig unzugänglich. Dies ist das Grundprinzip seiner Kunstphilosophie.

Im Kopfe eines Amerikaners in Hollywood aber hätten ohne weiteres auch solch seltsame Geschichten entstehen können! Denn die neuen, in Hollywood geborenen Formen der Filmkunst beweisen, daß die Leute dort die innere Welt des Films auch nicht ehrfürchtig aus der Ferne betrachten und keineswegs für unnahbar, oder in einer anderen Dimension liegend, halten. Erfanden sie doch jene Kunst, die den Begriff der geschlossenen Komposition nicht kennt; diese Kunst löscht nicht nur jene Andacht aus, von der infolge der Ferne der Zuschauer ergriffen wird, sondern sie erzeugt in ihm absichtlich die Illusion, inmitten der Handlung, im dargestellten Raum des Films zu stehen.

Die Ideologie der Pioniere

Es spräche gegen jede Erfahrung und Gesetzmäßigkeit und bedürfte einer speziellen Erklärung, wenn eine solche, alle Überlieferungen umstürzende Kunst nicht einer progressiven Ideologie entsprungen wäre. Es ist kein Zufall, daß der geniale David Griffith, der die *Revolution der Form* im Film auslöste, auch im Inhalt seiner Filme als *fortschrittlicher, radikal-demokratischer Mensch* auftritt. Seine wuchtige, aus vier Teilen bestehende Filmdichtung „Intolerance", die zu Beginn des ersten Weltkrieges gedreht wurde, ist die mutigste pazifistische Offenbarung jener Tage und zeigt, sich gegen den imperialistischen Chauvinismus wendend, in seinem letzten Teil die Methoden des Großkapitals in folgender Darstellung:
Die Fabriken eines amerikanischen Industriellen gehen schlecht. Reklame tut not, sein Name muß populär gemacht werden. Der Industrielle beauftragt daher seine Schwester gleichen Namens mit dem Bau von Waisenhäusern. Waisenhäuser werden zwar im Augenblick nicht gebraucht, aber die Wohltätigkeit ist stets die beste Reklame. Die Waisenhäuser kosten sehr

viel Geld und – stehen leer. Das Geld muß aus den Fabriken genommen werden, also muß man die Löhne herabsetzen. Dies hat den Streik der Arbeiter zur Folge. Der Fabrikant stellt Streikbrecher ein. Die Streikenden lassen sie nicht in die Fabrik. Die Werkpolizei erzwingt den Eintritt für die Streikbrecher mit Gewalt, sie eröffnet das Feuer auf die Arbeiter. So wird die Arbeit in der Fabrik wieder aufgenommen – auch die Waisenhäuser füllen sich Alles ist in schönster Ordnung. Happy-End.

Es sind jetzt (1949) schon mehr als drei Jahrzehnte seit der Herstellung dieses Films vergangen. Die bürgerliche Kinematographie hat seither kein zweites kritisches Bild des Kapitalismus gezeichnet, das an Schärfe an dieses heranreichte. Es ist kein Zufall, daß die revolutionären formalen Neuerungen der Filmkunst gerade in diesem von revolutionärem Geist getragenen Filminhalt zuerst Verwendung finden. Und es ist kein Zufall, daß auch in den anderen Werken David Griffiths der demokratisch-progressive Inhalt, gegen Überlieferungen ankämpfend, Hand in Hand mit der Erneuerung der Form wirkt. Der Held seines ausgezeichneten Films „Angst" zum Beispiel ist ein *Chinese!* Man überlege sich das: Der einzige anständige, edle und sympathische Mensch in einem amerikanischen Film – ein Farbiger! Dazu bedurfte es damals eines wahrhaft verwegenen Mutes. Ein anderer Griffith-Film, „Zwei Waisen im Sturm der Zeit", ist der wichtigste und schwungvollste Revolutionsfilm über die Französische Revolution. Sein „Blutiges Mal" ist ein Film gegen die Askesemoral der Kirche!

Eine ganze Generation Hollywooder Regisseure stürmte der Pionierarbeit Griffiths nach und entwickelte in den Jahren des ersten Weltkrieges die neue, ganz neuen Formprinzipien gehorchende Kunst des Films fast bis zur Vollkommenheit. Diese Kunst kam fix und fertig nach Europa. Die Generation dieser Formerneuerer erhielt ihren Antrieb von der demokratischen Fortschrittlichkeit ihrer Themen. Das große satirische Filmwerk Erich von Stroheims, „Gier nach Geld", ist mit Swiftscher Bitterkeit und Hogarthschem Zorn geformte Gesellschaftskritik des Bürgertums. In dem romantischen Antikapitalismus populärer Cowboyfilme wurde freilich eher gegen die Kaufleute in den Städten Stimmung gemacht als gegen den Kapitalismus als solchen, und jene ehrlichen, freien Söhne der Natur vertraten in ihrer Stellungnahme gegen Trusts und Industrialisierung häufig eine rückständige Farmerideologie. Doch *damals* war auch diese noch vom Atem der Freiheit umweht und noch nicht verdunkelt vom Schatten des Faschismus.

Wir dürfen auch nicht vergessen, daß die reizende Mary Pickford, einer der ersten weiblichen Filmstars, nur Rollen armer Mädchen verkörperte, ohne daß es am Schluß ihrer Filme zu einer „reichen Heirat" kam. Die flotten

Glücksrittergestalten des ewig lächelnden Douglas Fairbanks schreckten den Spießer. Und jene Wildwestfilme, die im Grunde genommen dem Heldenlied der ersten amerikanischen Landnehmer und Pioniere, nicht selten mit bedeutender künstlerischer Wucht und großem moralischem Pathos, vor unseren Augen Gestalt gaben, waren patriarchalische Epen schwerer Bauernarbeit. Auch Charlie Chaplin, selbst noch jener ersten großen Generation zugehörig, die den Film erschaffen hatte, zeigte uns immer das rührende Schicksal der armen, verfolgten Menschheit. Charlies unsterbliche Figur ist freilich nicht die revolutionäre Gestalt des ausgebeuteten Fabrik- oder Landarbeiters, sondern die eines Lumpenproletariers, der sich mit rührend-einfältiger Schlauheit gegen die „Herzlosigkeit der Reichen" zur Wehr setzt und mit Hilfe kleiner Nadelstiche Rache nimmt. Dennoch war, alles in allem, die erste Pioniergeneration Hollywoods die Schöpferin der neuen Formsprache des Films, sie war sowohl ideologisch als auch dem Inhalt und dem Geist ihrer Produktion nach, fortschrittlich und demokratisch. *Aus diesem Geist wurde die erste und einzige bürgerliche Kunst geboren.*

Siebentes Kapitel

Die Nahaufnahme

Die Basis der neuen Formsprache ist – wie wir bereits festgestellt haben – die Kamera, denn mit ihr wechselt auch unser Blick ununterbrochen seinen Schauplatz. Und damit verändert sich die *Entfernung des Bildes,* mit ihr wieder die *Größe* der einbezogenen Objekte und auch der *Blickwinkel* (die Perspektive), unter dem wir sie betrachten.

Diese Bewegung teilt das vor der Kamera befindliche Objekt in Teilbilder auf, möge es sich dabei um eine bewegte Szene oder um einen unbeweglichen Gegenstand handeln.

Es ist hier von *Teilbildern* die Rede, nicht von *Bildteilen.* Denn es ist nicht so, daß wir ein bereits aufgenommenes oder auch nur vorausgesetztes *ganzes* Bild in seine Elemente zerlegten (dies wäre eine Detaillierung eines bereits vorhandenen Bildes). In diesem Falle müßten wir ja beispielsweise bei einer Aufnahme der Masse jede dort vorkommende Menschengruppe, ja sogar jeden einzelnen Menschen, im Detailbild unter demselben Blickwinkel zeigen, unter dem er auf dem Totalbild gezeigt wurde. Diese einzelnen Figuren dürften sich während dieser Prozedur überhaupt nicht bewegen, denn wenn sie sich auch nur umwendeten, wären sie nicht mehr Details *jenes* ursprünglichen Totalbildes.

Ich detailliere also nicht ein bereits vorhandenes, geformtes Bild, sondern zeige eine lebende, bewegte Szene oder Gegend als Synthese einzelner Details. Es handelt sich hier nicht um die Bruchstücke eines fertigen Mosaiks. Aus Detailbildern des Films wird eine einheitliche *Szene* gebildet, ein einheitliches *Bild* könnte man aus ihnen nicht zusammenstellen.

Weshalb das Bild nicht zerfällt

Das Ordnen dieser Bildteile, der *Schnitt* (Montage), ist – wie bereits erwähnt – die *bewegte Komposition* des Films, seine während eines gewissen Zeitablaufes entstehende Architektur, von der noch häufig die Rede sein wird. Erst aber wenden wir unser Interesse jener kunstpsychologischen Frage zu, wie es kommt, daß die in Details aufgelöste Szene nicht einfach zerfällt.

Wie wird es möglich, daß sie im Bewußtsein des Zuschauers ein zusammen-
hängendes organisches Ganzes, in Raum und Zeit mit sich selbst identisch,
zu bleiben vermag? Wie kommt es, daß ich mir darüber im klaren bin,
Dinge zu erleben, die sich zu gleicher Zeit am gleichen Ort abspielen, obwohl ich die Bilder zeitlich nacheinander, innerhalb einer real durchaus meß-
baren Zeitspanne, erblicke?

Diese Einheit und die Illusion der Gleichzeitigkeit zeitlich verschieden abrollender Bilder entstehen nicht automatisch. Es bedarf hierzu jener Assoziation von Vorstellungen, jener Synthese von Bewußtsin und Phantasie, die
dem Kinopublikum *durch Erziehung* eignet. Es ist das jene visuelle Kultur,
über die ich in den vorangegangenen Kapiteln sprach.

Freilich muß auch das Detailbild (Filmquadrat) richtig geordnet und komponiert sein. Denn es gibt Filmquadrate, deren Einzelteile aus der Einheit
des supponierten Gesamtraumes der Handlung herausfallen. Man spürt dabei
nicht mehr, daß man sich noch am gleichen Ort befindet. Es so oder anders
zu ordnen, liegt in den Händen der Regie, die – umgekehrt – auch bewirken
kann, daß sie uns die Einheit der Szene in Raum und Zeit auch dann fühlen
läßt, wenn sie uns das Totalbild, den Totalraum, nicht ein einziges Mal zur
Orientierung gezeigt hat.

Das kann erzielt werden, indem es in jedem Filmquadrat des Detailbildes
eine Bewegung, eine Form geben muß, die als Verbindung zum vorherigen
oder zum nachfolgenden Filmquadrat dient: zum Beispiel ein Gegenstand,
wie ein Ast oder ein Zaun, der ins seitliche Nachbarbild hinüberreicht, ein
Ball, der hinüberrollt, ein Vogel, der hinüberfliegt, Zigarrenrauch oder ein
Blick, eine Geste, die im Nachbarquadrat eine Erwiderung findet. Der
Regisseur muß jedoch darauf achten, den Blickwinkel (die Perspektive) einer
aufgenommenen Gestalt, die sich in Bewegung befindet, *nicht gleichzeitig mit
der Richtung dieser Bewegung zu verändern,* denn damit würde er auch das
Bild so stark verändern, daß es nicht mehr in den Rahmen hineinpaßte und
fremd wirken würde.

Der Tonfilm vereinfachte diese Aufgabe der Einheitlichkeit. Denn der *Ton*
ist immer im *ganzen Raum* zu hören, auch bei allen Detailbildern. Wenn
die Szene in einer Tanzbar spielt, wird man die Jazzmusik auch im Bildqua-
drat des kleinsten Details hören, selbst wenn das Orchester nicht zu sehen ist.
Sehe ich auch nur eine Hand, die eine Rose hält, werde ich dennoch wissen,
daß ich mich noch immer in derselben Bar befinde. Wenn hingegen im
gleichen Detail *plötzlich völlig andere Töne oder Stimmen gehört werden,*
dann ahne ich, obwohl ich es noch nicht sehe, daß die Hand mit der Rose

sich nunmehr ganz woanders befindet. Angenommen – um bei dem Beispiel von Hand und Rose zu bleiben –, es wäre an Stelle der Jazzmusik im Bilde plötzlich Vogelgezwitscher zu hören, dann wären wir keineswegs überrascht, wenn wir jene Hand, Rosen pflückend, und auch den Menschen, zu dem sie gehört, nunmehr im totalen Bild in einem Garten wieder erblickten. Solcher Szenenwechsel gibt Gelegenheit zu guten Wirkungen.

Der Ton ist unteilbar

Diese andersgeartete Natur des Tons beeinflußt Komposition, Schnitt und Dramaturgie des Tonfilms wesentlich. Den Ton als Objekt vermag nämlich die Tonfilmkamera nicht in Tonteile zu zerlegen. Im Raume ist stets der ganze Ton ungeteilt zu hören, und zwar homogen, womit gemeint ist, daß er an keinem Ort desselben Raumes verschiedenen Charakter besitzt. Er kann nur leiser oder lauter, ferner oder näher sein und sich in verschiedener Weise mit anderen Tönen *mischen*. In jenem Lokal werde ich nahe der Jazzkapelle nur die Musik hören, während in der Nähe einer lärmenden Tischgesellschaft die lauten Stimmen und das Gelächter sie übertönen werden.

Der Raumcharakter des Tons

Jeder Ton hat Raumcharakter. Ich kann seinen Schattierungen entnehmen, ob er in einem Zimmer, Keller, Saal oder Wald erklungen ist. Auch dieser Raumcharakter verbindet die im gleichen Raum abrollenden Detailbilder zu einer Einheit.
Der Tonfilm hat unser Gehör zum genauen Erkennen der Tonschattierungen erzogen – oder hätte es dazu erziehen können. Wir lernten jedoch so gut zu hören wie zu sehen. Denn der Tonfilm – der den Ton im allgemeinen ebenso als künstlerisches Gestaltungsmaterial verwenden konnte wie das Bild den visuellen Eindruck – der Tonfilm überließ das Feld sehr schnell dem reinen Sprechfilm. Ein Rückzug in das Gebiet des photographierten Theaters. Jene Möglichkeiten des Tonfilms, *den Raum zu hören*, ohne ihn sehen zu müssen, die Möglichkeit, die intimste Nahaufnahme zu betrachten und zugleich die ganze Weite des enormen Raumes zu hören, bietet kontrapunktische Wirkungsmöglichkeiten, die der Film nur selten und kaum jemals ganz ausgenützt hat. Ein Antlitz, dem Meere zugewandt – ich *sehe nur* das Gesicht,

46

ganz nah – das Meer *höre* ich –, ich spüre die Korrespondenz der Unendlichkeit des Raumes mit der inneren Entrücktheit, die sich auf dem Gesicht spiegelt.

Das Gesicht der Dinge

Dies war die erste neue Welt, die von der Filmkamera zur Zeit des Stummfilms entdeckt wurde: die Welt der ganz kleinen Dinge, aus nächster Nähe gesehen, die Verborgenheit kleinsten Lebens. Die Kamera zeigte damit aber nicht nur bisher unbekannte Gegenstände und Geschehnisse: die Abenteuer kleiner Käfer im Urwald der Gräser, ein Hühnerdrama in der Ecke des Hofes oder die Erotik der Blume. Sie erschloß nicht nur die Poesie von Miniaturlandschaften. Sie brachte nicht nur neue Themen. Mit den Nahaufnahmen deckte der Film auch die geheimen Wurzeln des schon bekannten Lebens – das wir so gut zu kennen wähnten – auf. Denn auch das größte Leben besteht aus den Elementen solch kleiner Leben und ist ihre Resultante. *Die großen Umrisse* sind meist Ergebnisse unserer Kurzsichtigkeit und Oberflächlichkeit, welche die kribbelnde und wimmelnde, springlebendige Lebenssubstanz zu verallgemeinern trachten. Die Filmkamera hat das Leben der Zelle als Urbaustein des Lebendigen erschlossen, also jenen Bezirk, in dem sich große Ereignisse aus kleinsten Anfängen vorbereiten; auch der gewaltigste Erdrutsch erwächst aus Bewegungen kleiner Steinchen und Moleküle. Die Legion der Nahaufnahmen kann uns jenen Augenblick zeigen, in dem „die Quantität in die Qualität umschlägt" (Marx). Die Nahaufnahme hat unser Lebensbild nicht nur erweitert, sondern auch vertieft. Sie zeigt nicht nur neue Gegenstände, sie offenbart auch ihren Sinn.

Visuelle Lebenspartitur

Die Nahaufnahme zeigt die Bewegung deiner Hand, wenn sie streichelt oder zuschlägt, und die oft ausdrucksvoller, weil unkontrollierbarer ist als dein Mienenspiel. Sie zeigt deinen Schatten an der Wand, mit dem du lebst, ohne ihn zu kennen. Und das stumme Gesicht und das Schicksal der Gegenstände in deinem Zimmer, die deine Gefährten sind. Du hast dein Leben bisher so betrachtet, wie ein der Musik nichtkundiger Konzertbesucher das Orchester anhört. Er vernimmt nur das Leitmotiv, alles andere zerfließt in einem allgemeinen Dröhnen. Aber nur jener, der die kontrapunktische Architektur der einzelnen Stimmen zu vernehmen mag, kann die Musik wirklich verstehen und genießen. Auch das Leben sehen wir so: Nur seine Leitmotive fallen uns auf. Der gute Film aber führt uns mit seinen Nahaufnahmen zum Verständnis auch des geheimsten Motivs des in vielen Tönen klingenden Lebens und lehrt uns die *visuelle Partitur des vielstimmigen Lebens* lesen.

Die Lyrik der Nahaufnahmen

Die Nahaufnahme kann bloß als naturalistische Genauigkeit der Detaillierung wirken. Gute Nahaufnahmen strahlen jedoch auch eine zarte menschliche Haltung aus, eben weil sie bescheiden verborgene Dinge aufdecken. Sie erzeugen die Stimmung einer zarten Aufmerksamkeit, die in jenem rührenden Bemühen des Menschen beschlossen ist, der nicht an der trauten Heimlichkeit eines „kleinen Lebens" achtlos vorbeigeht. Gute Nahaufnahmen üben eine lyrische Wirkung aus. Sie wurden „gesehen" nicht vom guten Auge, sondern vom guten Herzen.

Die Nahaufnahmen sind oft dramatische Entlarvungen dessen, was hinter dem „ersten Schein" *wirklich* geschieht. Du sieht irgendwo in ganzer Figur eine Person sitzen, die sich mit kältester Ruhe unterhält. Die Nahaufnahme zeigt das Beben ihrer Hände, die nervös ein Brotkügelchen kneten und so Sturm anzeigen. Inmitten der freundlichen Atmosphäre einer hellen Wohnung taucht das böse grinsende Profil eines Kamins oder die drohende Miene einer ins Dunkle sich öffnenden Türe auf. Und wie in einer Oper mit dem Leitmotiv des drohenden Schicksals, zerreißt ein „Leitbild", ein Schatten der Gefahr, die glückliche Stimmung.

Die Nahaufnahmen drücken in Bildern Empfindsamkeit und die poetische Gabe des Regisseurs aus. Er vermag die Gesichter der Gegenstände zu zeigen und ihnen jenen Ausdruck zu verleihen, der *der projizierte Ausdruck unserer unregistrierten Gefühle ist.*

In einem sehr alten amerikanischen Film sahen wir die dramatische Szene, in der die Braut vom Altar entflieht, weil sie den unter Zwang ihr zugeführten reichen Bräutigam nun doch nicht nehmen will. Sie stürzt davon. Während ihrer Flucht muß sie einen großen Saal durchqueren, der bereits mit Hochzeitsgeschenken angefüllt ist. Schöne Dinge, gute Dinge, nützliche Dinge strahlen sie, Sicherheit und Wohlleben verheißend, an, neigen sich ihr entgegen in Bildern von sprechendem Ausdruck. Dort sind auch Geschenke des Bräutigams, deren „Gesichter" gleichsam rührende Aufmerksamkeit, Zartheit und Liebe ausdrücken. Es ist, als ob sie alle das Mädchen anblickten; denn sie blickt die Geschenke an. Es ist, als griffen sie mit Händen nach ihr, weil sie es so empfindet. Und da sind noch mehr Geschenke und noch mehr, der ganze Raum ist angefüllt davon. Die Geschenke versperren der Braut den Weg zur Flucht. Sie versperren den Weg auch ihrem Herzen. Ihr Lauf wird gehemmt, sie stockt. Sie kehrt um.

Die Dreizehn

Jene bedeutsame, ja dramatisch bedeutsame Lebendigkeit, die den Gegenständen durch die Nahaufnahme verliehen wird, hat nicht nur als künstlerischer Stoff des Stummfilms Gültigkeit. Sie wurde von Michail Romm in seinem Tonfilm „Die Dreizehn" ebenfalls verwendet: Wüstenräuber haben die kleine Gruppe umzingelt, aber bei aller Bedrängnis gelang es, einem einzigen Reiter die Flucht zu ermöglichen. Er soll nun Hilfe herbeirufen. Dort sehen wir die zwölf in einem Kampf auf Leben und Tod, der nicht mehr lange geführt werden kann. Hier durchquert ein einsamer Reiter auf endlosen, gefährdeten Wegen die Sandwüste. Von ihm hängt das Leben jener ab. Darum haben wir weit mehr Interesse für *seinen* Kampf, *sein* Geschick, als für das Schicksal jener, die, hinter Sandhügeln liegend, Schüsse wechseln, was für das Auge nicht sehr abwechslungsreich erscheint. Der grausame Feind aber, gegen den dieser Reiter kämpft, ist die Länge des Weges. – Wie macht der Regisseur dies klar? Zeigt er ihn reitend, immer und immer wieder reitend? Der Zuschauer würde schneller ermüden als der Reiter. Darum zeigt Romm den Reiter überhaupt nicht, sondern nur dessen Fährte im Sand. Sie drückt mehr aus, als der Ritt oder selbst das ermattete Antlitz des Reiters ausdrücken könnte. Denn diese Spuren zeigen das, was am furchtbarsten ist: *die unabsehbare Länge des Weges,* die enorme Perspektive der öden Wüstenlandschaft. Über ihre glatte Fläche läuft einsam eine einzige Linie: die Fährte, verloren im enormen Raum, sich am fernen Horizont verlierend. Wieviel Zeit, wieviel Meter Film hätte der Regisseur opfern müssen, wenn er versucht hätte, den Ritt zeigend, die gleiche Wirkung zu erzielen, die er hier durch ein einziges Totalbild erzielt hat?
Das aufregende Drama beginnt dann mit der Nahaufnahme der Spur. Denn die Spur verändert ihre Form. Ihre Zeichnung wird zur Physiognomie, wenn wir an ihr die Erschöpfung, die Müdigkeit unsicher gewordener Schritte erkennen. Daß wir die Verfassung jenes Menschen nicht unmittelbar bemerken, sondern nur aus der Spur folgern, gleichsam aus ihr herauslesen, regt unsere Phantasie in besonderem Maße an. Dann bemerken wir fern am Horizont ein regungsloses Etwas. Es liegt da... Es ist nicht sofort klar: Ist es der Mann

oder das Pferd? Diese Ungewißheit ist das Erregendste. Dann aber sehen wir wieder die Menschenfährte im Wüstensand. Daß wir diesmal den Kadaver des Pferdes nicht sehen, charakterisiert die Bedeutung der Nahaufnahme am besten – der Zuschauer hat Angst davor! Der Zuschauer will das, was dort liegt, nicht aus der Nähe sehen ... Aber damit beschwört er die Nahaufnahme dämonisch in der Phantasie!

Dann sehen wir nur die Spuren des Fußgängers. Er versinkt bis an die Knie im Sand, wir sehen das an der Spur. Er wankt bereits, setzt seine Füße ungewiß hierhin, dorthin – wir sehen es wieder an der Spur. Diese lange, ungewisse Fährte versinkt unendlich fern hinter dem Horizont, und das Ziel ist nicht zu erblicken.

Dann sehen wir eine Waffe im Sand liegen, ein Gewehr. Die Nahaufnahme zeigt dieses Requisit als wertvolles Kleinod. Sie zeigt, daß man so etwas nicht fort wirft, solange man noch die Kraft hat, es zu schleppen...

Dann liegt dort ein Säbel im Sand. Nicht einmal seinen Säbel konnte er mehr schleppen! – Nahaufnahmen zeigen, wie er nacheinander alles von sich wirft. Sie zeigen seine Anstrengungen, den Kampf seines festen Willens, seine Qual und die verzweifelte Hartnäckigkeit seines Weitermarsches. Ihn selbst haben wir noch kein einziges Mal gesehen! Aber in unserer Phantasie erscheint sein Bild um so erschütternder. Wir sehen nur die tragische Ballade des Weges, und jede neue Spur, jeder Gegenstand wird zum neuen Gesang, zur neuen Strophe. Wie oft hätte der Regisseur, wenn er den Mann selbst gezeigt hätte, einander ähnliche Bilder bringen müssen! Das menschliche Mienenspiel, wenn es stets nur Anstrengung und Erschöpfung ausdrücken soll, wäre gar nicht imstande, so viele Varianten und Steigerungen des auszudrückenden Zustandes zu zeigen. Erst ganz zum Schluß, fast am Ziel, sehen wir den Mann selbst, auf dem Höhepunkt seines dramatischen Kampfes gegen Hunger, Durst und Erschöpfung. Auf allen vieren kriecht er vorwärts im Sand, noch immer vorwärts, dann sinkt er zusammen und verliert das Bewußtsein. Jetzt wird auch sein Mienenspiel wirksam. Der Regisseur hat es sich bis jetzt aufgespart.

Dies war ein klassisches Beispiel dafür, wie der Film Nahaufnahmen verwenden soll.

Auf der Bühne sind Bedeutung und Wert des sprechenden Menschen größer als die stummen Gegenstände. Beide befinden sich auf der gleichen Ebene, und ihre Intensität ist verschieden. Im Stummfilm wurden Gegenstand wie Mensch gleichermaßen zum Bild, zur Photographie. Sie wurden in einer homogenen Masse auf eine Ebene projiziert, ähnlich wie in der Malerei, wo sie in gleicher Weise die Farben wie auch die Motive einer gemeinsamen

Komposition darstellen. So geraten sie, ihrer Bedeutung, ihrer Intensität und ihrem Werte nach, auf ein und dieselbe Ebene.

Auch der im Tonfilm redende Mensch ist nur ein Bild, eine Photographie, und auch sein Wort vermag ihn nicht aus der Gemeinschaft des ebenfalls gemeinsamen Stoffes hervorzuheben. Darum besteht auch im Tonfilm die Möglichkeit einer Einheitlichkeit des Stils im Filmbild, daß beispielsweise in der Umgebung eines skurrilen Menschen mit grotesk-bösartiger Physiognomie auch die Gegenstände, einer geheimnisvollen Familienähnlichkeit zufolge, ein skurriles, grotesk-bösartiges Aussehen annehmen. Oder daß in der Nähe eines bezaubernd lächelnden jungen Mädchens auch die Dinge ein lächelndes Gesicht zeigen.

Zweifellos hat der Stummfilm, als er zum Entdecker der Seele der Dinge wurde, deren Bedeutung vielfach überschätzt und verfiel mitunter in den Fehler, das „verborgene" kleine Sein als Selbstzweck zu zeigen, unabhängig vom menschlichen Schicksal. In diesen Fällen wurde die „Poesie der Dinge" an Stelle der Poesie des Menschen gezeigt. Was aber Lessing im „Laokoon" über Homer sagt – er habe niemals etwas anderes als menschliche Handlungen beschrieben und die einzelnen Dinge nur insoweit gezeichnet, als sie an jenen Handlungen Anteil nähmen –, muß als vorbildliche Norm für jede epische und dramatische Kunstform gelten, in deren Mittelpunkt die Darstellung des Menschen steht.

Achtes Kapitel

Das Gesicht des Menschen

In allen Künsten ist immer nur vom Menschen die Rede. Sie sind menschliche Offenbarungen und Menschendarstellungen. Um Marx zu variieren: „Wurzel aller Künste aber ist der Mensch." Auch dann, wenn die Nahaufnahmen des Films den Schleier, den unsere unvollkommene Sicht ,und unser kraftloses Empfinden vor die Dinge breiten, für uns lüften, zeigen sie nur – den Menschen! Denn der menschliche Ausdruck ist es, der auf das Objekt projiziert wird und dieses dann selbst ausdrucksvoll erscheinen läßt. Die Dinge erwidern nur unseren Blick. Das ist es ja gerade, was hier Kunst erzeugt und diesen Vorgang von der wissenschaftlichen Erkenntnis unterscheidet, sosehr auch diese subjektiv determiniert ist.

Wenn wir das Gesicht der Dinge erblicken, vollzieht sich eine Anthropomorphose, genau wie im Mythos, der Götter nach dem Bild des Menschen erschafft. Die schöpferischen Werkzeuge dieses mächtigen visuellen Anthropomorphismus sind die Nahaufnahmen des Films.

Die Entdeckung des Menschengesichtes im Film war viel bedeutungsvoller als die Entdeckung des Gesichtes der Dinge. Die Physiognomie und die Mimik sind die subjektivsten Ausdrucksformen des Menschen. Sie sind subjektiver als die Sprache, weil der Wortschatz und die Grammatik des Menschen überlieferten, allgemein befolgten Regeln unterworfen sind, die Mimik aber ist – wie bereits erwähnt – eine, wenn auch zum großen Teil ebenfalls erlernte, so doch nicht von kodifizierten Regeln abhängige Äußerung. Diese subjektivste menschliche Ausdrucksform wird zum Objekt der Nahaufnahme.

Die neue Dimension

Wenn die Nahaufnahme irgendeinen Gegenstand oder auch nur einen Teil irgendeines Körpers aus der Umgebung heraushebt, so wissen wir dennoch, daß dieser Gegenstand oder Teilkörper sich *im Raum* befindet. Wir vergessen keinen Augenblick lang, daß jene Hand, die uns die Nahaufnahme allein zeigt, einem Menschen gehört. Diese Zugehörigkeit verleiht ja allen ihren Bewegungen ihren Sinn. Als jedoch Griffith, genial und tollkühn, zum erstenmal riesengroße „abgehackte Köpfe" auf die Leinwand projizierte, brachte er das Menschengesicht nicht nur im Raum näher an uns heran, sondern er übertrug es aus der Dimension des Raums *in eine andere Dimension.*

Nicht die Kinoleinwand meine ich freilich und die darauf tanzenden Schatten- und Lichtpunkte – die ja lauter sichtbare Dinge und nur im Raum vorstellbar sind –, sondern den *Ausdruck* des Gesichtes. Die isolierte Hand würde – wie festgestellt – ihren Sinn verlieren, also auch ihren Ausdruck, wenn ich mir nicht einen dazugehörigen Menschen vorstellen könnte. Der Ausdruck eines isolierten Antlitzes dagegen ist in sich selbst geschlossen und verständlich, man muß sich nichts hinzudenken, weder im Raum noch in der Zeit. Haben wir das Gesicht soeben noch inmitten einer Masse gesehen und wird es dann gesondert hervorgehoben, dann ist es uns, als wären wir plötzlich mit ihm unter vier Augen allein. Sahen wir es auch vorhin in einem großen Raum, so werden wir dennoch, wenn wir dann während der Nahaufnahme in dieses Gesicht blicken, nicht mehr an jenen Raum denken. Denn der *Ausdruck* des Gesichtes und die *Bedeutung* dieses Ausdrucks *hat keinerlei räumliche Beziehung oder Verbindung.* Einem isolierten Antlitz gegenüber fühlen wir uns nicht im Raum. Unser Raumempfinden ist aufgehoben. Eine andersgeartete Dimension erschließt sich: *die Physiognomie.* Jene räumliche Bedeutung der Tatsache, daß die Teile des Gesichtes *nebeneinander* zu sehen, also im Raum vorhanden sind, daß die Augen ·oben, die Ohren seitwärts und der Mund weiter unten zu sehen sind, hat aufgehört, sobald wir nicht Gestalten aus Fleisch und Blut, sondern einen *Ausdruck,* also ein Gefühl sehen, eine Stimmung, eine Absicht, einen Gedanken. Wir sehen also mit unseren Augen etwas, was nicht im Raum vorhanden ist. Gefühle, Stimmungen, Absichten, Gedanken sind keine räumlichen Dinge, mögen sie auch hundertmal durch räumliche Zeichen angedeutet werden.

Der stumme Monolog

Das moderne Theater verwendet den lauten Monolog selten. Ohne Monolog aber ist der Held gerade dann stumm, wenn er am aufrichtigsten, unbefangensten, intensivsten – wenn er allein ist. Der Naturalismus widerstrebt dem Monolog, weil dieser angeblich „nicht natürlich" ist. Nun, der Film hat den *stummen Monolog* ermöglicht, wo das Mienenspiel in zartesten mimischen Nuancen redet, in Schattierungen, die den Zuschauer nicht stören, weil sie natürlich wirken. In ihnen kommt die *einsame Menschenseele* zu Wort, aufrichtiger, unvoreingenommener als in jedem gesprochenen Monolog, ungewollter und unbewußter. Die Sprache des Gesichtsausdrucks kann der Mensch weder unterdrücken noch kontrollieren. Das disziplinierteste, verstellungsfähigste Gesicht eines Heuchlers wird dennoch in der Nahaufnahme außer dem geheuchelten Ausdruck mit mikroskopischer Deutlichkeit *auch* zeigen, daß es etwas verbirgt, auch deutlich machen, daß es lügt. Denn auch hier gibt es eine eigene Mimik. Mit Worten zu lügen ist viel leichter. Auch das zeigt der Film.

Der stumme Monolog eines Gesichtes im Film kann nicht nur dann gesprochen werden, wenn der Held allein ist. Auch darin liegt eine besondere Möglichkeit der Menschendarstellung. Seiner dichterischen Bedeutung nach ist der Monolog nämlich nicht der Ausdruck körperlicher, sondern seelischer Einsamkeit. Und doch monologisiert der Held der Bühne nur dann, wenn niemand in seiner Nähe ist, obgleich er sich in großer Gesellschaft oft hundertmal eher einsam fühlen könnte. Der Monolog der Einsamkeit erhebt sich dort in ihm, während er sich laut mit anderen unterhält. Diesen zutiefst menschlichen Monolog vermag die Bühne nicht deutlich werden zu lassen. Um so mehr der Film. Denn die Nahaufnahme vermag aus der dichtesten Masse ein Gesicht herauszuheben und zu zeigen, wie einsam es in Wirklichkeit ist und was es in seiner Einsamkeit, inmitten jenes Menschenhaufens, ausdrückt.

Der Film vermag die Worte eines Menschen, der sich mit anderen unterhält, von seinem Mienenspiel zu trennen. Während er spricht, *sehen* wir seinen stummen Monolog und gewahren den Unterschied zwischen Monolog und Gespräch. Von der fernen Bühne vermag der Schauspieler durch sein Mienenspiel bestenfalls auszudrücken, daß seine Worte nicht aufrichtig gemeint sind, und es stört ungemein, daß auch seine Partner dies bemerken müssen. In der völlig abgetrennten Nahaufnahme des Films hingegen vermag ich bis auf den Grund der Seele zu schauen, jenes zarteste mimische Schattenspiel zu deuten, das selbst der aufmerksamste Partner im Spiel niemals bemerken kann.

Ein Romanschriftsteller oder Novellist freilich kann einen Dialog so formulieren, daß er hineinflicht, was die Sprechenden bei sich selbst denken. Damit zerreißt er aber jene, einmal komische und dann wieder tragische, immer jedoch atemberaubende *Einheit* der gesprochenen Worte mit den verborgenen Gedanken, in der dieser Widerspruch auf dem Menschenantlitz zutage tritt und die uns erstmalig der Film in verwirrend reichen Varianten gezeigt hat.

Das mehrstimmige Mienenspiel

Ein mehrstimmiges Mienenspiel wird möglich, wenn in einer Physiognomie entgegengesetzte Ausdrücke erscheinen. In einem physiognomischen Akkord gleichsam erscheint eine Synthese der verschiedensten Gefühle, Leidenschaften und Gedanken – eine Synthese, die den vielgearteten Menschen vollkommen ausdrückt.

Asta Nielsen spielte einmal eine Frau, die man dazu gedungen hat, einen reichen jungen Mann zu verführen. Der Mann, der sie dazu zwingt, beobachtet sie, hinter einem Vorhang versteckt, und wartet auf das Ergebnis. Im Bewußtsein dieser Kontrolle täuscht Asta Nielsen Verliebtheit vor. Sie tut es überzeugend, ihr Antlitz spiegelt die ganze mimische Skala der Liebe. Wir aber sehen, daß es nur gespielt ist, unecht – nur eine Maske. Im Verlauf der Szene nun verliebt sich Asta Nielsen wirklich in den jungen Mann. Ihr Mienenspiel ändert sich kaum, hatte es doch auch bisher Liebe gezeigt – und das vollkommen! Was sonst könnte es also jetzt, da sie wahrhaft liebt, zeigen? Es ist nur um jenen kaum faßbaren und dennoch gleich erkennbaren Schimmer anders, der bewirkt, daß jetzt der Ausdruck echten, tiefen Gefühles wird, was vorhin Verstellung war. Doch Asta Nielsen wird sich plötzlich dessen bewußt, daß sie beobachtet wird. Der Mann hinter dem Vorhang darf in ihrer Miene nicht lesen, daß es kein Spiel mehr ist, was sie treibt. Sie tut also wieder so, als lüge sie. Auf ihrem Antlitz erscheint eine neue, nunmehr dreistimmige Variation. Denn ihr Mienenspiel täuschte erst Liebe vor und zeigte die dann aufrichtig. Letzteres aber darf es nicht. Also zeigt ihr Gesicht wieder falsche, vorgespielte Verliebtheit. Nur ist jetzt diese Vorspiegelung Lüge. *Sie lügt uns vor, daß sie lügt.* – Und das alles sehen wir deutlich auf Asta Nielsens Gesicht. Sie hat zwei mimische Masken übereinandergelegt! Ein unsichtbares Antlitz wird nun auf ihrem Gesicht sichtbar (ähnlich wie gesagte Worte oft durch Assoziation das Unsagbare hervorrufen). Dem sichtbaren Mienenspiel assoziierte sich das unsichtbare, das nur derjenige versteht, dem es gilt.

Bereits in den Anfängen des Stummfilms zeigte David Griffith eine ähnliche Szene, und zwar in jenem Film, dessen Held ein chinesischer Kaufmann ist. Lilian Gish, ein verfolgtes Bettelmädchen, sinkt vor seiner Tür ohnmächtig zu Boden. Der Chinese findet die Kranke, bringt sie in sein Heim und pflegt sie. Sie wird allmählich gesund, aber ihr Gesicht bleibt in Trauer erstarrt. „Kannst du nicht lächeln?" fragt der Chinese, zu dem das verschreckte Kind allmählich Zutrauen faßt. „Ich will es versuchen", sagt Lilian Gish. Sie nimmt einen Spiegel zur Hand und schiebt mit den Fingern ihre Mundwinkel in die Höhe. Sie vollführt also vor dem Spiegel die *Grimasse des Lächelns.* Eine qualvolle und eher Furcht erweckende Maske wird dabei sichtbar. So wendet sie sich dem Chinesen zu. Aber dessen gütiger Blick weckt ein wahres Lächeln auf ihrem Antlitz. *Die Miene des Gesichtes bleibt unverändert.* Nur ist sie nunmehr von innerstem Gefühl durchwärmt, und eine nicht feststellbare feine Schattierung verwandelt die Grimasse in den echten Ausdruck.

Zur Zeit des Stummfilms war solch eine Nahaufnahme eine komplette Szene. Ein Einfall des Regisseurs, die Leistung eines Schauspielers und ein interessantes neues Erlebnis für das Publikum.

Mikrophysiognomik

Der Stummfilm grenzte den Gesichtsausdruck von seiner Umgebung ab, als wäre er damit in eine eigenartige, neue seelische Dimension eingedrungen. Er zeigte uns die Welt der Mikrophysiognomik, die mit freiem Auge im täglichen Leben nicht zu erkennen ist. Ihre Bedeutung im Tonfilm verminderte sich stark, weil man mit Worten – scheinbar – vieles deutlicher ausdrücken kann, was das Mienenspiel – scheinbar – weniger klar zeigt. Doch niemals ist es dasselbe! Und unendlich viele Erlebnisse der Seele kommen auf diese Art überhaupt nicht zu Wort. Mit den Worten des größten, empfindsamsten Dichters wäre nicht auszudrücken gewesen, was Asta Nielsens Mienenspiel in einer Nahaufnahme ausdrückte, als sie als „Kitty Falk" vor dem Spiegel zum letzten Male versucht, ihr Gesicht zu schminken, dieses gealterte, schlaffe, von Not, Krankheit und Prostitution verwüstete Gesicht, um ihren nach verbüßter zehnjähriger Kerkerstrafe aus dem Gefängnis zurückerwarteten Geliebten zu empfangen – der dort jung geblieben ist, weil ihn das Leben nicht berührt hat.

Asta vor dem Spiegel

Bleich, mit düsterem Ernst und gefurchter Stirn blickt sie in den Spiegel. Sorge und unsägliches Grauen sind in ihrem Gesicht. Sie ist wie ein Feldherr, der, unrettbar umzingelt, sich noch ein letztes Mal über die Landkarte beugt: Was könnte man noch versuchen? Gibt es keine Rettung? Dann beginnt Asta mit bebenden Händen ihre Arbeit an diesem abstoßend heruntergekommenen Gesicht. Sie hält den Lippenstift so, wie vielleicht Michelangelo den Meißel in seiner letzten Nacht gehalten hat. Das ist ein Kampf auf Tod und Leben. Der Zuschauer verfolgt zitternd, wie eine Frau sich vor dem Spiegel schminkt. In dem halbblinden, zerbrochenen Glas erblickt er die letzten Zuckungen einer zerstörten Seele. Eine Frau versucht, mittels Schminke ihr Leben zu retten ... Falsch! Jetzt wischt sie alles mit einem schmutzigen Lappen wieder ab. Sie fängt von neuem an. Immer wieder von neuem. Dann zuckt sie mit den Achseln – entfernt alles mit einer klar verständlichen Geste: Nun hat sie das Leben von ihrem Gesicht gewischt – und wirft den Lappen fort. Die Nahaufnahme zeigt, wie dieser auf die Erde fällt und dort noch ein wenig in sich selbst zusammensinkt. Auch die Mimik des Lappens ist verständlich. Ein Sterbender streckt sich so aus, ganz zuletzt.

Die Mikrophysiognomik machte in dieser Nahaufnahme das große, erschütternde Drama einer der tiefsten menschlichen Tragödien deutlich. Ohne Zweifel eine gewaltige neue Kunstform! Der Tonfilm bietet zu ähnlichem seltener Gelegenheit. Er schließt es jedoch nicht notwendigerweise aus, und es wäre auch schade, uns selbst ohne zwingenden Grund zu berauben.

Die Mimik der Sprache

Der Schauspieler des Stummfilms redete ebenso wie jetzt der Tonfilmdarsteller. Wir hörten es nur nicht. Wir *sahen* den Schauspieler in den Nahaufnahmen sprechen – auch das war mimischer Ausdruck. Wer die Rede *betrachtet,* sieht sie anders, errät anderes aus ihr als jener, der die Rede nur *hört* und sie so begreifen muß.

Im Stummfilm war mimischer Ausdruck, *wie* sich die Lippen des Redenden bewegten. Darum verstanden wir die Schauspieler der verschiedensten Nationen so gut. Wir verstanden die Bedeutung dessen, wenn jemand hinter zusammengepreßten Zähnen Worte hervorzischte wie geschliffene Dolche. Das war Spiel, Mimik! Wir verstanden, wenn der Betrunkene, mit schwerer Zunge lallend, seine Worte von den erschlafften Lippen „fallen ließ". Das war eine mimische Vorführung. Wir verstanden, wenn der Intrigant verächtlich aus dem Mundwinkel ein paar Worte hinwarf. Diese mimischen Formen gehörten zu den ureigensten Darstellungen der Nahaufnahme. Man konnte auf tausenderlei Art reden, solange man das Wort nur sah, aber *nicht hörte.*

Der Darsteller im Stummfilm sprach für das Auge verständlich, nicht für das Ohr. Er konnte dies tun, eben weil er nicht gezwungen war, für das Ohr verständlich zu sprechen, mit Hilfe seiner Lippen verständliche Vokale zu formen, sie zu einem A zu weiten oder zu einem O zu runden. Die Mundbewegung hatte nur eine *Ursache* (das Gefühl, die Leidenschaft), aber *kein Ziel* (die klare Aussprache). Für die Kunstform der sprechenden Mimik war im Tonfilm kaum noch Platz. Denn der Mund, der für das Ohr verständlich redet, wird für das Auge unverständlich. Er betätigt sich nun nicht mehr spontan mimisch wie die übrigen Teile des Gesichts, sondern als tonbildendes Werkzeug.

Der Tonfilm zeigt deshalb das Gesicht des Sprechenden nicht gerne als Nahaufnahme. Denn ein Teil des Gesichts, nämlich die Umgebung des Mundes, ist ja in diesen Fällen völlig ausdruckslos. Dieser Teil bewegt sich jedoch heftig und wirkt daher oft grotesk. Hieraus ergibt sich der Nachteil, daß wir während des Sprechens auf alle die Tiefen der Seele beleuchtenden Nahaufnahmen der Physiognomik verzichten müssen.

Doch auch so blieb noch ein genügender Rest an mimischem Ausdruck in jedem Sprechvorgang, um fremdsprachige Synchronisationen ungenießbar zu machen. Nicht nur, weil der fremdsprachige Text auf ebenso viele Silben berechnet werden muß, wie es den Mundbewegungen entspricht, was lächerliche, gezwungene Übersetzungen zur Folge hat. Jede Synchronisation in einer fremden Sprache ist auch schon darum unvermeidlich falsch und unkünstlerisch, weil zu jeder Sprache organisch auch jene ausdrucksvollen Gesten gehören, die eben für die Menschen der betreffenden Sprache charakteristisch sind. *Man kann nicht englisch sprechen und dies mit italienischen Handbewegungen begleiten.*

Asta redet

Asta Nielsen hat in einem ihrer alten Stummfilme („Vanina" oder „Die Hochzeit unter dem Galgen") ihren zum Tode verurteilten Geliebten aus dem Kerker zu befreien. Sie hat sich den Kerkerschlüssel verschafft, sie ist bereits in der Zelle. Doch nur für Minuten. Aber der Mann liegt, seelisch völlig zerbrochen und apathisch, auf seinem Stroh und rührt sich nicht. Asta spricht ihn an, redet ihm zu. Vergeblich. Die Zeit vergeht. Sie haben nur noch wenige Augenblicke zur Verfügung. Da beginnt Asta zu dem Gefangenen zu sprechen. Sie legt all ihren Willen, ihre ganze Kraft in ihre Worte, die sie hastig, fiebernd und verzweifelt hervorstößt. Man hört nicht, was sie spricht. Es gibt auch kein Schriftband, das es verrät. Das ist auch nicht nötig. Die Situation erklärt es. Es ist offensichtlich, daß sie ihn überredet, ihm Mut zuspricht und immer wieder dasselbe wiederholt: „Komm, wir haben keine Zeit zu verlieren, sonst sind wir verloren!" Aber der *wahre Text* Astas wunderbarer, sichtbarer Rede ist nicht dies, sondern jene bebende Angst, jene bedingungslose Selbstaufopferung der Liebe, die in keinerlei Worten hätte Ausdruck finden können. Der *Anblick* ihrer Rede ist wilder und erschütternder, als wenn sie sich die Haare raufte und ihr Gesicht in ihrer Verzweiflung mit den Nägeln mißhandelte. Wir sehen sie lange sprechen. Eine so lange wirkliche Rede hätte uns gelangweilt.

Das Beispiel Michail Romms

Sehr lehrreich ist das Beispiel Michail Romms in seinem Maupassant-Film („Boule de Suif"). Romm drehte seinen ersten Film, obgleich es damals schon lange den Tonfilm gab, dennoch als Stummfilm. So war die Stummheit des Films und alles, was daraus folgte, nicht eine technische Notwendigkeit, sondern ein beabsichtigter und bewußt gewählter Stil, ähnlich wie wenn etwa ein Zeichner auf Farben verzichtet. Und Romm erreichte in seinem Stummfilm tatsächlich zahlreiche Bildwirkungen und durch sie – dramatische – Wirkungen, die in einem Tonfilm nicht möglich gewesen wären.
Eine kleine Kokotte* wird von mitreisenden Spießbürgern in der Postkutsche in auffälliger Weise verachtet. Wegzehrung nehmen sie gleichwohl von ihr an. Im übrigen jedoch wird das Mädchen von allen ostentativ übersehen, geschnitten. Aber dann wird die kleine Kokotte dazu überredet, mit dem preußischen Offizier, der die Flüchtlinge sonst nicht passieren lassen will, zu schlafen. Von der ganzen streng moralischen Gesellschaft sind es zwei Nonnen, die am heftigsten auf die Zögernde einreden. Während Worte auf sie niederprasseln, neigt die kleine Kokotte ihr Haupt. Die Münder der Nonnen bewegen sich in hysterischer Schnelligkeit. Als sie vorhin, gleichsam zu Statuen erstarrt, in ihrem Gebet verharrten, wäre es uns niemals in den Sinn gekommen, daß sie solch stürmischer Heftigkeit fähig sein könnten. Die Argumente der Nonnen, mit denen sie das Mädchen bewegen wollen, sich hinzugeben, lesen wir nur in zwei kurzen Fußtiteln: Daß es ihr, der Kokotte, ohnehin gleich sein könne –

* Die Novelle Maupassants spielt während des Deutsch-Französischen Krieges 1870/71. Eine Reisegesellschaft versucht, aus dem Gebiet, das von den Preußen besetzt ist, ins unbesetzte zu gelangen.

einer mehr oder weniger... Andererseits beginge sie eine gottgefällige Handlung, wenn sie in diesem Falle mit dem Deutschen schliefe. Überzeugender aber und charakteristischer als alle Argumente ist die *Art und Weise* ihrer Rede. Das kann nur *gezeigt* werden. Dieser nimmermüde, unaufhaltsame Wortschwall, dieses mit grausamer Hartnäckigkeit bis ins Unerträgliche gesteigerte gewaltsame Bohren ist viel überzeugender, wenn man es nur von ihren schnellbewegten Mündern abliest, also *sieht,* als wenn wir die ständig wiederholten Variationen ihrer Argumente hörten. Aus ihnen wäre nur das Pharisäische ihrer Einstellung klargeworden. Hier aber tritt auch ihre wilde Angst und Erregung zutage. Auch die Menge des Gesprochenen ist hier typisch. Sie zu hören wäre jedoch ermüdend. In einem Tonfilm hätten auch der Deutlichkeit wegen die Nonnen ihre Rede nicht wie eine überschäumende Sturzflut vorbringen können. Es ist die *Mimik* der Rede, die in diesem Falle ausdrucksvoller und überzeugender zutage tritt, als der Sinn der Worte es ermöglicht hätte. Darum konnte dies nur innerhalb des Stummfilmstils gezeigt werden.

Die Pantomime

Die Gestalten des Stummfilms sprachen, doch ihre Sprache war nur sichtbar, nicht hörbar. *Wahrhaft stumme Darsteller kommen nur in der Pantomime vor,* die darum auch eine ihrem Wesen nach andere Kunst ist. Die Pantomime ist nicht nur für das Ohr, sondern auch für das Auge stumm. Denn die Pantomime ist nicht nur eine schweigende Kunst, sondern die Kunst der Stille schlechthin, die das ausdrückt, was aus den Tiefen des Schweigens emporsteigt. Die Gesten und die Mimik der Pantomime sind nicht Begleiter verschwiegener Worte, *sondern das durch Bewegungen ausgedrückte tiefste Erleben der Musik,* jener Musik, die tief auf dem Grund der Stille wohnt.

Schweigen ist keine Lösung

Ich muß hier, weil ich vom Schweigen spreche, ein Problem vorweg behandeln, das sich später von neuem ergeben wird. Die ungelösten inneren Widersprüche des Tonfilms werden unter anderem auch darin sichtbar, daß fast jeder künstlerisch ehrgeizige Regisseur bemüht ist, das Sprechen möglichst zu vermeiden, und Drehbücher bevorzugt, in denen „möglichst wenig Dialog" vorkommt. Das allein schon diskreditiert den Sprechfilm und zeigt ihn als erzwungene Form. Es ist so, als wollte ein Maler möglichst ohne Farben ein Bild malen!

Dieses Problem ist auf keinen Fall so zu lösen, daß die Gestalten wenig oder überhaupt nichts sprechen. Das Schweigen der Figuren einer Pantomime ist nämlich eine *Eigenschaft dieser Kunstgattung*. Im Film wird es jedoch zu einer *Eigenschaft*, zu einem *Charakterzug der Gestalten*. Wenn im Film ein Mensch schweigt, der auch sprechen könnte (wobei es gleich ist, ob dies hörbar oder nur sichtbar wie im Stummfilm geschieht), so suchen wir nach einem Grund dafür in seinem Charakter und in seiner dramatischen Situation. Dieses außerordentlich starke Charakteristikum können wir nicht dazu verwenden, Dialoge allgemein zu vermeiden, weil sonst in unserem Film lauter grotesk wirkende, grundlos verschlossene und schweigsame Menschen auftreten würden.

Das Tempo der Mimik

Die wortlosen Monologe der Physiognomie, die stumme Lyrik des Gesichtsausdruckes vermögen vieles, wozu es anderen Künsten an Ausdrucksmitteln mangelt. Nicht nur der Gesichtsausdruck kann aussagen, was mit Worten nicht gesagt werden kann, auch im Rhythmus und Tempo der Veränderung des Gesichtsausdruckes können seelische Schwingungen offenbar werden, die festzuhalten unsere Sprache nicht fähig ist. Ein kleines Aufzucken des Gesichts kann ein Gefühl ausdrücken, das mit Worten nur in einem langen Satz formuliert werden könnte. Während aber der Held diesen Satz zu Ende spricht, kann sich seine Stimmung mehrmals verändern, so daß gar nicht mehr wahr ist, was er sagt. Das allerschnellste Sprechtempo kann oft dem schnellen Strom der Gefühle nicht folgen, wogegen das Mienenspiel stets damit Schritt hält, so daß uns der Ausdruck in allen seinen Phasen verständlich bleibt.

In einem ebenfalls von Griffith gedrehten alten Film spielt Lilian Gish ein naiv-leichtgläubiges, verführtes Mädchen, dem der zynische Partner ins Gesicht sagt, er habe sie bloß ausgenützt und betrogen. Lilian, das verliebte, gutgläubige Mädchen, traut ihren Ohren nicht und ist nicht imstande, auf einen Schlag zu begreifen, daß soeben ihr Leben zertrümmert wurde. Sie weiß, daß es die Wahrheit ist, sie möchte jedoch gerne glauben, daß es sich bloß um einen Scherz des Mannes handle. Denn es ist ja unmöglich, zu glauben, was er sagt. In diesem hilflosen, atemberaubenden, ohnmächtigen Ringen um Klarheit, schwankend zwischen Glauben und Zweifel, geht Lilian Gish während zwei Minuten etwa zehnmal vom Weinen zum Lachen über und umgekehrt, während sie den Mann wortlos anstarrt. Dieses zwei Minuten lange stumme

Mienenspiel, das wir in Nahaufnahme sehen, ist eine der vollendetsten Leistungen der Mikromimik. Diese Leistung allein würde genügen, der versunkenen Kunst des Stummfilms Unsterblichkeit zu verleihen.

Es ist zeitökonomisch unmöglich, durch das gesprochene Wort einen solchen Wellengang der Gefühle in seinen originalen Schwingungen auszudrücken.

Auch hier besprachen wir eine jener seelischen Wirklichkeiten, die nur der Film entsprechend darzustellen vermag. Und nicht nur der Stummfilm. Es bestehen keinerlei technische Hindernisse, auch im Tonfilm ähnliche Szenen zu zeigen. Es ist jedoch, als hätten die heutigen Tonfilme die Saiten von ihren eigenen Instrumenten genommen. In ihrer primitiven Flachheit kennen sie entweder ihre eigenen Möglichkeiten nicht oder wünschen sie nicht zu kennen und streuen das reiche Erbe des Stummfilms in den Wind.

Stumme Dialoge

In den letzten Jahren des Stummfilms wurde das Antlitz immer sichtbarer, also immer ausdrucksvoller. Nicht nur die Mikrophysiognomik entwickelte sich, sondern auch die Kultur der mit ihr durch dialektische Beziehungen verbundenen Fähigkeit, sie zu verstehen. Denn in den letzten Jahren des Stummfilms sahen wir nicht mehr allein stumme Monologe, sondern auch vollendet dargestellte stumme *Dialoge:* die Zwiesprache des Mienenspiels zweier Menschen, die gegenseitig jeden Ausdruck ihrer Gesichter besser und schneller verstehen als ihre Worte, bis in die feinsten Schattierungen des Gefühlsausdrucks, die mit Worten nicht mehr gesagt werden können.

Eine notwendige Folge dieser Tatsache – die an Hand der Dramaturgie noch später analysiert werden soll – war, daß, je mehr Raum und Zeit das durch Mikrophysiognomik erschlossene *innere Drama* im Film beanspruchte, um so weniger von der auf 2500 Meter festgesetzten Länge des Filmstreifens für die Darstellung der *äußeren Handlung* übrigblieb. So konnte der Stummfilm vertiefter, verinnerlichter wirken. Es wurde ihm die Möglichkeit gegeben, einen leidenschaftlichen Kampf auf Leben und Tod fast ausschließlich auf den Gesichtern zu zeigen.

Der Film des Franzosen Dreyer, „Der Leidensweg der Jeanne d'Arc", kann hier in seiner erschütternden, machtvollen und ausgedehnten Inquisitionsszene als hervorragendes Beispiel angesehen werden. Fünfzig Männer sitzen dort, während der ganzen Dauer der Szene, auf ihren Plätzen. Während viele hundert Meter abrollen, ist weiter nichts zu sehen als Köpfe, Köpfe, Köpfe – in Nahaufnahmen aus kürzester Entfernung. Wir bewegen uns nur in der geistigen Dimension des Ausdrucks. Den Raum, in dem sich diese Szene in Wahrheit abspielt, sehen wir nicht und empfinden ihn auch nicht. Hier galoppieren keine Reiter, schlagen sich keine Boxer. Wilde Leidenschaften, Gedanken, Gefühle und Überzeugungen bekämpfen hier einander, ohne in irgendeinem Raum zu streiten. Und doch werden hier ganze Reihen von Zweikämpfen ausgefochten, zwischen Mienen und Blicken, Kämpfe, in denen nicht Schwerter, sondern Augen angreifen, in einer Spannung, die eineinhalb Stunden lang nicht nachläßt und das erregte Publikum in ihrem Banne hält. Jeden Angriff, jede Parade dieses Kampfes sehen wir an den Gesichtern, jede dabei angewandte List, jeden Handstreich zeigt uns das Spiel der Mienen. So hat der Stummfilm den Versuch eines *geistigen Dramas* suggestiver zu verwirklichen vermocht als das geschriebene Schauspiel.

Die Teilbilder des Gesichts

All das, was bisher über Gesichtsausdruck und Mienenspiel gesagt wurde, bezog sich auf das, was auf dem *ganzen Gesicht* zu sehen ist. Dieses auf dem ganzen Gesicht bemerkbare Mienenspiel hat der Mensch mehr oder weniger in der Gewalt. Er hat die Möglichkeit, wenn er sich darauf versteht, seine Gefühle im Gesicht *nicht* zu zeigen, ja sogar etwas *anderes* vorzutäuschen: Er kann also heucheln, lügen – er kann seinen Gesichtsausdruck verstellen. Aber die Kamera kann so nahe an das Gesicht herankommen, daß später der Film auch dessen Teilbilder zu zeigen vermag. Und dabei stellt sich heraus, daß das Gesicht Teile hat, über die der Wille des Menschen fast nichts oder gar nichts vermag und deren Ausdruck weder beabsichtigt noch bewußt ist und oft in verräterischer Weise jenem Ausdruck widerspricht, den das ganze Gesicht zeigt.

Dies ist für die Kunst deshalb von großer und wesentlicher Bedeutung, weil die Sprache, nämlich die Sprache des erwachsenen und nüchternen Menschen, keine unbeabsichtigten, unbewußten Elemente hat. Wenn jemand lügen will und kann, dann dienen ihm die Worte dazu restlos. Sein Gesicht hingegen hat Reste, die er nicht beherrscht. Er runzelt vergeblich die Augenbrauen und die Stirn. Die Kamera kriecht ganz nahe an ihn heran, und sein Kinn, das keine Möglichkeit einer mimischen Korrektur besitzt, zeigt, daß er dennoch schwach ist und feige. Umsonst lächelt sein Mund so fein. An seinem Ohrläppchen, an der Form seiner Nasenflügel – wenn ich das alles vergrößert betrachte – erkenne ich die verdeckte Brutalität.

Welch schöner Mensch ist in Eisensteins Film „Die Generallinie" der vor den Bauern singende Pope. Seine prachtvolle Stimme läßt die erhabenen, edlen Gesichtszüge, den durchgeistigten Blick noch strahlender erscheinen. Ein richtiges Heiligenbild. Nur einmal nimmt die Kamera eines seiner Augen gesondert aufs Korn. Wie der Wurm aus einem Blumenkelch kriecht unter den schönen Wimpern ein schlauer, verschlagener Blick hervor. Dann wendet der schöne Pope das Haupt, und die Nahaufnahme zeigt seinen Hinterkopf und ein Ohrläppchen von hinten. Die Selbstsucht eines rohen Bauernschinders zeichnet sich darauf ab. Der Ausdruck dieser Kopfpartie ist so charakteristisch, daß er unwiderstehlich überzeugt, und so gemein, daß danach das wiederauftauchende edle Antlitz wie eine maskierte Deckung wirkt, hinter der sich der allergefährlichste Feind verbirgt.

Der Ausdruck des totalen Gesichts verdeckt nicht den Ausdruck der einzelnen Partien, wenn diese eine andere, tiefere Wahrheit verraten. Auch die Graphologie offenbart den Charakter des Schreibers aus seiner Handschrift, selbst dann, wenn er die haarsträubendsten Lügen zu Papier brächte. Nur ist die Befähigung zu graphologischer Charakterdeutung eine sehr seltene Gabe. Die Fähigkeit, in Gesichtern zu lesen, begann, dank dem Stummfilm, sich zu einer sehr nützlichen Massenkultur auszuwachsen.

Ich sehe, daß ich nicht sehe

Die Mikrophysiognomie bewies schon in der ersten Stummfilmzeit, daß man auf einem in Nahaufnahme gezeigten Gesicht mehr lesen kann, als darauf in normal sichtbarer Weise geschrieben steht. Auch auf einem Gesicht kann man „zwischen den Zeilen" lesen, wenn darauf das „unsichtbare Antlitz" in Erscheinung tritt.

Der Japaner Sessue Hayakawa war einer der ältesten Stummfilmstars. Seine Spezialität war, mit unbewegter, eiserner Miene zu spielen und sich seine Gefühle und Leidenschaften nicht anmerken zu lassen. An seinem Spiel war das Besondere, daß er nicht spielte. Wie also drückte er dennoch seine Gefühle so verständlich aus, daß wir die Handlung des Films verstehen und Anteil an seinem menschlichen Schicksal nehmen konnten?

Er spielte einmal die folgende Szene: Banditen nehmen ihn gefangen und konfrontieren ihn mit seiner ebenfalls in Gefangenschaft geratenen Frau, die er in Sicherheit geglaubt hat. Er darf nicht verraten, daß er sie kennt – beider Leben hängt davon ab. Die Banditen beobachten mit angelegten Revolvern sein Gesicht. Eine einzige Bewegung dieses Gesichtes, eine Regung der Zärtlichkeit, Liebe, Sorge, Überraschung, Furcht, die geringsten Anzeichen für das, was in seiner Seele vorgeht, würde ihn verraten und sein Ende bedeuten. Aber das harte Japanergesicht Hayakawas ist eine unbewegte, eiserne Maske. Auf diesem gleichgültigen Gesicht ist nichts von allem zu sehen, was, *wie wir wissen*, ihn ihm vorgehen muß. So blickt er in die erschreckten Augen seiner Frau. Und wir glauben diesem Gesicht, daß die Banditen ihm glauben.

Und dennoch bemerken wir etwas in der Umgebung seiner Augen. Oder eigentlich nein, nicht *„etwas"*, denn wir könnten nicht darauf zeigen. Aber wir sehen, daß wir *etwas nicht sehen*. Wir lesen zwischen den unbewegten Gesichtszügen nicht nur Erschütterung und heiße Liebe, sondern auch einen stummen, ermunternden Befehl in den Blicken, die seiner Frau gelten: „Sprich nicht, rühr dich nicht, kenne mich nicht! Alles wird gut enden. Hab keine Angst!" – Die Mikrophysiognomik der Nahaufnahme hat auch dieses feinste Mienenspiel ermöglicht, dessen Mimik schon kaum mehr faßlich ist. Es erschien vor uns das „unsichtbare Antlitz", das nur der sieht, für den es bestimmt ist, und – das Publikum.

Darum vereinfachte sich das Spiel

In Filmen, in denen eine kaum wahrnehmbare Bewegung bereits zum Ausdruck einer großen Leidenschaft zu werden vermag und sich im Zucken einer Augenbraue die Tragödie einer Seele offenbaren kann, sind breite, schlenkernde Gesten und Grimassen unerträglich. Die Technik und der Stil der Mikrophysiognomik haben das Spiel der Filmdarsteller sehr verknappt. Sie müssen mit Gesicht und Körper viel „leiser" spielen als auf der Bühne. Dies ist eine der Hauptursachen dafür, daß die Darstellungsmanier in den ältesten Filmen heute übertrieben und lächerlich wirkt. Die „Natürlichkeit" des Ausdrucks wird durch die mikroskopische Nähe unerbittlich kontrolliert. Sie zeigt sofort den Unterschied zwischen der spontanen Reflexbewegung und der absichtlichen, „gemachten" Bewegung. Nur die Natur bewegt sich natürlich. Auch beim Menschen und in seiner Seele werden nur die unbewußten Reflexbewegungen als natürliche Gesten durchgehen.
Auch zum allerbesten Schauspieler sagt der Regisseur vor der Nahaufnahme: *Spielen* Sie nur nicht! Machen Sie überhaupt gar nichts! *Fühlen* Sie! Was „von selbst" auf Ihrem Gesicht erscheint, das genügt!
Auch Glyzerintränen können bei Nahaufnahmen nicht verwendet werden.

Nicht die über die Wange herabrollende Träne ist es, was tiefen Eindruck macht, sondern Ergriffenheit packt uns, wenn sich der Blick umflort, wenn das Auge feucht zu schimmern beginnt, wenn im Augenwinkel eine winzige Nässe sich ansammelt, die noch gar keine Träne ist. Das ist ergreifender – weil es nicht künstlich mit Glyzerin zu machen ist.

Das einfache Gesicht

Nicht nur das romantische, pathetische *Spiel* und die dazugehörige Mimik kamen außer Mode, sondern auch das romantische, pathetische *Gesicht*. Besonders unter den männlichen Darstellern waren nun jene die volkstümlichsten, die *kein auffallend interessantes Gesicht* hatten.
Der romantische, exaltierte, fast expressionistische Kopf eines Conrad Veidt, der in den Jahren nach dem ersten Weltkrieg Weltruhm erlangte, zog nicht mehr. Nicht nur, daß er von alltäglichen, gewöhnlichen Gesichtern in den Hintergrund gedrängt wurde, versuchte er selbst, sich zu vereinfachen, ein gewöhnliches, ziviles Aussehen anzunehmen, um in der Konkurrenz bestehen zu können. Ein *dekoratives* Gesicht wirkte maskenhaft und störend. In der intimen Sphäre der Nahaufnahme wurden die intimen Details des Gesichts ausschlaggebend, die der Zuschauer auch in einem unschönen Antlitz zu entdecken vermochte.

Die einfache Stimme

Dem verwandt ist die Erscheinung, daß der moderne Regisseur es nicht liebt, wenn seine Helden übertrieben gut, mit übermäßig ausgebildeter Stimme singen. Ausgenommen, sie hätten einen Berufssänger zu verkörpern. Denn auch die ungewöhnlich schöne Stimme klingt nicht natürlich. Sie wirkt als Kunstdarstellung und nicht als dargestelltes, wirkliches Leben. Der dilettantische Gesang ist „menschlicher" und wirkt inniger.

Was nicht natürlich, sondern Natur ist

Der Wert des Natürlichen im Film ist so sehr gestiegen, daß die Regisseure es oftmals versuchten, die Verwendung von Schauspielern überhaupt zu vermeiden, und sich ihre Gestalten „von der Straße" holten. Was die „Typen" anlangt, so waren die Verkörperer kleiner Episodenrollen, die nicht zu spielen, sondern da zu sein und ihr Gesicht zu zeigen hatten, tatsächlich leichter im Gewühl der Straße zu entdecken. Wenn aber jene ausgezeichnete „Type" auch zu spielen oder gar zu sprechen hatte, verdarb sie durch ihr übertriebenes, dilettantisches Spiel die Wirkung, die sie durch ihre sonst geeignete Physiognomie erzielt hatte. Der „Typen"-Darsteller entpuppte sich als schlechter Schauspieler.

Umbau der Natur zur Kunst

Die rohe Natur in einen künstlerischen Film hinein zu „schneiden" ist gefährlich. Es gab Fanatiker der Natürlichkeit, eine Zeitlang auch Eisenstein und Pudowkin, die sich ihre Darsteller oft von der Straße holten und dann im Atelier von ihnen verlangten, sie mögen eine natürliche Miene aufsetzen und sich natürlich bewegen, da sie ja keine Schauspieler seien (was sie freilich eben deshalb nicht konnten). Aber sie gingen noch weiter. Sie versuchten, auf der Straße erlauschte, unzweifelhaft natürliche Mienen und Gesten in den künstlerischen Handlungsverlauf ihres Films einzuschneiden. Sie stellten damit den Versuch an, aus Momentaufnahmen der *Natur* in der Montage *Kunst* zu bauen.

Sie brauchten – um ein Beispiel zu nennen – das Antlitz einer Frau, die voll Entsetzen in die Mündung einer auf sie gerichteten Waffe starrt. Die Schauspielerin machte es nicht natürlich genug? Dann suchten sie eben draußen, auf der Straße, nach etwas „Echterem". Dort schrie eine Frau verzweifelt auf, weil ihr Kinderwagen umgekippt war. Sie wurde nun aufgenommen, ohne daß sie es wußte, und sie schnitten dieses Gesicht mit dem wahrlich unbewußten, natürlichen Ausdruck des Schreckens vor die Mündung der Gewehre ein. – Dieses Beispiel erwähne ich nur zur Illustration der Methode. Diese Methode aber bleibt immer ein Betrug, der nur Bestand haben kann, solange unser physiognomisches Empfinden noch nicht fein genug ist, den Unterschied zwischen verschiedenen Arten von Entsetzen (wie er auch zwischen den verschiedenen Arten des Lachens besteht) zu erkennen. Eben die Nahaufnahme, die uns bereits so empfindlich für das Erfassen der *Natürlichkeit des Gesichtsausdrucks* gemacht hat, wird auch die Fähigkeit in uns entwickeln, im Gesichtsausdruck dessen *Ursachen* zu erkennen. Dann werden wir also im gegebenen Fall nicht *nur* das Entsetzen schlechthin zu registrieren vermögen.

Aber auch jetzt tritt bereits oft der Fall ein, daß die Kunst im Spiel eines guten Schauspielers *sehr natürlich wirkt,* während auf Naturphotographien die originale Natur erkünstelt scheint. Dies wird zum Beispiel durch Momentaufnahmen rennender Pferde oder Menschen immer wieder bewiesen.

Auch das ist physiognomische Bildung!

Pudowkin erläutert in seinem Buch über die Regiekunst ausführlich seine Methode, mit deren Hilfe er die erweckten natürlichen, unbewußten Reaktionen in ein bewußtes Kunstwerk einbaut. Doch gerade hier erkennen wir in vollkommener Klarheit, wieviel bewußt künstlerische Arbeit er darauf verwenden muß, wenn er sich der unbewußten Natur bedienen will. Wieviel physiognomische Bildung erfordert die Beurteilung der Eignung unbewußter Mienen und deren richtige Verwendung! Was ist alles dazu nötig, ehe verschiedensten Situationen und Szenen entnommene Gesichter, in ihrem Ausdruck gemeinsam montiert, sich gleich den Worten eines Dialogs aufeinander beziehen und einander Antwort geben können! Welch sicheres und empfindliches Auge mußte der Regisseur des Stummfilms haben, um in rein zufällig auf der Straße entdeckten Mienen und Gebärden jene Nuance zu erkennen, die er für seine Szene gerade benötigte.
Im Tonfilm wäre diese Methode nur bei Detailbildern von Massenaufnahmen anwendbar.

Die Natürlichkeit der Kinder und der Primitiven

Kinder spielen immer natürlich, weil das Spiel ihre Natur ist. Sie wollen nicht etwas vorstellen wie der Künstler, wobei sie Fehler begehen könnten, sie machen aus sich selbst etwas anderes, als sie sind, und wähnen sich in einer anderen Situation als in ihrer eigenen. Das ist nicht Schauspiel, sondern eine *natürliche* Lebensäußerung des jungen Bewußtseins, die wir auch bei Tieren beobachten können. Es ist dies eine Transposition, wie sie in Träumen stattfindet, und ähnelt dem Wachtraum, dem Trancezustand. Wer im Film oder auf der Bühne mit Kindern gearbeitet hat, der weiß, daß er nicht sie spielen lassen, sondern – *mit ihnen* spielen muß. Nicht ihr Spiel ist natürlich – ihre Natur ist spielerisch.
Das gleiche kann man bei primitiven Völkern beobachten. Die Nahaufnahme entdeckt in ihrem Mienenspiel oft ungewohnte und dem weißen Mann unbekannte Gesten und· mimische Äußerungen. Sie wirken besonders frisch

und mit unvermittelter Kraft – sofern wir sie verstehen. Doch es kommt vor, daß wir sie gar nicht begreifen.

Bei amerikanischen Indianern, aber auch bei Chinesen, entdecken wir als Ausdruck großen Schmerzes ein Lächeln oder eine unserem Lächeln verwandte mimische Ausdrucksform. Nicht immer und nicht sofort erkennen wir, was es bedeutet. Wenn wir es aber erst einmal als Ausdruck des Schmerzes erfaßt haben, wirkt es eben durch seine Fremdartigkeit doppelt erschütternd.

Kollektive Physiognomien

Um über das individuelle Antlitz des einzelnen hinaus die typischen, gemeinsamen Züge der großen farbigen Menschenrassen zeigen zu können – die Physiognomie der Neger, Chinesen, Eskimos –, dazu war die Mikrophysiognomik der Nahaufnahme nicht nötig. Es ist eher umgekehrt. Diese für uns exotischen Gesichter weisen innerhalb ihrer eigenen Rasse nur darum eine scheinbare Ähnlichkeit auf, weil wir sie nur oberflächlich kennen. Um aber den *individuellen* Unterschied zwischen zwei Chinesen herauszustellen – *dazu* bedurfte es der Nahaufnahme.

Man konnte es auch keine Entdeckung nennen, wenn uns im Film markante englische, französische und italienische Volkstypen vorgeführt wurden. Wir kannten sie ja. Der Film erweiterte bestenfalls unser Wissen, indem er uns neue Varianten zeigte.

Es ist jedoch nicht in allen dieser Fälle geklärt, welcher Gesichtstypus den „wahren" Repräsentanten einer Nation oder eines Volkes verkörpert. Gibt es zum Beispiel ein jenseits aller Diskussion anerkanntes „wahres" ungarisches Antlitz? Oder ein französisches, ein italienisches? Welches wäre das? Und warum sollte gerade dieses das richtige sein, und nicht ein anderes? So wie es eine vergleichende Sprachwissenschaft gibt, so hätte schon lange mit Hilfe des Films eine vergleichende Bewegungs- und Mimikwissenschaft entstehen müssen, damit die gemeinsamen Urformen der Ausdrucksbewegungen gefunden werden.

Das Gesicht der Klassen

Eine wichtige neue Entdeckung des Films ist die Aufstellung einer Typologie des Gesichtes und des Gesichtsausdruckes einzelner Klassen. Es soll hier nicht von jenen schematisierten Typen die Rede sein, in denen wir das Gesicht des „degenerierten feinen Aristokraten" dem Gesicht des „rohen, aber starken Bauern" gegenüberstellen. Die Masken des Bankiers und des Proletariers, die voneinander so grundverschieden sind, waren auch auf der Bühne leicht zu „machen". Und wir wissen, daß es sich hier um rohe Schemata gehandelt hat, die vor der näherrückenden Kamera abfielen wie primitive Masken. Die Nahaufnahme entdeckte hinter diesen äußerlichen und stilisierten Zeichen auch im *individuellen Gesicht* den verborgenen, unpersönlichen Zug der Klasse. Dieses Klassenmerkmal ist sehr oft markanter als die Züge der Rassen und der Nationen, und so ähnelt das Gesicht eines französischen Grubenarbeiters viel mehr dem Gesicht eines Grubenarbeiters aus Deutschland als dem eines französischen Aristokraten. Die verschiedenen Mischungen nationaler Klassentypen zeigen eine Reihe interessanter Kombinationen und Varianten. Und alle zeigen Menschen, Menschentypen.

Es ist kein Zufall, daß die junge Sowjetkinematographie es sich zur Aufgabe gemacht hat, die reichhaltige Galerie der Klassenphysiognomien zu entdecken und vorzustellen. Die im revolutionären Klassenkampf geschärften Augen sehen nicht nur den Unterschied zwischen den „Armen" und den „Reichen". Es gibt keine theoretische Typusanalyse, die imstande wäre, die Schichtung der Gesellschaft genauer aufzuzeigen, als die Typologie einiger Sowjetfilme dies vermag. Wer erinnert sich nicht an Eisensteins „Oktober"? Dort stehen nicht nur Arbeiter- und Aristokratengesichter offen einander gegenüber. Auch die bürgerlichen Liberalen und die Intellektuellen der Menschewiki tragen ihre Erkennungszeichen auf der Stirn. Und als auf einer Brücke ein Matrose ihnen den Weg verstellt – da steht ein Gesicht gegen Gesichter. Zwei verschiedene Ideologien – unmißverständlich – in zwei verschiedenen Physiognomien.

Ein klassisches Beispiel hierfür ist eine großartige Szene in Dowshenkos Bürgerkriegsfilm „Arsenal", die das spannungsgeladene Schweigen vor dem Ausbruch des Kiewer Aufstandes darstellt. „Vor dem ersten Schuß" – sagt die Aufschrift. Die nächtliche Stadt ist in atemlosem Schweigen erstarrt. Aber niemand schläft. Jeder wartet auf den ersten Schuß.

Wer wartet? Wie wartet er? ... Und jetzt zeigt der Film in kurzen, bloß eine Bewegung, ein Bild umfassenden Szenen einen Querschnitt durch alle Gesellschaftsschichten der Stadt. Der *Arbeiter* richtet sich auf. Der *Soldat* gibt acht. Der *Handwerker* lauscht. Der *Kaufmann* horcht. Der *Fabrikant* paßt auf. Der *Professor*, der kleine *Beamte*, der *Grundbesitzer*, der *Künstler*, der deklassierte *Lumpenproletarier* und der *Bohemien* blicken erwartungsvoll in die Nacht hinaus. Woher wissen wir, wer sie sind? Daß sie tatsächlich die Vertreter der angeführten Klassen, Schichten oder Beschäftigungsgruppen sind? Keinerlei Text erklärt es uns. Aber es steht *auf den Gesichtern geschrieben, unmißverständlich.* Die Gesichter zeigen die Klasse, immanent in der individuellen Physiognomie der einzelnen – nicht den Menschen in seiner Gesellschaftsklasse, sondern die Gesellschaftsklasse im Menschen. Wenn jetzt nach dieser Aufnahmereihe der Straßenkampf beginnt, dann kämpfen nicht nur Maschinengewehre und Bajonette gegeneinander, sondern auch lebendige Menschengesichter.

Unser unbekanntes Gesicht

Das Menschenantlitz ist noch nicht entdeckt, auf seiner Landkarte befinden sich noch viele weiße Flecken. Es gehört ebenfalls zur Aufklärungsarbeit des Films, mit Hilfe der Mikrophysiognomik zu zeigen, was an unserem Antlitz familienbedingt, was Rassen- oder nationales Merkmal ist und was Gemeingut der Klasse darstellt. Es muß gezeigt werden, wie sich das Individuelle mit dem Gemeinsamen derart vermischt, daß beide zu Schattierungen des jeweils anderen werden und nicht mehr zu trennen sind. Die geschriebene Psychologie hat schon oft versucht, das Persönliche und das Gemeinsame zu analysieren und auseinanderzuhalten. Die Mikrophysiognomik des Films unterscheidet feiner und genauer als das genaueste Wort, und damit hat sie nicht nur eine künstlerische, sondern auch eine wichtige wissenschaftliche Berufung. Sie kann der Anthropologie und der Psychologie unentbehrliches Material liefern.

Das zweite Gesicht

In der Vermischung des individuellen mit dem Rassentypus überlagern sich zwei Ausdrucksformen wie etwa durchscheinende oder durchsichtige Glasmasken. Wir sehen oft ein degeneriertes Exemplar einer entwickelten, hochkultivierten und veredelten Art. Die Anatomie eines englischen Aristokratengesichtes mag Vornehmheit und Schönheit ausdrücken. Sie zeigt dabei die hochgezüchtete Physiognomie der Art. Die Nahaufnahme jedoch zeigt, daß darunter oft der Ausdruck der Roheit und Verkommenheit eines niederträchtigen Individuums verborgen liegt. Zuweilen aber zeigt der Film die umgekehrte Variante: in den rohen und häßlichen Zügen einer unkultivierten

Rasse versteckt – die beseelte, schöne Physiognomie eines verfeinerten Individuums.

Die Mikrophysiognomik zeigt uns, übereinandergeblendet und doch deutlich unterscheidbar, die zwei Gesichter der Menschen: Ein Gesicht *schneidet* er, eines *hat* er, er kann es nicht mehr ändern, es ist bereits *Anatomie* geworden.

Mikrodramatik

Auch das war eine notwendige Folge der Mikromimik, daß die Detailpsychologie der Detailbilder so viel Raum beanspruchte – und damit auch so viele Meter im Film –, daß für die äußere Handlung, für die Story, weniger Raum übrigblieb. Je reicher die einzelnen Episoden an innerem Geschehen wurden, um so weniger Episoden fanden im Film Platz. Sein Umfang ist ja unveränderlich festgelegt wie der eines Sonetts.

Die große Masse ereignisreicher, abenteuerlicher Episoden war auch gar nicht mehr erforderlich. Die Extensität des Kolportagestils wurde von der Intensität abgelöst. Die Handlung der Filme nahm einen inneren, auf die Seele hin gerichteten und vertieften Verlauf. *Die Entwicklung der Nahaufnahme veränderte auch den Stil der Filmrolle und des Drehbuches.*

Auch in der Handlung offenbarte sich das innere Drama verborgener, feinster seelischer Momente: die Mikrodramatik.

Handlungsreiche, große Romane waren in der späten Stummfilmzeit nicht mehr geeignet, verfilmt zu werden. Nicht abenteuerliche und verwickelte, sondern kurze, einfache Erzählungen waren gefragt, denn das Filmische lag in der bildhaften Ausarbeitung der Details. Hierin bewährten sich jeweils die Phantasie und die Erfindungsgabe der Filmschöpfer, und nicht in der *visuellen Bewegtheit* ohne äußere Komplikationen abrollender Szenen. Man zog es vor, Szenen zu zeigen, die episch kaum erzählt werden können, die wir erst zu verstehen beginnen, sobald wir sie *sehen*. So wurde der Stummfilm immer weniger „literarisch" und folgte damit der Richtung zeitgenössischer Malerei.

Dramatische Situation

Die Technik der Nahaufnahme, die solcherart die Handlung des Films vereinfachte und seine kleinsten *Detailmomente* zu Dramen formte und vertiefte, erreichte so, daß der Film dem *reinen Zustand,* in dem äußere Geschehnisse überhaupt nicht vorkommen, dramatische Spannung verleihen konnte. Er konnte die unsichtbare Erregung *scheinbarer Ruhe* in nervenzerreißender Spannung darstellen und den unter der Oberfläche tosenden Orkan mit Hilfe hauchzarter erlauschter Bewegungen und flüchtiger Blicke spürbar machen. Solche Filme haben die Strindberg-Atmosphäre in engem Raum eingeschlossener, aufeinander angewiesener Menschen großartig dargestellt. Die Mikrodramatik des sogenannten Friedens im Schoße der Kleinbürgerfamilie zeigte in ihren stillsten Augenblicken einen so unerbittlichen Kampf auf Leben und Tod, wie man etwa bei Betrachtung des scheinbar so friedlichen Wassertropfens durch das Mikroskop ein von furchtbaren Kämpfen der Kleinsttierwelt umtobtes Schlachtfeld erblickt.

Der Rhythmus der Kamera

Der Film vermag selbst die *physikalische Bewegungslosigkeit* eines Zustandes zu mobilisieren und zu dramatisieren – mit Hilfe der bewegten Kamera oder der Bewegtheit des Schnittes. Der letztere ist eines der ureigensten Ausdrucksmittel des Films. Wenn die Bewegung in einer auf der Bühne oder im Atelier gespielten Szene aus irgendeinem Grunde aussetzt, dann regt sich dort tatsächlich nichts mehr, und es kann von Tempo und Rhythmus keine Rede mehr sein. Der Film aber hat die spezifische Möglichkeit, wenn die aufgenommene Szene in *starrer Unbewegtheit beharrt, ihre auf die Leinwand projizierten Bilder dennoch in heftiger und abwechslungsreicher Bewegung erscheinen zu lassen.* Die Darsteller rühren sich überhaupt nicht. Ihre Blicke aber springen mit der Kamera von einem zum anderen. Die Menschen und die Dinge sind regungslos, aber die Kamera dreht sich schnell und empfindsam von einem zum anderen, und die in der Reihenfolge des Schnittes blitzartig erscheinenden unbewegten Bilder können im wildesten Rhythmus abwechseln. Dies kann uns die innere Bewegtheit der Szene trotz ihrer äußeren Unbewegtheit empfinden lassen. Die totale Szene mag in todähnlicher Erstarrung beharren, einer unbewegt stehenden riesenhaften Maschine gleich – die vorbeirasenden Nahaufnahmen jedoch zeigen die pulsierende Bewegung kleinster Rädchen eines Uhrwerks. Wir sehen das Beben der Augenlider dieser regungslosen Gestalten, das Zucken ihrer Mundwinkel, die angespannte Lebensfülle dieser ganzen Unbewegtheit.

In einem Kriminalfilm Lupu Picks – einer der ehemals bedeutendsten deutschen Regisseure – haben unvorsichtige Einbrecher sich selbst in der Stahlkammer einer Bank eingeschlossen. Es gibt keine Rettung aus dieser Mausefalle, der unterminierte Keller wird in fünf Minuten in die Luft fliegen. Die

Uhr an der Wand zeigt, wie Minute um Minute vergeht. Neun Männer laufen, vor Aufregung völlig von Sinnen, hin und her, nach einer Rettung suchend. Vergeblich. Sie haben noch zwei Minuten Zeit. Sie bleiben stehen, blicken starr auf den Uhrzeiger und warten. In jenem Keller regt sich jetzt nichts, nur der Zeiger. – Diese bis zum letzten gesteigerte Spannung könnte durch noch so wilde Bewegung der Darsteller nicht mehr erhöht werden. Unter Lupu Picks Regie halten sie, während sie erstarrt dastehen, sogar den Atem an.

Auf der Sprechbühne ist solch stumme Bewegungslosigkeit nur für Sekunden möglich. Dann wird die Szene tot, da tatsächlich nichts vorgeht. Im Film jedoch kann sehr viel geschehen, auch dann, wenn die Gestalten sich nicht regen. *Denn die Kamera regt sich.* Der schnelle Schnitt der Nahaufnahmen bringt Bewegung. In jenem Panzergewölbe schnellt die Kamera von einer Gestalt zur anderen. Die Bilder dieser Gestalten bewegen sich schneller und leidenschaftlicher, als die Gestalten selbst es vermöchten: Diese selbst schweigen. Aber die Mikrophysiognomik der aufblitzenden Nahaufnahmen redet. Sie zeigen nicht eine allgemeine Panik, sondern die schreckliche Symphonie neunfachen tödlichen Entsetzens, in all seinen Phasen. Dies innere Erschauern der Menschen offenbart sich in dem bis zur Unerträglichkeit gesteigerten Rhythmus immer kürzerer Nahaufnahmen und in der gesteigerten Geschwindigkeit des Schnittes.

Ein Ameisenhaufen erscheint nur aus der Ferne unbelebt. Aus der Nähe ist emsigstes Leben darin zu beobachten. Auch der graue, eintönige Zustand unseres Alltags zeigt, genauer betrachtet und in Nahaufnahmen aufgelöst, eine Reihe tiefer und erschütternder Geschehnisse.

Der dramatisierte Alltag

Als der Tonfilm sich bereits voll zu entwickeln begann, wurden realistische Filme beliebt, die den eintönigen Alltag gleichsam durchleuchteten, die das dramatisierten, was wir nicht zu beachten pflegen. Damals kam King Vidors herrlicher Großfilm „Masse Mensch" heraus. Er zeigte den Alltag im Durchschnittsleben eines Durchschnittsamerikaners. Einen recht eintönigen Zustand. Doch wie reich an erschütterndem, rührendem, schrecklichem, glücklichem kleinem Geschehen! Verborgene Melodien der totalen Eintönigkeit.

Diese künstlerische Technik wirkt freilich dann am allerstärksten, wenn sie den entscheidenden Moment eines handlungsreichen Films zum Stehen bringt, indem sie diesen Moment im Ritardando der Detailaufnahmen verbreitert. Sie zeigt im entscheidenden Augenblick jene *Augenblickspartikelchen,* in denen das Zünglein der Waage noch hin und her pendelt und es noch nicht gewiß ist, nach welcher Seite es ausschlagen wird.

Der entscheidende Moment

In dem Meisterwerk des russischen Regisseurs Raisman, „Die letzte Nacht", zeigt die Schlußszene dies: In den Bahnhof von Petersburg, den die Aufständischen besetzt halten, läuft ein Militärzug ein. Ein geheimnisvoller, fest verrammelter Güterzug. Bringt er Freund oder Feind? Wir wissen es nicht. Aus allen Ecken und Öffnungen des Zuges starren Bajonette, doch kein einziges Gesicht ist zu sehen. Aus allen Fenstern und Türen des Bahnhofsgebäudes richten sich Gewehrläufe auf den Zug. Wer steckt in den Waggons? Feind oder Freund? Keiner will den leeren Bahnsteig als erster betreten. Alles wartet und schweigt. Nur das Schnauben der Lokomotive ist zu hören. Die Handlung steht still. Aber das Schicksal des Bahnhofes, der Stadt, ja vielleicht der ganzen Revolution, hängt davon ab, was jetzt geschehen wird. Dieser angespannte Zustand zweifelnden Abwartens ist jedoch nur äußerlich ohne Bewegung. Seine Elemente vibrieren in nervöser Ungeduld. Im unruhigen Schnitt der Nahaufnahmen treiben die kleinen Gesten der innerlich glühenden Bewegung die Stimmung voran. Schließlich geht eine alte Bäuerin allein und waffenlos auf den Bahnsteig hinaus, tritt an den Zug heran und ruft eine Frage hinein ...
Diese Szene hätte freilich nicht vermocht, eine so gewaltige Spannung auszulösen, wenn der ganze Film diesen Zustand der Regungslosigkeit gezeigt hätte. Hier handelte es sich um die Wirkung der inmitten eines dynamischen Rhythmus jäh eingetretenen Pause.

Wirklichkeit – an Stelle von Wahrheit

Davon, wie die Mikrodramaturgie der Nahbilder schließlich zu Versuchen führte, Filme nicht nur ohne dramatische Handlung, sondern auch ohne einen zentralen dramatischen Helden zu drehen – von dieser und von anderen Formen der Entwicklung soll in späteren Kapiteln die Rede sein. Eines aber muß schon jetzt festgehalten werden: Wenn Stories mit nur *einer* Situation, arm an Verwicklungen und an Handlung, nicht „Literatur" waren, kann das im guten wie im schlechten Sinne verstanden werden. Denn im allgemeinen nahmen

Filme überhand, bei denen nur die Details interessant waren, während die Gesamthandlung übertrieben einfach und banal wirkte.

Das hatte natürlich, wie alle Moderichtungen in der Kunst, auch ideologische Ursachen. Die *Flucht vor der Wirklichkeit,* von Anfang an die vorherrschende Tendenz des bürgerlichen Films, nahm damit eine neue Richtung. Früher flüchtete man in die Märchenromantik exotischer Abenteuer. Nun flüchtete man, gemäß dem neuen naturalistischen Stil, in die kleinen Details. Aus *Angst* vor der *Wahrheit des Ganzen* steckte man den Kopf in den Sand „zerkleinerter" *Wirklichkeit.*

Neuntes Kapitel

Die wechselnde Einstellung

Die zweite neue Schaffensmethode der Filmkunst, die sich von den Grundsätzen und Methoden aller anderen Künste unterscheidet, ist die wechselnde Einstellung. Im Theater sehen wir alles von *einem* Platz, unter einem konstanten Blickwinkel, also in *einer* Perspektive. Das photographierte Theater vermochte daran wenig zu ändern. Es veränderte zwar manchmal die Einstellung von Szene zu Szene, *innerhalb* der Szene, während des Spiels jedoch *niemals*.

Nur durch die Einstellung vermochte die Photographie zur Kunst zu werden. Jeder Beleuchtungseffekt wäre vergeblich, wenn die Kamera den Gegenständen unverrückbar gegenüberstehen müßte. Die Photographie wäre mechanische Reproduktion geblieben.

Die Synthese der Photographie

Die freien, individuellen Möglichkeiten der Einstellung bewirken im Bild jene Synthese von Objekt und Subjekt, die eine Grundvoraussetzung jeder Kunst ist. Ein Kunstwerk stellt nicht nur die objektive Wirklichkeit dar, sondern auch die subjektive Persönlichkeit des Künstlers. Diese Persönlichkeit beinhaltet auch seinen Klassenstandpunkt, seine Ideologie, den Horizont seiner Epoche, und dies alles projiziert er, wenn auch unbewußt, in jedes seiner Bilder. Der subjektive Zustand des Künstlers ist ja auch ein Teil der objektiven Wirklichkeit, die im Werk zum Ausdruck kommt.

Jedes Bild zeigt also nicht nur ein Stück Wirklichkeit, sondern auch einen Standpunkt. Die Einstellung der Kamera verrät auch die innere Einstellung. Auch die naturgetreuesten, ähnlichsten Porträts stellen – sofern sie Kunstwerke sind – nicht nur das Modell dar, sondern auch den Künstler. Der Maler hat vielerlei Gelegenheiten, auch sich selbst in seinem Bild zu malen. Komposition, Pinseltechnik, Farbgebung zeigen zumindest so viel von ihm selbst wie von der objektiven Wirklichkeit. Die Persönlichkeit des Filmoperateurs hingegen vermag sich nur in einem einzigen Vorgang zu offenbaren: in der Einstellung. Sie schreibt auch die Komposition des Filmquadrats vor.

Die Subjektivierung durch das Objektiv

Jede Figur, sei sie ein Mensch, ein Tier, eine Naturerscheinung oder ein hergestellter Gegenstand, hat tausend Gestalten, je nachdem, unter welchem Gesichtswinkel ich sie betrachte und ihre Umrisse fixiere. Und in jeder der mit tausend verschiedenartigen Umrissen gezeichneten Gestalten kann ich einen und denselben Gegenstand erkennen. Alle ähneln dem gemeinsamen Modell – einander aber nicht. Jede drückt eine andere Art zu sehen, einen anderen Sinn, eine andere Stimmung aus. Jeder visuelle Standpunkt bedeutet einen seelischen Standpunkt. Es gibt nichts Subjektiveres als das Objektiv.

Die Technik der Einstellung ermöglicht jene Identifizierung (Gleichsetzung der Kameralinse mit dem Auge des Handlungsträgers sowie des Zuschauers), die wir als ureigenste Wirkung der Filmkunst kennengelernt haben. Die Kamera betrachtet die übrigen Personen und ihre Umgebung mit den Augen der im Film auftretenden Personen. Sie blickt in die Welt – jede Sekunde aus dem Blickwinkel eines anderen Darstellers. Solchen Einstellungen gemäß sehen wir den Raum der Handlung *von innen,* mit den Augen der Darsteller, und beobachten, wie sie sich darin zurechtfinden. Der Abgrund, in den der Held stürzt, öffnet sich unter *unseren Füßen,* und der Grat, den er emporklimmt, ragt vor *uns* in den Himmel. Wenn im Film das Bild der Landschaft wechselt, dann haben wir das Gefühl, als hätten *wir* uns in eine andere Richtung gewandt. Diese ständig wechselnden Einstellungen erwecken im Zuschauer das Gefühl, daß er sich bewegt, so wie er auch im Eisenbahnzug glaubt, daß er fährt, sobald der Nachbarzug sich in Bewegung setzt. Aufgabe der Filmkunst ist es, diese neuartigen Wirkungen zu künstlerischen Wirkungen zu vertiefen.

Déjà vu

Diese Identifizierung, die uns beim Erfassen des Bildes auch den Betrachter mitfühlen läßt – trägt es doch seinen Blick, seinen Standpunkt auf sich – diese Identifizierung macht es möglich, daß der Film durch Wiederholung von Bildern mit einer bestimmten Einstellung auch an die Personen erinnert, die (in der Handlung) früher dieses Bild gesehen haben. In der Erinnerung kann ein Gesicht, eine Landschaft nur so wiederkehren, wie man sie wirklich gesehen hat. Sonst kann die Stimmung des früheren Erlebnisses nicht erweckt werden. Eine Wiederholung der Einstellung aber kann wie eine Erweckung der Erinnerung an längstvergangene Situationen wirken, das bekannte psychische Phänomen des Gefühls des „déjà vu", des „Schon-gesehen-Habens", auslösen. In meinem Film „Narkose", den ich in Berlin mit Alfred Abel gedreht habe, trifft der Held nach vielen Jahren wieder das Mädchen, das er längst vergessen und das sich so sehr verändert hat, daß er es gar nicht wiedererkennt. Das Mädchen verrät seine Identität nicht, sondern rekonstruiert jene frühere Situation, die damals ihr Schicksal entschieden hat. Sie setzt sich in der gleichen Pose vor denselben Kamin, dessen Glut sie genau so beleuchtet wie damals. Und sie stellt den Mann auf den gleichen Platz, von dem aus er sie damals gesehen hat. Sie rekonstruiert also die gleiche *Einstellung,* aus der er seinen ersten Eindruck empfangen hat. Und der Zuschauer zweifelt nicht einen Augenblick lang daran, daß dies in dem Helden des Films die volle Erinnerung weckt.

Seelische Identifizierung

Die Physiognomie aller Objekte des Films setzt sich aus zwei Physiognomien zusammen. Die eine ist jene, die der Gegenstand objektiv, unabhängig vom Beschauer, besitzt. Sie dürfte eigentlich gar nicht „Physiognomie" genannt werden, da in diesem Begriff schon das Vorhandensein eines vom Beschauer gewonnenen Eindrucks des betreffenden Dinges mit enthalten ist. Die andere Physiognomie ist jene, deren Umrisse durch den Blickwinkel des Zuschauers, durch die Perspektive des Bildes bestimmt werden. Diese zwei Physiognomien verschmelzen auf dem Bild so sehr zu einer Einheit, daß nur ein sehr geübtes Auge sie auseinanderzuhalten vermag. Der Operateur kann, wenn er seinen Blickwinkel wählt, verschiedene Ziele verfolgen. Entweder will er das ursprüngliche objektive Gesicht des Gegenstandes noch mehr betonen und trachtet dann, jene von dessen Konturen zu finden, die Charakter und Wesen des Gegenstandes am klarsten zum Ausdruck bringen. Oder, falls ihm mehr an der *Charakteristik des Seelenzustandes der Zuschauer* gelegen ist (wenn er beispielsweise die Eindrücke eines entsetzten Menschen oder die Welt, wie sie ein Glücklicher sieht, darzustellen hat), wird er die Physiognomie der Gegenstände in verzerrter Einstellung (Furcht erweckend oder verschönt) zeigen. Hier vollzieht sich jene *seelische Identifizierung,* die den Zuschauer nicht nur mit den Filmgestalten, sondern auch mit ihrer räumlichen Situation gleichwerden läßt. Die Einstellung vermag die Dinge hassenswert, lieblich, Furcht erweckend oder lächerlich erscheinen zu lassen. Durch die Einstellung erlangen die Filmbilder lautes Pathos oder stillen Reiz, kalte Sachlichkeit oder phantastische Romantik. Die Einstellungskunst des Regisseurs und Operateurs entspricht der Stilkunst des Epikers, in der sich die Persönlichkeit des Autors am unmittelbarsten offenbart.

Anthropomorphe Welt

Alles, was der Mensch sieht, hat eine Physiognomie. Sie ist eine unabwendbare Form unseres Empfindens. So wie wir nicht imstande sind, außerhalb von Raum und Zeit Dinge zu erfühlen, können wir sie auch nicht ohne Physiognomie erblicken. Jede Gestalt übt auf uns eine (uns zumeist unbewußt bleibende) emotionelle Wirkung aus, eine angenehme, unangenehme, beruhigende oder drohende – weil sie uns, wie entfernt auch immer, an eine menschliche oder animalische Physiognomie erinnert. Freilich projizieren wir diese selbst in die Dinge, da unsere Weltbetrachtung überhaupt zur Vermenschlichung des Betrachteten neigt, also in hohem Maße anthropomorph ist. Darum hat uns als Kinder die Furcht gepackt, wenn die Möbel in den dunklen Zimmern ihre Zähne fletschten oder die Bäume des nächtlichen Gartens uns zuwinkten, und darum freut es uns Erwachsene, wenn ein Landschaftsbild uns vertraut in die Augen sieht, als rede es uns mit Namen an. Diese anthropomorphe Welt ist das einzig mögliche Thema der Kunst, und die Stimme des Dichters oder der Stift des Malers erwecken nur die *vermenschlichte Wirklichkeit* zum Leben.

Nun, der Film vermag diese anthropomorphe Physiognomie aus jedem Objekt herauszuholen, und es ist eine der Forderungen der Filmkunst, daß kein Quadratmillimeter des Filmquadrats neutral bleibe, daß jedes Teilchen ausdrucksvoll sei, also zur Physiognomie, zur Geste erweckt werde.

Goethe über den Film

Als hätte Goethe die große Berufung des Films in diesem Sinne vorausgeahnt, schrieb er in seinen Beiträgen zu Lavaters „Physiognomischen Fragmenten", daß die Umgebung des Menschen nicht nur auf ihn einwirke, sondern daß der Mensch auch auf seine Umgebung zurückwirke; die Natur gestaltet den Menschen, und der Mensch gestaltet die Natur; der in die große Welt hineingestellte Mensch schafft sich sozusagen einen Ausschnitt aus dieser Welt, eine kleine Welt, die er dann vollhängt mit den Bildern seines Ichs.

Diese Vision des in seiner Naturbetrachtung dialektisch verfahrenden Dichters und Denkers kann in keiner Kunst so restlos verwirklicht werden wie im Film, der mit Hilfe der Einstellung jene Umrisse der Objekte auswählt und hervorhebt, die ihnen eine lebendige und charakteristische Physiognomie verleihen.

Solch überraschend lebendige Umrisse wirken oft ungewohnt. Wir sehen die Dinge gewöhnlich nicht in dieser Weise, ja, in Wahrheit ist es so, daß wir sie „gewöhnlich" überhaupt nicht sehen. Die „Schuppen der Gewohnheit" bedecken unsere Augen. Baudelaire schreibt in seinem Tagebuch: „Was nicht deformiert ist, hat kein wahrnehmbares Gesicht." – Nur durch ihre uns ungewohnten und unerwarteten Konturen, die durch markante Einstellungen gezeichnet wurden, springen uns die altbekannten und nie bemerkten Dinge als neue Eindrücke ins Auge.

Es gibt freilich auch Fälle, in denen die Deformation Ausmaße annimmt, die den ursprünglichen Gegenstand unkenntlich machen. Dann hat eben in einem aus der Synthese von Subjekt und Objekt geborenen Kunstwerk das subjektive Element ein so starkes Übergewicht erhalten, daß es aufhört, Darstellung einer Wirklichkeit zu sein, und an Wert verliert. Von dieser Gefahr willkürlicher Subjektivierung wird noch bei der Behandlung der Stilarten des avantgardistischen bzw. des „absoluten" Films die Rede sein.

Objektiver Subjektivismus

Es kommt andererseits häufig vor, daß der Film gerade die übertriebene Subjektivität einer Gestalt aufzeigen will, indem er die Welt unter dem Bildwinkel und aus der Stimmung jener Gestalt heraus betrachtet. Man kann im Film nicht nur den torkelnden Trunkenbold zeigen, sondern auch verzerrte, taumelnde Häuser, *wie sie der Betrunkene sieht*. Seine subjektiven Gesichtseindrücke werden vom Film als objektive Gegebenheit dargestellt.

Es kam auch vor, daß uns der Film eine und dieselbe Gasse mit drei verschiedenen Physiognomien zeigte, wenn drei verschiedene Menschen sie durchschritten und jeder sie auf seine Weise sah. Wir sahen die gleichen Häuser, Schaufenster, Plakatsäulen, Laternenpfähle dreimal – sehr verschieden –, einmal mit den Augen des zufriedenen, satten Kaufmannes, dann mit dem Blick des ausgehungerten Arbeitslosen und schließlich aus der Perspektive des glücklich Verliebten. Und nur die Einstellung war jedesmal eine andere.

Es ist dies eine Abart des Tema con variazioni, wofür wir ein überzeugendes Beispiel in Dowshenkos Film „Iwan" besitzen. Viermal zeigt der Film die Bauanlage des großen Staudammes der Dnjepr-Wasserkraftwerke. Zuerst erblickt der Bauernbursche Iwan am ersten Abend seiner Ankunft die Anlage. Er kommt aus dem heimatlichen Dorf, um sich zur Arbeit zu melden. Diese Nachtaufnahme zeigt ein furchterweckendes, höllisches Chaos! Flammenspeiende, rauchende Essen, märchenhafte, schreckliche Ungeheuer. Ein wirres, undurchsichtiges Titanengestrüpp riesenhafter Traversen und Kettenräder. *So erblickt der Bauernbursche die Fabrikanlage*. Der Operateur zeichnete mit dieser Einstellung Iwans Angst nach. – Zum zweitenmal sehen wir dieselbe Industrieanlage mit den Augen Iwans, der jetzt ein selbstbewußter Arbeiter geworden ist: Ein Bild der Ordnung und Zielbewußtheit, ein von den Zahnrädern der Logik exakt bewegtes stählernes Werk der Vernunft, Stoff gewordene Intelligenz. Klar, großzügig, verständlich. Es ist, als offenbare sich der innere Mechanismus eines schöpferischen Gehirns. Dort arbeitet Iwan, er weiß, was, und weiß, warum.

Zum drittenmal sehen wir den Bau der Riesenwasserkraftwerke am Dnjepr nicht mit Iwans Augen, sondern mit denen einer Frau, deren Sohn von den gigantischen Maschinen erschlagen wurde. Sie läuft verzweifelt durch die Anlage und sieht die mörderischen Maschinen. Wie sich die Physiognomie der Maschinen in der veränderten Einstellung gewandelt hat! Jetzt sind es nicht mehr wohldurchdachte und genau berechnete Apparaturen der Vernunft, sondern vorsintflutliche, wütende, unberechenbare Ungeheuer, die mit niedersausenden Kranarmen den Menschen ermorden, der sich in ihr Revier verirrt hat. Furcht erweckende Bestien eines gefährlichen Dschungels sind sie, Todfeinde des Menschen. Und doch ist es die gleiche Fabrikanlage, die uns Dowshenko hier zeigte, allerdings mit den verwirrten Augen einer verzweifelten Mutter gesehen – *mit Hilfe anderer Einstellungen*.

Aber wir sehen das gleiche Thema noch ein viertes Mal, in einer vierten Bildvariation. Die Frau eilt nämlich mit ihrer Klage in das Verwaltungsgebäude und stürzt in das Zimmer des Bauleiters. Der meldet den Unglücksfall soeben seiner vorgesetzten Behörde. Die Frau wartet, wird Zeugin des Gesprächs und begreift. Ihr Sohn, Komsomolze, hatte sich freiwillig zu einer gefährlichen Rettungsaktion gemeldet, im Interesse des Werkes, das dem ganzen Volke dient. Die Frau wartet den Schluß des Telephongesprächs gar nicht ab. Sie verläßt den Raum und kehrt an ihren Arbeitsplatz zurück – *auf demselben Weg, den sie gekommen ist*. Sie sieht dieselben Baggermaschinen und Riesenkrane, jetzt aber mit anderen Augen. Stolz erhobenen Hauptes schreitet sie dahin – es ist, als fügten dieselben Maschinen ihre Leiber zu einem erhabenen stählernen Dom zusammen. Sie wandelt zwischen erzenen Gesten der Schönheit und des edelsten Pathos. Wie der Chor eines majestätischen Psalms erschallt jetzt die dröhnende Hymne der Arbeit, und es ist wahrhaftig so, als ginge Gesang von den Maschinen aus.

Diese Bildvariationen sind nicht subjektive Ausstrahlungen des Filmschöpfers. *Sie stellen die subjektiven Stimmungen seiner Gestalten dar,* und zwar – *objektiv!* Wir zeigen ja im Film auch Traumbilder. Sie sind so sehr subjektiv, daß sie gar nicht mehr als Darstellung einer äußeren Wirklichkeit anzusprechen sind, sondern aus inneren Erinnerungsvorstellungen gebildet werden. Dennoch ist der Traum eine natürliche, gegebene, objektive Tatsache und zählt zu den ureigensten Baustoffen des Films.

Die Physiognomie der Umgebung und des Hintergrundes

Auch die gute Bühne duldet keine neutralen Kulissen, nämlich Hintergründe, in denen nicht das Blut der davor abrollenden Szene pulst. Auch der Bühnenmaler ist bemüht, als visuelles Echo dessen, was geschieht, die Stimmung der Szene auf die Kulissen zu projizieren. Während des Ablaufes der Szene vermag er jedoch nicht, die Veränderungen und Sprünge der Stimmung zu zeigen, wie es der Film kann.

Der ewige und unlösbare Widerspruch zwischen dem lebendigen Schauspieler und der toten Theaterdekoration, zwischen der wirklichen Gestalt und der gemalten Perspektive des Hintergrundes stellt diesen ohnehin außerhalb des Spiels, drängt den Hintergrund sozusagen „in den Hintergrund".

Anders beim Film. Dort sind der Mensch und seine Umgebung homogen, aus dem gleichen Stoff gemacht, da beide als Bild erscheinen und es so keinen Realitätsunterschied zwischen Mensch und Hintergrund gibt. Im Film besteht also – wie bei der Malerei – die Möglichkeit, dem Hintergrund, der Umgebung eine ebenso intensive Physiognomie zu verleihen wie dem Menschen, ja, wie bei den späten Werken van Goghs, eine noch intensivere, so daß der Gesichtsausdruck des Menschen neben der lebhaften Mimik der Dinge verblaßt.

Es ist ein Gesetz jeder darstellenden Kunst, daß zwischen dem Gesichtsausdruck des Menschen und der Physiognomie der ihn umgebenden Dinge kein Widerspruch bestehen darf. Der Ausdruck des Menschengesichtes strahlt über die Grenzen des Gesichtes hinaus und wiederholt sich in den Bildern der

Möbel, der Bäume und der Wolken. Wir sehen „visuelle Echos". Die Stimmung irgendeiner Gegend oder eines Zimmers bereitet die Szene vor, die sich darin abspielen wird. Diese Stimmung spiegelt die Spannung, die sich im menschlichen Handeln entlädt. Dies alles erreicht der Operateur durch die Einstellung.

Landschaftsbild

Wie wird aus einer *Gegend* eine *Landschaft?* Nicht jedes Teilbild der Natur kann ohne weiteres als Landschaft angesprochen werden. Die Gegend hat ihre Topographie, die in eine Generalstabskarte genau eingezeichnet werden kann. Das Landschaftsbild aber hat seine *Stimmung,* die nicht eine rein objektive Gegebenheit ist, sondern erst durch Beteiligung des Subjekts entsteht. Man sagt „die Stimmung der Landschaft". Aber es gibt keine andere Stimmung als die des Menschen. Wer die Gegend sachlich betrachtet, wie etwa ein Landwirt, wird selten eine „Stimmung" dabei empfinden. Stimmung ist das Gefühl des Malers, des Künstlers, und nicht des Ackerbauers, des Hirten, des Holzfällers, der Leute also, die mit der Natur nicht seelisch, sondern körperlich und praktisch zu tun haben. Das Landschaftsbild ist die *„gesehene" Physiognomie* irgendeiner Gegend, die nicht nur der Maler festzuhalten vermag, sondern auch der Operateur durch die Einstellung seiner Kamera. Es ist, als zeigte die Gegend, jäh ihren Schleier lüftend, ihr Gesicht mit einem emotionellen Ausdruck, den wir wiedererkennen, obgleich wir nicht imstande wären, ihn in Worte zu kleiden. Aber die so festgehaltene Gegend enthüllt auch das Gesicht des Betrachters.

Unter den Filmoperateuren gab es bereits geniale Meister des Landschaftsbildes, und zwar des bewegten Landschaftsbildes, das nicht nur eine Physiognomie, sondern auch seine Mimik und seine Gesten hat. Hier ziehen die Wolken, der Nebel braut, und das Schilf wogt und bebt im Wind, hier nicken die Baumkronen und fliehen die Schatten. Das Landschaftsbild im *Film erwacht* bei Sonnenaufgang und *verdüstert* sich tragisch am Abend. Es gibt keinen Maler, dessen unbewegte Bilder dieses Erlebnis ersetzen könnten.

Wie wird die Wirklichkeit zum Thema?

Die „Seele der Natur" ist also eigentlich unsere Seele, die der Operateur in die objektiven Formen der Gegend ebenso hineinlegt wie der Maler. Es ist keine Selbstverständlichkeit, daß die Natur zu allen Zeiten Thema und Stoff der Kunst war. Erst mußte der Mensch sie beseelen, erst mußte sie vermenschlicht werden. Die bedeutende Kunstepoche des christlichen Mittelalters kannte die „Seele der Natur" nicht: Die Schönheit des Landschaftsbildes war den damaligen Künstlern unbekannt. Die Natur war nur Hintergrund, nur Schauplatz menschlicher Ereignisse und Szenen. In Europa hat erst die Kunst der Frührenaissance die tote Natur zum lebendigen Landschaftsbild gewandelt. Bekanntlich war ein Dichter, nämlich Petrarca, der erste, der auf den Gedanken kam, einen Berggipfel zu besteigen, nur aus dem Grunde, von dort die Schönheiten der Gegend zu bewundern. Die Touristik ist eine moderne Kulturerscheinung.

Im Gang der künstlerischen Entwicklung kann jeweils festgestellt werden, wann wieder ein neues Thema der Wirklichkeit zum Thema der Kunst wurde, wann wieder ein neues Gebiet „kunstfähig" wurde. Zum Beispiel sind nicht alle Zweige menschlicher Arbeit solch alte Themen wie die bäuerliche Landarbeit. In dieser war immer schon ein nicht verdinglichtes Verhältnis des Menschen zu seinem Beruf zu fühlen. Das Mähen und Pflügen waren „menschlich" sinnvolle und natürliche, daher also *schöne* Handlungen, urtümliche Gesten des Lebens, wie etwa das Säugen von Kindern – sieh: So lebt der Mensch!

Hingegen war die Fabrikarbeit lange Zeit hindurch kein dichterischer und kunstgeeigneter Anblick und wurde erst allmählich zum Thema der Künste. Das war vor allem deshalb so, weil die Fabrikarbeit über keine durchgeistigte, menschliche Physiognomie verfügte. Sie erweckte den Eindruck unmenschlicher, gewaltsam mechanisierter, widernatürlicher Betätigung, einer – um wieder den klassischen Ausdruck von Marx zu gebrauchen – *verdinglichten* Handlung, bei der der Mensch nur ein Maschinenteilchen ist und seine Persönlichkeit nicht zu Wort kommt.

Darum durchgeistigte diese Arbeit die Maschine nicht und konnte kein schönes, kein künstlerisches Thema abgeben.

Der Arbeiter und die Physiognomie der Maschine

Auch damit hat die Kunst – negativ – eine tatsächliche Situation ausgedrückt. Denn erst mit der Entwicklung des revolutionären Bewußtseins im Arbeiterproletariat wurde die große menschliche Bedeutung und Würde der Fabrikarbeit etwas Bewußtes. Dies wurde sie zunächst dadurch, daß dem Arbeiter die *Unwürdigkeit* der Arbeit im kapitalistischen Produktionsprozeß bewußt wurde. Schon in den Bergarbeitergestalten eines Meunier, in den Kupferstichen Frank Brangwyns und später in den Werken vieler großer Künstler tauchen die Gestalten und die Arbeit der Industriearbeiter als künstlerische Themen auf.

Was geschah? Wurde die Fabrikarbeit, soeben noch häßlich, plötzlich „schön"? Nein. Nur erlangte die Arbeiterschaft in der Welt ihres revolutionären Bewußtseins den Ausdruck trotziger Hoheit, während die Maschine *eine feindselige Physiognomie* erhielt. Der Zorn der Aufständischen verlieh dem Quälgeist, der Ausbeuterin, der menschenfressenden Maschine, eine hassenswerte, dämonisch-lebendige Physiognomie.

So wurde auch die Fabrik zum Thema der Kunst, vor allem der Filmkunst. Sie lieferte nicht idyllische Motive, wie etwa das Land- und das Hirtenleben. Ein moderne, revolutionäre, realistische Kunst zeigte im Film – immer häufiger – die Gesichter der zur Aubeutung dienenden Menschenfressermaschine des Kapitalismus: Die Einstellung der Filmkamera durch revolutionäre Regisseure und Operateure entlarvte gleichsam die Maschinen des Kapitalismus und zeigte deren wahres Antlitz.

Unvergeßlich bleibt Ivens' Dokumentarfilm, der den Betrieb der Radiofirma Philips zeigte. Die Einstellungen des laufenden Bandes und der daran beschäftigten Arbeiterinnen waren so eindrucksvoll, daß dem Zuschauer aus Angst, sie könnten die mit dem laufenden Band auf sie einstürmende Lawine von Maschinenteilchen nicht aufarbeiten, der Atem stockte.

Es geschieht nicht grundlos, daß uns die Physiognomie der in Sowjetfilmen so häufig gezeigten Industrieanlagen und Maschinen so freundlich und ermunternd erscheint. Die Einstellung ist eine andere. Die Einstellung der Kamera des Operateurs ist anders, weil die Einstellung der Arbeiterschaft zu jenen Maschinen eine andere wurde und sie in ihnen nicht Quälgeister der Ausbeutung, sondern Helfer und Mitarbeiter ihres *eigenen* Lebens sehen.

Es gibt einen sehr interessanten Bergarbeiterfilm Karl Grunes. Auch die Story dieses Films atmet revolutionären Geist. Aber der Geist der Bilder, der Einstellungen, ist noch weitaus revolutionärer. Hier war die Grube selbst das Thema, und die Schächte, Stollen, Maschinen und die Arbeit waren die Hauptdarsteller. Der Film zeigte nicht einfach Tatsachen der Grubenarbeit in der Art der Wochenschauen, er zeigte die bewegten Physiognomien dieser Tatsachen mit Hilfe besonderer Einstellungen. Das Gesicht des Aufzugs, der die Arbeiter unter Tage befördert, war unerbittlich und düster im Ausdruck. Als man hinter dem Gitter seiner festverschlossenen Türen die Gesichter der Bergleute erblickte und er mit ihnen in die Tiefe sank, sah er einer furchtbaren

Kerkerzelle gleich. Grune sah ihn eben mit den Augen der Arbeiter und photographierte ihn unter ihrem (inneren) Blickwinkel.

Physiognomie und Symbol

Eine Szene zeigt den Ankleideraum der Bergleute. Sie ziehen ihre Arbeitsmonturen an und hängen ihre Alltagsgewänder auf Haken. Es folgt eine Nahaufnahme der auf Haken baumelnden Kleider. Als wären sie eine Reihe Gehenkter – ein qualvoller Anblick. Jedermann konnte verstehen, was diese Kleider-Physiognomien symbolisch bedeuteten. Sieh – sagte das Bild – hier hängt der Mensch, den der Arbeiter abgelegt hat! Der Mensch muß hier oben bleiben. Was hinunter in den Stollen fährt, ist nur noch eine Maschine.

Wieviel hoffnungslose Sehnsucht symbolisiert der schwere, schwarze Rauch, der sich aus Schloten nieder zur Erde neigt! Das Gefahrensignal war im Stummfilm nicht bloß als Sirenenton erkennbar, sondern als hochschießender Dampfstrahl, der aus den Sirenen drang. Aber der verzweifelte Aufschrei von Tausenden war darin zu *sehen*.

Ein Bild zeigte den Helden, als die Tür des Aufzugs hinter ihm zufällt und er im gleichen Augenblick seinen Rivalen erspäht, der sich gerade hinter seiner – des Helden – Frau hermacht. Einer wildgewordenen Bestie gleich starrt der Mann durch das Gitter. Wie ein Gefangener, jeder Handlungsfreiheit beraubt, eingesperrt in die vergitterte Zelle der Arbeit, die mit ihm zu sinken beginnt – unaufhaltsam. Diese Einstellung ist uns ein klares und tiefes Symbol.

Rhythmussteigerung durch die Einstellung

Es gibt ein klassisches Beispiel dafür. Auf dem *Panzerkreuzer Potemkin* in Eisensteins gleichnamigem Film bricht die Meuterei aus. Der Kampf zwischen Mannschaft und Offizierskorps ist in vollem Gange. Es ist kein organisierter und gelenkter Kampf mit disziplinierter Taktik, sondern ein wildes Handgemenge zahlloser Paare. Auf dem Verdeck, zwischen Balken und Tauen, auf Treppen, in Kajüten, Panzertürmen und auf Leitern – ein Vorwärtsstürmen, Stürzen, Schlagen, Werfen, Ringen, ein Wälzen ineinander verkrampfter Leiber, ein heilloses Durcheinander strampelnder Arme und Beine – ein Höllentanz! – Aber dieser großartige, stürmische *Rhythmus kann nicht mehr weiter gesteigert werden*. Und dennoch ist es notwendig, ihn zu steigern.

Die eintönige Stimmung einer Steppenlandschaft wird vertieft, wenn die gleichbleibende Monotonie anhält. Der Rhythmus des Wirbelsturms jedoch wirkt ermüdend, wenn er zwei Minuten lang gleichbleibt. Was *von Natur aus unbewegt* ist, darf ewig so verharren. Die Bewegung aber verlangt im Kunstwerk ihre Krescendos oder Dekrescendos, sonst wird sie langweilig. Eisenstein mußte also die Bewegung einer Szene steigern, der Regie und Spiel ein gesteigertes Tempo nicht mehr geben konnten. Er steigerte also nicht das Temperament der *Szene,* sondern das *Temperament ihrer Bilder.* Die Rauferei als solche wurde nicht wilder. Sie erschien jedoch in immer wilderer Folge der Einstellungen auf der Leinwand. Anfangs hatten wir den gefährlichen Kampf in direkter Gegenüberstellung gesehen. Dann aber, als wir dies bereits als gewohnt und langweilig zu empfinden begannen, zeigte man uns die Kämpfenden von unten, von oben, in den merkwürdigsten Einstellungen. Nicht nur die Menschen standen jetzt kopf, auch die Bilder, deren Physiognomie weit wüster wirkte als die der Kämpfenden. – Aber der Kampf geht weiter. Die Wildheit der Bilder muß daher auch weiter gesteigert werden. Nun wird das Handgemenge nicht mehr nur in steilen und schiefen Einstellungen gezeigt. Jetzt wird bereits zwischen ausgespannten Seilen, durch Fenstergitter, Leitersprossen und eiserne Treppenstufen hindurch gefilmt. Die Gesten der Kämpfenden sind bereits von nicht mehr zu überbietender Wildheit, aber Seile, Gitter, Stangen und eiserne Wendeltreppen zerteilen, zerpflücken das Bild. Die Menschen würgen einander nur. Die Bilder zerreißen sie. So weit geht die Wirkung der Einstellung.

Verzerrung durch die Einstellung

Die Grenzen der realistischen Kunst könnte man so umreißen: Der Künstler kann in seinem Objekt jede noch so ungewöhnliche Physiognomie erblicken. Solange er sie darin erblickt, sie aus ihm herausschält (wie Michelangelo aus dem Marmorblock die darin geschaute Gestalt), solange er sie nicht ins Objekt *hineinsieht,* sie *draufsieht,* so lange ist es realistische Kunst. Solange der Künstler mit seinen subjektiv gezeichneten Konturen *nicht das Wesen* und den Sinn seines Gegenstandes verändert – bleibt er Realist. Die Karikatur mag verzerren, soviel sie will – wenn ich nur das verzerrte Gesicht *wiedererkenne.* Sobald ich das Objekt nicht mehr wiedererkennen kann, lache ich auch nicht. Denn gerade in der trotz allem vorhandenen Ähnlichkeit liegt die Komik. Fehlt sie, dann handelt es sich nicht mehr um die Verzerrung von etwas Bestimmtem, sondern dann haben wir eine Grimasse vor uns, die auf nichts

Bezug nimmt. Ein *Zerrbild* – mag sein Zweck Satire oder ernste Seelenanalyse sein – muß *irgend etwas verzerren.* Wenn dieses Irgendetwas im Bild nicht mehr gegenwärtig ist, dann sehe ich keine Verzerrung mehr, also auch keine Bedeutung. Wenn ich etwas übertreibe, ohne daß man weiß, was es sein soll, dann kann auch keine Übertreibung wahrgenommen werden.

Unbekannte Umrisse

Das hier Gesagte gilt für die Malerei, die Bildhauerei, wo es allein dem Künstler überlassen bleibt, wie er die Umrisse zieht. Die Einstellung in der Photographie aber – wie überraschend die von ihr skizzierten Umrisse auch sein mögen – wird die Grundgestalt des Objekts *niemals verändern* können. Folgt daraus, daß die Einstellung die Grenzen der Realität nicht überschreiten kann?

Nein: Das Bild des Gegenstandes kann auch dann irreal sein, wenn es eine genaue Photographie des Gegenstandes ist. Und zwar dann, wenn der Gegenstand auf der Photographie doch nicht zu erkennen ist. Es gibt Perspektiven, Einstellungen, die aufhören, eigenartig, spezifisch und originell zu sein, weil nicht mehr zu erkennen ist, *worauf* sich ihre Eigenart, ihre Originalität beziehen. Ungewohnt und überraschend kann nur das auf mich wirken, was mir anders bekannt, was mir anders vertraut war. Ich muß also wissen, daß es sich um den gleichen Gegenstand handelt. – Illustrierte Blätter veröffentlichen manchmal Rätselphotos. Der Betrachter soll erraten, was hier photographiert wurde. Infolge der vertrackten Einstellung ist der Gegenstand nicht zu erkennen. Der Film soll nicht solche Rätselbilder zeigen.

Unmögliche Umrisse

Die künstlerische Photographie kennt noch eine irreale Methode: die Dinge unter einem Blickwinkel, in einer Einstellung zu zeigen, wie das menschliche Auge sie unter normalen Umständen niemals erblicken kann. Die automatische Kamera kann in Positionen gebracht werden, die dem Menschen völlig unzugänglich sind. Man kann ja die Kamera auch verschlucken und den Magen von innen aufnehmen. Es ist für die Wissenschaft von unschätzbarer Bedeutung, daß wir so imstande sind, unsere visuellen Beobachtungen über die Grenzen der unmittelbaren natürlichen menschlichen Sehfähigkeit hinaus auszudehnen. Für die Kunst hat das kaum Bedeutung. Das ureigenste Thema der

Kunst ist das *Erlebnis* – also nicht die wissenschaftliche Erkenntnis des Objekts, sondern die Spiegelung der objektiven Welt *in der Gefühlswelt des Menschen.*

Ungewohnte Einstellung – ungewohnter Zustand

Ungewohnte Einstellungen müssen mit dem Zustand desjenigen motiviert werden, der sie sieht. Ein Bild wird gewiß ungewöhnlich werden, wenn ein Fiebernder es sieht. Ebenso seltsam wird es erscheinen, wenn ich es mit den Augen eines sehr stark kurzsichtigen Menschen betrachte oder so gesehen zeige. Es genügt jedoch nicht, die Logik der ungewohnten Gestalt eines Bildes zu erläutern, auch eine künstlerische Begründung seltsamer Einstellungen ist notwendig. Denn die ungewohnten Einstellungen zeichnen ungewohnte Physiognomien, und diese wieder erzeugen ungewohnte Stimmungen. Solche Stimmungen darf der Regisseur nur in zielbewußter Absicht heraufbeschwören. Sie müssen aus dem Gehalt der Szene, aus dem Seelenzustand der Gestalten strahlen, sonst bleibt alles leeres Formenspiel.

Mit den Augen eines Fiebernden oder eines Betrunkenen gesehene Dinge „realistisch" zu zeigen, wäre nicht realistisch. Aber nicht nur das Fieber oder der Alkohol verändern die Physiognomie der Dinge. Auch Leidenschaft, Haß, Liebe und Furcht wirken ähnlich. Oft ist es auch so, daß der Regisseur durch ungewöhnliche Einstellung nur das Exotische des Schauplatzes oder der Szene selbst betonen will. Eine „Opiumhöhle" zum Beispiel kann sich in einem ganz gewöhnlichen Raum befinden. Man wird jedoch die Wirkung des Ungewöhnlichen der darin sich abspielenden Vorgänge durch ungewöhnliche Einstellungen auf den Raum visuell steigern.

Die Filmkarikatur

Die Photokarikatur ist wirksamer, weil sie überzeugender sein kann als die gezeichnete Karikatur. Die Photokarikatur ist mörderischer, weil sie mehr Glauben findet.

Eine glänzende satirische Karikatur eines Büros zeigen Eisenstein und sein genialer Operateur Tisse. In den Einstellungen der Nahaufnahmen werden die Schreibmaschine, das Tintenfaß, die Feder, die Stempel und der Bleistiftspitzer zu grotesk-monumentalen Wesen, bekommen ein wichtiges, ja hoheitsvolles Gesicht und ein dämonisches Eigenleben. Die technischen Hilfsmittel der Administration, die wichtiger erscheinen als der Mensch, werden zur höllischen Satire der Bürokratie.

Diese unwahrscheinlichen Vergrößerungen erzielt die Kamera nicht nur durch Einstellung, sondern auch durch gewisse phototechnische Verfahren. Das sind also eigentlich nicht mehr „natürliche" Eindrücke. Der Zuschauer muß in solchen Fällen deutlich spüren, daß diese Bilder eine satirische Karikatur zu liefern *beabsichtigen*. Erwartet er nämlich von ihnen sachliche Wirklichkeit, wird er die Bilder als unwirklich empfinden. Wenn er sie aber als Bildphantasien hinnimmt, dann wird er tiefere Wirklichkeit in ihnen erblicken.

Film-Expressionismus

„Expression" bedeutet: Ausdruck. Jedes Gefühl, das sich auf einem Gesicht spiegelt, ist so und deshalb so zu sehen, weil es die normalen Züge des Gesichtes verändert, sie, anders ausgedrückt, aus ihrer Ruhestellung hebt. Je stärker das Gefühl, um so mehr wird sich das Gesicht verzerren. Das vollkommene, „normale" Gesicht, wenn es ein solches überhaupt geben könnte, wäre ausdruckslos und leer, bar jeglicher Physiognomie.

Nach der Theorie der Expressionisten ist nur der Ausdruck (der die körperliche Erscheinung der Seele, des Geistes ist) wichtig. Das körperliche Material des Gesichtes sei eher ein Hindernis. Die beseelte Physiognomie müsse sich vom rohen, unerhellten toten Stoff der Anatomie befreien. Die wahren Expressionisten gingen von der These aus, ein Künstler, der eine Physiognomie sieht und zeichnet, dürfe sich nicht von den naturgegebenen Konturen des Gesichtes *beengen* lassen.

Weshalb sollte er jene Linien, die das Gesicht charakterisieren, nicht über die Umrisse des Gesichtes hinausführen können? Weshalb sollte das Lächeln nicht breiter sein als der natürliche Mund, wenn dadurch die Bedeutung des Ausdrucks erhöht wird? Die Gefühle der Menschen sind immer größer, als ihre ärmlich begrenzte Körperlichkeit mit Hilfe von Bewegungen sie ausdrücken könnte. Der Schwung unseres Armes bleibt immer hinter dem inneren Schwung zurück. Unsere „natürlichen" ausdrucksvollen Gesten sind stets verkümmerte Halbheiten, weil unsere grenzenlosen Gefühle in den Schranken der Körperlichkeit steckenbleiben.

Der Film garantiert die *Glaubwürdigkeit* expressionistischer Verzerrungen. Denn jedermann weiß, daß es sich hier um Photographie handelt und die Gestalt der Gegenstände daher nicht in ihrem Wesen verändert werden konnte. Darum kann der expressionistische Stil nirgends so überzeugend und so wirksam sein wie im Film, wo man feststellen kann, daß die Einstellung nur jenen Ausdruck des Objekts hervorzubringen vermag, den sie darin sah.

Caligari

Der Expressionismus im Film kennt viele Gradunterschiede. Angefangen von der Expressivität des Objekts, wobei sich der Stil nur aus seltsamen Motiven, Milieus und Hintergründen und deren Auswahl zusammensetzt, bis zu jenem vollkommenen und reinen Expressionismus, wie wir ihn im „Kabinett des Doktor Caligari", einem Werk, dem in der Geschichte der Filmkunst ein eigenes Kapitel gebührt, kennengelernt haben. Hier sind die Physiognomie und die Mimik der Gegenstände bereits so dämonisch lebendig wie die der Menschen. Zur Zeit des hochentwickelten Stummfilms gab es keinen mehr unter den namhaften Regisseuren, der neutrale, tote Hintergründe geduldet und nicht versucht hätte, die Ausdruckslinien der menschlichen Gesichter und Gesten auch in den Formen des Milieus zu spiegeln und so die menschlichen Gefühle auf die Stimmung des gesamten Bildes visuell auszudehnen. Der Expressionismus eines so durchgeistigten Hintergrundes war auch damals schon eine Grundvoraussetzung der Filmkultur. Im Caligari-Film aber geht es so weit, daß sämtliche Objekte und Gegenstände des Milieus Gesichter und Blicke haben wie lebende Wesen und die Menschen betrachten. Robert Wiene, der Regisseur, hielt es für notwendig, diese an Verfolgungswahn erinnernde Filmvision mit irgendeiner Begründung zu rechtfertigen, und er gab ihr daher den Untertitel: *„Wie ein Wahnsinniger die Welt sieht"*.
Wir sehen in diesem Film auch tatsächlich Wahnsinnige und Irrenhäuser. Aber auch sie erscheinen in ähnlichen gespenstischen Bildern. Wer *sieht sie so?* Der Betrachter des Ganzen steht offenbar außerhalb des Filmgeschehens, und es ist ebenso offenbar, daß der Verfasser, der Filmschöpfer selbst, jener „Wahnsinnige" ist, der die Welt so sieht.
Die künstlerische Problematik dieses ungewöhnlich interessanten und anregenden Films ist, daß in ihm der Film weitgehend aufhört, schöpferisch zu sein. Die interessanten physiognomischen Wirkungen entstehen ja hier *nicht durch die Einstellung der Kamera,* die den Gegenständen der Wirklichkeit ihre charakteristischen, von Leidenschaft durchglühten Konturen gibt. Die Kamera zeigt hier photographische Reproduktionen *fertiger expressionistischer Gemälde.* Nicht die Einstellung verdrehte und verzerrte. Die Häuser waren bereits im Atelier schief aufgestellt worden, von Bühnenbildnern fertig gemalt. Die Kamera kopierte nur und zeigte nicht, wie die persönliche Stim-

mung das Bild normaler Gegenstände zu deformieren vermag. Das Filmbild war bereits aus zweiter Hand.

Dekorative Ausstattung

Darum wirkt jede stilisierte Ausstattung unfilmisch. Ich kann die ganze Natur im Atelier „aufbauen". Aber es muß eine naturalistische Kopie der Natur sein, als wäre es natürliche Natur, die ich nur wegen der einfacheren Beleuchtung oder aus ähnlichen technischen Gründen ins Atelier verpflanzt habe. Auch dort bleibt sie nur Objekt der schöpferischen Kamera. Nur die Beleuchtung, die Einstellung, mit einem Wort: die Aufnahmebedingungen und die *Aufnahme* selbst *sollen die schöpferische Arbeit der Stilisierung vollbringen.* Nur dann wird daraus Filmkunst aus erster Hand.

Film-Impressionismus

Auch Ereignisse haben ihr Stimmungskolorit, das oft durch ein gut eingestelltes Detailbild besser gezeigt wird als durch die sachliche Photographie der gesamten Szene. Der aus Sirenen strömende Dampf, die trommelnden Finger an einem Fenster, die Aufnahmen großer, schwingender Kirchenglocken in schnellem Schnitt, geweiteter Augen und verzerrter Münder werden eine erschreckendere Panik zeigen als das Totalbild einer aufgescheuchten Masse.
Dieser ergänzende, die Phantasie anregende Impressionismus entspricht deshalb so sehr dem Geist des Films, weil die bewegten und im Ablauf des Schnittes zahlreichen Nahaufnahmen auch den Zuschauer in Bewegung halten und gleichsam zwischen der Peripherie des Ereignisses und seinem Zentrum hin und her eilen. Mit wachsender Spannung warten wir darauf, das Ganze zu sehen. Erblicken wir es endlich (was gar nicht unbedingt notwendig ist), wird es kein schematisches Bild mehr sein. Man wird mehr darin sehen, als es zeigt. Die vorher geschauten Detailbilder werden ebenfalls alle „hineinprojiziert".

Subjektivistischer Impressionismus

Anders ist es jedoch, wenn es nicht Absicht der einzelnen Eindrücke (Impressionen) ist, irgendeine objektive Wirklichkeit spürbar zu machen. In solchen

Fällen ist das subjektive Erlebnis des Eindrucks wichtig, dessen Bild nicht Wirklichkeit darstellen will, sondern nur eine augenblickliche Stimmung. Es ist dies eine ähnliche Degenerationserscheinung der bürgerlichen Kunst wie ein zum leeren Formalismus gewordener Expressionismus, der den Ausdruck vom Gesicht, die Physiognomie vom Objekt löste, der abstrakte und frei schwebende Mienen schuf, die überhaupt nicht mehr ausdrückten.

Wie der Expressionismus den Caligari-Film, so gebar auch der subjektivistische Impressionismus sein klassisches, weil mit radikalsten Mitteln verwirklichtes Beispiel. Kein Zufall, daß es – wie Caligari – ebenfalls aus der deutschen Filmproduktion kam. Die Deutschen sind in der Kunst doktrinär, sie streben nach konsequenter Verwirklichung ihrer Prinzipien und lassen sich nicht von der lebendigen Empfindlichkeit instinktiven Geschmacks lenken.

„Phantom" war der Titel eines nach einem Roman von Gerhart Hauptmann gedrehten deutschen Films, der die Welt so zeigen wollte, wie ein erregter Phantast sie sieht, einer, der die objektive Wirklichkeit nicht zur Kenntnis nimmt. Dieser Film zeigte Illusionen, die Erzeugnisse der Einbildung, fixer Ideen, Visionen des Verfolgungswahns – in einer Ebene mit den übrigen Bildern des Lebens, und zwar in solcher Weise, daß die Phantasie realer wirkte als die Wirklichkeit, deren Grenzen verrückt wurden, bis auch sie nur noch als nebelhafte Vision erschien.

Der impressionistische Stil des Films „Phantom" ist so sehr bewußt und konsequent, daß in breiten Teilen des Films eine irgendwie objektiv logische Struktur der Ereignisse überhaupt nicht mehr zu erkennen war. Vorüberhuschende, zusammenhanglose Stimmungsbilder, Momentaufnahmen blitzen vor unseren Augen auf, so wie sie am inneren Gesicht des berauschten Helden vorbeiwogen. Ein Teil des Films ist überschrieben: „Der taumelnde Tag". Seinen rationalen Inhalt zu schildern ist unmöglich. Schwankende Häuserreihen treiben an den Augen des regungslosen Helden vorbei, Treppen steigen vor ihm schwindelnd empor und sinken dann in die Tiefe, ohne daß er den Fuß bewegt. Es ist ja nicht wichtig, *was* geschieht, nur auf die Eindrücke kommt es an. In einem Schaufenster glitzert eine mit Edelsteinen besetzte Kutsche ... Hinter einem Blumenstrauß beugt sich ein Gesicht hervor ... Autolichter blinken auf und verlöschen ... Ein Revolver liegt auf der Erde.

Die „unvernünftige" Zusammensetzung solcher Detailbilder im Schnitt ist deshalb möglich, weil an ihrer Einstellung zu sehen ist, daß sie nicht Bilder der realen Wirklichkeit sein wollen, wir also eine Darstellung objektiver Wirklichkeit von ihnen gar nicht erwarten, sondern sie als Ausgeburten der Erinnerung und der Phantasie auffassen, die sich im Prozeß freier Assoziation ohne weiteres in solche Bildreihen einzufügen vermögen.

Dieser Film zeigt *nur* das, was auf den Helden Eindruck macht. Alles andere zeigt er überhaupt nicht. Es sind nur Nahaufnahmen des Augenblicks. Der reale Zeitablauf ist in ihnen nicht zu spüren. Haben wir Jahre oder Tage durchlebt? Wir wissen es nicht.

Mittelbare Einstellung

Oft geschieht es, daß die Bildeinstellung nicht die Gestalt oder die Szene selbst, sondern nur ihr *Spiegelbild,* ja sogar nur ihren *Schatten auf der Wand* zeigt. Das kann eine Art Vorbereitung zur Steigerung der Wirkung sein, vor allem in den Fällen des „vorausgeworfenen" Schattens, der, die Gestalt in der Einbildung skizzierend, im voraus eine Atmosphäre für sie schafft. In solchen vorausgeworfenen, mittelbaren Bildern steckt etwas von einem drohenden oder vielversprechenden oder Neugier erweckenden Geheimnis. Furcht kann nicht so schrecklich sein, Schönheit nicht so bezaubernd sein, sobald wir ihnen ins Auge sehen. Wir empfinden sie dann gesteigert, wenn sie in ihren Schatten nur geahnt werden können. Oft ist es ein Mittel diskreter Regie, übertrieben rohe Wirkungen zu vermeiden. Wenn wir einen Mord oder irgendeine rohe Gewalttat, einen Entsetzen erregenden Unglücksfall oder etwas Abstoßendes zeigen müßten, verwenden wir lieber die mittelbare Einstellung. Auch übertrieben pathetische Gestalten zeigt der Film ungern in der stets illusionsraubenden Realität des direkten Bildes. Wenn in einem biblischen Film die Gestalt Christi vorkam, dann vermied es der Regisseur von Geschmack, sie persönlich „auftreten" zu lassen. Er zeigte den Heiland lieber im Spiegel seiner Wirksamkeit. Und wenn er dann dennoch erschien, erblickte der Zuschauer nur seinen Schatten an der Wand.
Es gibt tragische Szenen, die in direkter Einstellung so trivial wirken, daß sie dabei ihre tragische Wucht völlig einbüßen. Solche Szenen werden vom Regisseur nicht deshalb in indirekter Einstellung gezeigt, weil er grobe Wirkungen vermeiden will, sondern im Gegenteil, weil er die Wirkung der bereits banal gewordenen Szene erhöhen will. Im direkten Bild sehen wir nämlich nur die Szene als solche, etwa den Revolver, den Selbstmörder und das, was er tut. Selbst falls sonst noch etwas zu sehen wäre, würden wir es im grellen Licht *dieser* Bilder nicht erkennen können. Wenn wir aber die Schattenbilder der Szene an der Wand sehen, *dann sehen wir auch die Wand,* das Zimmer und die Physiognomie aller Dinge, die Zeugen des Geschehens sind. Der Mensch und die Szene, in der er agiert, stehen nicht so nackt und ohne Atmo-

sphäre vor uns. Die reale Lebendigkeit der Umgebung erhöht die reale Lebendigkeit der Szene.

In dem Film „Die Docks von New York" sehen wir das Wasser bei Nacht. Wir sehen, wie sich in ihm die Silhouetten des Ufers, der Mond, die Wolken und die Schatten der Nacht spiegeln. Dann erscheint auch noch das Spiegelbild einer Gestalt in der Tiefe. Eine Frau beugt sich über das Wasser. Und dieses Spiegelbild dort in den Tiefen *stürzt aufwärts,* an die Oberfläche des Wassers. Dann erst hören wir das Aufklatschen und sehen den Wellenschlag. Den Menschen selbst sehen wir nicht, aber wir wissen, was geschehen ist. – Solch mittelbare Einstellungen erwecken Vorstellungen durch Assoziation und vermeiden die oft ungefüge und unvollkommene Rationalität der Bezeichnung.

Das Symbol der Einstellung

Pudowkin zeigt uns in einem seiner Stummfilme, „Das Ende von St. Petersburg", das Bild der Stadt zweimal. Beide Male dasselbe Objekt in verschiedener Einstellung. Erst sehen wir die Palastreihe am Newaufer im Spiegelbild des Flusses. Häuser, Paläste, Parks stehen kopf, traumhaft – ein unwahrscheinliches, gleichsam wesenloses Bild. Eine venezianische Impression, ein Traum, eine Fata Morgana. Am Schluß des Films heißt die Stadt nicht mehr Petersburg, sondern Leningrad. Das Bild zeigt die gleiche Häuserreihe, nur in anderer Einstellung, in gerader, direkter Aufnahme. Alles steht auf seinem Platz, schwere Steinblöcke, die scharfe Schatten werfen. Nichts schwebt. Das ist solide Wirklichkeit, kein Traum, keine flüchtige Fata Morgana. Diese Häuser werden ewig stehen, unerschütterlich. Dies zeigen Bild und Einstellung unmißverständlich.

Im Spiegel des Gesichts

Es ist eine häufig angewandte Methode der Mikrodramatik, etwas nur in seinen Auswirkungen zu zeigen. Nicht der Anblick wird gezeigt, sondern der Betrachtende. So erfahren wir in ein und demselben Bild, *was* geschehen ist und *wie* jemand darauf *reagierte.* Es ist eine erprobte Methode der Einstellung, bei einem Dialog entweder den Sprechenden oder – öfter – den Zuhörer zu zeigen. Im Tonfilm ist der Sprechende ohnehin durch seine Stimme vertreten, und so enthält das Bild oft den Zweiklang des Wortes und des darauf reagierenden Mienenspieles.

Metaphern der Einstellung

In einem Sowjetfilm handelt es sich um einen Bauernaufstand. Wir sehen das jenseitige Ufer der Wolga in abendlicher Gegenlichtbeleuchtung. In der Ferne, am jenseitigen Ufer, ragen die Silhouetten des Schilfs und Ufergestrüpps in die Luft. Es ist plötzlich, als würden sich Schilf und Gestrüpp verdichten, neue spitze, stachelige Silhouetten wachsen in unheimlicher Vielfalt aus der Erde. Sie regen sich und bewegen sich. Jetzt erst begreifen wir, daß wir die Silhouetten der zu Lanzen aufgebogenen Sensen aufständischer Bauernarmeen erblickt haben. Wir sahen, wie sie „aus der Erde wuchsen" wie Schilf und Strauch. Die Einstellung ließ sie uns so erblicken. *Geschrieben* wäre diese Metapher trivial, *gesehen* ist sie von elementarer Kraft.

In einem amerikanischen Film wird ein Bettelmädchen von zwei Polizisten vor den Richter geführt. Die Einstellung zeigt die beiden Polizeileute so, als wären sie zwei schreckenerregende, mächtige Säulen, die das ganze Filmquadrat ausfüllen. Zwischen den beiden, in einer schmalen Spalte, erscheint die zerbrechliche, dünne Gestalt des Mädchens. In diesem Bild sind im voraus das Urteil über das Mädchen und sein Schicksal zu sehen.

Die versteckte Linienführung, die Physiognomie der Einstellungen, aktiviert in unserem Bewußtsein vorhandene Assoziationen und läßt Gefühle und Stimmungen hochsteigen, genau so wie die Metaphern der Dichtung.

In der grandiosen Treppenszene im „Panzerkreuzer Potemkin" liegen Verwundete und Tote auf den Stufen. Die Einstellung zeigt blutüberströmte, in Tränen gebadete Menschengesichter. Dann zeigt sie auch die Kosaken, die in die Menge feuern. Aber die Einstellung zeigt im Film nur ihre Stiefel, sie sind gar keine Menschen mehr – nur Stiefel, die auf Menschengesichtern herumtreten. Diese Stiefel haben eine so ungefüge, dumme und niederträchtige Physiognomie, daß man bei ihrem Anblick unwillkürlich die Faust ballt. Dies ist die metaphorische Wirkung des Films.

Solche Bildmetaphern können auch satirische Schärfe aufweisen, wie z. B. in einem Pudowkin-Film, in dem während des Kriegsrates der Weißen das Bild so eingestellt ist, daß die Köpfe der Generale nicht zu sehen sind. Man sieht nur ordengespickte, kopflose Rümpfe. Dies ist ein Scherz, eine Anspielung der Kamera.

Als Bildmetapher großartig ist der berühmte Luster Eisensteins in seinem

Film „Oktober", der die ersten Tage der Revolution in Petersburg zeigt: den Sturm auf das Winterpalais. Wir sehen nur wenig Schlachtenbilder. Wir sehen den ersten Schuß des Panzerkreuzers „Aurora" und sehen, wie davon der mächtige, wunderbare Luster des Thronsaales erbebt. Die Einstellung zeigt den Kronleuchter in seiner ganzen erhabenen Pracht, mit seinen tausend blitzenden Kristallen, einer Krone ähnlich, allen Glanz des Zarenreiches symbolisierend. Und dennoch erbebte er. Erst kaum merklich. Später muß man die Ursache dafür – die Kanonenschüsse – gar nicht mehr zeigen. Der Kronleuchter bebt immer stärker und stärker. Wenn tausend Kristalle schwanken und zittern und dabei ihr Licht versprühen, ist das (in der geistreichen Einstellung durch den Operateur Tisse) ein schier übernatürliches, so ins Riesenhafte gesteigertes Erdbeben, daß die ganze Panik der russischen Aristokratie und Bourgeoisie darin zu erzittern scheint. Diese eine Bildeinstellung ist so ausdrucksvoll, daß es keiner Schlachtendetails bedarf. Der Kronleuchter schwankt. Die dadurch ausgelöste Spannung könnte durch nichts erhöht werden. Er schwankt – ein Riß entsteht über ihm in der Decke, dann löst sich einer seiner Halter, eine atembeklemmend dramatische Einstellung. Der Riß erweitert sich und – jetzt stürzt die ganze glitzernde, erhabene Pracht nieder! Das Symbol dieses Bildes braucht niemand mehr zu erklären: Es ist vollbracht.

Kleine Segelboote bringen vom Ufer her Lebensmittel an den Panzerkreuzer „Potemkin" heran. Das Ereignis ist an sich kein besonderes, die Szene ist einfach. Die Einstellung des vom Verdeck des „Potemkin" aus gesehenen Bildes ist so, daß das ganze Filmquadrat bis in seine vier Ecken ausgefüllt ist mit kleinen Segelbooten und den vervielfachten Physiognomien und Gesten geblähter Segel. Doch unwiderstehlich ist der klare Ausdruck der geschwellten Segel, der genau das zeigt, was das triviale Wort von der „geschwellten Brust" besagen will! Das ganze Bild ist „geschwellt", schwebt gleichsam davon, es wiederholt alle seine Konturen und steigert sie zu einer begeisterten, schwärmerischen, ekstatischen Geste. Dem Zuschauer wird warm ums Herz dabei. Dann machen die kleinen Segler neben dem großen Panzerkreuzer halt, so, wie eben solch kleine Einmastsegler haltzumachen pflegen – sie lassen ihre Segel sinken. Da sie dies jedoch alle gleichzeitig tun, wirkt diese einheitliche Bewegung in jener Einstellung wieder wie eine Geste: eine Geste feierlicher Begrüßung. Man sieht, wieviel Poesie und Stimmung solche metaphorischen Einstellungen erwecken können.

In der gegebenen metaphorischen Einstellung ist das aufgenommene Objekt reale Wirklichkeit. Die Kosakenstiefel, der Kronleuchter des Zaren, die kleinen Segler – das alles sind reale Wirklichkeiten, die durch die Einstellung

lediglich einen tieferen Sinn, eine zweite, eine symbolische Bedeutung erlangen, *ohne deshalb ihre eigene reale Bedeutung zu verlieren.* Selbst dann, wenn jemand diese zweite Bedeutung nicht begreifen würde, wäre ihm dennoch das Bild als Detail einer gewöhnlichen Filmaufnahme verständlich.
Hierin liegt der künstlerische Wert solcher Einstellungen. Sie sind nicht Allegorien, denn solche haben *nur* symbolische Bedeutung, während ihr unmittelbar geschautes Bild an sich unwichtig bleibt. Was bedeutet das Kreuz an sich, wenn uns sein überlieferter Sinn nicht geläufig wäre, der Glaube, Religion, Christentum bedeutet? Hätte die Linie des Fragezeichens einen Sinn, wenn man uns nicht in der Schule gelehrt hätte, was sie bedeutet?

Bildphrase und Kitsch

Die Einstellung soll die Stimmung, die das Objekt, die Szene atmen, nur entdecken, nur hervorheben, *nicht aber in sie hineinlügen.* Sobald die physiognomische Stimmung der Einstellung mehr oder anders ist, als es die Szene rechtfertigt, dann wird eine Bildphrase, dann wird Kitsch daraus, ähnlich einer mit viel Pathos vorgetragenen Banalität, oder einer Plattheit, die mit triefender Sentimentalität musikalisch untermalt worden ist. Die Einstellung kann den verborgenen Sinn des Objektes hervorheben, aber sie kann nichts Fehlendes *ersetzen,* sonst wäre das Bild ähnlich einer mit rührseligem Schwulst vorgetragenen trockenen Reportage.
Noch falscher und kitschiger wird das Bild, wenn der Regisseur die Dekoration im voraus auf sentimentale Wirkungen abstellt. Die Kamera hört auf, ein Werkzeug der Kunst zu sein, wenn sie „Schönheiten" fix und fertig vorgesetzt erhält. Ähnlich ergeht es uns heute mit den Beleuchtungseffekten. In der Einstellung ist der Film stets völlig glaubwürdig, zeigt er doch, in welcher Weise immer, nur die Wirklichkeit, die er ja photographisch festhält. Eine Regie aber, die auch *das Objekt selbst korrigiert,* die Wirklichkeit gleichsam frisiert, ehe sie sie aufnimmt, zeigt diese im Film unglaubwürdig.

Gefährliche Schönheit

Übertrieben schöne, malerische Bilder sind auch dann oft gefährlich, wenn sie die Ergebnisse guter Einstellung sind. Ihre allzu abgerundete Komposition, ihre selbstgefällige Harmonie verleihen ihnen das Gepräge statischer Malerei und lösen sie aus dem dynamischen Strom des Films heraus. Ihre ausgewogene

Schönheit grenzt sie ab, sie rahmt sie gleichsam ein. Das Bild weist nicht über sich selbst hinaus: „Je hais le mouvement qui déplace les lignes", sagt die Schönheit in Baudelaires Sonett. Die Filmkunst aber ist eine bewegte Kunst.

Das Kunstwerk als Objekt

Der Film gerät in eine besondere Lage, wenn er nicht Natur, sondern fertige Kunst, wenn er Kunstgegenstände photographiert, Statuen, Gemälde, Marionetten. In diesen Fällen reproduziert die Kamera das, was der Maler, der Bildhauer als Kunstwerk bereits vorher geschaffen haben. Soll sie jedoch diese Kunstgegenstände als visuelles Erlebnis eines der beteiligten Darsteller zeigen, unter dem äußeren und dem inneren Blickwinkel dieser Gestalt und ihrer Einstellung, dann hat sich der Operateur eine sehr komplizierte und interessante Aufgabe gestellt.

In Eisensteins Film „Iwan der Schreckliche" wirkt der furchteinflößende asiatische Stil der Ikonen nicht nur als Kunstwerk, sondern auch als wilde, abergläubische Vision eines gequälten Volkes. Wenn in Kordas „Lady Hamilton" der künftige Gatte dem in ärmlichen Verhältnissen lebenden Mädchen sein Schloß und seine Kunstschätze zeigt, dann offenbart uns der Film nicht nur Kunstwerke, sondern auch *den Geschmack und das kulturelle Niveau* eines Menschen, eines Gesellschaftsmilieus – was entscheidenden Einfluß auf das Mädchen ausübt und so seine dramaturgische Funktion erfüllt.

Die Kunstgegenstände können vor der schöpferischen Kamera – als handelnde Motive des Lebens – wieder zu „Material" werden. Dann hat die Kamera die gewaltige Aufgabe zu lösen, dem gegebenen Ausdruck des Kunstwerkes noch einen Ausdruck hinzuzufügen: die Erschütterung des Betrachters. Wahrlich, der Operateur vermag eine Statue oder ein Gemälde so zu zeigen, wie der Dirigent eine Komposition zu Gehör bringt. Zwei Persönlichkeiten verschmelzen während der Produktion.

Einstellung und Stil

Solche Zweiheit, die sich aus der künstlerischen Neuschöpfung eines Kunstwerkes ergibt, tritt frappant dann zutage, wenn ein Stil in einen anderen übergeht. Handelt es sich beispielsweise um die Einrichtung eines Zimmers, dann wäre es ein vergebliches Bemühen, die strenge Einfachheit des Directoire in allen Einzelheiten erfüllt zu haben, wenn etwa *der Stil der Einstellung* – barock ist. *Denn nicht der Stil der Objekte, sondern der Stil des Bildes entscheidet.* Das Thema mag ein antiker Griechentempel sein, er wird in der Aufnahme gotischen Charakter annehmen, wenn der Operateur es so will.

Das gibt es auch in anderen Künsten. Im Pariser Musée Guimet befindet sich ein Porzellanservice, das der Hof von Versailles in chinesischen Werkstätten hat herstellen lassen. Die Muster der gewünschten Malerei, reinstes Rokoko, wurden fix und fertig nach dem Fernen Osten gesandt, wo die dargestellten Schäferspiele der Marquis und der Marquisen mit ihren Krinolinen lediglich gewissenhaft auf die Chinatassen kopiert wurden. Dennoch hat das Ganze einen so sehr chinesischen Charakter angenommen, daß man die Versailler Herren und Dämchen aus einiger Entfernung ohne weiteres für Mandarine und chinesische Kaiserinnen hätte halten können. Die chinesische Pinseltechnik hatte hier das französische Rokoko umstilisiert.

Ein ähnliches Beispiel mit sozusagen umgekehrter Wirkung ist aus der Meißener Manufaktur bekannt: Aus alten chinesischen Mustern wurden kleinbürgerliche Biedermeierornamente. Und die letzte, wunderbare Schöpfung des alten Claude Monet, der sein Augenlicht zum Opfer fiel, „Notre-Dame im Sonnenschein", verwandelte die Gotik des Mittelalters in ein gleißendes Dickicht prangender Steinblumen. So sah der genußfreudige französische Impressionismus die gotische Kathedrale.

Der ausgezeichnete japanische Film „Die Schatten von Yoshiwara" ist nicht allein darum erfrischend sauber im Stil gewesen, weil der Stil der Bauten und der Kostüme echt war, sondern auch darum, weil der Stil der Bilder und der Einstellungen den Charakter altjapanischer Holzschnitte wahrte.

Die Bewußtwerdung des Stils im Film

Die großen historischen Stilformen wurden nicht in den Ateliers ersonnen, sondern haben sich aus dem Geschmack, den Ideologien, dem Lebensrhythmus der Epochen und der Gesellschaftsformen allmählich entwickelt. Der einheitliche Charakter, die Gesetzmäßigkeit dieser epochalen historischen Stilarten zeichnen sich erst nachträglich, aus der historischen Perspektive, ab. Die italienischen Meister des Quatrocento wußten nicht, daß sie im Begriffe standen, den Stil der großen Renaissance zu schaffen. Sie versuchten ganz bescheiden, die Kunst der griechisch-römischen Antike zu kopieren. Das Stilbewußtsein entwickelte sich langsamer als der Stil selbst und ist zumeist nur eine nachträglich in der Erinnerung entwickelte Eigenschaft.

Man klagt oft darüber, daß unsere Zeit keinen eigenen Stil entwickelt hat, wie es zum Beispiel die Gotik oder das Biedermeier waren. Das hat vielerlei Ursachen. Aber wir wissen, daß auch die Schöpfer jener Stilformen zu ihrer Zeit nur von Moderichtungen wußten, nicht von Stilrichtungen. Diese waren ihnen nicht bewußt. Es besteht kein Zweifel darüber, daß auch unsere Zeit ihren prägnanten Stil hat, der sich in unserem Geschmack, in unserer Lebensweise, in unserer Kleidung und in unserem Benehmen äußert, dessen *Einheit* visuell zu erfassen wir jedoch nicht imstande sind. Im *Film* allein ist es uns möglich, den Stil unserer Zeit zu erblicken, sofern wir genau darauf achten. Denn der Film stellt die visuellen Erscheinungen unseres Lebens mit photographischer Treue dar und *faßt* ihre Formen *in ein Bild zusammen,* in dem sich der gemeinsame Stil auszudrücken vermag, wenn die Einstellung es fertigbringt, ihn hervorzuheben. *Wenn der Operateur den Stil unserer Zeit empfindet, dann werden seine Filme diesen Stil uns bewußt werden lassen* und so wesentlich zu seiner weiteren Ausbildung beitragen.

Wenn sich in den visuellen Formen unseres Lebens und unserer Künste der *Zeitgeist* spiegelt, dann wird auch der Film ihn widerspiegeln. Der Film schafft keine Urformen, sondern er erklärt durch die Einstellung erlebnishaft die gegebenen Formen der Wirklichkeit. Deren gemeinsamer formaler Charakter und Gesetzmäßigkeit werden sichtbar.

Zehntes Kapitel

Der Schnitt

Der Fachausdruck „Schnitt" hat sich im deutschen Sprachgebrauch eingebürgert. Ausdrucksvoller und dem Sinne der Sache entsprechender als „Schnitt" und als das bedeutungsgleiche englische Wort „cutting" wäre der französische Begriff „montage", was etwa „Zusammensetzung" bedeutet. Es handelt sich ja tatsächlich um eine Art Zusammensetzung. Wenn der Regisseur die einzelnen Detailbilder in einer bestimmten Reihenfolge derart zusammensetzt, daß ihre sinngemäße Erfassung durch die Vernunft eine bestimmte, beabsichtigte Wirkung erzielt, so vollbringt er das gleiche wie ein Monteur, der einzelne Maschinenteile so zusammensetzt, daß eine arbeitleistende, also produktive Maschine daraus wird.

Die wirkungsvollste Einstellung reicht nicht aus, daß man mit ihrer Hilfe allein die ganze Bedeutung des Objekts auf der Leinwand zum Ausdruck bringen könnte. Dies kann nur durch eine Kombination, durch eine von höheren Gesichtspunkten aus erfolgende Verganzheitlichung der Detailbilder, also durch Montage erzielt werden. Das letzte Kapitel der Filmherstellung, die Abschlußarbeit, ist – der *Schnitt*.

Die Bedeutung eines Farbflecks auf einem Gemälde wird nur aus dem inneren Zusammenhang des Gesamtwerkes offenbar. Auch die Bedeutung eines Tones in einer Melodie, eines Wortes in einem Satz kann nur aus der abgeschlossenen Ganzheit der Melodie oder des Satzes verständlich werden. Die gleiche Rolle spielen die einzelnen Bilder innerhalb des Filmganzen.

Die einzelnen Bilder sind geladen mit der Spannung einer ihrer Aufeinanderfolge zugrunde liegenden Bedeutung, die wie ein elektrischer Funke aufleuchtet, sobald das Bild des folgenden Filmquadrats erscheint. Die einzelnen Filmquadrate können natürlich auch für sich ihren Sinn und ihre Bedeutung haben, ohne an die übrigen Bilder angeschlossen zu sein. Ein Lächeln ist natürlich ein Lächeln, auch dann, wenn man es auf einem isolierten Bild erblickt. *Worauf* sich jedoch dieses Lächeln *bezieht*, wodurch es hervorgerufen wurde, welches seine Wirkung ist und worin sein dramatischer Sinn liegt, das wird nur durch die vorangehend und die nachfolgend montierten Bilder verständlich werden.

Unvermeidliche Sinngebung

Der Schnitt als *visuell gewordene Assoziation* verleiht den einzelnen Bildern ihren letzten Sinn. Dies schon deshalb, weil der Zuschauer die bewußte Bestimmung der Bildreihe, ihre sinnvolle Absicht, von Anfang an voraussetzt. Es ist eine psychologische Grundvoraussetzung der Filmbetrachtung, daß wir bewußt daran glauben, nicht zufällig zusammengewürfelte und aneinandergeklebte Bilder zu sehen, sondern das Werk einer schöpferischen Absicht erwarten und daß wir daher in der Ganzheit einen Sinn voraussetzen und suchen.

Damit haben wir auf ein geistiges Bedürfnis des Zuschauers hingewiesen, das er selbst dann nicht unterdrücken kann, wenn es sich zufällig einmal tatsächlich um sinnlos aneinandergereihte Bilder handelt. *Die Sinngebung ist eine Urfunktion des menschlichen Bewußtseins.* Nichts ist schwieriger, als an sich sinnlose Zufallserscheinungen vollkommen passiv zur Kenntnis zu nehmen, ohne daß unser Assoziationsbedürfnis, unsere Phantasie – wenn auch spielerisch – irgendeinen Sinn in jene Erscheinungen hineintragen dürfte.

Aus diesem Grunde kann man mit Hilfe des Schnittes nicht nur dichten, sondern auch umdichten und viel besser fälschen als mittels jedes anderen menschlichen Ausdrucksmittels. Dafür haben wir ein typisches Beispiel.

Wenn die Schere schwindelt

Als Eisensteins „Panzerkreuzer Potemkin" seinen Siegeszug durch die ganze Welt antrat, wollte auch ein skandinavischer Verleiher den Film erwerben. Aber die dortige Zensur fand, es sei zu viel aufrührerischer, revolutionärer Geist in diesem Werk. Der Verleiher wollte jedoch auf die aus diesem wirkungsvollen Film zu erwartenden sicheren Einnahmen nicht verzichten. Er holte also die Erlaubnis ein, den Film ein wenig „umzuschneiden". Eisenstein stellte zur Bedingung, daß nichts dazugetan und nichts weggelassen werden dürfte. Die Skandinavier aber erklärten, nur die Reihenfolge der Bilder an einer einzigen Stelle ändern zu wollen.

Dies geschah auch, und das Ergebnis war einzigartig. Der Film beginnt bekanntlich damit, daß die Matrosen von den Offizieren unmenschlich behandelt werden, man verurteilt die Unzufriedenen unter der Mannschaft zum Tode, im letzten Augenblick jedoch dreht die zur Exekution befohlene Kompanie sich um und richtet die Gewehre gegen die Offiziere. Der Aufstand beginnt. Erbitterte Kämpfe auf dem Schiff, erbitterte Kämpfe in der Stadt

Odessa folgen. Die Zarenflotte fährt aus, um den Aufstand niederzuschlagen, aber ihre Matrosen geben den Meuterern des Panzerkreuzers eine Chance, zu entkommen. – Dies ist eine Reihenfolge der Bilder im Originalfilm.

Als nun die skandinavische Schere ihre Arbeit beendet hatte, sahen wir *diese* Szenenfolge: Der Film begann mit dem Aufstand. Wir sahen nicht die Ursachen der Meuterei, wir sahen auch nicht die so sehr wirkungsvolle Szene der verhinderten Exekution. Dann rollte der Film unverändert weiter ab, bis zum Erscheinen der Zarenflotte. Damit aber war er keineswegs zu Ende! *Denn jetzt wurde die Exekutionsszene vom Anfang einfach dazugeklebt.* Wir sahen jetzt die Meuterer bebend vor den Gewehrläufen stehen, gleichsam als Ergebnis des Erscheinens der Zarenflotte, die, wie es sich gehört, *die Ordnung wiederherstellt.* Nun befiehlt der Admiral: „Feuer!", und damit endet der Film. Er zeigte nicht, daß die Kompanie den Befehl, zu schießen, verweigert. Es gab demnach zwar eine Meuterei an Bord, aber die Offiziere machten wieder Ordnung, und die Schuldigen empfingen ihre gerechte Strafe. Dies zur vollen Zufriedenheit der damaligen skandinavischen Zensur! So wurde aus dem revolutionärsten Film ein gegenrevolutionärer, ohne daß es notwendig gewesen wäre, die Bilder oder die Beschriftung zu verändern. Nur der *Schnitt* war anders. Ein Werk der Schere.

Bilder kann man nicht abwandeln

So etwas konnte natürlich nur im Stummfilm passieren, und zwar darum, weil man Bilder nicht zeitlich abwandeln kann. Sie zeigen nämlich sozusagen die Gegenwart, nur das, was eben geschieht, und können weder Vergangenheit noch Zukunft ausdrücken. Im Bild an und für sich befindet sich keinerlei Merkmal, das genau und bindend über die Ursache oder die Entstehung des Bildinhaltes Aufschluß geben könnte. Wir sehen im Filmbild nur das, was vor unseren Augen geschieht. Welchen Ursachen zufolge das Geschehen gerade so und nicht anders abrollt, das zu ergründen sind wir beim Stummfilm nicht in der Lage, wir bleiben auf Vermutungen angewiesen. Die Worte des Tonfilms hingegen stellen eine auch auf die Vergangenheit bezügliche, an sie erinnernde Bedeutung her. Sie haben ihre eigene Logik, die den Platz jeder Szene in zeitlicher Folge genau festlegt.

Die Zeit im Film

Die Szenen des Films rollen wie die Szenen des Schauspiels vor unseren Augen ab, sie erfüllen also mit ihrem Inhalt eine reale Zeitspanne. Das Bild der photographierten Szene auf der Leinwand darf für seinen Ablauf nicht längere oder kürzere Zeit in Anspruch nehmen, als die Szene selbst gedauert hat. Auf der Sprechbühne kann in den Pausen zwischen den Auftritten, bei gesenktem Vorhang, beliebig viel Zeit vergehen. Es gibt Stücke, bei denen ein Akt hundert Jahre nach dem vorangegangenen spielt. Die Filmszenen hingegen werden nicht durch Pausen voneinander getrennt. Dennoch muß auch der Film den Ablauf der Zeit und ihre Perspektive zeigen. Wie macht er das?

Wenn im Film zwischen zwei am gleichen Ort abrollenden Szenen ein Zeitintervall angedeutet werden soll, dann fügt (schneidet) man eine an anderem Ort spielende Szene zwischen die betreffenden Szenen ein. Inzwischen möchte Zeit vergehen. Wieviel, das können wir – vorausgesetzt, daß keiner der Darsteller es ausspricht oder daß die Spuren der vergangenen Zeit nicht auf den Gesichtern oder an den Gestalten der Darsteller festzustellen sind – aus dem Szenenbild allein nicht erraten.

Die Zeit als Thema und Erlebnis

In der Epik, im Drama, im Film ist die Zeit genau so Thema und Stoff des künstlerischen Schaffens wie die Handlung, der Inhalt, die Charakter- und Seelenzeichnung. Es gibt keine Handlung, deren Ablauf, deren Wirkung nicht auch davon abhingen, innerhalb welcher Zeitspanne sie erlebt wird. Wenn das gleiche Ereignis einmal schnell, ein andermal langsam abrollt – dann geschieht nicht dasselbe. Auch eine Explosion unterscheidet sich nur dadurch von der normalen Verbrennung, daß sie rascher vor sich geht. Das Tempo des einen Prozesses (Explosion) kann töten, das des anderen (z. B. als physiologische Verbrennung) Leben spenden. Langsam reifende und jäh erzwungene Handlungen sind auch psychologisch durchaus verschieden. Die Zeit ist also ein nicht fortzudenkendes Element der erlebnismäßigen Innewerdung jeglichen Geschehens seitens des Menschen. Darüber hinaus ist jedoch das Zeitvergehen an sich schon ein ewiges Thema tiefsten Erlebens und hoher Poesie der sterblichen Menschheit.

Die Zeit als Erlebnis kann in epischen und in dramatischen Kunstschöpfungen nicht mit der Uhr in der Hand gemessen werden, sie ist perspektivisch dargestellt, so wie der Raum, in dem sich die Gestalten bewegen. Zeit- und Raumwirkung sind hier – Illusion.

Der Film zeigt uns eine sehr interessante Verknüpfung der Raum- und Zeitwirkung; eine genauere Analyse dieser Beziehungen wird manches Neue zutage fördern. Wir erwähnten, daß der Film jenes Stück Zeit, das zwischen zwei am gleichen Ort spielenden Szenen liegt, in der Weise darstellt, daß er einen anderen Schauplatz (mit der dazugehörigen Szene) zwischen jene beiden ersten Szenen einfügt. Je ferner der Schauplatz der eingefügten Szene, um so mehr Zeit empfinden wir als verstrichen. Wenn sich in einem Zimmer etwas abspielt, gleich darauf etwas im Vorzimmer, und unmittelbar nachher wieder im selben Zimmer, dann können inzwischen vielleicht ein paar Minuten vergangen sein: Die Szene im Zimmer wird einfach fortgesetzt. Wir fühlen kein Vorrücken der Zeit. Hat uns jedoch das zwischen den zwei Szenen im Zimmer eingefügte Bild nach Afrika oder Australien geführt, dann können wir im gleichen Zimmer nicht mehr die gleiche Szene fortsetzen. Der Zuschauer fühlt, daß viel Zeit vergangen sein muß, auch dann, wenn der reale Zeitablauf der eingefügten Szene um nichts länger ist als jener der oben erwähnten Vorzimmerszene.

Die Kontinuität von Form und Stimmung

Die Methode der Szeneneinfügungen macht eine Technik parallel laufender Handlungen notwendig. Der Film zeigt manchmal zwei oder drei Handlungsabläufe parallel, die er, gleichsam zu einer „visuellen Fuge", so zusammensetzt, daß sie als gegenseitig ineinander „eingefügte" Szenen auf der Leinwand erscheinen. Der Film kennt zur Darstellung der Zeit jedoch auch andere Mittel, auf die wir noch später zurückkommen werden.

Auf jeden Fall muß der Regisseur, wenn er die Bilder nebeneinanderlegt und ihre Länge bestimmt, nicht nur auf den Inhalt der benachbarten Bilder Rücksicht nehmen, sondern auch ihre Physiognomie und ihren zartesten Stimmungsgehalt beachten. Denn es ist nicht nur notwendig, daß eine Körperbewegung sich aus dem einen Filmquadrat reibungslos in neuer Einstellung im anderen Filmquadrat fortsetzt – auch die seelischen Regungen müssen glatt und ohne peinliche Unterbrechungen von Bild zu Bild hinüberfließen (falls sie überhaupt fortgesetzt werden). Die Physiognomie einer Einstellung und ihrer Stimmung darf nicht im anders eingestellten folgenden Bild der gleichen Szene verlorengehen.

Schöpferischer Schnitt

Selbst dann, wenn bei einfachstem Handlungsverlauf dem Schnitt keine andere Aufgabe zufällt, als die Bilder so aneinanderzureihen, daß die Begebenheit klar verständlich wird, spielt bereits das künstlerische Schaffen eine entscheidende Rolle. Wenn alles, was uns der Film mitzuteilen hat, in den einzelnen Bildern zu *sehen* wäre, dann hätte der einfach ordnende, die Handlung darbietende Schnitt nichts mehr hinzuzufügen. In einem solchen Fall hat der Film die zutiefst ideenverbindende Kraft des Schnittes nicht für das Verständnis der Handlung aufgewendet. Wirklich schöpferisch wird der Schnitt erst dann, wenn wir mit seiner Hilfe etwas erfahren und begreifen, was in keinem der Filmquadrate zu sehen ist.

Ein einfaches Beispiel: Wir sehen jemanden ein Zimmer verlassen. Dann sehen wir das Zimmer verwüstet, mit allen Spuren eines Kampfes. Dann eine Nahaufnahme: Von einer Stuhllehne tropft Blut. So viel genügt bereits. Wir müssen weder den Kampf noch das Opfer sehen. Wir erraten alles. Der Schnitt hat es uns gezeigt.

Der ideenverbindende Schnitt

Diese Art von Technik des ideenverbindenden Schnittes war im Stummfilm außerordentlich hoch entwickelt und verfeinerte die Dinge nach dem Geschmack eines empfindsamer reagierenden, visuell kultivierten Publikums. Wir erlernten es, die geringsten Zeichen zu bemerken, in ihnen einen Sinn zu erblicken, sie aufeinander zu beziehen. Auch das nicht gezeigte Objekt wirkte durch den tieferen Stimmungsgehalt unausgesprochener Worte. Denn der Schnitt verleiht der Szene nicht nur dadurch einen Sinn, daß er sie zeigt, sondern er setzt durch seine Bildreihe eine Vorstellungsreihe in uns in Bewegung, der er eine bestimmte Richtung gibt.

Bewegte und dargestellte Assoziation

Wie gesagt, ist es eine Methode des Schnittes, die Vorstellungsreihe, die Assoziation, in Bewegung zu setzen und ihr eine Richtung zu verleihen. In diesen Fällen beschwört der Film lediglich die *innere* Bildreihe unserer Assoziationen herauf, ohne sie darzustellen. Der Film kann aber auch die inneren Assoziationen eines Menschen direkt als Bildreihe auf die Leinwand projizieren, indem er jene Bilder zeigt, die sich im Bewußtsein des Menschen assoziieren und ihn so von einem Gedanken zum anderen führen. Dann sehen wir auf der Leinwand einen im Bewußtsein abrollenden „inneren" Film.

Erinnerung

Schon die ersten Stummfilme zeigten Erinnerungen eines Menschen. Es waren das ein wenig verschwommene, nebelhafte Bilder, von denen wir wissen mußten, daß sie nicht die augenblicklich erlebte Wirklichkeit darstellten, sondern das, was der Held, sich erinnernd, mit seinem inneren Auge sah. Mit der naiven Technik der Filmanfänger wurde hier das zum Verständnis der Vorgänge notwendige Wissen um die Vergangenheit dem Publikum in der Gestalt von Erinnerungen mitgeteilt. Diese primitiven Erinnerungsbilder konnten natürlich in jenen Filmen niemals einen psychischen Prozeß aufzeigen.

Jene Erinnerung, die Ermler in seinem Film „Die Trümmer eines Kaiserreiches" gezeigt hat, ist ganz anderer Natur. Der Held ist ein Soldat, der während des ersten Weltkrieges sein Erinnerungsvermögen und damit auch sein Selbstbewußtsein verloren hat: Er entsinnt sich nicht einmal seiner selbst. Und der Film zeigt, auf welche Weise sich in ihm jene Vorstellungsreihe in Bewegung setzt (wobei diese Vorstellungsreihe selbst vorgeführt wird), die ihn wieder zum Bewußtsein seiner selbst und der Welt zurückführt. Der Schnitt des Films geleitet den Zuschauer jene Assoziationsreihe entlang, die ein guter Psychoanalytiker in einem ähnlichen Fall im Bewußtsein seines Patienten wiederbeleben würde. Worte könnten das Verbundensein von Vorstellungen kaum so überzeugend verspüren lassen, überdies kann das Abrollen einer Bildreihe im Film das *ursprüngliche Tempo* der Assoziationen wiedergeben. Das geschriebene oder gesprochene Wort ist stets viel langsamer als jenes Tempo, in dem eine Vorstellungsreihe entsteht.

Der Soldat Ermlers sieht eine Nähmaschine. Er hört, wie ihr Knattern plötzlich stärker, schneller wird. Dies ist schon das Geknatter eines Maschinengewehrs. Seltsame Vorstellungsfetzen, Detailbilder tauchen auf. Eines bringt das andere hervor, und zwar durch die Vorstellungen auslösende Kraft der Formenähnlichkeit. Und schon setzt sich die Bildreihe dieser Assoziationen nach einer bestimmten Richtung in Bewegung. Unklares Stückwerk von Kriegserinnerungen: das Rad einer Kanone – die Nähmaschinennadel – ein Bajonett – verkrampfte Fäuste – Explosionen. Die Bildreihe reißt das gelähmte Bewußtsein des Soldaten unerbittlich mit sich fort und nähert ihn jenem

Punkt, jenem Augenblick, da es abriß – nähert ihn jenem fürchterlichen Gesicht, das ihm das Bewußtsein raubte und das ihn nun auch sich selbst wiederfinden und fortsetzen läßt.

Das war ein Beispiel dafür, wie der Film die innere Bildreihe einer Assoziation zeigen kann. Es ist das die Darstellung eines *Seelenvorgangs*. – Nun ein Beispiel für den umgekehrten Vorgang: Wenn die im Film gezeigte Bildreihe die Bildreihe der Assoziation nicht *darstellt*, sondern sie *auslöst*, in Bewegung setzt und ihr eine beabsichtigte Richtung gibt, dann erzeugt der Film im Zuschauer Gedanken, Gefühle, die der Film nicht mehr aussprechen, nicht mehr darstellen muß.

Metaphorischer Schnitt

Auch dies sahen wir bereits bei Griffith, als er in einem seiner Filme zeigte, wie die Presse den guten Ruf einer Frau ruinierte. Wir sahen den riesenhaften technischen Betrieb der Druckerei eines Weltblattes, die knatternden Druckmaschinen drangen gleich angriffslustigen Tanks in die Filmquadrate ein. Diese augenfällige Ähnlichkeit wird zu einem *Gleichnis*, zu einer Assoziation. Die Rotationsmaschinen streuen die Zeitungen wie die Mitrailleusen ihre Geschosse. Dieses Gleichnis wird illustriert durch das Entsetzen im Gesicht der Frau, das zwischen die Maschinen „geschnitten" ist. Und schon ist unsere Vorstellungsreihe unterwegs. Durch die Suggestion des Schnittes assoziieren wir weiter, und die Druckmaschinen erhalten nun bösartige Gesichter. Wir empfinden bereits die auf dem Laufband uns entgegenströmenden Zeitungsmassen als unaufhaltsame Lawine, die – stets das verzweifelte, wehrlose Opfer im Schnitt zeigend – jene Frau begräbt, die schließlich bewußtlos unter den Walzen der Rotationsmaschine liegt. Hier hat der Schnitt eine *Metapher* geschaffen.

Während der Panzerkreuzer „Potemkin" unter vollem Dampf in seine letzte Schlacht fährt, sehen wir die Räder und die Achsen seiner Maschinen als große Nahbilder immer und immer wieder mit den Nahaufnahmen der Matrosengesichter zusammengeschnitten. In dieser Wiederholung des Nebeneinanders wird die Absicht des Regisseurs, Gleichnisse zu schaffen, offenbar. Die visuelle Parallele ruft unabwendbar eine innere Assoziation hervor, und die begeisterten, entschlossenen, zornigen Gesichter der Matrosen färben auf die Physiognomien der Räder und der Achsen ab. Ja, sie kämpfen gemeinsam einen gemeinsamen Kampf. Der Ausdruck einer fast menschlichen Leidenschaft ist in der Physiognomie der keuchenden, hämmernden, auf maximale

Tourenzahl gestellten Schiffsmaschinen zu sehen, und die Bewegung der Schwungräder wird zur verwegenen Geste des „Genossen" Maschine.

Dichterischer Schnitt

Mit Hilfe eines solchen dichterischen Schnittes können sehr tief unterbewußte Assoziationen hochgerissen oder in Bewegung gesetzt werden. Manchmal genügt das Bild einer Landschaft, um die Erinnerung an ein Antlitz oder den Eindruck eines Charakters zu erwecken. Das sind dann wahrhaft „literarische" Wirkungen. Es gibt kein Wort, das dieser außerhalb aller Ratio befindlichen Sphäre der Bilder und Formen auch nur nahekäme.

In dem berühmten Film Pudowkins „Die Mutter" wird der erste revolutionäre Arbeiteraufmarsch in den Straßen von einer Bildreihe begleitet, die zwischen die Bilder der Aufständischen geschnitten erscheint: Sie zeigt den im Vorfrühling schmelzenden Schnee, seine Wasser, die zusammenfließen, anschwellen und schäumend aus ihren Ufern treten. Welche Fülle von Gefühl und Stimmung wird durch diese aufeinander hinweisenden Bildreihen erweckt! Das Leuchten der Frühlingsgewässer glänzt als Schimmer der Hoffnung in den Augen der zu neuem Selbstbewußtsein erwachenden Arbeiter, und in den sonnenbeschienenen Bächen spiegeln sich die gläubig erregten Gesichter der Arbeiter. Denn dieses Aufeinander-Verweisen der Bilder ist ein psychischer Reflexvorgang. So wie die Annäherung mit Elektrizität geladener Gegenstände Funken auslöst, so löst die Verbindung der Bilder im Film jenen assoziativen Vorgang aus, in dessen Verlauf die Bilder einander gegenseitig beseelen, ganz gleich, ob der Regisseur dies beabsichtigt hat oder nicht. Es handelt sich hier um eine immanente Kraft, die der Künstler in Händen hat, die er formen und der er eine bestimmte Richtung geben muß.

Allegorischer Schnitt

In seinem damals bahnbrechenden Film „Silvester" schnitt Lupu Pick teils stille, teils stürmisch wogende Meereswellen zwischen die einzelnen Szenen ein. Er wollte die rhythmische und emotionelle Wirkung seiner Szenen durch das Aufzeigen dieser Parallele der Stürme des Dramas und der Stürme des Meeres steigern. Hier wurde jedoch der gleiche Fehler begangen, den wir bereits als gefährlich bezeichneten, als wir die allegorische Einstellung diskutierten. Die Kosakenstiefel und der Kronleuchter des Zarenpalais waren von

Eisenstein keineswegs nur, um ein Gleichnis zu schaffen, erfunden und in den Film eingefügt worden. Sie sind reale Bildelemente der Szenenreihe innerhalb der Handlung. Nur die Tatsache, daß sie hervorgehoben und in besonderer Einstellung gezeigt wurden, verleiht ihnen – über ihre eigentliche Bedeutung hinaus – Gewicht, macht sie zu Symbolen. Unter den Tritten der Aufständischen Pudowkins brodeln und schäumen die Gewässer der Schneeschmelze *wirklich*, der Schnitt allein verleiht ihnen metaphorische Bedeutung. In Lupu Picks Filmstory hingegen kommt das Meer überhaupt nicht vor. Hier hat der Regisseur die Wellenbilder lediglich als Parallele, als Gleichnis zwischen die Stadtaufnahmen geschnitten. Nicht ein organischer Bildteil der Filmerzählung wurde zum Symbol gemacht, man hatte einfach eine von außen herangeholte Allegorie – eingeklebt.

Literarische Metaphern

Es gibt jedoch auch dafür Beispiele, daß der Regisseur mit Hilfe des Schnittes einfach literarische Metaphern zu illustrieren versucht. In einem Film Eisensteins teilen sich zwei Bauern aus der Zarenzeit ihre Erbschaft auf diese Weise: Sie sägen die Hütte, die sie geerbt haben, mitten entzwei. Die Frau verfolgt die Arbeit der mörderischen Säge mit traurigem Blick. Große Nahaufnahmen der Säge und der Frau lösen einander in so schnellem Tempo (so „kurzem" Schnitt) ab, daß der Zuschauer schließlich begreift – er sieht es ja tatsächlich beinahe so –, daß die Säge mitten durch die Frau, „mitten durch ihr Herz" geht. Hier handelt es sich offensichtlich um die *Übersetzung eines konstruierten, literarischen in ein visuelles Bild*.

Gedankenassoziationen

Die Vorstellungsreihen des Schnittes vermögen in uns nicht nur Gefühle und Stimmungen zu erwecken, sondern auch bestimmte Gedanken, konkrete Schlußfolgerungen, logische Urteile auszulösen.
In Pudowkins Film „Die letzten Tage von Petersburg" wechseln die Bilder des Kriegsschauplatzes und der Börse einander ab, in wiederholter, paralleler Montage. Börse und Kriegsschauplatz: Hier sehen wir auf einer schwarzen Tafel das Steigen der Kurse, dort, an der Front, sterben die Soldaten. Die Kurse steigen – die Soldaten fallen. Es ist eine unabwendbare Reflexregung des Zuschauers, hier einen Zusammenhang zu konstruieren. Gerade dies ist

auch die Absicht des Regisseurs. Dem Zuschauer, der den Zusammenhang zwischen den beiden Geschehnissen fühlt, wird es bald genügend klarwerden, worin dieser Zusammenhang besteht. Sein visueller Eindruck wird schließlich zur politischen Einsicht.

Intellektueller Schnitt

Aber auch diese parallel gezeigten Bilder sind reale Aufnahmen realer Wirklichkeiten und wirkliche Szenen der Filmhandlung. Nur die Art des Schnittes gibt ihnen eine ideologische, politische Bedeutung. Er verleiht den Bildern ihre künstlerische Berechtigung, ihren *sinnlichen Realismus*.
Freilich unternahmen und unternehmen die Regisseure oft den Versuch, die Bildreihe des Films zur Mitteilung oder zum Wachrufen von Gedanken zu verwenden, wie etwa die Bildschriftzeichen der Hieroglyphen, die nur *etwas bedeuten,* selbst jedoch *keinen Sinn beinhalten.* Sie sind wie die Bilder von Bilderrätseln. Sie bedeuten etwas, und man muß erraten, was. Aber um ihrer selbst willen, als Bilder, sind sie nicht betrachtenswert.
Wenn in Eisensteins „Oktober" eine Statue von ihrem Sockel stürzt, dann soll das *bedeuten,* daß die Macht des Zaren zu Ende ist. Wenn ihre Stücke sich wieder zusammenfinden und aneinander haften bleiben, so bedeutet das – die politische Restauration. – Diese Bilderrätsel sind keine künstlerischen Wirkungselemente. Eisenstein, vielleicht der genialste Meister überbegrifflicher, sinnlicher Bildwirkungen, wurde so häufig zum Opfer des verfehlten Strebens, auch die Welt des rein begrifflichen Denkens für die Filmkunst erobern zu wollen.
Es soll nicht behauptet werden, daß die Filmkunst nicht auch Gedanken zu vermitteln, nicht auch mit Hilfe von Gedanken zu wirken vermöchte. Nur müßte darauf geachtet werden, daß der Film sie nicht *nur andeutet* – er muß sie in seiner Sprache *ausdrücken.* Der Film mag im Zuschauer Gedanken *erwecken,* nicht aber möge er *fertige Gedankensymbole,* Ideogramme, auf die Leinwand projizieren, die konventionelle, allgemein bekannte Bedeutung haben.

Der Rhytmus des Schnitts

Der Schnitt ist der epische Stil des Films, sein Tempo, sein Rhythmus. Er kann breit dahinfließend sein, geruhsam, mit restlos ausgespielten, langen

Szenen, mit beschaulichen Landschaften, Milieus, mit zähflüssigem, gewichtigem Bildmaterial. Aber er kann auch im sausenden Lauf kurz geschnittener Detailbilder abrollen. Der dramatische Rhythmus des Inhalts wird in visuellen Bildrhythmus umgesetzt, und das äußere, formale Tempo steigert das Tempo des inneren Dramas. Die Bewegung der Filmquadrate wirken visuell wie die Gesten eines Erzählers.

Die kurz geschnittene, schnelle Montage wurde wegen ihrer rhythmischen Ausdrucksdynamik vom sowjetischen Stummfilm verwendet. Sie drückte den fieberhaften Schwung revolutionären Temperaments manchmal recht wirkungsvoll aus. Die Voraussetzung solcher „Schnellschnitte", in denen die einzelnen Bilder in Halbsekunden an unseren Augen vorüberjagen, ist, daß wir diese aufblitzenden Bilder überhaupt aufzunehmen, zu erkennen imstande sind. Die Fähigkeit hierzu ist das Ergebnis hochentwickelter Filmkultur, ist eine Folge der schnellen Auffassung durch unsere Sinne.

Der Schnellschnitt wird jedoch, sofern er nicht der Ausdruck flammender Rhythmen ist, leicht zur leeren Form, ja zur Banalität.

Das Tempo der Szene und des Schnittes

Es handelt sich hier um zwei voneinander gänzlich unabhängige Dinge. Der Film kann, wenn er das Tempo der Szenen mit dem Tempo des Schnittes phantasievoll kombiniert, außerordentlich zarte Wirkungen erzielen. Als Beispiel diene die Aufnahme eines Rennens. Lange Bilder zeigen die gesamte Rennstrecke. Die Pferde oder die Automobile jagen in schnellstem Tempo dahin. Aber das Bild ist ruhig. Das Tempo der *Szene* ist ein maximales. Das Tempo des *Schnittes* ein minimales.

Jeder begabte Regisseur wird jedoch die letzten Sekunden des Finishs mit Hilfe eines beschleunigten Schnittes lebendiger gestalten. Inzwischen hat sich das Tempo der Rennteilnehmer *objektiv* nicht verändert. Aber es ist im Bild, als wäre diese letzte Minute stehengeblieben, um jede Bewegung visuell zu detaillieren. So wird die Spannung gesteigert. Der Film zeigte das Rennen über tausend Meter in einem Bild, das nicht lang war und innerhalb von fünf Sekunden abrollte. Den Kampf um die letzten hundert Meter aber, den die auf gleicher Höhe Vorwärtsstürmenden ausfechten, zeigt er in zwanzig schnell wechselnden Nahaufnahmen. Er zeigt, wie sie Kopf an Kopf rasen und keuchend einen halben Meter aufholen oder verlieren, bis sie – endlich! – das Ziel erreichen. Diese zwanzig Bilder können auch vierzig Sekunden dauern. Ihr realer Zeitablauf ist größer als der des Rennens über die Tausendmeterstrecke. Als *Bildzeit* jedoch wirkt er kürzer. Es ist eine Art Zeitillusion, Zeit-perspektive, daß wir sozusagen den Augenblick vergrößert sehen wie unter einem „Zeitmikroskop", als hätte der Regisseur die *Szene verlangsamt.* Wir sehen ja immer und immer noch den Endkampf um die letzten fünfzig Meter. Die Geschwindigkeit des Schnittes der Nahbilder aber nimmt zu.

Demnach erscheinen dreierlei Arten von Zeit in diesem Film:

1. Die reale Zeit, die der Ablauf des Rennens objektiv erfordert;
2. die Bildzeit (die Zeitillusion) der im Film dargestellten Szene;
3. die reale Zeit der im Schnitt aneinandergereihten Detailbilder bzw. die Ablaufzeit des Filmbandes.

Ein solcher Film liefert Psychologen, die das *Zeitempfinden* erforschen wol-len, ein reiches Studienmaterial.

Ritardando-Szene, Accelerando-Bilder

Auch die Spannung dramatischer Szenen kann der Regisseur auf die Weise erhöhen, daß er in den Augenblicken der Katastrophe das altbewährte Mittel des Ritardando benützt. Der Regisseur wird jedoch *nur die Szene* verlang-samen oder vielleicht auch für einen Augenblick anhalten. Die *Bilder* der Szene, ihre Nahaufnahmen wird er vermehren und in rasendem Tempo ab-rollen lassen, um durch den äußeren Rhythmus der Bildbewegung das Beben der inneren Spannung, den innen tobenden Sturm, spürbar zu machen.

Erinnern wir uns an Lupu Picks Räuberbande im Panzergewölbe, das jeden Augenblick in die Luft fliegen kann. Die Szene blieb stehen, die Menschen erwarteten erstarrt die Katastrophe. Aber die jagende Bildreihe schnell wech-selnder Einstellungen läßt uns den unsichtbaren inneren Sturm spüren. Der Schnitt vermag also auch das Unsichtbare, das nicht Photographierbare, deut-lich zu machen.

Den Zustand des letzten Augenblicks auszubreiten und womöglich über einen ganzen Akt hinzuziehen, das war der Traum vieler Meisterregisseure. Das Beil des Henkers ist bereits erhoben ..., die Lunte brennt bereits ..., und jetzt ... was geschieht in jener Zeitspanne, die ein einziger Augenaufschlag wäre? Die Bildreihe einander jagender Einstellungen zeigt uns die fieberhafte Arbeit des menschlichen Bewußtseins.

Die Kunst des Schneidens besteht in erster Linie darin, die richtige Menge der einzelnen Bilder (Einstellungen) festzusetzen. Wenn die Dauer eines Szenenbildes zu lang oder zu kurz ausfällt, verändert dies bereits seine Wirkung in entscheidender Weise, genauso wie eine Melodie völlig verändert wird, wenn ein Klang auch nur um einen halben Ton verschieden wiedergegeben wird.

Die „Länge" der Einstellung messen wir freilich nur am Filmband selbst. Auf der Leinwand können wir nur die Zeit des Ablaufes messen. Dessen Länge oder Kürze ist nicht nur eine Frage des visuellen Rhythmus. Denn die Dauer einer im Bild sichtbaren Szene beeinflußt auch ihren Sinn und Inhalt. In Metern gemessen, können wir ein Bild auf die Weise verkürzen, daß wir seine innere Stimmung schleppender gestalten. Denn das innere Tempo eines Bildes ist unabhängig davon, wie viele Meter es lang ist und wie viele Sekunden es dauert. Die innere Beweglichkeit wird oft gerade durch jene Detailbilder erzeugt, durch deren Ausschneidung die „métrage" der Szene zwar verkürzt, die Szene selbst jedoch langwieriger würde. Wenn ich einen Ameisenhaufen von weitem zeige, so wird auch eine Filmlänge von nur zwei Metern langwierig wirken. Zeige ich jedoch in Nahaufnahmen Details aus dem inneren Leben eines Ameisenhaufens, dann darf das auch fünfzehn Meter Film in Anspruch nehmen, ohne langweilig zu werden.

Alle Geschehnisse eines Films ähneln ein wenig diesem Ameisenhaufen. Die Nahaufnahmen der Details und der Rhythmus ihres Schnitts machen den Film interessant und aufregend. Auch bei Romanen ist es so, daß eine kurze Inhaltsangabe stets langweilig ist, verglichen mit dem Roman selbst. Ein langatmiges Duell zwischen zwei guten Fechtern ist aufregender als ein unerwarteter Dolchstoß. Innerhalb der Ereignisdarstellung im Film ergibt sich nur aus den allerkleinsten Momenten, aus der sichtbaren Bewegung der Atome, ein lebendiges Tempo. In Sätzen kann man das Ganze so erzählen, daß auf tausend Einzelheiten Bezug genommen wird. Das Bild aber zeigt entweder das Ganze, die Details verwischend, oder Nahaufnahmen, in denen das Ganze nicht zu sehen ist und sich erst durch den Schnitt, die Montage, zusammenfindet.

In jenem alten Stummfilm Asta Nielsens („Vanina"), den wir bereits als ein klassisches Beispiel der Wortmimik erwähnten, findet sich noch eine andere Szene, an die zu erinnern lohnend erscheint. Asta hat ihren zum Tode verurteilten Geliebten aus dem Kerker befreit. Aber die Flüchtenden rennen noch immer durch die winkeligen Gänge des Gefängnisses. Diese Gänge sind endlos. Dennoch wirkt ihre eintönige Länge nicht langweilig, ja gerade sie ist erregend, weil sie die drohendsten Physiognomien vermittelt. Wir wissen ja, daß die Fliehenden nur noch Sekunden zur Verfügung haben. Und jene Türen, die sie, bis zu allerletzt hoffend, öffnen – führen nicht in die Freiheit, sondern münden in neue, endlos lange, düstere Gänge. Wir spüren, wie die Zeit verrinnt – als müßte mit ihr das Leben der beiden verrinnen. Und jeder neue Gang bedeutet ein düsteres, unerbittliches Schicksal. Wir wissen bereits, daß sie verloren sind. Aber noch rennen sie um die Freiheit. Vielleicht doch? Der Tod ist ihnen auf den Fersen. Je länger diese Szene dauert, um so mehr spannt sie die Nerven an.

Der Rhythmus des Tonfilms

Der Tonfilm brachte neue Rhythmengesetze. Tönende Worte haben ihren realen akustischen Rhythmus, der mit Hilfe eines Metronoms gemessen werden kann und den keinerlei Illusionstechnik zu beschleunigen oder zu verlangsamen vermag, ohne den Sinn oder die dramaturgische Rolle der Rede zu verändern. Doch auch im Tonfilm gibt es stumme Szenen, die den ihnen eigenen rhythmischen Gesetzen folgen.

Der musikalisch-rhythmische und der dekorativ-rhythmische Schnitt

Auch ein Schnitt, der nicht dem Inhalt, der dramatischen Expression dient, kann im Film eine wichtige künstlerische Rolle spielen. Er steigert die Spannung der Szenen nicht, er ist kein Ausdrucksmittel innerer seelischer Stürme. Er hat nur formale Bedeutung, wie musikalischer Aufputz gleichsam. Aber das ist nicht wenig.
Wir dürften eigentlich nicht sagen „nur", denn was als künstlerische Schau gedacht ist, soll auch eine „Schau" sein und durch visuelle Schönheit auf unser Gemüt wirken.
Bilder von Landschaften, Gebäuden, Wohnungen können im Schnitt zueinander in ein Verhältnis irrationalen Aufeinander-Bezogenseins treten, etwa wie die Melodien in einer gut gebauten Komposition. Ein „verschönernder", gleichsam musikalischer Rhythmus dieser Art kann neben dem dramatischen Inhalt eine wichtige Rolle spielen. Will man ihn aber für sich allein wirken lassen, dann schrumpft er zu einem Nichts zusammen, so, wie es Musik gibt, die als Begleitung ungemein ausdrucksvoll ist, allein genommen jedoch nichts

ausdrückt. Es war nicht der einzige Irrtum der avantgardistischen und futuristischen Künstler, daß sie den formalen Rhythmus des Films zur selbständigen Kunst proklamierten und auf diese Art auch den Film von seinem „literarischen" Inhalt befreien wollten.

Zu rhythmischem Stoff erniedrigte Bilder

Auch jene Bilder, die reale Dinge darstellen, verlieren ihren ursprünglichen Sinn, sobald sie zu nacktem rhythmischem Stoff erniedrigt werden. So zeigt Walter Ruttmanns berühmter Reportagefilm „Berlin" eine visuelle rhythmische Symphonie, die raffinierten Pulsschläge von Bildübergängen. Was aber hat diese visuelle Musik mit den elektrischen Bahnen zu tun, die darin hin- und herrasen? Was haben die Gäßchen in Cavalcantis Montmartre-Film mit den Legatos und Stakkatos seines Schnittes gemein? Solche Bildthemen haben lediglich die Aufgabe, Licht- und Schattenflecke, Bewegungsrichtungen und Konturen für den Rhythmus des Films abzugeben.

Formaler Schnitt

Wie sehr auch ein Film vom realen Inhalt, von der Dramaturgie her gebaut sein soll, die Korrespondenz von Inhalt und Form darf er beim Schnitt doch niemals außer acht lassen. Wie logisch auch immer die Szene aus einem Bild in ein anderes überleiten mag, wird es doch niemals ohne Holpern abgehen, wenn zwischen den Bildern ein starker und jäher *visueller* Gegensatz besteht. Eine steile Felswand und eine flache Ebene, ohne Übergang nebeneinander gestellt, werden das Auge nur dann nicht verletzen, wenn eben mit diesem Gegensatz eine bestimmte Absicht verfolgt wurde. Rein formal verwenden wir gleichgerichtete Linien und ähnliche Figuren in beiden Fällen. Doch nur wenn diese Ornamentik der Logik der Bildfolge innewohnt, in ihr gleichsam lauert, wird in ihr der innere Mechanismus der bewegten Komposition lebendig, der Rhythmus paßt zur Form, die Form zur Geste, die Geste zur Leidenschaftlichkeit des Inhalts, und es wird ein vielstimmiger Kontrapunkt daraus.

Subjektiver Schnitt

Der Schnitt ist wie eine Erzählung, wie der Vortrag einer Begebenheit. Der Autor zeigt die Dinge in der Reihenfolge, in der er sie sieht. Manchmal will er jedoch nicht seinen eigenen Standpunkt zeigen, sondern jene Reihenfolge, in der eine seiner Gestalten alles sieht. Wir sprachen bereits von „subjektiven" Einstellungen, die alle Dinge nicht unter dem Blickwinkel des Regisseurs, sondern in bewußter Identifikation mit einer der agierenden Gestalten unter deren Bildwinkel sehen lassen. Nun, es gibt auch einen (identifizierenden) *subjektiven Schnitt.* Nicht nur die Art der Einstellungen, auch die Reihenfolge der Bilder ist so, wie eben der *Darsteller* des Films sie sieht. Der Held setzt sich in Bewegung, die Kamera bleibt bei ihm. Wir sehen den Ablauf der Ereignisse so, wie *er* ihn sieht. So, wie in manchen Romanen die Geschichte in der ersten Person erzählt wird, *zeigt* sie der Film in der „ersten Person". Nicht die Dinge ziehen am Zuschauer vorüber, sondern der Zuschauer zieht an den Dingen vorbei, in Begleitung des Helden, *dessen Weg* der Schnitt auf diese Weise ebenfalls zeigt.

Führt der Film zum Beispiel eine Gegend in jener Reihenfolge und in jenem Rhythmus vor, wie sie ein in diesem Film auftretender Wanderer sieht und erlebt, dann wird jene Gegend als subjektives Erlebnis eines Menschen gezeigt. In diesen Fällen kann der Film in hohem Maße *lyrisch* sein, auch dann, wenn er an sich sachliches Inhaltsmaterial vorführt.

Der Gang

Da in solchen Filmen der Gang, der Rhythmus des sich fortbewegenden, naturbetrachtenden Wanderers eine wesentliche Rolle spielt und die Stimmung der gesamten Landschaft farbiger gestalten kann, wollen wir uns hier mit dem Gang als solchem näher befassen, weil er die ausdrucksvollste, eine spezifische Geste des Films darstellt.

Es gibt kaum eine charakteristischere Ausdrucksbewegung als den Gang, schon darum nicht, weil er als Ausdrucksbewegung zumeist unbewußt ist. Er kann jedoch auch bewußt ausgeführt werden, und es kommt häufig vor, daß jemand in seinem Gang *absichtlich* Würde, Entschlossenheit, Bescheidenheit oder selbstgefällige Koketterie zum Ausdruck bringt. Man kann einen Gang verstellen, man kann durch ihn lügen. Wenn es jemanden stört, daß man ihn beobachtet, wird zuerst sein Gang unsicher. Er weiß nicht mehr, „wohin er die Füße setzen soll", weil er weiß, daß sie viel verraten.

Der Bühnendarsteller ist selten in der Lage, den Gang als charakteristische Bewegung entsprechend auszunützen – es mangelt ihm dazu an Raum. Darum hat Piscator auf seiner Bühne den Trick des Laufteppichs verwendet und so dem Schauspieler, der sich gegen das Band fortbewegte, die Möglichkeit geboten, während des Gehens auf ein und demselben Platz zu bleiben und so auch den Gang zur Charakteristik zu benützen. Weit mehr jedoch ist der Film dazu imstande, alle Ausdrucksmöglichkeiten des Ganges zu verwerten, weil er es nicht nötig hat, mit einem so grotesk-unnatürlichen Mittel, wie es der Laufteppich ist, zu operieren.

Jeder erfahrene Regisseur wird, die Stimmung der entscheidenden Szene vorbereitend, imstande sein, zu zeigen, wie sich der Held voller Vorausahnungen, oder auch nichtsahnend, dem Schauplatz der bevorstehenden Katastrophe nähert. Und oftmals muß er gar nicht zeigen, was geschehen ist. Der Gang des Helden kommt einem Geständnis gleich und fast immer einem Monolog, der die Art und Weise, wie er auf das soeben Gesehene reagiert, vollkommener und aufrichtiger ausdrückt, als hätten wir ihn selbst auf dem Schauplatz der Tat gezeigt.

Es gibt einen Gang, der keine zielbewußte Bewegung ausdrückt. Wir erleben ihn dann, wenn der Mensch nicht *irgendwohin* geht, also nicht einem bestimmten Ziel zustrebt. Dann sind seine Füße nicht Werkzeuge der Fortbewegung, sondern unbewußte Mittel des Ausdrucks, die einen bestimmten Zustand verraten. Wenn er „eben nur so geht", wenn er selbst nicht weiß, warum und wohin, dann geht er am ausdrucksvollsten. Der Stummfilm hat diesen Gang oft für lange visuelle Monologe verwendet. In alten Filmen nannte man diese oft gezeigte Form des Gehens – „Passage". Viele sahen darin nur Material zum Füllen. Alles hing von der Art und Weise des „Gehens" ab. Denn in der Handlung selbst – mag es sich um Liebe oder um Kampf handeln – vollführen die Menschen zahlreiche Bewegungen, die ausschließlich praktischen Zielen dienen: Sie schlagen, verteidigen sich, legen etwas hin, heben etwas auf, greifen etwas an oder halten etwas fest. Da diese Bewegungen *zielbewußt* unternommen werden, tritt ihre Ursache weniger deutlich zutage. Doch *nach* der Szene, in einsamen Märschen oder Läufen, wird die innere, emotionale Ursache der Bewegung offenbar.

Lilian Gish spielte ein arbeitsuchendes armes Mädchen. Der Zuschauer ging mit ihr mit, von Straße zu Straße, treppauf, treppab. Wieviel Hoffnung, Enttäuschung, Vertrauen und Sorge, Überwindung und Selbsttäuschung, wieviel finstere, müde Verzweiflung war in ihrem Gang: ein tragisches Proletarierlied.

Kann jemand, der es gesehen hat, jemals vergessen, wie Chaplin im letzten

Bild seines „Zirkus" fortgeht, irgendwohin in die Welt? Wieder einmal war er der vom Leben Betrogene, der alles verloren hat und nun allein auf die Straße muß – und dennoch, dennoch liegt die Welt vor ihm, die große und freie, dennoch ist immer noch alles möglich, wenn die Sonne scheint und der Traum der Ferne lockt. Dieses noch lange sichtbare, komische Davonhumpeln Charlie Chaplins war eines der schönsten visuellen Gedichte optimistischer Wanderlyrik.

In Alexandrows musikalischem Lustspiel „Lustige Burschen" finden wir immer wieder den Gang des Helden zwischen die Bilder geschnitten, sein rhythmisches Schreiten als *Grundmotiv* von Lebenskraft und Heiterkeit.

Äußere und innere Bewegung

Im Film wird jede äußere Bewegung zu innerem Ausdruck. Lauf, Ritt und Flug können innere Regungen ausdrücken und so zur Bewegung werden, die nicht jäh und kurz wirkt, sondern nur von der Kamera verfolgt wird und gesteigert zu werden vermag. Darum kann der Film *Verfolgungsszenen* in lange andauernden, erregenden Bildreihen zeigen. Keine andere Kunst vermag das tiefe und elementare Erlebnis einer drohenden, sich nähernden Gefahr in solcher Weise zum Ausdruck zu bringen. In den Darstellungen anderer Kunstgattungen, die *den Zeitablauf, die Dauer,* nicht zeigen, sehen wir nur einzelne, herausgegriffene Momente. Die Gefahr ist entweder noch nicht oder schon da. Und doch ist das furchterweckende Erlebnis gerade – das *Näherrücken* die Gefahr! Die Gefahr, die wir bereits sehen, obwohl sie noch fern ist, und die uns langsam anfällt durch Zeit und Raum, langsam und doch unabwendbar – *sie* vermag der Film darzustellen.

In irgendeinem Film entdeckt der Sohn endlich seine verloren geglaubte Mutter in einem Elendsquartier. Wie soll der Regisseur die Freude, das Glück des Sohnes ausdrücken? Durch Küsse, Umarmungen, Freudentränen und schöne Worte. All dies ist jedoch zuwenig, solange auch mehr gezeigt werden kann, und der Film *kann* mehr zeigen. Der Sohn nimmt die Mutter mit sich fort. In ihrer Freude möchte sie am liebsten fliegen, aber die alte Frau kann nicht einmal mehr richtig gehen. Also nehmen sie einen Wagen. Dieser Wagen fliegt mit ihnen dahin, der Galopp der Pferde wird zum Symbol, die Ekstase des Glückes wird gesteigert. Der Sohn bringt die Mutter heim zur Familie. Häuser, Bäume, Menschen fliegen an ihnen vorüber. Der Wagen läuft um die Wette mit der Ungeduld des Sohnes. Und als er endlich ins Haus stürzt, ist es wie die Explosion einer Granate.

Der Regisseur liebt es nicht, mit Leidenschaft geladene Szenen, Dialoge, unbewegt sprechen zu lassen. Er erfindet allerlei, um den *gefühlsmäßigen Rhythmus der Worte mit visuellen Rhythmen zu begleiten:* In Pyrjews Film „Das Parteibuch" gesteht die Heldin ihrer Freundin, daß sie verliebt ist. Kann man so etwas im Film, auf ein und demselben Platz sitzend, erzählen? Da es sich um zwei Arbeiterinnen handelt, stellt Pyrjew sie auf einen elektrischen Transportwagen, und während wir die Geschichte leidenschaftlicher, stürmischer Gefühle hören, sehen wir den halsbrecherischen Lauf des Wagens. Zwei lächelnde, strahlende Mädchengesichter jagen in tollen Kurven über das große Fabrikgelände.

Bewegung als Selbstzweck

Diese mittels äußerer Bewegung ausgedrückte innere Bewegung wurde jedoch bald zu einem allzu gefälligen, banalen Hilfsmittel der Filmroutine. Auch die Tatsache, daß die Bewegung ein unerläßliches Element der Filmkunst ist, darf nicht zum Dogma werden. Denn der Bewegung kommt nur in dem Maße künstlerische Bedeutung zu, in dem sie *innere* Bewegung ausdrückt. (Wie wir gesehen haben, wird die letztere auch oft durch Regungslosigkeit ausgedrückt.) Wenn aber mehr äußere Bewegung vorhanden ist als innere und die äußere Bewegung zu unmotiviertem Gestrampel ausartet, dann wird sie sinnwidrig.

Das passierte selbst dem hochbegabten Regisseur Pyrjew, als er die durch den Hunger ausgelöste Balgerei der Berliner Arbeitslosen in einem seiner Filme darstellen wollte, aber statt dessen ein Wettrennen der Masse zeigte. Das Ziel dieses Wettlaufs war eine Adresse aus dem „Kleinen Anzeiger", wo vielleicht Arbeit winkte. Dieser als Wettlauf symbolisierte Kampf um das tägliche Brot war eine tief ergreifende, richtig angepackte Vision. Man sah, wie die Schwachen zurückblieben und fielen, und wie die anderen über sie hinwegstampften. Aber wir sehen sie jetzt in immer neuen und wieder neuen Einstellungen rennen. Das Interesse des Zuschauers beginnt sportlichen Charakter anzunehmen. Er sieht bereits Wettläufer, nicht Arbeitslose, um so mehr, als ihre Gesichter jetzt nur noch den wohlbekannten Ausdruck *körperlicher Anspannung spiegeln.* Wir sind nur noch darauf gespannt, wer als erster durch das Ziel geht.

Sport im Film

Da der Film eine Schau ist, also eine Kunst körperlichen Handelns, ist es klar, daß sportliche und akrobatische Darbietungen, also menschliche Kraftleistungen, in ihm eine größere Rolle spielen können als in anderen Künsten. Man darf dabei nur nicht vergessen, daß auch akrobatische Leistungen nur so lange interessant sind, wie ihnen eine dramaturgische Rolle zukommt, wie sie innerhalb der menschlichen Handlung des Films Ereignisse, Menschenschicksale, Seelenzustände ausdrücken. Denn der künstlerische Film ist keine Schaubude, in dem wir *alles* betrachten, was sonst selten zu sehen ist – in ihm betrachten wir nur das, was Menschenschicksale betrifft.

Selbst in künstlerischen Filmen, die einen Sportsmann als Helden präsentieren, ist nicht die fachliche sportliche Seite der Darbietung *künstlerisch* interessant. In „Anna Karenina" zum Beispiel beginnt die Rennszene erst dann interessant zu werden, als Wronski *schlecht* springt, weil er Anna erblickt hat und infolge dieser Ablenkung beim Nehmen eines Hindernisses stürzt.

Elftes Kapitel

Panorama

Panorama bedeutet Bildwechsel ohne Schnitt. Der Regisseur klebt nicht die Bilder separat aufgenommener Objekte zusammen, sondern er *läßt die Kamera wandern,* um die Objekte, während er sich an ihnen vorüberbewegt, in jener Reihenfolge aufzunehmen, in der sie sich in der Wirklichkeit nebeneinander befinden (wenn auch in der Wirklichkeit der Bühnenbilder im Atelier). Die Reihenfolge entsteht also nicht durch den Schnitt. Sie ist bereits in der Natur oder im Aufbau der Dekorationen im Atelier vorhanden. Tempo und Rhythmus des Bildwechsels sind ebenfalls nicht Werke der Schere, sondern kommen durch die Bewegung der Kamera zustande, die manchmal parallel die Reihe der aufgenommenen Objekte entlang *wandert,* manchmal irgend jemanden begleitet, während er geht, und zeigt, was der Betreffende während des Gehens sieht, und manchmal wieder die Bildfolge *umfaßt,* wie ein Beobachter, der um sich blickt und so die Objekte nebeneinander in einem Kreis erblickt. Diesen *schnittlosen Bildwechsel* nennt man in der Fachsprache *Panorama,* er wird von der modernen Kinematographie häufig gebraucht.

Es ist dies um so leichter möglich, als sich die Technik der fahrbaren, mit elektrischem Strom betriebenen Kamera außerordentlich entwickelt hat. Es ist nicht nur möglich geworden, Objekte, die sich im Schnellzugstempo bewegen, während der Aufnahme parallel zu begleiten – man kann auch die Einstellung während der Aufnahme verändern. Ohne die Kontinuität des Bildes zu unterbrechen, vermag die Kamera sich dem Objekt nicht nur zu nähern oder sich von ihm zu entfernen, sie kann auch gehoben und gesenkt werden, so daß sie imstande ist, während der Aufnahme ihren Blickwinkel zu verändern.

Der moderne Film verwendet diese außergewöhnliche technische Fähigkeit der Kamera schon deshalb gerne, weil mit ihrer Hilfe die *Glaubwürdigkeit der Aufnahme* naturgemäß gesteigert wird. Das gleichzeitig mit der bewegten Kamera bewegte Bild geleitet den Zuschauer durch den ganzen realen Raum der Szene. Der Zuschauer kann den Raum sozusagen *mit den Augen austasten.* Nichts wird übersprungen. Das Panorama kann nicht „trügen" – wie der Schnitt es kann –, und es ermöglicht dem Zuschauer im Bildraum eine genaue Orientierung.

Panoramen werden auch deshalb verwendet, weil man so den im Raum bewegten Menschen und gleichzeitig den Raum selbst, mit den Augen dieses Menschen gesehen, zeigen kann. Das Panorama kann subjektiver und lyrischer sein als der Schnitt.

Leider verwendet der heutige Film das Panorama auch darum so oft, weil er so – seine Gestalten im realen Raum bewegend – leichter zum photographierten Theater zurückzukehren vermag, dem sich der Film neuerdings, bedauerlicherweise, wieder nähert.

Der Raum als Erlebnis

Wir erwähnten, daß die Realität des Raumes im Panorama besser zum Ausdruck kommt als im Schnitt. Aus den aneinandergeklebten Detailbildern können wir nur *folgern*, ob sie selbst sich im gleichen Raum befinden oder nicht. Nur der Inhalt der Detailszene kann uns dies zeigen, als logische Folge der Erscheinungen und ihrer Beziehungen zueinander sowie als Konstruktion unseres Erinnerungsvermögens – mag auch der Film den totalen Raum der Gesamtszene schon vorher einmal gezeigt haben.

Das Panorama hingegen läßt uns überhaupt nicht aus dem Raum hinaus. Wir durchmessen ihn in Begleitung der Kamera dank unserer *Identifizierungsfähigkeit*, und auch unser Zeitgefühl mißt die realen Entfernungen, die zwischen den einzelnen Objekten bestehen. Der *Raum selbst* wird zum Erlebnis, nicht das in perspektivischer Aufnahme *dargestellte Bild des Raumes*.

In Dreyers Film „Jungfrau von Orleans", von dem wir bereits gesprochen haben, sehen wir nicht ein einziges Mal den totalen Raum, in dem der Prozeß stattfindet. Die Kamera nimmt, die Bankreihe entlang wandernd, markante Nahbilder der Köpfe auf und durchmißt – in ununterbrochenem Panorama – die reale Länge des Raumes, den wir nicht sehen. So geht jedoch auch im Verlaufe der Nahaufnahmen *das Bewußtsein des Raumes* nicht verloren. Wir sehen lauter persönliche Physiognomien, wir blicken in die Augen konturierter Persönlichkeiten, ohne jedoch der Wirkung zu entgehen, die sie gleichzeitig als Masse auf uns ausüben.

Der japanische Regisseur des Films „Die Schatten von Yoshiwara" geht im Panorama von einem Gegenstand zum anderen über, wobei er die Kamera so schnell dreht und herumschwenkt, daß wir kaum aufzunehmen imstande sind, was dazwischen liegt: Er betont damit die Unwichtigkeit jener Objekte. Er will nur die Entfernung, den Raum, fühlbar machen. Deshalb schneidet er nicht und überspringt auch nicht den dazwischenliegenden Raum. In solchen Filmen ist der Raum nicht nur ein Ort, an dem Menschen und Dinge Platz finden, sondern er wird hier zu einer Wirklichkeit von besonderer Bedeutung, *unabhängig* von den Objekten, die ihn füllen.

Joe May zeigt uns in seinem Film „Asphalt" die Wohnung eines deutschen Polizeiwachtmeisters. Die Kamera geht pedantisch und umständlich im Panorama von einem Gegenstand zum anderen: ein Schrank, ein Tisch, ein Vogelkäfig, eine Uhr, die Photographie der Eltern ... Wir sehen und wissen alles. Wir sehen und begreifen die enge Welt eines Spießerdaseins – und erst jetzt wendet sich die Kamera, zum erstenmal, dem Menschen selbst zu. Aber auch vorher sahen wir keineswegs nur die Gegenstände an sich, wir sahen auch, was hier wichtiger erscheint, die würgende Nähe ihres Beieinander, die Enge dieser Welt. Die Realität des Panoramas kann dies besser spürbar machen als die Perspektive eines totalen Bildes.

Das Dramatische im Panorama

Es kommt oft vor, daß im Film ein Gesicht uns zeigt, dieser Darsteller habe soeben etwas erblickt. Wir wissen noch nicht, was seine Aufmerksamkeit erregt hat, wir sehen vorerst nur, wie sich das Geschaute in seinen Mienen widerspiegelt. Wir sehen ein Lächeln, einen Ausdruck des Schreckens oder irgendeine andere Reaktion und sind nun begierig, deren Ursache zu erfahren. Der Regisseur wird nun keineswegs sofort auf diese Ursache überspringen, sondern *im Panorama,* ganz allmählich, unsere Neugier ritardando steigern, wie es ein geschickter Erzähler tut, bis dann ganz zuletzt die Ursache der jeweiligen Wirkung erscheint, die damit ihre Erklärung findet.

Im umgekehrten Falle geschieht es, daß die Kamera in einer Dialogszene hin und her schwenkt, von einem Gesicht zum anderen. Jetzt tut oder sagt der eine Gesprächspartner etwas Unerwartetes. Diesen Akzent übernimmt die Kamera so, daß sie ihren Schwung jäh verlangsamt. Wir sehen noch längere Zeit hindurch die Wirkung auf dem anderen Gesicht – nicht. Der Zuschauer soll raten. In solchen Fällen vermag das Panorama die reale Zeitdauer nicht nur zu messen, sondern auch die Zeit, der dramatischen Wirkung zuliebe, zu verlängern. Der Ablauf des Panoramas wird langsamer sein, als die Wendung unseres Blickes sein würde.

In einem von Chaplins grotesken Kurzfilmen war ein herrliches Beispiel für jene tiefe Wirkung zu sehen, die man auf diese Weise erzielen kann. Chaplin erscheint während des ersten Weltkrieges als Soldat in einem Schützengraben. Nach einer Reihe tragisch-humoristischer Szenen folgt diese humoristischtragische Szene: Charlie steht unten im Schützengraben in einer Reihe mit den anderen vor den Sturmleitern. Sie erwarten den Befehl zum Sturmangriff, um auf die Brustwehr hinaufzuklettern. Die übrigen stehen finster und regungslos. Charlie zittert vor Angst und läßt in seiner Aufregung und Ungeschicklichkeit einen kleinen Taschenspiegel fallen. Der Spiegel zerbricht. Seine Nachbarn sehen dies und ziehen sich abergläubisch von Charlie zurück, den das finstere Schicksal soeben gezeichnet hat. Da sie im schmalen Schützengraben in einer Reihe stehen, können sich die beiden Nachbarn Charlies nicht weit von ihm zurückziehen, nur etwa auf die Entfernung von zwei Schritten. Doch Charlie, der begriffen hat, weshalb sie dies tun, blickt ihnen so nach wie einer, den man in der Gefahr verlassen, sich selbst überlassen hat. Die Kamera folgt seinem entsetzten, traurigen Blick und zeigt im Panorama *den sich vergrößernden Abstand zwischen Charlie und seinen Nachbarn.* Die Kamera dreht sich so langsam und so lange, daß diese zwei Schritt Erde wie eine unendliche Wüste erscheinen. Denn *das* ist es, was Charlie sieht: die Wüste. Er sieht, wie weit sich die Menschen in seiner Not von ihm zurückgezogen haben. Die einsame Kreatur blieb allein auf der Welt.

Wir sahen im Film bereits die Unendlichkeit der Wüstenlandschaft und den fernen Horizont der Meere. Aber *auf so engem Raum* vermochte der Film noch niemals so viel Verlassenheit auszudrücken. Auch keine andere Kunst kann das. Dies ist zarteste Panorama-Lyrik.

Zwölftes Kapitel

Die Ausdruckstechnik der Kamera

Mit der Kamera kann man nicht nur photographieren. Sie vermag auf der Leinwand eine ganze Reihe visueller Wirkungen hervorzubringen – ohne Aufnahme und ohne irgendein Objekt oder die Bilder irgendeiner Gestalt darzustellen. In solchen Fällen photographiert die Kamera nicht, sondern macht sich mit Hilfe ihrer eigenen Technik unabhängig von jedem Objekt und *projiziert sich selbst auf die Leinwand*. Diese Wirkungen sind die ureigenste, subjektivste Lyrik der Kamera, mit der sich der Regisseur identifiziert und so dem Film persönliche Akzente gibt.

Die Blende

Wirkungen, wie die soeben angedeuteten, können zum Beispiel durch langsames Einengen der Blende, also durch Verdunkelung des Films, erzielt werden. Diese Maßnahme ist keine Aufnahme und auch in keiner Weise ein Bild. Dennoch vermag sie eine sehr ausdrucksvolle Stimmung zu schaffen. Es ist, als würden wir, während das Bild allmählich verdämmert, die immer leiser werdende Stimme des Erzählers vernehmen, worauf eine gedankenschwere Pause folgt. Diese technische Beeinflussung vermag die Melancholie des Abschieds und der Vergänglichkeit zu erzeugen. Sie wirkt manchmal so wie der Gedankenstrich in einem geschriebenen Text, manchmal so wie Punkte hinter einem Satz, mitunter wie eine Geste des Abschieds und ein trauriges Nachblicken. In allen Fällen bedeutet es *Zeitvergehen*.
In dem großartigen „Tschapajew"-Film verabschiedet sich Furmanow, der Parteibeauftragte, vom Partisanenführer und seiner Truppe. Er muß sie verlassen. Dieser Abschied ist ein knapper und unsentimentaler Soldatenabschied. Aber der Anblick der Abreise ist außerordentlich eindrucksvoll und wird gleichsam „lang ausgespielt". Denn das Automobil, mit dem sich Furmanow von der ihm nachblickenden Gruppe entfernt, fährt auf einer schnurgeraden Landstraße und wird immer kleiner – aber es ist immer noch zu sehen. Es läßt die Augen nicht los und auch nicht die Herzen. Und als es bereits so fern ist, daß es mit dem Dunst am Horizont verschmilzt, da beginnt das Bild sich

allmählich zu verdunkeln. Damit hat die optische *Technik* jene Stimmungs-
wirkung, die durch das langsam sich entfernende Auto ausgelöst wurde, *übernommen und fortgesetzt: Bis jetzt hat sich der Freund, der Abschied nahm,
im Bild entfernt, nun beginnt das Bild selbst sich zu entfernen, zu versinken.*
Der Schmerz, den das lange gezeigte Bild des Abschiednehmenden erweckte,
geht in eine tiefere Ahnung über: Es ist, als hätte nicht nur der Freund, als
hätte auch das Glück die Truppe verlassen. Durch die Tätigkeit der Blende
versinkt die Welt, als hätte sich das Schicksal verdunkelt. Gestaltlos spüren
wir den Schatten des Todes. Hier erweckt die Kameratechnik eine so tiefe
Stimmung, wie wir sie manchmal in den Versen der größten Dichter finden.

Das Geheimnis der Blende

Auch mit den übrigen technischen Kunstgriffen der Kamera sind nicht weniger tiefe psychologische Wirkungen – wenn auch anderer Natur – zu erzielen.
Das langsame Aufhellen der Bilder und ihr Verschmelzen ineinander ist oft
von poetischer Bedeutung. Diese Wirkungsmöglichkeit ist seit langem bekannt
und in der Praxis erprobt. Wie erklären wir das?
Solange der Film in seinen Bildern objektive Wirklichkeit darstellt, bemerkt
der Zuschauer in ihm die subjektive Rolle des Autors bzw. des Regisseurs
nicht. Sie kann im höchsten Maße von Bedeutung sein durch die Art und
Weise, *wie* er die Dinge zeigt. Sich *selbst* aber zeigt er nicht, genauso, wie
der Autor sein Drama nie in der ersten Person spricht.
Sehen wir jedoch auf der Leinwand nicht nur objektive Bilder, sondern Verdunkelung, Aufhellung, Verschmelzung von Bildern, mit einem Wort die
phototechnischen Wirkungen der Kamera, dann ist das nicht mehr naiv-sach-
liche Mitteilung. Hier kommen auch der Erzähler, der Vorführer, *der Autor
selbst* zu Wort.

Die Kamera zeigt unsichtbare Dinge

Das Seltsamste dabei ist, daß der Film mit Hilfe der auf die Leinwand
projizierten Blendentechnik im Grunde genommen *unsichtbare Dinge* zeigt.
Zutiefst ist der Inhalt jenes Bildes, das Furmanows Abreise zeigt, ein lyrischer. Es ist Tschapajews tragisch umwölkte Stimmung, es sind seine düsteren Ahnungen. Es handelt sich hier also eigentlich nicht um photographierbare Objekte, sondern um unsichtbare Gefühle, Stimmungen, welche die all-

mähliche Verdunkelung des Bildes dennoch mit visuellen Mitteln ausdrückt; etwas, das unsichtbar ist.

Unsichtbar ist das Denken, der Prozeß des Erinnerns. Während aber die Bilder sich langsam erhellen, vermag der Film den Charakter einer Vision anzunehmen und uns fühlen zu lassen, daß es sich nicht um das Bild irgendeines Objektes handelt, sondern um innere Bilder der Seele.

Zeitperspektive

Die Verdunkelung eines Bildes macht auch die Zeit spürbar. Wenn wir ein Schiff am Horizont allmählich versinken sehen, dann drückt dies im Rhythmus des Bildes ein bestimmtes Zeitvergehen aus. Wenn sich jedoch dieses Bild des Meeres auch noch zu verdunkeln beginnt, dann wird dadurch über jene Zeit hinaus, die das Verschwinden des Schiffes verspüren ließ, eine noch viel größere und von uns gar nicht meßbare Zeitspanne gefühlsmäßig dazugegeben. Denn jetzt zeigt das Bild zwei Bewegungen: die Bewegung des Schiffes und die Bewegung der Blende – die reale Zeit des Verschwindens dieses Schiffes und die durch Verdunkelung hervorgerufene *Filmzeit*, die nur als Eindruck wirkt.

Was wir „Filmzeit" nennen, ist eine „Zeitwirkung", ähnlich der *Raumwirkung*, der Perspektive. Die Zeichnung des Bildes zeigt den *Raum* perspektivisch. Eine Analyse dieser Wirkungen ist für den Regisseur wie für den Psychologen gleichermaßen interessant.

Wenn der Film mittels dazwischengeschnittener Bilder ein Zeitvergehen spürbar machen will, dann wird ein eingefügtes *unbewegtes* Bild mehr Zeitvergehen suggerieren als ein Schnitt, der bewegt ist. Wenn wir nach irgendeiner dramatischen Szene – wenn auch an anderer Stelle – ein bewegtes Bild zeigen und dann zum ersten Schauplatz zurückkehren, so kann der Zuschauer nicht das Gefühl haben, daß inzwischen viele Jahre vergangen seien. Denn *die sichtbare Bewegung hat einen realen Inhalt,* der den Eindruck realer Zeit erweckt. Wenn ich aber regungslose Gegenstände, Felsen, den Spiegel eines Teiches usw., zwischen zwei bewegte Szenen einfüge, kann das die Empfindung erwecken, daß sehr viel, unendlich viel Zeit verstrichen ist. Meere und Gebirge werden in unserer Vorstellung nicht deshalb mit dem Begriff der „Unendlichkeit" verknüpft, weil sie sehr viel Zeit zeigen, sondern weil sie, im Gegenteil, *überhaupt keine Zeit zeigen,* wir also beliebig lange Zeitspannen in sie hineindenken können.

In Joe Mays Film „Heimkehr" zeigt uns der Regisseur die lange Wander-
schaft zweier aus Kriegsgefangenschaft geflüchteter Soldaten nach der Heimat. Auf welche Weise vermag er die nervenzerrüttende Unendlichkeit dieser Wanderung durch die sibirischen Steppen, über die Landstraßen Ruß-
lands zu zeigen? Wie viele Landschaftsbilder hätte der Regisseur zeigen müssen, wie viele Gegenden, Dörfer und Städte, um die Entfernungen und die
Jahre auch nur ahnen zu lassen? Joe May tat besser daran, nichts von alledem zu zeigen. Wir sehen keine Gegend, auch die zwei Soldaten sehen wir
nicht. Wir sehen nur Füße, die wandern. In den Nahbildern ist keinerlei konkrete Landschaft zu sehen. *Und weil wir nicht eine einzige sehen, können
auch tausend Landschaften dazwischenliegen.*
Denn diese Füße wandern, wandern ununterbrochen, und wir sehen in Überblendung, wie die festen Soldatenstiefel zerfallen, wie dann die Bundschuhe
sich auflösen und wie schließlich auch die Fußlappen, mit denen die Füße
umwunden sind, zerreißen, bis endlich nur noch wunde, blutende Füße zu
sehen sind. Wären diese Bilder in scharfer Abgrenzung nebeneinanderge-
schnitten worden, dann hätten wir diese vier realen Bilder als unangenehme
und unmotivierte, sprunghafte Änderungen empfunden: als angedeutete Symbole für vier verschiedene *Zustände.* Der langsame *Vorgang der Veränderung,*
die Vergänglichkeit, kann nur durch Überblendung spürbar gemacht werden,
obwohl die Technik des Umkopierens an und für sich keinerlei Realität darzustellen vermag. Auf der Leinwand dauert die Wanderung jener Füße tatsächlich nur etwa drei Minuten. Aber unser Bewußtsein erfaßt ohne weiteres,
daß inzwischen Monate, Jahre vergangen sind.

Bildgröße und Überblendung

Derart dicht aufeinanderfolgende Überblendungen sind nur bei Nahaufnahmen überzeugend. Der ganze Mensch, wenn er mitten in einer Landschaft
steht, wirkt viel zu sehr als körperliche, raumausfüllende Realität: Das erschwert die gleichsam gewichtlose Überblendung. Hätten wir im Verlauf der
oben erwähnten vier Veränderungen auch nur viermal Gebirge, Wälder,
Flüsse und Häuser in Überblendung (ineinander verschmelzend) gesehen, so
wäre dadurch die Tricktechnik des Films sehr deutlich spürbar geworden.
Die sichtbare Veränderung von Landschaften erzeugt leicht eine zauberhafte
oder traumhafte Stimmung. Die Veränderung von Dingen aber, die wir *nicht*

sehen, ist kein Problem. Der nicht gesehenen Landschaften kann es zahllose geben, die nicht meßbare Zeit kann unendlich sein. Die Nahaufnahme isoliert nicht nur den Gegenstand von seinem Raum, es ist vielmehr so, als höbe sie ihn ganz aus dem Raum heraus und stellte ihn in einen *begrifflichen Raum*, der andere Gesetze hat.

Die Technik der Überblendung macht sehr oft die dramaturgische Technik eingeschnittener Szenen (also paralleler Handlungen) überflüssig.

Überblendung und vereinfachte Story

Wenn dieselbe Gestalt, die wir in einer Szene sahen, in einem einfachen Schnitt und ohne ein dazwischen eingeschaltetes Bild in der folgenden Szene wieder erscheint, taucht beim Zuschauer die Frage auf: Wie kam sie hierher? Wir empfinden solch primitives Aneinanderreihen als technische Ungeschicklichkeit. Wenn wir jedoch von einem Schauplatz langsam auf den anderen *überblenden*, wird sich niemand daran stoßen, daß wir die Gestalt von vorhin „plötzlich irgendwo anders" erblicken. Denn dann sind wir nicht mehr nur passive Betrachter der Ereignisse, sondern wir „hören" die erzählenden Worte des Autors, bzw. sehen wir seine visuelle Einmischung in den Gang der Handlung. Er, der Autor, *zeigt uns,* daß eben jetzt der Schauplatz verändert wird und die Zeit vergeht.

Diese Befreiung vom Zwang paralleler Handlungen hat ihre Vorteile. Sie vereinfacht den Gang der Handlung, und das erscheint bei den modernen intensiven, mit Mikropsychologie arbeitenden Filmen unerläßlich. Denn so ist es möglich, sich mehr auf die Haupthandlung der Hauptdarsteller zu konzentrieren.

Dies ist vor allen Dingen dann notwendig, wenn der Regisseur seinen Bildreihen einen linearen epischen Verlauf zu geben beabsichtigt. Handelt es sich um dramatische, mit jähen Akzenten arbeitende Stories, dann freilich wird es ausdrucksvoller sein, den Schnitt und die mit ihm verknüpften parallelen Handlungen zu kombinieren.

Überblendung und Raumverknüpfung

Wie bereits erwähnt, erweckt die Überblendung immer und unabwendbar das Gefühl einer inneren Beziehung zwischen zwei Bildern. Wenn ich zwei Schauplätze ineinanderkopiere, dann wird die Gestalt, die sowohl hier wie auch dort zu sehen ist, zur visuellen Verknüpfung. Es ist empfehlenswert, zu diesem Zweck eine visuell prägnante, bedeutsame Gestalt zu erwählen, damit ihre räumliche Umgebung wie ein weit weniger stoffliches Etwas neben ihr gleichsam dahindämmere und sie (die Gestalt) so ihren Raum zu wechseln vermöge, fast wie man ein Kleid wechselt.

Eine häufig angewandte, erprobte Technik dafür ist, die Gestalt im Vordergrund in scharfer Einstellung zu zeigen, während ihr Milieu allmählich verblaßt. Dann schrumpft das Bild bis auf die Konturen der Gestalt ein. So „nimmt" die Blende die Gestalt aus ihrem Raum gleichsam „heraus", ehe sie, sich wieder öffnend, einen anderen Raum um sie aufblendet.

„Narkose"

In meinem Film „Narkose" gab es überhaupt keinen Schnitt, weil der Stil des Films den Rhythmus zart ineinander überfließender Bilder verlangte. Als dort der Held eine Reise antrat, sahen wir in Nahaufnahme seinen gepackten Koffer im Zimmer. Dann schloß sich die Blende um den Koffer, das Zimmer verschwand. Nur der Koffer blieb im Bild. Doch langsam beginnt er zu schaukeln. Jetzt öffnet sich die Blende von neuem, und der schaukelnde Koffer, der nicht einen Augenblick lang vor unseren Augen verschwand, liegt im Gepäcknetz eines Eisenbahnabteils. Wir befinden uns in einem fahrenden Zug. Vom Koffer aus zeigt die Kamera, im Panorama, die Sitze. Unser Held sitzt bereits da und fährt.

Oder, an anderer Stelle, steht die Heldin arm und verlassen auf der Straße. Die Blende schließt sich um ihre Hände, in denen sie ein tränennasses, zerknülltes Taschentuch hält. In langsamer Überblendung wird aus dem zerknüllten Taschentuch eine weiße Rose. Die Hände sind dieselben. Während nun die Blende langsam sich wieder öffnet, binden die Hände einen Blumenstrauß, und als die Blende sich noch mehr weitet, sehen wir das Mädchen bereits in einem neuen Szenenbild, Kunden in einer Blumenhandlung bedienend. Eine solche Überblendung zeigt nicht nur zwei Situationen, sondern sie kann uns auch das große epische Stimmungsbild eines Lebensablaufs versinnlichen.

Aber wir müssen sehr sparsam mit dieser Technik umgehen. Überblendungen können leicht in verspielte Formalismen ausarten.

Szenenwechsel ohne Bewegung

Die häufigste Form solcher Überblendungen ist die, daß wir als letztes Bild einer Szene eine Nahaufnahme sehen, in der nur noch ein einziger (aus dem Raum hervorgehobener) Kopf oder eine Hand zurückbleibt. Dieses letzte Bild des letzten Schauplatzes ist gleichzeitig das erste Bild der folgenden Szene, die sich, sobald die Blende sich öffnet, vor uns ausbreitet. Das Objekt des Nahbildes – ein Gesicht etwa – hat sich nicht geregt, es blieb in unserem Blickfeld, während es eine neue Umgebung erhielt, gleichsam hinter dem Rücken des Filmquadrats. Damit wird der Ortswechsel zu einem seelischen, geistigen Erlebnis des Menschen. Wir sahen keine physische Bewegung, dieses Gesicht bewegte sich nicht vom Fleck. Die sachlichen Zeitfunktionen fehlen hier. Dadurch wird der spirituelle Charakter sehr erhöht.

Diese Technik steigert auch das Interesse des Zuschauers, weil er, neugierig geworden, auf jene Überraschung wartet, die ihm bevorsteht: auf den neuen Schauplatz. Der Held ist dort – wie der Zuschauer weiß – schon anwesend, ja, in der Miene des Helden spiegelt sich bereits das neue Milieu, das die Blende jetzt noch vor seinem Blick verbirgt.

Diese Wirkung kann, wie bereits erwähnt, noch dadurch gesteigert werden, daß die Töne des neuen Schauplatzes schon zu hören sind, während wir noch das Nahbild unverändert sehen. Wir *hören* das neue Milieu, noch ehe wir es erblicken.

Überblenden und Bilder der Seele

Die raumwechselnde, Raum und Zeit völlig illusorisch machende Technik des Überblendens bietet sich gleichsam selbst dazu an, jene seltsamen Assoziationen innerer Bilder der Seele darzustellen, wie sie in der Erinnerung, im Traum, in der Phantasie aufzutreten pflegen.

Mein Film "Narkose" zeigt – im narkotischen Schlaf, als Traum gleichsam – das Leben eines Mädchens. Diese Form der Darstellung wurde bewußt gewählt, damit Szenen und Bilder nur eine Realität von Erlebnissen, eine emotionale Realität haben und es vermieden werde, jene Unmasse gleichgültiger, nicht das geringste aussagender Wirklichkeit und Lebenstechnik zu zeigen, ohne deren Verwendung eine verständliche Darstellung der alltäglichen Wirklichkeit normalerweise unmöglich erscheint.

Meine Heldin ist ein Schulmädel, das einmal aus der Klasse fortgeht – das träumt sie in der Narkose. Sie erhebt sich in ihrer Bank, sie geht – die Ka-

mera folgt ihr. Wir sehen sie ununterbrochen, und siehe da – auf einmal ist sie auf der Straße, obwohl wir nicht sahen, daß sie Türen geöffnet hat oder über Treppen gegangen ist (was in der realen Filmdarstellung nicht ausgelassen werden kann, obgleich es keinerlei Bedeutung hat). – In „Narkose" werden Milieus gewechselt, ohne daß die Kontinuität der Bilder unterbrochen würde. Wir sind auf der Straße, die nur durch eine Laternenreihe angedeutet ist. Ein fernes Licht nähert sich (das Mädchen verharrt regungslos): das erleuchtete Schaufenster einer Buchhandlung. Das Mädchen schwebt gleichsam durch die Spiegelscheiben hindurch und befindet sich nun in der Buchhandlung... Die Milieus wechseln, ohne daß das Mädchen sich vom Fleck rührt. Sie tut es ja auch in der Wirklichkeit nicht. Sie träumt ja.
Jetzt steht sie vor der Kasse eines Theaters. Sie will eine Karte lösen, es ist keine mehr zu haben. Im Foyer des Theaters gehen Herren und Damen an ihr vorbei, und als sie sich zum Gehen wendet und einen Schritt macht – geht sie bereits im Schnee, beim zweiten Schritt ist sie im winterlichen Wald, zwischen beschneiten Baumriesen.
Wir sehen sie unausgesetzt – *wie* sie jedoch aus dem Theater in den Wald gelangt ist und wann dies geschah, sehen wir nicht. *So träumen wir die Zeit und den Raum.* Nicht so, daß sich ein Schauplatz unwahrscheinlich schnell in einen anderen verwandelte, sondern so, daß die einzelnen Schauplätze überhaupt keine einheitlich lokale Bedeutung haben. Wir befinden uns in einem Zimmer und doch auch in einem Wald. Ähnliches vermögen weder das Theater noch die Literatur so zu zeigen, so spürbar zu machen, wie der Film es kann.
Warum sind solche spirituelle Bilderzählungen in unseren heutigen Filmen so selten zu sehen?

Photographierte Vorhänge

Um so häufiger sehen wir, daß der Regisseur den Szenenwechsel – wenn er keine Bilder dazwischenzuschalten wünscht – so löst, daß er einen Schattenvorhang vor das Bild zieht, die neue Szene also in reiner Theatermanier beginnt. Dieses Eingeständnis von Unfähigkeit und barbarischer Bequemlichkeit ist so unfilmisch, daß als Entschuldigungsgrund dafür nur eines gelten kann: Es ist immer noch besser als ein ohne dramaturgische Motivierung dazwischengeschnittenes Bild.

Erweiterung des Bildkaders

Man hat auch schon Experimente gemacht, das Blickfeld der Kamera zu vergrößern. Die Kamera macht es möglich, mehr in ein Bild aufzunehmen, als der Mensch mit einem *Blick* erfassen kann. Was ist der Gewinn dabei? Der Zuschauer muß sich im Bilde selber umsehen, so wie er sich in der Wirklichkeit umsehen muß. Er sucht sich dadurch gewissermaßen selbst die Bildausschnitte, da er doch das Ganze mit einem Mal nicht übersehen kann. Also nicht mehr der Regisseur führt sein Auge. Aus der genau vorbestimmten visuellen Suggestion wird ein Zufallserlebnis.

Man möge sich ein Theaterstück oder ein Hörspiel vorstellen, in dem mehr gesprochen wird, als man auf einmal hören kann, und das Publikum hört die Sätze gleichsam nach Auswahl, in der Reihenfolge, wie es gerade von rechts nach links oder umgekehrt horcht. Eine bestimmte Form, die ein bestimmtes Erlebnis des Künstlers ausdrückt, wird so kaum entstehen. Da hört die Kunst auf.

Erweiterung der Projektionsfläche

Man hat auch versucht, wie Abel Gance in seinem Napoleon-Film, die Projektionsfläche zu vergrößern. Die Bildkader sind nicht größer als das Blickfeld, aber es werden zwei oder drei Bilder gleichzeitig neben- oder übereinander projiziert. Ein Simultaneismus im wortwörtlichen Sinn. Im mittleren Bilde etwa eine tumultuöse Sitzung des Konvents und auf beiden Seiten marschierende Truppen der revolutionären Armee. Möglichkeiten monumentaler Wirkung. Möglichkeiten für Gedankenkontrapunkt.

Wenn die Bildfolge der Montage der Tonfolge der Melodie entspricht, so ist diese Bildgleichzeitigkeit wie ein Akkord. Es sind Handlungsakkorde oder auch Impressionsakkorde, die inhaltlich und auch formal zusammenkomponiert werden müssen. Das hat natürlich seine Gesetze, die mindestens so differenziert sind wie die der Montage. Aber es sind noch keine Filme da, die man daraufhin analysieren könnte.

Was mich eigentlich wundert, ist, daß die Russen diese Ausdrucksmöglichkeit für historisch-soziale Beziehungen in der visuellen Gleichzeitigkeit nicht verwendet haben. Die Erklärung dafür wird wohl sein, daß das Nacheinander der Bilder in der Montage nicht unbedingt ein zeitliches Nacheinander der Begebenheiten bedeutet. Die Bildfolge drückt genau so auch das räumliche Nebeneinander gleichzeitiger Ereignisse aus. Um einen Querschnitt simultaner Erscheinungen zu geben, ist also diese Bildgleichzeitigkeit nicht notwendig. Hingegen müßte das Publikum auch in diesem Fall hin und her gucken, und sein Eindruck würde nicht unbedingt nach der rhythmischen Absicht des blickführenden Regisseurs entstehen.

Zweiter Teil

Dreizehntes Kapitel

Probleme des Filmstils

Im ersten Teil dieses Buches wurde klargelegt, auf welche Weise sich aus der Technik der Kinematographie die Filmkunst entwickelte, wie aus der (das Theater reproduzierenden) Industrie kinematographischer Bilder eine vollkommen neue, selbständige, auf eigenen Grundsätzen beruhende Kunst wurde, die, Hand in Hand mit der Entwicklung ihrer Ausdrucksmittel, einen neuen, zum Verständnis der neuen Kunst notwendigen eigenen Sinn, eine neue visuelle Kultur entwickelt hat. Wir versuchten, die Gesetze der neuen Formsprache der Filmkunst herauszuarbeiten, *vor allem jene, die im Zeitalter der großartigen Entwicklung des Stummfilms gültig waren:* Das ist die Lehre von der damals noch tonlosen und farblosen Filmsprache. Es erschien notwendig, dies besonders zu behandeln, weil der Film von jener in den letzten Jahren der Stummfilmzeit ausgebildeten visuellen Kultur *im Laufe seiner späteren Entwicklung viel verloren hat.* Außerdem glaube ich, daß wir die Erinnerung an diese einmal erreichte hohe Kultur bewahren müssen, da die Filmkunst sehr bald wieder eine Wendung nehmen könnte, die eine Auswertung des dort Erreichten in neuer Form verlangt.

Als neue Ausdrucksmittel der Filmkunst haben wir kennengelernt:

die Auflösung der totalen Szene in Detailbilder;

die innerhalb der Szene wechselnde Einstellung (Blickwinkel) und Identifizierung;

das Nahbild;

den Schnitt.

Daraus folgt freilich nicht, daß die Filmkunst außer diesen nicht auch noch andere Charakteristika hätte oder daß der Wert einer Filmschöpfung *ausschließlich* an diese Ausdrucksmittel gebunden wäre. Es soll damit nur gesagt sein, daß alle anderen Elemente und Stoffe jedweder Filmschöpfung *nur in diesen visuellen und akustischen Grundformen in Erscheinung treten können.* Es ist auch nicht die Farbe, die den einzig möglichen Wert eines Gemäldes ausmacht. Es kann jedoch keinen Wert irgendwelcher Art haben, dessen Ausdruck anders als in Farben möglich wäre, sonst könnte man ihn – in einem Gemälde – nicht erkennen.

Der Dialog ist nicht spezifisch für den Tonfilm. Er ist ein viel älterer, wesentlicherer Bestandteil des Schauspiels und der Prosa. Aber die vorhin aufgezählten Grundformen der Filmkunst schreiben *für die filmische Verwendung des Dialogs* andere spezifische Gesetze vor, die den Gesprächen im Film einen neuen, eigenen Charakter und eigene Wirkungen verleihen.

„Reine" Kinematographie

In den Jahren vor der Erfindung des Tonfilms waren die Ausdrucksmittel des Stummfilms so reich und fein geworden, daß die Tendenz auftauchte und an Boden gewann, der Film möge auf die Verwendung *aller anderen Ausdrucksmittel* – vor allem auf die literarische Handlung, die Story, vollständig verzichten. Damals suchte man auch in anderen Künsten krampfhaft nach dem „reinen Stil". Doch schien diese Ansicht nirgendwo berechtigter als beim Film.

Wir sahen, daß Mikrophysiognomie und Mikrodramatik, Einstellung und Schnitt sich zu wahrhaft schöpferischen Kräften entwickelten, indem sie – Lebenszustände ohne konstruierte Handlung zeigend – bereits so nahe an den „Rohstoff" der Wirklichkeit herankamen, daß sie darin genügend bewegte und ausdrucksvolle Dramatik zu entwickeln vermochten. Sie brauchten keine vorherige literarische Aufarbeitung, keine konstruierte Filmnovelle, also keine Story, kein Drehbuch.

Diese Kunstrichtung verkündete als künstlerisches Prinzip, die Kamera möge nicht vorher geschriebene Romane oder Dramen (auch wenn sie für den Film geschrieben wurden) illustrieren; die Kamera habe ihre künstlerischen Bildschöpfungen unmittelbar aus der Materie der lebendigen Wirklichkeit zu gestalten. *Nicht in epischen oder dramatischen Ereignissen sei das Thema zu suchen, sondern im einfach Sichtbaren, im visuellen Sein.* Etwa die gleiche Forderung rottete – schon ein oder zwei Jahrzehnte früher – auch in der Malerei die *Thematik* aus.

Es ist unbestreitbar, daß diese den „reinen Stil" fordernde Richtung auch im Film von innerer Logik getragen war und daß diese Schule die Kinematographie um einige formale und stilistische Varianten, ja Stilarten, zweifellos bereichert hat. Sie wurde jedoch in der europäischen Kinematographie unter dem Namen „Avantgarde" nur zu bald zum Formenspiel, zum Selbstzweck. Damit verschwand auch ihre befruchtende, inspirative Wirkung allmählich, die sich zum Beispiel bei der Entwicklung der Filme „ohne Helden" und der Dokumentarfilme zu eigenen künstlerischen Stilarten noch gezeigt hat. Diese Richtung geriet in das Fahrwasser des irreal gewordenen, ins rein Formale absinkenden Expressionismus und schließlich des „themenlosen absoluten Films". Die Möglichkeiten der Mittel bestimmten das Ziel, die formalen Absichten den Inhalt. Diese Richtung führte konsequent zu ihrem letzten logischen Ergebnis: zur Form, die sich selbst Inhalt gibt, zum Nichts.

Wir beschäftigen uns mit dieser Richtung ganz bewußt ausführlicher, als es ihrer Verbreitung zukäme. In der Weltproduktion des Films erschien nur ein kleiner Prozentsatz avantgardistischer „absoluter" Filme, und sie blieben in Wahrheit Pariser, Berliner, Londoner Kurositäten, die nur für Fachleute, Ästheten und Snobs genießbar waren.

Dennoch darf ihre große Bedeutung nicht unterschätzt werden. Vor allem deshalb nicht, weil sie die fruchbarsten Versuchsstationen bei der Erforschung der Kunstformen gewesen sind. Dann auch, weil anspruchsvollere zeitgenössische Filmregisseure, wenn sie auch selbst keine avantgardistischen Filme reinen Stils drehten, deren neuartige Formen stets mit Aufmerksamkeit verfolgt und oft verwendet haben. Der auf dem Höhepunkt seiner Entwicklung stehende Stummfilm ist überhaupt nicht zu erklären, wenn wir die avantgardistischen Einflüsse nicht ebenfalls aufzeigen. Viele später erfolgreiche und beim breiten Publikum beliebte Regisseure sind durch diese avantgardistische Schule gegangen und trugen ihre dort entwickelte visuelle Kultur in ihre späteren Filme hinein, gleichsam als reizvolles Aroma, das ihnen ihre Popularität sicherte. Namhafte Beispiele dafür sind René Clair, Renoir und Cavalcanti.

Ich muß hier noch einen Standpunkt betonen. Im vorliegenden Buch werden die formbildenden Gesetze einer neuen Kunst untersucht. Die Kunstschöpfungen werden hier nicht für den Gebrauch in Lehrbüchern und für den Baedeker gewertet und klassifiziert. Für uns ist nicht in erster Linie wichtig, *wie vollkommen* die Kunst ist, um die es sich handelt, sondern *wie lehrreich* sie, vom Standpunkt der Erkenntnis ihrer Gesetze aus gesehen, ist. Gehen wir hiervon aus, dann erkennen wir, daß die Verfallserscheinungen der sogenannten dekadenten Künste die ästhetischen und psychologischen Gesetze des Schaffens oft viel greller beleuchten, als die unnahbar glatte, keinerlei Risse und Sprünge aufweisende Oberfläche eines vollkommenen Kunstwerkes sie zu offenbaren vermag.

Zuletzt möchte ich daran erinnern, was Alois Riegel bei der Erforschung der Veränderungen kunstgeschichtlicher Stilarten des öfteren festgestellt hat: Eine Erscheinung kann ein Degenerationsmerkmal der Kunst einer Zeit bzw. einer Klasse sein und gleichwohl ein erstes Merkmal der künstlerischen Formsprache einer neuen Zeit oder einer aufsteigenden Klasse. Die auf solche Art häufig wechselnde Bedeutung der Erscheinungen und ihrer Rolle innerhalb der Veränderung historischer Situationen nannte Karl Marx „Funktionswechsel".

Meiner Überzeugung nach wird die Assoziationsmethode, die in den avantgardistischen Filmen entwickelt wurde, erst die ihr gebührende fruchtbare Rolle zu spielen beginnen, sobald der Tonfilm sich in einer neuen, wieder filmischeren Richtung zu entwickeln beginnt. Auch die Kunstgeschichte mag mitunter nach dem Prinzip sparsamer Hausfrauen vorgehen: Man werfe den alten Kram nicht vorzeitig weg, man weiß nie, wann er wieder verwendet werden kann.

Die avantgardistische Bewegung im Film begann in Frankreich, gleichzeitig mit anderen, andere spezifische Kunstformen absolutierenden Richtungen. Gegen Literatur und Inhalt standen die übrigen Künste und schließlich die Literatur selbst auf. Jedermann wollte die „reine Erscheinung" darstellen. Auf die Wirklichkeit in den Erscheinungen war niemand neugierig. Dies war eine Folge jener Psychosen, die nach dem ersten Weltkrieg entstanden waren. Eine Flucht des bürgerlichen Bewußtseins aus der Wirklichkeit.

Filme ohne Helden und ohne Handlung

Die Flucht des Bewußtseins vollzieht sich sehr oft auf Umwegen. Die Psychologie weiß dies. Auch die Flucht vor der im voraus konstruierten Filmhandlung, vor dem fertigen Szenarium, geschah nach dem Motto, *man müsse sich der Wirklichkeit nähern*. Das photographische „Einfangen" der literarisch nicht konstruierten unmittelbaren, lebendigen Wirklichkeit erschien realistischer als die Spielfilme mit ihrer konstruierten Handlung.

Zur gleichen Zeit aber kam eine andere, ebenso starke Richtung auf. Auch sie wollte dem literarischen, epischen und dramatischen Gehalt des Films entfliehen, aber in die abstrakten Gestaltungen der „reinen Visualität" und in formale Konstruktionen (wie die abstrakte Malerei). Der Film flüchtete also vor dem episch-dramatischen Inhalt nach zwei entgegengesetzten Richtungen: Auf der einen Seite in die reine Reportage, auf der anderen Seite zur absoluten Visualität, zum Kaleidoskop optischer Eindrücke, zum Formenspiel des absoluten Films.

Film ohne Helden

Der erste Schritt war der Film ohne Helden. In ihm gab es noch erfundene Momente, gestellte Szenen, die untereinander einen gewissen Zusammenhang bewahrten. Auch eine ausgedehnte, geradlinige Erzählung war vorhanden. Sie *hing jedoch nicht mit einer Person, einer zentralen Figur, zusammen,* und es fehlte daher jener konstruierte dramatische Konflikt, die Verwicklung, die aus dem Kampf zweier oder mehrerer Personen entsteht.

Die Anhänger dieser Richtung wollten die charakteristischen Ereignisse des Lebens nicht an den dünnen Faden eines einzigen Menschenschicksals knüpfen. Sie wollten das Leben nicht unter dem Blickwinkel nur einer einzigen Person und innerhalb der Grenzen ihrer Erlebnisfähigkeit darstellen, sondern *im breiten Querschnitt:* nicht *eines* Menschen zufälliges Leben, sondern das typische Leben schlechthin. Solch ein Film – meinten sie – werde keinen ausgeklügelten, mechanischen Eindruck erwecken, sondern natürlich und gesetzmäßig sein. – Soweit die Theorie.

Ich war einer der ersten, die einen solchen Film drehten, er hieß „Die Abenteuer eines Zehnmarkscheines". Berthold Viertel hatte die Regie, Karl Freund bediente die Kamera. Wir drehten in Berlin. Der sichtbare, zentrale Held des Films war ein Zehnmarkschein. Eine Banknote, die, von Hand zu Hand gehend, alle Abenteuer dieses Films verursachte. Die übrigen Darsteller waren in jeder Episode andere. In diesem Film ergeben sich die Ereignisse aus einander, aber die Menschen gehen, nichts voneinander wissend, wie in dichtem Nebel aneinander vorbei und ahnen nicht, daß sie ihre Schicksale gegenseitig bestimmt haben. Der Zehnmarkschein ist der einzige Faden, der die Szenen zusammenhält.

Die Szenen eines solchen Querschnitt-Films sind ebenso erdacht wie die Szenen eines beliebigen, streng komponierten Dramas, und ihre Reihenfolge und Verbindung sind verwickelter, weil feiner konstruiert als die des literarischsten aller Romane. Doch die Szenenreihe eines solchen Films kennt keine im voraus bestimmte Richtung, keine beabsichtigte dramatische Steigerung, kein genau bestimmtes Ende als Ziel. Es ist, als bewegten sich alle Szenen teppichhaft auf der gleichen Ebene, als könnte man sie beliebig vermehren oder vermindern. Solche Kompositionen haben zweifellos eine naturalistische *Wahrscheinlichkeit.* Es fehlt ihnen jedoch die überzeugende Kraft der am Einzelschicksal veranschaulichten künstlerischen Notwendigkeit.

Es ist sehr bezeichnend, daß ich die erste Inspiration zu diesem „unliterarischen" Film aus einem bekannten Werk der Dichtung geschöpft habe: aus

Tolstois Erzählung „Der gefälschte Kupon", wo ein Kupon „von Hand zu Hand geht" wie mein Zehnmarkschein.

Die bedeutendsten sogenannten „Filme ohne Helden" wurden begreiflicherweise in den ersten Revolutionsjahren in der Sowjetunion gedreht. Eisensteins gewaltiger Film „Oktober" zeigt den Aufstand in Leningrad so, daß nicht einmal die Gestalt Lenins zur zentralen Figur wird. Dort stehen nur Massen gegen Massen – freilich, in genialer Weise durch die Merkmale markanter Persönlichkeiten charakterisierte, zu Physiognomien gewordene Massen.

Filmische Reisebeschreibungen

Die Reisebeschreibung im Film hat sich zu einer interessanten und bedeutenden Kunstgattung entwickelt. Man wird wieder sagen: künstlerische Darstellungen der Wirklichkeit ohne literarisches Thema, ohne Drehbuch, also ohne Vermittlung der Literatur, von der Kinematographie und ihren neuentwickelten künstlerischen Mitteln hervorgebracht. Das sind Bilder nicht ausgedachter, sondern wirklich unternommener Reisen, und doch – Kunstschöpfungen. Hier liegt das Schöpferische nicht im Erfinden, sondern im *Finden*. In dem dichten Gestrüpp erlebter Wirklichkeit muß *das* gefunden werden, was am charakteristischsten, am interessantesten ist, was der Bildreihe das höchste Maß von Plastik und Erlebnistreue zu geben vermag. Es muß aber auch *das* gefunden werden, was jene Tendenz, jene ideologische Absicht, die in jedem Tatsachenfilm unweigerlich – bewußt oder unbewußt – enthalten ist, am klarsten aufzeigt.

Die künstlerische Komposition solcher Filme beginnt nicht mit der Gruppierung der bereits aufgenommenen Bilder, mit dem Schnitt, sondern schon mit der *Vorausplanung der Reise* selbst. Wer sich von vornherein mit der Absicht auf eine Reise begibt, diese Reise – sei es mit Worten, sei es in Bildern – zu beschreiben, der wird seine Erlebnisse schon im voraus kompositorisch gestalten, wie etwa einer, der ein Tagebuch schreibt. Es handelt sich hier um eine eigenartige Übergangsform künstlerischer Gestaltung. Sie liegt zwischen der Registrierung der Wirklichkeit und der sinngebenden Absicht des Regisseurs. Letztere ist häufig unbewußt oder halbbewußt und kann zu interessanten psychologischen Studien Gelegenheit bieten.

Der Landstreicher sieht nur das, was ihm der Zufall entgegenträgt. Der Reisende hingegen hat ein bestimmtes Ziel, genau so wie der gute Schriftsteller. Die Reise bestimmt die Form des Films. Im Reiseplan ist bereits der Plan der Montage enthalten. Beim Schnitt fällt nur alles Überflüssige weg.

Sind Dokumentarfilme künstlerisch? Sofern sie uns ehrlich die Wirklichkeit vermitteln wollen, darf es nicht ihre primäre Absicht sein. Aber es stellt sich in solchen Fällen heraus, daß man nicht einmal einen streng wissenschaftlichen Film ohne künstlerische Erwägungen und ohne bewußte Verwendung künstlerischer Ausdrucksmittel zusammenstellen kann. Um nämlich zu erreichen, daß aus der „trüben Empirie" der Wirklichkeit die Wahrheit, also Gesetz und Sinn der Wirklichkeit, hervortrete (der Sinngebung durch den erlebenden und sehenden Verfasser entsprechend), muß man alle Mittel der Filmkunst aufwenden.

Die unbekannte Nähe

Die Suche nach dem unliterarischen „reinen Filmstil" brachte die Regisseure darauf, mit der Kamera nicht nur die unbekannte Ferne zu bereisen, sondern auch in die noch unentdeckte, *unbekannte* Nähe vorzudringen. Der erste auf Entdeckungen ausgehende Filmregisseur dieser Art, der eine Fahrt in die Nähe unternahm, war der Russe Dsiga Wertow. Es war seine Idee, die kleinen Szenen des Alltags, die wir sonst niemals bemerken, mit dem „Filmauge" zu erspähen. Aber diese Moleküle des Lebens werden bedeutsam, sobald wir sie im Nahbild isolieren, Konturen ziehen und ihnen mit diesen Konturen Gestalt verleihen.

Diese kleinen Szenen sind wahrhaftig nicht konstruiert, sie sind erspähte Wirklichkeit und so, als hätte man sie durch das Schlüsselloch photographiert. Ein Kind spielt... ein Pärchen küßt... ein Chauffeur rauft... ein Alter schläft auf einer Bank ... Sie wußten gar nicht, daß sie aufgenommen wurden. Das Interessante an diesen Bildern ist ihre absolute Glaubwürdigkeit; und das Bewußtsein, irgendwie im Verbotenen zu jagen, etwas Verborgenes erlauscht zu haben, verleiht ihnen einen seltsamen, prickelnden Reiz. Solche *Wirklichkeits*-Teilchen können später zu jener „Wahrheit" zusammengefügt werden, die der Regisseur mit ihrer Hilfe ausdrücken will. Hier ist es tatsächlich die Schere, die dichtet und spricht: Seht hier das Leben! Filme, die aus solchen absolut glaubwürdigen Wirklichkeitsaufnahmen bestehen, sind die subjektivsten. Zwar haben sie keine Geschichte (Story), aber eine zentrale Figur, einen *Helden:* Einen Helden, der unsichtbar ist, denn *er* ist es, der mit dem *Filmauge* sieht. Alles aber, was er sieht, drückt ihn selbst, seine Subjektivität aus, wie unkonstruiert die Wirklichkeit auch erscheinen möge. Denn es charakterisiert und spiegelt ihn selbst, daß er gerade *diese* Wirklichkeit sah und aufnahm, und nicht eine andere. Die Reihenfolge und der Rhythmus des Schnittes sowie die Art der Vorführung waren allein von seiner Subjektivität diktiert. Er, der Künstler, ist es, der sich zum Schein den objektiven Eindrücken überläßt, ohne nach Zusammenhängen zwischen ihnen zu suchen. *Und doch ist er selbst der Zusammenhang!* Seine Subjektivität ist das konstruktive Prinzip. Mögen seine Photographien noch so lebenswahr sein – dies ist und bleibt eine erwählte Welt, *seine Welt*. Diese Tatsachenfilme sind die subjektivste Kunstform der Kinematographie, eine Kunstform, die alle Chancen hat, eine der bedeutsamsten, reichsten und „filmischsten" Sparten künftiger Filmlyrik zu werden.

Nachrichtenfilme (Wochenschauen)

Wir haben uns daran gewöhnt, sie im Kino vor den großen Spielfilmen als Einleitung zu sehen. Sie erwecken den Eindruck harmloser Bildberichte. Und doch sind sie die wirkungsvollsten Werkzeuge der Propaganda. Nicht künstlerische Subjektivität sorgt für ihre Zusammenstellung, wie bei den Wirklichkeitsbildern, die das „Filmauge" erspäht hat, sondern die *Absicht* jener Interessenten- und Mächtegruppen, die sie finanzieren. Sie können viel besser lügen als die alles verdrehenden Zeitungen, weil sie aussehen, als wären sie sachliche und glaubwürdige Aufnahmen aus dem illustrierten Tagebuch der Zeit. Wirklich interessant und lehrreich werden sie erst dann, wenn es uns möglich ist, zwei in gegnerischen Lagern gedrehte Nachrichtenfilme, die das gleiche Thema behandeln, nebeneinander, ja man könnte sagen: gegeneinander laufen zu lassen. Sie ähneln einander nicht. Wirklich charakteristisch und ausdrucksvoll ist nur eines: was sie *nicht* zeigen.

Aber man muß sie nur ein wenig „umschneiden", und schon verändern sie ihr Gesicht. In Berlin wurde in der Zeit vor Hitler, aber bereits in den Tagen des Niederganges der Weimarer Republik, eine Arbeiter-Filmorganisation ins Leben gerufen, die Matineen veranstaltete und gern auch Nachrichtenfilme gezeigt hätte, was jedoch die Zensur verbot. Wir kauften also alte Ufa-Wochenschauen, die längst abgespielt und von der Zensur· schon seinerzeit erlaubt worden waren. Aus ihnen schnitten wir unsere Bildreihe heraus. Etwa so: *Hundeschönheitskonkurrenz* – sinnverwirrend schöne Damen sitzen da, Hunde auf dem Schoß haltend. Gleich danach: *Einer, der nicht an der Konkurrenz teilnahm* – der Hund eines blinden Bettlers, der im Winter an einer Straßenecke seinen hilflosen Herrn getreulich bewacht. – *Sankt Moritz:* Eislaufkonkurrenz und das glänzende Publikum der Hotelterrassen. *Auch das ist*

Sankt Moritz: Die zerlumpte, traurige Kolonne der Schneeschaufler und Streckenkehrer. – *Eine glänzende Militärparade* – und gleich danach: *Bettelnde Kriegskrüppel.* Es gibt nicht einmal Titel dazu, und doch hätte die Polizei diese Nachrichtenfilme gerne verboten. Das war nicht möglich, weil es sich um bereits genehmigtes Material von Ufa-Wochenschauen handelte. Die einzelnen Bilder – die sind *nur die Wirklichkeit.* Aber Wahrheit oder Lüge – kann nur die Montage zeigen. Hierin liegt die ungeheure Verantwortung der Nachrichtenfilme. Das Geheimnis ihrer überzeugenden Kraft ist, daß der Zuschauer sich als Augenzeuge fühlt. Die Aufnahme selbst bedeutet bereits eine Absicht und ein Beweisverfahren. Denn schließlich hat sich die Kamera nicht zufällig vor irgendeinem Objekt aufgestellt.

Wirklichkeit oder Wahrheit?

Das Ordnen der Aufnahmen der Wirklichkeit ist bereits – Komposition. Auch dann, wenn der Filmschöpfer kein anderes Ziel verfolgt als Übersichtlichkeit und Verständlichkeit. Denn *was* sollen wir sehen, wenn sein Bildmaterial sich uns darbietet? *Was* soll verständlich werden, wenn er es für uns ordnet? Dieses „Was" darf nicht erst *nach* der Zusammenstellung der Bilder als Überraschung sich einstellen. Denn das Prinzip, nach dem die Regie arbeitete und das Ordnen der Bilder erfolgte, war schon von Anfang an das Ziel, die Absicht gewesen, die den Regisseur bei seiner Arbeit leitete. Dieses „Was" war also schon da, ehe die ordnende Montage der Bilder einsetzte, früher als die Aufnahme selbst. Denn kein Regisseur wird sich bei seinen Aufnahmen vom Zufall leiten lassen, er photographiert nach einem im voraus gefaßten Plan, um das für eine bestimmte Montage notwendige Bildmaterial zu sammeln. In seinem Kopf ist demnach der Aufnahmeplan (in den meisten Fällen legt er diesen sogar schriftlich nieder) bereits fertig: das Drehbuch. Die Reihenfolge der Bilder als Plan ist früher vorhanden als die Bilder selbst. Der Regisseur weiß, *was* er sehen lassen, *was* er verständlich machen will, noch ehe er mit den Aufnahmen begonnen hat.

Jeder Nachrichtenfilm setzt sich aus Aufnahmen wirklicher Tatsachen und Ereignisse zusammen, deren übersichtliche und verständliche Ordnung *einen bestimmten Sinn, eine bestimmte Moral* der dargestellten Wirklichkeit sichtbar machen will: Das sind jener Sinn und jene Moral der Wirklichkeit, zu denen der Regisseur sich *schon vorher bekennt,* und die aufzuzeigen, zu rechtfertigen, zu propagieren er seinen Film schafft. Der Regisseur photographiert nur *Wirklichkeit*... aber er schneidet irgendeinen *Sinn*. Seine *Bilder* sind Wirklichkeit, unbestreitbar. Aber seine *Montage* ist sinngebend. Das übrige kann auch falsch sein. Der Schnitt zeigt nicht Wirklichkeit, sondern „Wahrheit" (oder – Lüge) – unausweichlich.

Der Regisseur vermag also, bei allerbester Absicht, keinen vollkommen sachlichen, neutralen Nachrichtenfilm zu drehen. Selbst dann nicht, wenn es ein wissenschaftlicher Film wäre, der die in einem Wassertropfen lebenden, einander bekämpfenden winzigen Ungeheuer zeigt. Denn sobald er damit beginnt, seine Bilder auszuwählen und zu einer Reihe zu ordnen, hat er bereits einen Standpunkt und eine Absicht, die beide nicht unabhängig sein können von seinen sonstigen Standpunkten und Absichten. Absolute Neutralität gibt es nicht. Wer sie verkündet, betrügt (vielleicht auch sich selbst). Jeder Nachrichtenfilm verkündet – indem er Wirklichkeit zeigt – eine „Wahrheit"; oder er verkündet jene Sinngebung und Bedeutung, die der Autor als „wahr" betrachtet.

Jedermann weiß, wie man durch das Zeigen einer Reihe von Wirklichkeitsteilchen die Wahrheit verdecken und verdrehen kann, wenn es sich um künstlerische Spielfilme handelt. Denn es ist allgemein bekannt, daß die „Wahrheit" nicht in einzelnen Ereignissen und Tatsachen steckt, sondern in deren logischer Verknüpfung, in deren Sinn und Bedeutung, mit einem Wort – in deren Moral. Die Darstellung „objektiver" Wahrheit wird jedoch der uneingeweihte Zuschauer gerade in den Nachrichtenfilmen zumindest für *möglich* halten.

In Wirklichkeit ist es so, daß wir gerade von jenen Nachrichtenfilmen, die mit naiver Aufrichtigkeit „objektive" Wahrheiten aufzeigen wollen, bestimmt und notwendigerweise getäuscht werden. Das ist vor allem wegen der zwangsläufigen Auswahl der Tatsachen so. Der Nachrichtenfilm ist ja wegen seiner bestimmten und zumeist sehr begrenzten Länge hierzu gezwungen. Alles kann er doch wohl nicht zeigen. Auch nicht allzu viel, weil dann Aufmerksamkeit und Erinnerungsvermögen des Zuschauers ermüden und er selbst seine Auswahl aufs Geratewohl, ohne Standpunkt, treffen müßte. Andererseits ist die Auswahl, die der Regisseur trifft – wie jede Auswahl –, eine Sinngebung: Der Wirklichkeit wird ein bestimmter Sinn gegeben. Demnach ist die Auswahl also keine Wirklichkeit mehr, sondern Sinn, also Wahrheit (oder – Lüge). Dies zu beurteilen, ist ohne weiteres möglich. Aber nicht innerhalb des Films, sondern auf breiterer Grundlage.

Die aus den Bildverbindungen des Schnittes entstehende Sinngebung ist darum unumgänglich notwendig, weil sie im Zuschauer auch dann automatisch eintritt, wenn es der Regisseur nicht will. Denn es ist ein *Grundgesetz jeder Darstellung*, jeder geschlossenen oder auch nur isolierten Kunstschöpfung, daß sie stets als *Beispiel und Symbol* der gesamten lebendigen Wirklichkeit wirkt, wie klein auch das Teilchen an lebendiger Wirklichkeit sein mag, das sie darstellt. Auch Teilwirklichkeiten, auf die Bühne gebracht, in einem Buch verwendet, auf eine Leinwand gemalt, oder photographiert, werden zu Symbolen *der* Wirklichkeit. Sie wirken in dieser Weise auf den Betrachter, gleichgültig, ob der Autor dies beabsichtigt hat oder nicht.

Vergebens zeigt der Film ohne Absicht eine Reihe treu photographierter Wirklichkeitsteilchen. Die Bildverbindungen werden im Zuschauer, gemäß dem hier gültigen psychologischen Grundgesetz, unausbleiblich Vorstellungsassoziationen hervorrufen. In Bildern ist eine sinnwirksame, latente Spannung enthalten, die sofort ausgelöst wird, sobald ein anderes Bild dazukommt. Es ist nämlich eine der Grundfunktionen des menschlichen Bewußtseins, daß es im Sinne der Kantschen Kategorie der Kausalität in der denknotwendigen und stets vorausgesetzten *Ursache* der Erscheinungen gleichzeitig deren *Sinn* erblickt. Es handelt sich hier um eine Funktion der naiv-teleologischen Denkart, welche die Ursachen der Dinge in ihrem Zweck erblickt. Dieses teleologische Moment ist bei jedem von Menschen bewußt geschaffenen Werk eine Notwendigkeit. Wir können uns nicht vorstellen, daß ein Mensch, der etwas schafft, damit nicht eine bestimmte Absicht verfolgt. Darum werden wir in jedem seiner Werke einen Sinn suchen, vermuten, ahnen und ihn – nötigenfalls – selbst hineindenken. Täten wir einen kleingeschnittenen Filmstreifen in einen Hut und klebten die Stücke mit geschlossenen Augen zusammen – selbst dann würde der Zuschauer (der nicht wüßte, wie dieses Werk entstanden ist) unter dem Eindruck der Bildreihe irgendeine Bedeutung, irgendeinen Sinn (wenn auch nur stimmungsmäßig) in sie hineinlegen. Die Bildreihe wirkt so, daß im Zuschauer Assoziationen ausgelöst werden und eine bestimmte Richtung nehmen, auf irgendeinen Sinn zu. Und wäre es die nihilistische Absicht des Werkes, die Sinnlosigkeit der Welt zu zeigen, dann wäre eben die Darstellung der Sinnlosigkeit der Sinn dieses Films.

Da es sich hier um einen automatisch sich auslösenden Vorgang handelt, dem der Regisseur ohnehin nicht auszuweichen vermag, tut er gut daran, ihm bewußt und eingestandenermaßen im voraus eine Richtung zu geben, auf jene zu bekennende Wahrheit zu, die, wie bereits betont, vom Autor bereits a priori konzipiert ist, wenn er den Film zu drehen beschließt.

Diese „Wahrheit", diese „These", wird es sein, um die sich in seinem Werk die Bilder der Wirklichkeit gruppieren werden. Dies ist das stilschaffende Prinzip, das die Auswahl und die Komposition beherrscht.

Wenn es Filme gibt, welche die Bezeichnung Kulturfilm verdienen, dann sind es jene, die das Werden der großen Werke menschlichen Bauens festhalten und so der Arbeit Ruhm verkünden – jener menschlichen Arbeit, die diese Erde durch Blut und Schweiß zur Heimat der Zivilisation und der Humanität machen wird.

Ich möchte mit einem der schönsten Beispiele beginnen, das gleichzeitig den trefflichsten Beweis für die große volksbildnerische Bedeutung bildhafter Lebensdokumente erbringt. Es handelt sich um „Turksib", den Film des russischen Regisseurs Turin. Er zeigt in diesem Film nur die Arbeiten bei einem Eisenbahnbau. Es wurden bereits viele Bahnen gebaut, auch größere und wichtigere als die hier in Rede stehende, und es wurden dabei interessantere technische Aufgaben gelöst. Und doch war dieser Film von so hinreißender Wirkung und hatte so ungeheuren Erfolg wie selten ein Spielfilm. Das war vor allem wohl deshalb so, weil der sowjetische Regisseur die hohe Bedeutung des sowjetischen Aufbaus mit größtem Einfühlungsvermögen in einem leidenschaftlichen und monumentalen Bildepos zum Ausdruck brachte.

Dieser Film handelt vom Bau der ersten Eisenbahnlinie, die Sibirien mit Turkestan verbindet, mit einer alle Spielfilme übertreffenden dramatischen Spannung und mit nicht weniger Schwung. Zunächst werden der Sinn und die Notwendigkeit des Baus gezeigt. Die beiden Gebiete sind wirtschaftlich aufeinander angewiesen. Sie können nicht leben, solange eine weglose Wüste sie trennt. Das Volk plagt sich im Norden und plagt sich im Süden. Die Sandstürme in den mörderischen Wüsteneien vernichten die Karawanen. Schon diese Bilder allein lassen – Sturmzeichen gleich – den Bau als dringend erforderliche Lebensrettung erscheinen. Es handelt sich nicht mehr um eine Bahn allein, sondern um das Leben von Völkern. Der Zuschauer verfolgt die Fortschritte der Arbeit mit ängstlichem, besorgtem Interesse.

Denn jetzt zeigt der Film die schier unüberwindlichen Hindernisse und Schwierigkeiten. Im Norden 42 Grad Kälte, im Süden die erstickend heiße Wüste. Aber am schwersten zu überwinden ist die Hartnäckigkeit der Wüstenvölker, die in finsterstem Aberglauben befangen sind. Gegen dies alles richtet sich der Kampf. Wie in einem uralten Epos tritt der menschliche Wille zu einem mythologischen Zweikampf gegen die furchtbaren Naturgewalten an. Jedes Bild ist auf Kampf eingestellt, jede Szene ist als Kampf gesehen: Als schwerer, hartnäckiger, verwegener Kampf für das Wohl des Menschen. Darum hat dieser Film ein alles mitreißendes Pathos. Darum wird sein Schluß zur siegreichen Apotheose, in der – obgleich nur eine bescheidene, bekränzte

Lokomotive auf einzelnem Schienenstrang ihre Fahrt beginnt – Völker am
Bahndamm stehen, winkende, lachende, tanzende und Freudentränen ver-
gießende Völker, die in ihrem Siegesrausch auf Pferden, Eseln, Kamelen und
Büffeln mit der Dampflokomotive – dieser Künderin eines neuen Zeitalters –
um die Wette reiten.

Dokumentarfilm und Bewußtsein

Der erwähnte Film wurde *während des Baues* der Turksib-Eisenbahnlinie
fertig. Im letzten Bild erscheint mitten in den Dampfwolken der Lokomotive
die Jahreszahl 1930: Im Jahre 1930 wird die Turksib-Bahn fertig sein.
Als ich den Film aber 1930 für das westliche Publikum umschneiden mußte,
war es nötig geworden, die Jahreszahl im letzten Bild auf 1929 umzuändern –
die Bahn war bereits seit einem halben Jahr in Betrieb. Was war geschehen?
Der Film, im Jahre 1928 gedreht, wurde natürlich zuerst den Arbeitern der
Turksib-Bahn gezeigt. Sie waren vom Anblick der Wichtigkeit und der
Schwungkraft ihrer eigenen Arbeit so sehr beeindruckt, daß sie an Ort und
Stelle gelobten, den Bahnbau ein halbes Jahr früher als vorgesehen zu be-
enden. Sie hielten Wort. So trat in der Geschichte dieses Films jener Vorgang
der dialektischen Wechselwirkung zwischen Kunst und Leben in fast hand-
greiflicher Nähe zutage. „Turksib" war ein Dokumentarfilm. Also wurde in
ihm die *Wirklichkeit des Baues zur Kunst.* Als jedoch die Wirkung dieses
Films die Bauarbeit beschleunigte, *wurde aus der Kunst wieder Wirklichkeit.*
Diese neue Wirklichkeit ist wieder Objekt der Kunst, und neue Kunstschöpfungen wirken wieder auf sie zurück. Leben und Kunst laufen parallel nebeneinander, einander inspirierend, anfeuernd, richtunggebend durch die Erkenntnis.
Ein großartiger Film ist „Zuidersee" von Ivens. Der Mensch ringt dem Meere
Boden ab. Eine unsichtbare Kraft, die organisierende Intelligenz, wird in diesem Film sichtbar, so, wie der unsichtbare Wind im Schwanken der Baum-
wipfel sichtbar werden kann.

Das historische Lächeln

Der Film des Wiederaufbaues der jugoslawischen Eisenbahnen im Jahre 1946
ist wahrlich ein Heldenlied. Studenten bauten sie, freiwillige Intellektuelle,
Partisanen der Arbeit. Aber es waren nicht nur jugoslawische Studenten, son-

dern das internationale, aus allen Teilen der Welt herbeigeeilte Volk der Alma mater. Was nationalistische Kriege nicht nur an Material, sondern auch an Seele verwüstet hatten – der internationale Geist der Jugend baute es wieder auf. Bisher haben wir eine solche Gemeinschaft der Geistigen und der Arbeiter, der Klassen und der Völker nur auf den Barrikaden erlebt. Dieser jugoslawische Film zeigt die revolutionären Barrikaden der Aufbauarbeit und der werktätigen Solidarität.

Doch die wichtigsten, entscheidenden Dokumente dieses Films sind nicht die Maschinen, die Eisenbahnstrecken, die Schwellen, die Technik; auch nicht die körperlichen Anstrengungen, nicht der Schweiß. Denn das alles haben wir schon oft gesehen. Der neue und wesentliche Anblick ist *das Lächeln, das in diesem Film zu sehen ist.* Daß unter solchen Umständen, bei solcher Gelegenheit Menschen in dieser Art einander zulächeln, das sahen wir noch nie. Und während wir dieses junge Lächeln sehen, sind wir Augenzeugen der ersten Offenbarung eines neuen Geistes. Die Kamera deutet hier auf die Geburt eines welthistorischen Zeitalters hin, wenn sie das strahlende, gläubige, mutige, hoffnungsfrohe Lächeln der Gesichter zeigt, hier, auf dem Schauplatz der grausamsten faschistischen Verwüstung – dieses Lächeln auf dem Antlitz einer internationalen demokratischen Jugend. In diesem Lächeln finden wir die ganze geschichtliche – weil menschliche – Bedeutung des jugoslawischen Bahnbaues konzentriert. Die Kamera entdeckt *neue Menschen eines neuen Zeitalters* mit einer nur im Film möglichen Erfaßbarkeit in der Nahaufnahme. Ein in Schweiß gebadetes Lächeln zeigt die erste Blüte einer erwachenden neuen Seelenverfassung: Ein epochemachendes Ereignis in der Geschichte des Humanismus, etwas, das mehr bedeutet als die Explosionen der Atombomben.

Zeige Menschen!

So erfüllt der Dokumentarfilm seine große Aufgabe als bebilderte Chronik der Menschheit. Denn alles, was geschieht, geschieht letzten Endes mit dem Menschen und durch den Menschen. Willst du Technik, Zivilisation zeigen? Zeige den Menschen, der daran arbeitet! Zeige das Gesicht des Menschen, seine Augen, dann werde ich dir sagen, was diese Technik bedeutet und was sie wert ist. Zeigst du die Früchte der Felder? Nur der Landarbeiter selbst wird der Erde – mit seinem Gesicht – ein Gesicht geben! Dies, sein Gesicht, wird unter den Dokumentaraufnahmen das entscheidende Dokument sein.

Auch die Dramen stürmischer Meere werden erst in der Mikrodramatik der Matrosengesichter zum Erlebnis.

Kriegsfilme

Wert und Bedeutung der Dokumentarfilme hängen natürlich in erster Linie davon ab, *welche Wirklichkeit* sie offenbaren. Doch dieses Buch handelt nicht von der Wirklichkeit, sondern von ihrer kinematographischen Darstellung, und deshalb befassen wir uns hier nur dann mit einem Film – wie sensationell auch sein *Thema* sein mag –, wenn sich in ihm die spezifischen Möglichkeiten des Films offenbaren. Auch an den Dokumentarfilmen des Krieges interessiert uns nur das, *was ausschließlich mit den Mitteln des Films gezeigt werden konnte.* Nicht die abertausend Kanonen, die brennenden Städte, fliegenden Armadas, Explosionen, nicht die Photographien eines solchen „Freilufttheaters" interessieren uns, sondern (nahe den Wurzeln dieser Dinge) die menschliche Physiognomie, an die nur die Filmkamera aus nächster Nähe herankommt.

Die bürgerlichen Kriegsfilme zeigen wenig davon. Sie sind im allgemeinen von einer brutalen Primitivität wie der Krieg selbst. Deshalb soll hier nur von einem einzigen bürgerlichen Kriegsfilm die Rede sein, der durch seine künstlerische und moralische Kraft Anspruch darauf erworben hat, in das Pantheon jener größten Dokumente des Humanismus einzugehen.

Er wurde nach dem ersten Weltkrieg gedreht, sein Titel war: „Pour la paix du monde" („Für den Frieden der Welt"). Produzent des Films war die Vereinigung der ärmsten der armen Kriegsverletzten in Frankreich, die unter dem Namen „Gueules Cassées" („Zerstörte Gesichter") bekannt sind. Regisseur des Films, der dieses Werk aus dem Filmmaterial des Kriegsarchivs zusammenstellte, war der Oberst Piquard. Er war der Präsident des Vereins der „Gesichtslosen", die – ähnlich den Leprakranken – als isolierte Gesellschaftsklasse im Verborgenen leben müssen, weil ihr Anblick ihren Mitmenschen unerträglich ist. Der Film aber beginnt damit, daß diese Deklassierten in Großaufnahmen erscheinen und ihre seidenen Masken abnehmen. Dann nehmen sie auch vom Antlitz des Krieges die Maske ab.

Jene, denen der Krieg das Gesicht geraubt hat, zeigen uns das wahre Gesicht des Krieges. Und diese Physiognomie des Krieges ist von so erschütternder Wucht und so gewaltigem Pathos, daß bisher kein künstlerischer Spielfilm etwas Ähnliches zu zeigen vermochte. Denn hier zeigen die Krüppel den Krieg, die Entsetzten zeigen das Entsetzen, die Gequälten die Qual, die Gefährdeten die Gefahr, die Sterbenden das Sterben. Sie haben es wirklich gesehen.

Die Kamera geht im Panorama über ein stilles, verstummtes Schlachtfeld. Es ist die Öde einer Mondlandschaft. Nirgends ein Grashalm. An der Berglehne hat das Feuer der Kanonen die Erde von den nackten Felsen geschält. Eine unendliche Reihe von Granattrichtern und Schützengräben. Die Kamera schwenkt im Panorama herum, langsam, ohne haltzumachen. Schützengräben voll mit Toten, noch und noch und noch. Eine weite Landschaft, in der sich gar nichts regt. Leichen, nur Leichen. Ein Panorama... Und diese verstockte Eintönigkeit, die einen nicht losläßt, ist wie ein langgezogener verzweifelter Schrei...

Eine der Aufnahmen: Ein ganzes, durch Giftgas erblindetes Regiment wird durch die brennenden Straßen von Brügge getrieben. Ja, getrieben wird diese lichtlose Herde, Schafen gleich, getrieben mit Bajonetten und Gewehrkolben, damit sie nicht in das Feuer läuft. Ein Bild, das selbst Dantes poetische Phantasie nicht gräßlicher hätte malen können!

Aber es ist noch Furchtbareres zu sehen, obwohl kein Mensch darin vorkommt: die Gärten der Champagne nach dem deutschen Rückzug. (Denn die Deutschen haben gewisse Methoden ihrer Kriegführung nicht erst im zweiten Weltkrieg erfunden.) Wir sehen die Leichenfelder alter, ausgedehnter Obstkulturen, tausende Edelobstbäume von unermeßlichem Wert, alle – maschinell schön ordentlich – in gleicher Höhe abgesägt. Das Werk jahrhundertealten Wissens und Fleißes wurde hier mit mechanischer Genauigkeit verwüstet. Auch diese Bilder haben Physiognomien. Die verzerrten Gesichter der Baumleichen sind vielleicht noch erschreckender als die toten Menschen. Aber die Überschrift im französischen Stummfilm lautete nicht: „Seht, das ist deutsche Barbarei!" – sondern „C'est la guerre" („Das ist der Krieg"). Nicht einmal hier klagt der vornehme und tiefgläubige französische Pazifismus die Deutschen, sondern er klagt den Krieg an. Und eben *deshalb* war es *zur Zeit der Weimarer Republik* verboten, diesen Film in Deutschland zu zeigen.

Gegenwärtigkeit

Der beschriebene französische Dokumentarfilm des ersten Weltkrieges war jenen sechs Kameraleuten gewidmet, die während der Aufnahmen gefallen waren. – Im Vortitel des großen sowjetischen Kriegsfilms, der die Eroberung von Berlin zeigt, sind die Namen von vierzehn Kameraleuten genannt, die den Heldentod gestorben sind. Solche Künstlertragödie, als kulturgeschichtliche Erscheinung, ist ebenfalls neu. Sie ist eine Begleiterscheinung der Film-kunst. Die Künstler früherer Zeiten wurden bei der Ausübung ihrer schöpfe-rischen Arbeit selten vom Tod ereilt. Dies hat nicht nur eine moralische oder politische Bedeutung, sondern auch eine kunstpsychologische.

Denn die filmische Darstellung der Wirklichkeit unterscheidet sich wesentlich von allen anderen Darstellungsarten dadurch, daß *die dargestellte Wirklich-keit noch nicht vollendet ist,* sondern sich – während ihrer Darstellung – selbst noch im Werden befindet. Der Schaffende schöpft nicht aus seiner Er-innerung, sondern er *schafft während des Geschehens selbst und nimmt daran teil.*

Wenn jemand von seinen Kämpfen auf Leben und Tod *erzählt,* dann hat er sie bereits überstanden. Auch die größten Gefahren sind nicht mehr gefähr-lich, sobald man nachträglich von ihnen erzählt.

Die Darstellung durch die Kamera ist anders: Sie wurde nicht nachträglich gemacht. In jener gefährlichen Situation, die wir auf der Leinwand sehen, befand sich der Kameramann während seines Schaffens, und es war gar nicht sicher, ob er die Geburt seines Bildes überleben werde. Ehe das Filmbild nicht bis zu Ende abgerollt ist, wissen wir nicht, ob es überhaupt abrollen wird. Diese fühlbare Gegenwärtigkeit verleiht den Dokumentarfilmen jene eigenartige Spannung, die keine andere Kunst hervorzurufen vermag.

Wer jemals Gelegenheit hatte, eine durch das Feldtelephon durchgegebene Meldung über den Verlauf eines Nahkampfes zu hören, wobei das Geknatter der Maschinengewehre und das Schreien der Verwundeten mitklang, der hat diese Spannung akustisch erlebt. Solche Telephonmeldungen brachen manch-mal mitten im Satz mit einem Röcheln ab. Das Schweigen, das darauf folgte, war so klar verständlich wie ein Todesschrei.

Eine der Aufnahmen des erwähnten französischen Kriegsfilms bricht plötzlich ab. Das Bild wird unscharf und schwankt – wie der sich umschleiernde Blick eines brechenden Auges. Dann ist Dunkelheit. Der Regisseur hat diese „ver-dorbene" Stelle, aus der zu entnehmen war, daß hier der Kameramann mit seiner Kamera umsank, nicht weggeschnitten. Wir „sehen", wie der Kamera-mann, während der automatische Mechanismus sich noch dreht, für seine Auf-nahme stirbt.

Drehendes Bewußtsein

Die Bedeutung solcher Aufnahmen liegt nicht in jener Todesverachtung, für die sie Zeugnis ablegen. Wir haben schon oft von Männern gehört, die dem

Tod mutig ins Auge geblickt hatten. Wir haben sie auch gesehen. Das Neuartige und Eigentümliche daran ist, daß hier der Mensch, *durch die Linse der Kamera, dem Tod ins Auge blickt*. Das kommt nicht nur auf Schlachtfeldern vor.

Erinnern wir uns an den Film des Kapitäns Scott, der gleichsam seinen eigenen Tod gedreht hat. Es ist, als hätte das Mikrophon seinen letzten Seufzer eingefangen. Oder Kapitän Shackletons großartigen Film, auf einer Eisscholle gedreht, auf der die Besatzung ohne Hoffnung dahintreibt! Und dann der Film jener Polarforscher, die neben dem Wrack des sowjetischen Eisbrechers Tscheljuskin ihr Lager hatten!

Es handelt sich hier um eine neue Form des menschlichen Bewußtseins, die durch die Kamera entstanden ist. Denn bis zu jenem Augenblick, da diese Männer ihr Bewußtsein verlieren, beobachtet, meldet und kontrolliert ihr Auge durch die Linse hindurch ihre Lage. Das Eis zertrümmert ihre letzte Hoffnung, das Schiff – sie drehen! Die Eisscholle schmilzt unter ihren Füßen – sie drehen! Sie drehen, bis kaum Raum genug ist, die Kamera aufzustellen.

Wie der Kapitän auf der Kommandobrücke, wie der Funker neben seinem Gerät, bleibt auch der Kameramann bis zum letzten Augenblick auf seinem Posten. Auch der innere Prozeß der Geistesgegenwart, der Selbstbesinnung, wird während des Drehens zur äußeren, fast körperlichen Handlung. Der Mensch sieht so lange klar und mit kühler Überlegung, solange er dreht. Dies hilft ihm, seine Besinnung mechanisch zu bewahren, jene Besinnung, die bisher aus dem Ablauf innerer Bilder bestand. Jetzt läuft sie, nach außen projiziert, als Filmband durch die Maschine, was deshalb vorteilhafter ist, weil die Maschine keine Nerven besitzt und ihre Arbeit nicht so leicht gestört werden kann. Hier hat sich der psychologische Prozeß umgekehrt: Der Operateur dreht nicht, solange er bei Bewußtsein ist, sondern er ist so lange bei Bewußtsein, wie er dreht.

Naturkundliche Filme

Wenn das Bild eine menschliche Handlung darstellt, dann kann es immer eine ausgedachte, eine eingebildete oder eine gestellte Szene sein. Zeigen wir Bilder einer Wirklichkeit, die sich tatsächlich ereignet hat, und wünschen wir, daß der Zuschauer sie als wirklich akzeptiert, dann müssen wir ihm dies im voraus mitteilen. Denn in Menschen darstellenden **Bildern** ist an sich nichts enthalten, was authentisch beweisen würde, daß es sich nicht um das Bild einer bewußt gestellten Szene handle. Die künstlerische Technik des Films vermag ihre gestellten Bilder so täuschend wahrscheinlich zu gestalten, daß demzufolge auch das Bild der sachlichsten Wirklichkeit gestellt sein könnte.

Nur die ohne Menschen gezeigten Bilder der Natur tragen den überzeugenden Charakter der über jeden Zweifel erhabenen authentischen und ursprünglichen Wirklichkeit. Tiere und Pflanzen spielen vor der Kamera keine Komödie (nicht einmal dressierte Tiere).

Merkwürdigerweise wirken gerade solche unbedingt authentische Naturaufnahmen phantastischer als alles andere. Es gibt nichts Märchenhafteres als jene wissenschaftlichen Filme, die das Wachsen der Kristalle oder den Kampf der Mikroungeheuer im Wassertropfen zeigen. Dies erklärt sich daraus, daß es gerade *ihre überzeugend authentische Wahrhaftigkeit ist, die ihren großen Abstand von jeder menschlichen Sphäre empfinden läßt.* Denn je weiter abseits das dargestellte Sein von jeder Möglichkeit menschlicher Einmischung sich befindet, um so weniger kann es „gemacht", gefälscht, gestellt sein. Daher kommt die seltsame Stimmungsverwandtschaft zwischen der „unnahbaren" Natur und den Bildern der unnahbaren Märchenwelt.

Was wir sehen, ist eine natürliche Erscheinung der Natur. Aber *daß wir es überhaupt sehen können,* kommt uns widernatürlich vor. Und daß wir aus nächster Nähe Augenzeugen von Liebesidyllen bei Seeigeln oder bei Tiefseefischen, Augenzeugen von Schauerdramen kämpfender Schlangen zu sein vermögen – das ist so aufregend, als wären wir in Gebiete eingedrungen, deren Betreten den Menschen verboten ist. Wenn wir Dinge sehen, deren Anblick für uns Menschen unter normalen Umständen nicht möglich ist, dann haben wir das Gefühl, als wären wir selbst unsichtbar. Das ist es, was die Naturaufnahmen so phantastisch macht.

Der Formalismus der „Avantgarde"

Das vorige Kapitel, in dem das Streben des Films nach Emanzipation vom literarischen Inhalt behandelt wurde, begann mit der Feststellung, daß diese Flucht vor dem erfundenen literarischen Inhalt nach zwei einander entgegengesetzten Richtungen geführt hat: *zur Darstellung nackter Tatsachen und zur Darstellung bloßer Erscheinungen.* Es sollten einerseits Objekte ohne Form, andererseits Formen ohne Objekte gezeigt werden. Auf der einen Linie führte dies zum Kult des Dokumentarfilms, auf der anderen zum Spiel inhaltloser Formen.

Befassen wir uns jetzt mit dem Spiel visueller Formen ohne literarischen Inhalt. Diese Richtung bezog ihren einzigen Inhalt aus der „Impression", aus dem Anblick selbst; das war auch dann der Fall, wenn anfänglich bewegte Stilleben auf die Leinwand projiziert wurden, visuelle Impressionen, die außer sich selbst nichts bedeuten wollten und dem Zuschauer keinerlei neue Wirklichkeit zu vermitteln die Absicht hatten.

Wir haben bewiesen, in welch hohem Maße subjektiv auch die sachlichsten Tatsachenberichte der Dokumentarfilme sind, und wie sehr abhängig sie von der persönlichen Stimmung, der Weltauffassung und der ideologischen Absicht des Aufnehmenden sind. Wir zeigten, wie aus der *Wirklichkeit* der Dokumentarfilme – *Wahrheit oder Lüge wird.*

Aber die Avantgardisten zeigen in ihren Filmen sehr häufig auch die Wirklichkeit nicht so, daß darin irgendeine Wahrheit, irgendein Sinn und ein Gesetz erkennbar wären. Sobald die Bilder visueller Erscheinungen um ihren Zusammenhang gebracht werden, bedeuten sie keinerlei Wirklichkeit mehr. Erfahren wir etwas über die Wirklichkeit des Windes, wenn wir das Spiel der Wolken und das Schaukeln der Blumen im Winde sehen? Nein! Es ist also so, daß eine solche, aller literarischen Konstruktion bare Wirklichkeitsdarstellung das Gegenteil ihrer ursprünglichen Absicht erreicht. Sie ist nicht wirklicher als die reine Story, weil auch die nackte Wirklichkeit in ihr zur reinen Erscheinung wird und gleichsam als verwässerte Impression auftritt. Aus Filmen, die „nackte" Tatsachen darstellen, werden zwangsläufig die unwahrscheinlichsten, abstraktesten „absoluten Filme". Denn jedes „Ding an sich" ist stets eine Abstraktion von der Wirklichkeit, da es ohne sinngebende

Hinweise auf die mit ihm räumlich und zeitlich verknüpften Nachbardinge nicht wirkliche Wirklichkeit sein kann, weil alle Dinge zusammen eine Ganzheit, nämlich eine zusammenhängende Rolle von Ereignissen und Kausalbeziehungen, bedeuten.

Es gab meisterhaft photographierte Tatsachenfilme, wie Basses „Markt am Wittenbergplatz". Wir sehen die vielen Wirklichkeiten: den Bau von Zelten, Körbe voll Obst, Menschen, die verkaufen und kaufen. Wir sehen Tiere, Blumen, Waren, Abfälle. Die einzelnen Bilder enthalten weder eine Bedeutung noch einen Hinweis oder eine Aktualität. Es sind Sehenswürdigkeiten des nackten Seins. Eine alte Frau kämmt sich. Ein Pferd steckt den Kopf in den Wassereimer. Eine feuchte Weintraube glitzert in der Sonne. Wir freuen uns des Wiedererkennens: „So ist es wirklich!" Das visuelle Erfühlen der Dinge steigert sich zu einem Rausch des höchsten Lebensgefühls. Das Bild dieses Marktes ist jedoch das Bild irgendeiner objektiven Gegebenheit. Die Darstellung einer, in irgendeinem Raum und irgendeiner Zeit existierenden Wirklichkeit, die über das Bild hinaus und davon unabhängig auch ihre eigene Realität besitzt. Wir haben den Eindruck, daß wir Tatsachen zur Kenntnis nehmen, die uns der Film lediglich *zeigt*. Das Objekt wurde vom Bilde nicht eingesogen.

Der absolute Film

Der Holländer Ivens dagegen, einer der größten Künstler auf dem Gebiete der Bildpoesie des Films, will dem Zuschauer nicht mehr objektive Wirklichkeiten zeigen. Seine berühmten impressionistischen Filme „Der Regen" und „Die Brücke" stellen weder Gegenstände noch Tatsachen dar, die wir auch in ihrer originalen Beschaffenheit sehen könnten. Während z. B. den Markt am Wittenbergplatz der Zuschauer im Prinzip auch selbst besuchen und dort – wenn auch vielleicht nicht in so schöner Form – alles das in Wirklichkeit sehen kann, was Basse aufgenommen hat, werden Ivens' herrliche Regenbilder von einem anderen niemals in der Wirklichkeit, in keinem Regen, erlebt werden können. Es kann sein, daß er sie wiedererkennen wird, wenn seine Augen durch Ivens' Bilder vorher dazu erzogen wurden. Jene Stimmungen und Bildeindrücke machen ihr eigenes Thema stofflos. Wer kann in der wirklichen Natur jene Morgenstimmung der Gemälde Claude Monets wiederfinden? Sie ist ja außerhalb des Bildes, außerhalb des gemalten Erlebens Monets, nicht zu sehen. Wir können uns auch hinter Ivens' Filmbildern kein Objekt vorstellen, das auch unabhängig von den Bildern existiert. Dies ist der „absolute Film".

Der Regen, den wir in Ivens' Film sehen, ist kein bestimmter, konkreter Regen, der irgendwann, irgendwo gefallen ist. Diese visuellen Eindrücke werden durch keinerlei räumliche oder zeitliche Vorstellungen zu einer Einheit zusammengefaßt. Mit feinstem Empfinden wurde hier erlauscht – nicht wie der Regen wirklich ist, sondern wie es aussieht, wenn der stille, stetige Frühlingsregen von den Blättern tropft, wenn der Spiegel des Teiches eine Gänsehaut bekommt, wenn ein einsamer Tropfen auf der Fensterscheibe zögernd seinen Weg sucht, und wenn das Leben einer Großstadt sich im nassen Asphalt spiegelt. Hundert visuelle Eindrücke, aber nicht ein einziges Mal die Sache selbst. Sie interessiert uns in solchen Filmen auch nicht, nur die einzelnen, intimen, überraschenden optischen Wirkungen. Nicht der Gegenstand, sondern *diese Bilder* sind unsere Erlebnisse. Wir denken gar nicht an Objekte, die außerhalb ihrer Bilder stehen. Hinter diesen Bildern befindet sich keinerlei konkreter Gegenstand – sie sind Illustrationen, nicht Darstellungen.

Selbst dann, wenn Ivens eine Brücke zeigt, die er sogar als die große Eisenbahnbrücke von Rotterdam bezeichnet, löst sich die Eisenkonstruktion in stofflose, auf hunderterlei Art eingestellte Bilder auf. Schon allein, daß diese eine Rotterdamer Brücke auf solch vielerlei Art gesehen werden kann, macht sie gleichsam irreal. Sie erscheint uns nicht als zielbewußte Schöpfung der Ingenieure, sondern als eine Reihe merkwürdiger optischer Wirkungen. Das sind visuelle Variationen, über die ein Güterzug schwerlich hinwegfahren kann. Jede der Einstellungen hat eine andere Physiognomie, einen anderen Charakter, doch keine hat etwas mit dem Zweck, mit dem architektonischen Sinn der Brücke zu tun.

Dieser Stil des absoluten Films wird zweifellos von einem extremen Subjektivismus bestimmt, der offenbar eine für die sogenannten niedergehenden Künste charakteristische Richtung verkörpert. Dies kann wohl eine kulturgeschichtliche Feststellung, nicht aber eine ästhetische Wertung sein.

Von der Erkenntnistheorie der Ästhetik

Man müßte endlich darangehen, den Grundstein zu einer Erkenntnistheorie des Kunstschaffens zu legen. Denn die Ästhetik hat noch nicht mit genügender Gründlichkeit analysiert, was darin als Objekt, was als Darstellung bezeichnet werden kann. Schon das Ergebnis dieser Überlegung ist überraschend: Wir erkennen nämlich, daß gerade der allein vorhandene Gegenstand, das in sich ruhende Sein, restlos in seinem dargestellten *Bild* aufgeht und so zu einer absolut visuellen Erscheinung wird. Doch in jeder Ereignisreihe ist etwas Überbildliches, das auch im Film nicht restlos zum Anblick wird: die *Kausalität*. Ich kann nämlich jeden Moment des Ereignisses *für sich allein sehen*. Daß jedoch eines das andere verursacht – das kann ich nur *wissen* –, das erscheint als sichtbares Bild in der Aufnahme nicht. Und doch macht gerade dies das Wirkliche an der Wirklichkeit aus. Ein in sich selbst ruhendes, abgegrenztes Objekt, das nicht Ursache noch Wirkung ist, sondern einfach nur Anblick, hebt sich aus der Zeit und dem Raum heraus, sowie es herausgehoben wird aus der Reihe der Kausalität – es ist nur noch Bild. Es wird zum Anblick oder zur Vision. Es ist fast gleichgültig, wozu es sich verwandelt. Dies ist das unstoffliche Thema des absoluten Films.

Innere Dinge

Obwohl solche Basse- oder Ivens-Impressionen nicht Darstellungen irgendeiner konkreten Wirklichkeit sind, existieren sie dennoch wirklich, als visuelle Eindrücke.

Schon bei Walter Ruttmanns Berlin-Film ist es anders. Dort erscheinen nicht in Wirklichkeit sichtbare Dinge, dort zerfließt die bestimmte Gestalt der Bilder, und schwebende, ineinander zerfließende ungewisse Gestalten und Konturen *projizieren eine innere Vision auf die Leinwand*.

Es ist, als würden Jazzkapellen, Milchwagen und Frauenbeine, Straßenaufläufe und die rotierenden Räder von Maschinen wie im Halbschlaf vorbeihuschende Bilder aus dem Unbewußten empordämmern. Hier liegt die Betonung nicht mehr auf den einzelnen, in sich selbst ruhenden geschauten Dingen, sondern auf dem *Gesamteindruck* des in einer Montage durcheinanderwirbelnden *Ganzen*. Die Kamera hat sich sozusagen nach innen gedreht und will nicht die Impressionen der äußeren Welt festhalten, sondern deren *Spiegelungen im Bewußtsein nach außen projizieren*. Dies ist nicht mehr Impressionismus, sondern *Expressionismus*. Wie subjektiv-esoterisch die Impressionisten auch immer gewesen sein mögen, sie wollten ihre in Wirklichkeit gewonnenen natürlichen Eindrücke getreu wiedergeben. Die Expressionisten wollen *innere* seelische Landschaftsbilder nach außen projizieren. – Ruttmanns Film wäre kaum dazu geeignet, einem Reisenden, der in Berlin eintrifft, als Wegweiser zu dienen. Er faßt eher die Erinnerungsbilder, die restlichen Stimmungen eines Abreisenden zusammen. Und wenn er dennoch die

Stadt damit charakterisiert, dann tut er dies nicht durch seine Bilder, sondern durch deren Schnitt und Rhythmus.

Karl Grune war der erste, der in seinem Film „Die Straße" die Bilder einer Stadt als innere Visionen eines lebenshungrigen jungen Mannes gezeigt hat. Und im Film „Yoshiwara" wird gezeigt, wie ein Erblindender mit dem letzten Licht seiner Augen die verwirrende Buntheit eines Festes erlebt. Diese Bilder tropfen bereits ohne Umrisse und gestaltlos auf die Leinwand – wie das Blut aus seinen verletzten Augen.

Diese Darstellungsart des absoluten Films entwickelte sich in den Traumbildern künstlerischer Spielfilme zu ungewöhnlicher Ausdrucksfähigkeit. Dort wurden ebenfalls keine Realitäten gezeigt. Der absolute Film hielt die menschliche Psychologie nicht nur in ihrer körperlichen Erscheinung, in der Mimik des Gesichtes fest, sondern projizierte ihre inneren Bilder unmittelbar auf die Leinwand. Sie sind freilich nicht einfach zu photographieren. Erst müssen sie vom Regisseur so konkret „gesehen" werden, daß er imstande ist, sie als Objekt vor der Kamera zu ordnen.

Nicht die Seele in den Dingen, sondern die Dinge in der Seele

Aber der absolute Film wollte sich nicht nur als Methode der Seelendarstellung in sonst realistischen Spielfilmen verwenden lassen, sondern er hatte den Ehrgeiz, zu einer selbständigen Kunstform zu werden. Er wünschte nicht die Seele in der Welt, sondern die Welt in der Seele darzustellen. Nicht die Seele, wie sie als Geste, Mimik, Wort oder Handlung – gleichsam in einem fremden Stoff, in einer unvollkommenen Übersetzung – an der Oberfläche der körperlichen Wirklichkeit erscheint, sondern umgekehrt; er wollte die Bilder der äußeren Welt introspektiv, nämlich so zeigen, wie sie sich in der Seele spiegeln. Nicht die Seele auf dem Antlitz, sondern das Antlitz der Seele. Und wenn die Dokumentar-Wirklichkeitsfilme keine ausgedachten „literarischen" Handlungen brauchen, dann haben auch diese *Bilddokumente der inneren seelischen Wirklichkeit sie nicht nötig.* Es handelt sich hier nicht um die Psychologie von Ereignissen und Erscheinungen, sondern um die inneren Ereignisse und Erscheinungen der menschlichen Psyche.

Es schien, als wären Cavalcantis „Montmartre" und die großartigen schwebenden Landschaftsbilder Man Rays, Renoirs, Cocteaus und der übrigen französischen Avantgardisten Luftspiegelungen im Herbstnebel, innere Gesichte, mit geschlossenen Augen gesehen. Hier verliert jede Realität, verlieren Raum und Zeit und Kausalität ihre Gültigkeit. Der im absoluten Film dargestellte seelische Prozeß kennt nur die Gesetze der Assoziation, die er schneidet und montiert.

Begriffliche Filme

Wenn Hans Richter in seinem Film „Inflation", einem Alpdruck gleich, Banknoten zu Bergen aufeinander wirft und vermengt, wenn er Zahlen in unendlicher Reihe, leere Geschäftsregale, hungrige, verzweifelte Gesichter, Börsenkrache, Champagnergelage, Selbstmorde, Kurse, Geld und immer wieder Geld zeigt, dann stellt er im Wirbel der Montage weder einen folgerichtigen Vorgang noch eine gespielte Szene dar, die in Wirklichkeit vorkommen könnte. Aber auch keinen psychisch-konkreten Seelenzustand. Zu Begriffen, zu Gedanken gewordene innere Gesichte setzen sich hier zu Begriffen, zu Gedanken zusammen.
Aber selbst dieser Film hat ein Thema. Er erzählt von einem Zustand, den es nicht nur im Film gibt: von der Inflation. Auch Berlin existiert. Gibt es auch zwischen den Bildern des Films weder einen räumlichen noch einen handlungsmäßigen noch einen kausalen Zusammenhang, lediglich einen psychologischen, so drücken sie dennoch etwas aus, was geschehen ist.

Die Logik ist Werkzeug, die Psychologie Zweck

Die Logik ist in der Kunst ein häufiges Werkzeug bei dem Aufbau des Werkes, aber sie ist niemals selbst Thema, das darzustellen wäre.
Die Logik ist nur ein Gerüst, das während des Schaffensprozesses einen gewissen Zweck erfüllt, aber niemals ist sie selbst dieser Zweck.
Doch stellt das Werk bei psychologischer Darstellung auch die Psychologie selbst dar. In den Stories interessiert uns nicht nur, *was* geschieht, sondern vielmehr noch die Psychologie des *Weshalb* und des *Wie*. Es interessiert uns der innere Vorgang der Assoziation selbst, der die Handlung ausgelöst hat. Diese innere Handlung, dieses innere Ereignis, ist oft wichtiger als das äußere.
Der Film kann den Vorgang der Assoziation besser spürbar machen als alle Kunstkategorien des Wortes. An Worten kleben viel zuviel begriffliche Elemente. Das Bild hingegen ist ein rein irrationales Gebilde. Solche Bildreihen können daher auf verbindende Texte verzichten. Wenn wir jedoch gleichzeitig mit der Reihe irrationaler, innerer Bilder und parallel mit ihr im Ton-

film die rationalen und bewußten Worte kontrapunktisch, *gleichsam als zwei selbständige Tonfolgen,* nebeneinanderlaufen lassen könnten, dann erhielte der Film eine Tiefendimension, die seine Möglichkeiten außerordentlich vergrößern könnte. *Hierin sehe ich die großen Möglichkeiten des neuen, dritten Filmzeitalters.* Und aus diesem Grunde haben wir uns so ausführlich mit den Problemen des absoluten Films befaßt.

Surrealistische Filme

Die surrealistischen Filme der Avantgardisten wollten *innere Seelenzustände* mit Hilfe von Bildhalluzinationen darstellen. Was zeigte uns Epstein in seinem aufregenden Film „Der Untergang des Hauses Usher"? Er zeigte uns nicht den Inhalt der Ballade Poes, sondern ihre beunruhigenden Eindrücke und jene Stimmungs- und Bildassoziationen, die sie im Leser erwecken. Hier sehen wir konturlose Hallen und ungewisse Treppen, endlose finstere Gänge, die von tragischen Schatten bevölkert sind. Türen gehen auf, Gardinen wehen, Hände strecken sich aus und Schleier schweben in nebelhaften Gewässern. Das sind keine verständlichen und keine darstellenden Illustrationen. Es sind die Assoziationen der dunklen Eindrücke einer dunklen Ballade.

Die Filme Man Rays bringen die Assoziationsreihen von Psychoanalysen an die Oberfläche. Sie stellen den Vorgang der Assoziation nicht nur dar, sie provozieren ihn auch und bringen ihn in Gang. Der Film setzt sich im Zuschauer als „innerer Film" fort. Die Bilder, die er auf der Leinwand sieht, geben dem Zuschauer nur den Anstoß zu dem inneren Vorgang und diesem selbst seine Richtung.

Dieser Surrealismus ist die auf die Spitze getriebene Form des Subjektivismus. Der von der Wirklichkeit ermüdete und erschreckte Künstler steckt seinen Kopf in sein inneres Leben, wie der Vogel Strauß der Fabel seinen Kopf in den Sand steckt. All dies ist zweifellos eine Degenerationserscheinung der niedergehenden bürgerlichen Kunst. Das ist jedoch nur eine Feststellung und soll keine ästhetische Wertung bedeuten.

Mit einer derart etikettierenden Definition haben wir indes nicht alle Möglichkeiten einer verfeinerten künstlerischen Methode definiert. Um nur ein Beispiel anzuführen, haben die Musikästheten von den atonalen Dissonanzen vergeblich behauptet, daß diese „Erscheinungen der bürgerlichen Dekadenz" seien – Béla Bartók verwendete sie dennoch in seiner kraftvollen, jungen Kunst. Die Richtigkeit der Funktionswechseltheorie von Marx bestätigt sich auch hier. Man hat aus den Steinen zerfallener Ruinen schon oft neue Paläste erbaut. Die künstlerische Empfindsamkeit und formenschöpferische, reiche Invention der dekadenten Avantgarde werden von Künsten mit anderem Geist und neuer Gesinnung benützt werden. Jetzt, im dritten Zeitalter der Filmkunst, da zur weiteren Ausgestaltung des Tonfilms die aus der Differenziertheit des Stummfilms sich ergebenden Errungenschaften wieder auferstehen werden, werden wir auch aus den absoluten und aus den surrealistischen Filmen der Avantgarde viel zu lernen haben.

Darum beschäftigen wir uns so ausführlich mit der Erkenntnistheorie des absoluten und des surrealistischen Films.

„Ein andalusischer Hund"

Ein Rasiermesser wird geschliffen. Das ist das auslösende Motiv. Ein junger Mann schleift sein Rasiermesser im ersten, ganz nüchtern-realistischen Bild eines Films, der „Ein andalusischer Hund" heißt. Was nun diesem jungen Herrn zu dem Rasiermesserschleifen einfällt, was dem Regisseur Louis Bunuel dazu einfällt, und in diesem merkwürdigsten und genialsten Film des Surrealismus zu sehen ist, das will ich erzählen. Um die Unerzählbarkeit solcher Unterbewußtseinsbilder zu beweisen.

Balkonfenster. Ein junger Mann schleift sein Rasiermesser. Abendhimmei. Vollmond. Ein schmaler Wolkenstreifen durchschneidet wie eine Klinge die Mondscheibe. Der junge Mann betrachtet Mond und Wolke. Dann seine Klinge, etwas versonnen. Ein Auge erscheint an Stelle des Mondes. Ganz groß und rund wie der Mond. Die Rasierklinge setzt an. Durchschneidet den Augapfel. Das Auge rinnt aus. Wie eine große Träne rinnt es langsam an einer Frauenwange herunter. Ein Mann in seltsamer Kleidung radelt auf der leeren Straße. Er hat ein Kästchen auf der Brust hängen. Er stürzt vom Rad. Liegt regungslos. Eine Frau im Fenster. Sieht den Mann unten liegen. Sie wendet sich ins Zimmer. Sieht die seltsamen Kleidungsstücke des Mannes auf dem Bett. Sie tritt näher. Die Kleidungsstücke füllen sich mit dem Körper des Mannes. Er blickt sie an. Unten auf der Straße öffnet jemand das Kästchen. Eine abgehackte Hand. Menschen umringen und betrachten sie, seltsam, geheimnisvoll. Ein Polizist will die Hand in das Kästchen zurücklegen. Sie läßt sich nicht. Die Hand immer wieder auf dem Pflaster. Weithin sichtbar. Der Mann und die Frau am Fenster sehen die Hand unten. Dann Liebeskampf der beiden, gieriges Jagen durch Zimmer. Die Frau klemmt die Hand des Mannes in der Türe ein. Groß die Hand, die wie abgehackt nach ihr greift. Eine blutige Wunde mitten in der Handfläche. Ein Schwarm von Ameisen kriecht aus der offenen Wunde. Grauenhaft. Die Frau hat sich zurückgezogen, aber die Türe öffnet sich doch nicht. Die Hand greift mit zuckenden Fingern nach ihr. Auflauf auf der Straße. Die abgehackte Hand liegt auf dem Asphalt. Ein bleiches, geistesabwesendes Mädchen starrt auf die Hand. Polizeimann legt die Hand in das Kästchen, gibt dieses dem Mädchen. Das Mädchen mit dem Kästchen, regungslos, starrt die Straße entlang. Ein Auto. Sie wird überfahren. Der Mann liegt wieder auf dem Bett. Ein anderer, der genauso aussieht wie er, kommt. Der Mann auf dem Bett hat jetzt das Kästchen. Der andere reißt es ihm aus der Hand. Das Kästchen fliegt zurück auf die Straße. Mit der abgehackten Hand ist nichts anzufangen. Die beiden Männer, mit seltsamen Gebärden, voll unheimlicher Angst. Der eine hat plötzlich einen Tennisschläger, der sich in einen Revolver verwandelt. Er schießt den anderen nieder. Park. Verborgene Gestalten. Schüsse. Seltsame Menschen lachen. Die Zimmertüre öffnet sich, und zwei Jesuiten treten ein, sie ziehen an Seilen ein Klavier hinter sich her. Langsam, ernst, unbeirrbar, ohne den Blick zu heben, ziehen sie durch das Zimmer. Auf das Klavier ist der Kadaver eines geschlachteten Pferdes gebunden, hinten hängt noch eine Eselsleiche daran. Wie Schlepper ein Boot, ziehen die Jesuiten das alles langsam durchs Zimmer und verschwinden. Der Mann wendet sich zur Frau mit einer Miene, als wäre ihm nun daraufhin alles klargeworden ...

Seelensegmente?

Soll ich noch weiter erzählen? Das alles hat gar keinen Sinn. Nur Bedeutung. Bedeutungen, die man auch nicht versteht, bloß zu fühlen bekommt. (Denn Sinn, das wäre schon etwas Konstruiertes.)

Die Flucht vor der erfundenen, konstruierten, literarischen Fabel führt auch hier zu einem Rohstoff. Zum unkonstruierten Rohstoff der Seele: zum Unterbewußtsein. Gewiß ergibt so eine Assoziationsreihe keine Handlung. *Aber sie stellt auch keine Seele dar.* Denn ein isolierter, psychischer Prozeß, selbst wenn alles haargenau stimmt, ist nicht so eindeutig individuell, daß ein Charakterbild in ihm sichtbar werden könnte. Der Mensch besteht nämlich nicht nur aus Unterbewußtsein. Und ein Ausschnitt seines psychischen Gewebes repräsentiert ihn ebensowenig, wie ein Segment seiner Haut unter dem Mikroskop ein Bild seines Äußeren gibt.

Außerdem müßten hier noch die Assoziationsbeziehungen der Farben hinzukommen. Und die der Töne. Außerdem sind diese inneren Vorstellungen nicht eindeutig optischer Art. Man kann vieles einwenden.

Man kann vieles einwenden. Trotz alledem: Wenn der surrealistische Film sich nicht als besondere Gattung selbständig machen wollte (das kommt auch von der ästhetisch-theoretischen Pedanterie, die immer nur ein einziges Gesetz gelten lassen will), wenn der Assoziationsfilm angewendet würde bei Filmen, die *ganze* Menschen gestalten wollen, so könnte er eine Tiefendimension öffnen, könnte die Menschen durchscheinend machen. (Nicht ganz durchsichtig, denn dann sind sie nicht zu sehen.) Er könnte irrationelle Beziehungen mitschwingen lassen, wie es keine literarische Dichtung vermag.

Der abstrakte Film

Die Bemühungen um den „reinen Stil" haben den Film schließlich von allen Merkmalen des lebendigen Lebens befreit, so wie die letzten Konsequenzen der Logik alle menschlichen Dinge ad absurdum führen. Ein schwedischer Maler namens Eggeling erfand bereits im Jahre 1917 den „abstrakten" Film. Abstrakte Formen und Figuren: Kreise, Würfel, Zylinder, Wellenlinien, Gitter usw., erschienen in bewegten und wechselnden Umrissen auf der Leinwand, gingen ineinander über, stellten keinerlei Objekte der Wirklichkeit mehr dar und ähnelten auch keinem Gegenstand der Natur. Sie waren in sich selbst und für sich selbst und bedeuteten – wenn überhaupt irgend etwas – dann nur sich selbst.

Wir sahen nicht die Formen des Lebens, sondern das freigewordene Leben der Formen: den Tanz, den Rhythmus der Linien, Ebenen und Würfel in einer bewegten Ornamentik. Solches Formenspiel, das von seinen Anhängern mit Vorliebe als visuelle Musik bezeichnet wurde, war musikalischen Rhythmen leicht anzugliedern. Es war ja kein Widerstand seitens der Gesetze der lebendigen Wirklichkeit zu befürchten, wenn man im gleichen Takt mit den Rhythmen der Musik Kreise und Quadrate bewegte.

Es waren das Schöpfungen des Regisseurs, er konnte mit ihnen beliebig seine Tänze aufführen. Die große Leichtigkeit ihrer Beherrschung und vor allem die restlos präzisen Lösungen waren allein schon geeignet, den künstlerischen Kredit solchen Formenspiels in Frage zu stellen. Das war nicht eine um den Preis von Kämpfen in eine Form gezwungene Erlösung jenes chaotischen Lebensstoffs, bei dem der Geschmack rohen Lebens selbst aus der vollendetsten Form herauszuspüren ist.

Laute Abstraktion

Die Herstellung *abstrakter Tonfilme* erschien sehr verlockend. Der Österreicher Schiffer begleitete sehr geschickt die Rhythmen der Strauß-Walzer. Das war gezeichnete Choreographie und wirklich überzeugend. Sie hob die feineren, verborgenen Gestaltungen der Musik hervor und machte sie durch ihre Sichtbarkeit hörbarer.

Wenn wir jedoch auch diese Kunstgattung mit Hilfe unserer ästhetischen Erkenntnistheorie analysieren, dann müssen wir feststellen, daß es sich hier nicht um objektlose Kunst handelt wie beim stummen abstrakten Film. Hier ist nämlich das musikalische Werk selbst das Objekt, dessen melodische Linien durch graphische Choreographie dargestellt werden, genauso, wie ja auch die Bewegungen der Tänzerin und ihre Gesten die Musik ausdrücken, darstellen, sichtbar machen. Es ist bewegte Ornamentik, die außergewöhnlichen ästhetischen Wert haben kann. Weshalb sollte es auch nicht eine solche Kunstkategorie geben? Viele Menschen mögen an ihr ihre Freude haben.

Die Filmschrift

Die Wirkungen des abstrakten Films wurden im Grunde genommen gleich vom Anfang des Stummfilms an *in den Titeln verwendet.* Die Filmhersteller kamen bald darauf, daß jene emotionale Wirkung, die bei den *gesprochenen Worten* durch die *Betonung* hervorgerufen wird, bei den *geschriebenen Worten* durch das *Gewicht der Bilder,* durch die gezeichnete Form der Buchstaben erzielt werden kann. Wer noch in den Titeln stummer Filme einen Aufschrei, einen Hilferuf gesehen hat, der erinnert sich daran, daß die Aufregung, die Verzweiflung, ja sogar das müde Verstummen oder die aufbrausende Heftigkeit in den Formen der Schrift, in der ausdrucksvollen Graphik der Buchstaben, tatsächlich zu sehen waren. Zur Zeit des Stummfilms bildete sich auf diesem Gebiet eine eigene, besonders geschätzte und gutbezahlte Kunst heraus: Die Schriften-Graphiker waren wichtige Mitgestalter des Films und übten mit ihren Pinseln eine ähnliche Funktion aus wie Rezitatoren. Es wurde zum Beispiel zu einer Standardmethode, daß Titel, die Gefahren anzeigten, aus uns entgegenstürmenden, sich schnell vergrößernden Buchstaben gebildet wurden. Die Buchstaben waren wie Angreifer, die sich auf uns stürzten, so wie eben ein Schrei auf unser Ohr eindringt. Ein Titel hingegen, der sich allmählich verdunkelte, ließ uns trübe Gedanken, eine bedeutsame Pause, empfinden – er war gleichsam ein Gedankenstrich am Ende eines Satzes. In den letzten Jahren des Stummfilms duldete man in anspruchsvolleren Filmen keine neutral „kalten", gedruckten oder kalligraphierten Buchstaben mehr. Die Physiognomie der Buchstaben mußte die Physiognomie der Bilder fortsetzen, damit die visuelle Stetigkeit nicht unterbrochen werde. Auch das war abstrakter Film. Er stellte ja nicht Objekte dar, sondern Leidenschaften. Er photographierte (oder zeichnete) keine außerhalb seiner selbst befindlichen Dinge, er drückte unmittelbar Stimmungen aus.

Falsche Analogie

Der Vollkommenheit der erkenntnistheoretischen Analyse wegen muß erwähnt werden, daß jene Theoretiker, die eine solche abstrakte Kunst als „visuelle Musik" bezeichneten – lediglich darum, weil sie keine Darstellung, sondern der unmittelbare Ausdruck des Gefühls ist –, irrten.
Sie irrten, weil „abstrakt" ein korrelativer Begriff ist. Er hat nur dort einen vernünftigen Sinn, wo er dem Konkreten gegenübersteht. Zum Beispiel: Der Apfel ist rund – die Abstraktion dieser natürlichen Form ist der Kreis. Doch welches natürlichen Objektes Abstraktion ist die Musik? Sie ist nicht nur eine Abstraktion der Geräusche der Natur. Der Kreis ist die abstrakte Form des runden Apfels. Aber die Musik? Als Abstraktion welcher existierenden Sache wäre sie anzusprechen?
Es soll noch eine bemerkenswerte Eigenschaft der Abstraktion erwähnt werden. Auch ein Miniaturbild des Mont Blanc oder des Ozeans wird die enorme Größe dieser Naturobjekte spürbar machen. Das ergibt sich aus der inneren Monumentalität des Bildes. Abstrakte Formen können jedoch solch innere Monumentalität nicht besitzen, sie können keine ihre reale Größe übersteigende Größe empfinden lassen. Ein Kreis oder ein Dreieck wirken stets nur so groß, wie sie in Wahrheit sind. Denn wenn das Bild *etwas darstellt,* dann kann das dargestellte Objekt in Wahrheit tausendmal größer als das Bild sein. Stellt es jedoch nichts dar, zeigt es nur Form an sich, dann kann es nur deren eigene tatsächliche Größe zeigen.

Eine Feststellung, nicht eine Wertung

Trotz alledem ist es denkbar, daß das Spiel rhythmisch bewegter, abstrakter Formen ein Vergnügen bereiten kann. Dann ist es auch gewiß ein ästhetischer Genuß, denn was für ein Genuß könnte es sonst sein? Aber sicherlich verliert in dieser Abstraktion die Form ihre tiefere Bedeutung, die: ein Sieg über chaotische Materie zu sein. Die Spannkraft der wirklichen Kunstformen liegt gerade darin, daß irgend *etwas* geformt und damit überwunden und gelöst ist. Formen spannen sich wie Zügel und sind Macht über einen Widerstand. Das ist das große Pathos der Formen, die *etwas* formen. Und dann sind sie wie der Sinn, der nur so lange einer ist, bis er einer Sache innewohnt. Ein Sinn, der nicht der Sinn von etwas ist, ist kein Sinn.

Der abstrakte Sinn ist aus der Theorie geboren, und zwar parthenogenetisch. So etwas ist nie gesund. Außerdem ist es immer eine dilettantische Theorie, die so ängstlich an Dogmen und Kategorien festhält. Solcher Respekt vor dem einmal formulierten ästhetischen Gesetz ist wie die Ehrfurcht des unsicheren Untertanen. Aber an neue Erscheinungen kann man nur mit neuen Theorien herangehen. Und diese beginnen immer mit dem Gefühl in den Fingerspitzen.

Immerhin hat der abstrakte Film (und seine Theorie) eine Bedeutung, wenn er eine so ausführliche Auseinandersetzung provoziert. Die abstrakten Filme haben als Studioexperimente volle Berechtigung. Selbst wo sie nur eine Unmöglichkeit beweisen, haben sie eine Aufgabe erfüllt. Denn überall, wo ein Absurdum wirklich nachgewiesen wird, wird eine Grenze abgesteckt und damit auch ein Weg markiert, auf dem man weitergehen kann. Die Vorsichtigen, die immer erst nachher kommen und nichts riskieren, bringen uns nicht weiter.

Fünfzehntes Kapitel

Optische Tricks — Gezeichnete Filme

Wir sprachen bereits davon, daß die Kamera viele technische Mittel dafür besitzt, die subjektive Auffassung und Stimmung zu projizieren: Verdunklung, Überblenden, Verlangsamung oder Beschleunigung der Aufnahme, unscharf oder verschleiert aufgenommene Bilder (Virage), Verzerrungen, aufeinanderkopierte Aufnahmen, Rückprojektion und noch vieles andere. Diese Kamerawirkungen vermögen vieles auszudrücken, sie stellen jedoch keinerlei Erscheinung der Wirklichkeit dar. *Sie sind visuelle Bezeichnungen der Gedanken und der Gefühle des Künstlers,* also „absolute" Filmwirkungen.

Die Bedeutung der Kameratricks

Der gleiche optische Trick kann die verschiedensten Dinge bedeuten. Nehmen wir an, daß auf der Leinwand das Bild eines Menschen in das Bild eines Baumes überblendet. Dies könnte eine Szene in einem *Märchenfilm* sein. In diesem Falle würde sie eine Metamorphose bzw. einen Zauber bedeuten. Doch wird im Film durch solches Überblenden sehr häufig auch ein *einfacher Situationswechsel* bezeichnet. Soeben haben wir einen Menschen in einem Zimmer gesehen, und siehe da – die Erzählung wird im Walde fortgesetzt. In diesem Falle würde die Überblendung bedeuten, daß zwischen den zwei Objekten – zwischen dem Menschen und dem Baum – *irgendein tieferer Zusammenhang* besteht. Sehe ich jedoch den Menschen und den Baum innerhalb eines Traumes oder in der inneren Bildreihe einer Assoziation ineinander überblenden, dann werde ich darin eben nur einen Assoziationsvorgang erblicken. Schließlich ist es auch möglich, daß die Verwandlung nicht mehr als ein scherzhaftes Formenspiel bedeuten soll.
Der erste Fall: Wenn es sich um einen Märchenzauber handelt, dann vollzieht sich die Verwandlung tatsächlich. Es ist bloß keine natürliche, sondern eine Märchenhandlung. – Der zweite Fall: Wenn die Überblendung eine unterbewußte Assoziation, einen seelischen Vorgang, darstellt, dann ist das zwar ein natürlicher Prozeß, aber kein reales Geschehen. – Im dritten Fall dagegen, wenn wir eine solche Verwandlung in einem realistischen Film

sehen, stellt sie weder eine Märchenhandlung noch einen seelischen Vorgang dar, sondern *bedeutet einfach etwas:* eine *Ideenverbindung* zwischen zwei Dingen. Dann hat die Überblendung einen intellektuellen *Sinn.* – Im letzten Falle, in der Bildgroteske, wird sie im Gegenteil gerade eine *Sinnlosigkeit* zeigen wollen.

Jeder optische Trick kann vielerlei Bedeutung haben. Welche Bedeutung er jeweils hat, das hängt von jenem Zusammenhang ab, in dem er sich in die Bildreihe fügt. *Es ist immer das Ganze, das den Teilen einen bestimmten Sinn verleiht.* Aus den im einzelnen Bild schlummernden Sinnmöglichkeiten lösen die benachbarten Bilder stets diese oder jene aus. Erst im Schnitt wird das Bild eindeutig.

Die Maske

Wie sehr ein Spiegel das Gesicht auch verzerren mag, diese Verzerrung bleibt stets eine natürliche Erscheinung, die gemäß den allgemein bekannten optischen Gesetzen der Natur zustande gekommen ist. Das ist auch dann der Fall, wenn jener Zerrspiegel „Seele" genannt wird.

Die Maske jedoch ist kein verzerrtes Gesicht. Ihr steht kein reales Gesicht gegenüber, von dem wir nur die Veränderungen sehen. Es handelt sich bei der Maske nicht um zwei gegebene Formen und ihren Unterschied, der auch jene Leidenschaften und Spannungen ausdrückt, die die Veränderungen hervorgerufen haben. Der gebogene Stab stellt Kraft dar. Der gezeichnete Halbkreis tut dies nicht.

Marionetten und Silhouetten sind als Objekte der Kamera bereits fertige Kunstprodukte, sie werden nicht erst durch die Aufnahme dazu gemacht. Der Film wird sie zumeist nur reproduzieren. (Ich sage „zumeist", denn die Kamera hat die Möglichkeit, auch den geschnitzten Ausdruck der Puppe um ein Vielfaches zu erhöhen.) Silhouetten und Zeichnungen jedoch kann man *in der Aufnahme nicht mittels Einstellungen weiterformen.* Hier ist der Film nur Technik der Bewegung und Vorführung, wenn diese Technik auch durch den Rhythmus der Montage vollkommener ist als die Technik der Puppentheater. Solche Filme gestalten nicht das Leben, sondern sie machen Gestalten lebendig.

Jene guten *visuellen* Märchen, in denen Puppen oder Zeichnungen vorkommen, sind deshalb nicht „literarisch", weil das Märchen nicht mit der Erfindung der Story beginnt, sondern bereits mit der Gestalt jener visuellen Wesen. Allein schon ihr Aussehen ist märchenhaft. Nicht die *Handlungen* der

Figuren verleihen diesen Filmen in erster Linie Märchencharakter, sondern ihre *Bedeutung*. Diese Märchen werden von der visuellen Phantasie befruchtet und gesponnen. Die sichtbare Märchenwelt, die wir betreten, ist vor allem eine Welt andersgearteter Figuren. Das sind keine *Wunder*, die in unserer Welt in Erscheinung treten und die Gesetze unserer normalen Welt umstoßen. Wir sehen nur in eine abgeschlossene, von *anderen* Gesetzen regierte, andersgeartete Welt hinein.

Solche Puppenmärchen müssen sich daher aus den Gestalten der Puppen und aus ihrer Natur logisch entwickeln. Es wäre falsch, Puppen Menschenschicksale spielen zu lassen. Puppen haben Puppenschicksale: Wenn die Heldin aus Porzellan vom Kamin fällt, zerbricht sie in Stücke; die Füße der Zinnsoldaten schmelzen im Feuer. So wird das Märchen „stofflich".

Ähnlich ist es bei den Silhouetten. Jene Macht, die ihr Schicksal bewegt, ist nicht die Psychologie, nicht die Optik, sondern die Schere. Sobald ihre Story sich aus ihrer Form ergibt, ist sie nicht literarisch. Strenggenommen ist dies der wahrhaft absolute Film. Die Abenteuer lebendig gewordener Formen haben ihre strenge Logik. In ihnen werden Ursache und Wirkung nicht vom Naturgesetz, sondern ausschließlich vom Gesetz der Form bestimmt. Wenn ein Darsteller den anderen mit dem Pinsel überfällt und ihm einen Höcker malt, dann hat der Überfallene eben wirklich und wahrhaftig einen Höcker. Und wenn die Silhouette eines Menschen mit der Silhouette einer Schere aus der Silhouette eines Feldes die Silhouette eines anderen Menschen schneidet, dann hat er sich einen gleichwertigen Partner geschaffen, und das bedeutet in jener Silhouettenwelt keinerlei Wunder. Denn alles geschah den formalen Gesetzen und der Logik jener Formenwelt entsprechend.

Deshalb werden solche Filme, wenn in ihnen auch lebendige Gestalten vorkommen, problematisch, wie etwa der russische Gulliver-Film. Der Film des Regisseurs Ptuschko ist nämlich allegorisch, wie ja auch Swifts unsterbliches Märchen eine Allegorie ist. Allegorien haben in der Literatur und in der Kunst eine vieltausendjährige Tradition, sie gehören, von Aesop bis zu Lafontaine und Swift, zu den klassischen Werken der Weltliteratur. Diese Fabeln stellen jedoch die Charaktere und die Psychologie von Menschen dar, die in der Maske von Tieren auftreten. Wenn sie im Märchen als Rabe, Fuchs, Schildkröte oder Hase bezeichnet werden, so erwecken sie doch nicht in erster Linie visuelle Vorstellungen, so daß der Widerspruch einer den Tieren unterstellten menschlichen Psychologie weiter nicht störend wirkt.

Wären diese Tiere sichtbar als realistische Bilder wirklicher, lebendiger Tiere – dann würde die völlige Fremdheit solcher, in ihrer Eigenart verharrenden Tiere gegenüber dem, was das Märchen sie sprechen und tun läßt, peinlich und störend wirken. Zeigt man sie jedoch nur andeutungsweise, gleichsam als schematische Illustration, also weniger real, dann würden sie zu Sinnbildern, zu Symbolen, die etwas anderes bedeuten, als sie sind.

Die Allegorie kann nur in dem Maße zu einer sinnlichen Kunst werden – (es gibt nur sinnliche Kunst!) –, in dem sie sich dem naiven Realismus der Volksmärchen nähert. Die Gestalt eines wirklichen Märchens lebt nämlich ein durchaus reales Leben, nur eben nicht nach den Gesetzen der Natur unserer Erde, sondern entsprechend den eigenen Gesetzen irgendeiner Märchenwelt. Die Allegorie ist jedoch in keiner Weise realistisch. Sie kann eine *Wahrheit* ausdrücken – aber sie stellt *keine Wirklichkeit* dar, weder die natürliche noch eine märchenhafte – überhaupt keine. Deshalb wirkt vor allem in der sinnlichen Kunst, also auch im Film, die Allegorie so oft blutleer und schematisch.

Die Filmgroteske

Filmgrotesken, von menschlichen Darstellern gespielt, folgen einer anderen inneren Gesetzmäßigkeit. Es gibt eine Abart davon, bei der gerade ihre überraschende, jede Gesetzmäßigkeit auf den Kopf stellende Unlogik komisch wirkt. Das Spiel der Optik macht die am realsten photographierte Natur unvermutet zur Groteske. So fliegen zum Beispiel in Hans Richters „Vormittagsspuk" sechs Herren die Hüte von den Köpfen und kreisen wie ein Vogelschwarm in der Luft, ohne sich einfangen zu lassen. Dann wieder stellen sich die sechs Herren hinter einen dünnen Laternenpfahl und verschwinden so vollkommen dahinter, als hätten sie sich hinter einer Mauer versteckt. Nun öffnet sich mitten im perspektivischen Bild des Gartens eine Türe, als wäre der Garten nur eine bemalte Tapete, und die sechs Herren kommen wieder ins Bild. Das alles hat keinerlei wie immer gearteten Sinn und verfolgt keine andere Absicht, als durch Sinnlosigkeit komisch zu wirken.

Wenn in einem anderen Film Menschen, die in eine Rauferei verwickelt sind, vom Wirbelsturm hoch in die Lüfte getragen werden, wo sie weiterraufen, ohne zu bemerken, was mit ihnen geschehen ist, dann ist dies für das Auge kein Werk der Kamera, sondern ein Werk des Wirbelsturms. Die Kamera hat nur aufgenommen. Ihre Technik ist diskret und unsichtbar. – So und ähnlich sind groteske Märchenhandlungen. Wir sehen sie auf dem Bild, sie gehen jedoch *nicht mit dem Bild selbst* vor sich, wenn z. B. in der Landschaft eine Türe aufgeht oder wenn ein übertrieben weit aufgerissener Mund den Kopf in zwei Teile teilt und der Besitzer des Kopfes die Spaltung dann mit einer ihm gewohnten Geste wieder in Ordnung bringt.

Bilder kann man nicht töten

Wenn das Bild nicht mehr Abbild einer Sache ist, die wir uns als ein von ihm unabhängiges Objekt denken, das man auch anders hätte darstellen können – wenn also das Bild als eine in sich selbst ruhende, endgültige Wirklichkeit erscheint, dann erhält es jene grotesk stofflose Leichtigkeit, die auch die ungeheuerlichsten Geheimnisse ungefährlich erscheinen läßt. Der Held einer solchen Filmgroteske kann sich ohne weiteres vor den daherbrausenden Schnellzug auf die Eisenbahnschiene legen – wir empfinden keine Angst. Denn was kann einem Bild geschehen, wenn es von einem Bild überfahren wird? Es wird flachgedrückt wie eine Silhouette aus Papier. Was tut das? Der Freund des Überfahrenen kommt und bläst die Silhouette wieder auf wie ein Gummischweinchen. Ein wenig übereifrig vielleicht, weil die Gestalt jetzt viel dicker ist, als sie vordem war.
Diese gewicht- und stofflose Gefahrlosigkeit war das Wesen der alten Bildgroteske. Denn selbst im allerkomischsten literarischen Märchen besteht noch die Möglichkeit, daß ein Mensch stirbt, eine Sache zugrunde geht. Ein Bild aber kann man nur ausradieren, übermalen, überblenden oder verdunkeln. Niemals aber kann man es töten.

Psychologie und Umfang

In dem unpsychologischen, mechanischen Wirbel der alten amerikanischen Filmgrotesken spielten die launigen, spaßigen Einfälle der Kamera eine große Rolle. Sie konnte ja mit den Gestalten, die ihre eigensten Schöpfungen waren und weder ein eigenes Gewicht noch ein eigenes Gesetz hatten, anfangen, was sie wollte. Andererseits liegt es gerade in dem unpsychologischen Charakter dieser alten amerikanischen Grotesken begründet, daß sie selten eine Länge über drei- oder vierhundert Meter erreichten. Denn die mechanische Handlung ist ungeeignet für Variationen. Welch schnelle Bewegung diese Raufszene und Verfolgung auch zeigen mögen – *innere Bewegung* ist *nicht* in ihnen. Was auch immer die Ursache der Verfolgung oder der Rauferei gewesen sein mag, diese Ursache bleibt bis zuletzt unverändert – es wird hier also *ein unveränderter innerer Zustand gezeigt*.

Die Komik dieser Filme besteht immer darin, daß sie unlösbar erscheinende Situationen überraschend, rein mechanisch lösen. Doch bietet solch groteskes, plötzliches Geschehen keine Gelegenheit zu allmählich sich steigernder Spannung. Denn das Überraschende, von dem wir vorher ja doch keine Ahnung haben, kann einer Situation keine Spannung verleihen. Nur Erwartung und Vorausahnung verbinden die Ereignisse zu einer Handlung, die unser Interesse auch längere Zeit hindurch wachzuhalten vermag. Andererseits können Erwartung und Vorausahnung nur dann im Zuschauer entstehen, wenn er einen ursächlichen Zusammenhang zwischen den geschauten Szenen fühlt. Wir erwarten ja nur das, was aus dem Gesehenen folgt. Nur die Gründe der Gegenwart können die Ahnung der Zukunft verursachen. Überraschungen können nicht gesteigert werden. Was mit einem Menschen oder mit einem Tier im Verlauf einer Erzählung alles geschehen kann, das kann man sogar in einem Märchen ahnen. Was aber mit Linien, mit Zeichnungen alles geschehen kann, wird man wirklich nicht voraussagen können.

Zeichenfilme

Im VI. Kapitel dieses Buches erzählte ich die Geschichte jenes Malers in einer chinesischen Legende, der in sein eigenes Bild hineinging und niemals wiederkehrte. Ein sehr einfacher Fall. Es geschah nichts weiter, als daß der alte Chinese mit seinem Pinsel *Wirklichkeit* geschaffen hatte (nicht Kunst!). Die chinesische Auffassung war, daß alles, was man sieht, auch wirklich bestehe, daß es keinen Unterschied zwischen Schein und Wirklichkeit gebe. Gut gemalte Drachen fliegen davon.

Nicht ganz so einfach ist die Naturgeschichte der gezeichneten Filmgroteske, wie sie sich im „Kater Felix", dem Stammvater dieser wunderbaren Kunstgattung, offenbarte. Nicht der glänzend begabte Disney war sein Schöpfer, sondern der geniale Pat Sullivan, der jene merkwürdige Welt schuf, in der die Allmacht des Bleistifts und des Pinsels herrscht. Substanz dieser Welt ist Linie, und ihre Grenzen reichen bis an die Grenzen der Graphik. Diese Zeichnungen werden nicht zu natürlicher Wirklichkeit, in die ihr Schöpfer einzutreten vermag wie jener chinesische Maler in sein Landschaftsbild. Denn in dieser Welt leben nur gezeichnete Wesen. Ihre Umrisse stellen nicht unabhängig von diesen Zeichnungen irgendwo anders existierende Gestalten dar, sondern sind ihr einziger, realer Körper. Hier wird aus Schein *nicht* Wirklichkeit, wie es in der chinesischen Legende der Fall ist. Im Zeichenfilm gibt es keine andere Wirklichkeit als den Schein. Aus Kunst wird hier nicht

Natur. Sullivans Zeichnungen kennen solche Dualität nicht. Wenn der Kater Felix mit seinem Schweif ein Rad schlägt, dann rollt er auch bereits auf diesem Rade davon. Es ist gar nicht erst nötig, daß daraus Wirklichkeit werde. Einem gezeichneten Kater genügt ein gezeichnetes Rad. In Sullivans gezeichneter Welt geschehen *keine Wunder*. Es gibt ja nur Linien in ihr, die je nach ihrer Form funktionieren. In der Welt der Linien ist dies kein Wunder.

Dem Kater Felix reißt einmal der Schweif ab und geht verloren. Er überlegt, wie er sich helfen könnte. Diese besorgte Frage wächst als Fragezeichen aus seinem Kopf heraus, als graphische Andeutung seiner Zweifel und Nöte. Felix beäugt das schöngeschwungene Fragezeichen. Er überlegt nicht lange, sondern steckt es sich hinten als Schwanz an – die Sache ist erledigt. Vielleicht könnte jemand an diesem Unsinn Anstoß nehmen, aber das Fragezeichen erscheint ja hier als Linie und unterliegt daher dem *Gesetz der Zeichnung*, wie der Körper des Katers Felix. Es ist aus dem gleichen Stoff. In der Welt der Linienwesen ist nur das unmöglich, was man nicht zeichnen kann.

Bei Zeichnungen hat die schöpferische Kraft der Einstellung noch nicht einmal so viel zu bedeuten wie bei Puppen. Von verschiedenen Standpunkten aus gesehen, können auch Masken verschiedene Physiognomien zeigen. Im Falle von ebenen Zeichnungen jedoch vermag der Film nur zu reproduzieren. – Worin liegt also dennoch die produktive Rolle der Kamera bei Zeichenfilmen?

Sie liegt in der Tatsache, daß der gute Zeichenfilm nicht nur fertige Zeichnungen zeigt, sondern auch das Zeichnen selbst als Ereignis zu zeigen vermag. Die Linien entstehen – „geschehen" – vor unseren Augen. Die Figuren sind *nicht graphische Tatsachen, sondern graphische Ereignisse*.

Der natürliche Stil der Zeichenfilmgroteske ist die Karikatur. Die stilisierte Zeichnung verlangt jedoch noch viel mehr nach Einheitlichkeit des Stils als die realistische Photographie irgendeiner realen Wirklichkeit. Andererseits ist es eine Voraussetzung dieser Stileinheitlichkeit, daß der Zeichner alle Gestalten seines Bildes aus dem Blickwinkel *ein und derselben seelischen Ideologie* sieht: alle gleich komisch und grotesk. Es kann sich bei solch einem Film auch um eine politische Satire handeln. Dann kann er aber nur den politischen Gegner zeigen, denn der Zeichner kann und will die Leute, mit denen er fühlt, nicht als ebensolche Karikaturen darstellen. Macht er jedoch Unterschiede, dann entsteht ein Stilbruch im Film.

Dies war das große Problem der Karikaturen des Künstlers George Grosz. Seine Porträtsammlung „Das Gesicht der herrschenden Klasse" war von einer furchtbaren Großartigkeit. Wenn er jedoch die Gestalt eines Proletariers zu zeichnen hatte, wußte er mit ihm nichts anzufangen. Eine satirische Karikatur wollte er aus ihm nicht machen – er sah ihn ja nicht so, wollte ihn nicht so zeigen. Wie also sollte es ihm gelingen, Gestalten, mit liebevoller Rührung gezeichnet, unter jene teuflischen Spottgebilde zu mengen?

Eine einzige Lösung erscheint hier möglich: der Stil der *Kinderzeichnungen*, der schon von zahlreichen reifen, hochbegabten Meistern verwendet wurde. Hier liegt das groteske Verzeichnen im Nicht-Zeichnen-Können des Kindes begründet. Dies vermag andererseits als Entschuldigung dafür dienen, daß der Zeichner auch den sympathischen Gestalten eine komische Note verleiht.

Der Tonfilm erschloß dem Zeichenfilm neue Möglichkeiten und ebnete auch einer außergewöhnlichen musikalischen Artistik den Weg. Diese völlig neue Kunstform und ihr Meister Walt Disney sollen im Zusammenhang mit den Problemen des Tonfilms erörtert werden.

Sechzehntes Kapitel

Der Tonfilm

Tragische Weissagung

Prophet zu sein ist ein schweres Los. Manchmal kann der Mensch nur dann weiterleben und arbeiten, wenn er seinen eigenen Prophezeiungen nicht glaubt. Als die Technik des Tonfilms die Kunst des Stummfilms überrannte, sagte ich, daß sie die bereits hochentwickelte Kultur des Stummfilms zerstören werde. Ich fügte hinzu, dies werde nur vorübergehend der Fall sein, so lange, bis die Ausdrucksformen des Tons sich ebenfalls weiter verfeinert hätten. Ich schrieb, hier sei eine Katastrophe eingetreten, wie sie sich ähnlich in der Geschichte keiner anderen Kunst jemals ereignet habe. Aber ich schrieb auch, daß es unmöglich sei, zum Stummfilm jemals wieder zurückzukehren. Denn die technische Entwicklung des Films hängt mit der Entwicklung der Produktivkräfte der Menschheit zusammen, und die damit verbundenen Gefahren können nicht dadurch abgewendet werden, daß wir die Entwicklung aufhalten. Das wäre sinnlose Maschinenstürmerei.

Als vor etwa zwei Jahrzehnten die ersten Tonfilmversuche vorgeführt wurden, schrieb ich in meinem Buch „Der Geist des Films", der Ton sei an sich noch kein Gewinn für den Film, nur eine *Aufgabe,* die, sobald sie gelöst sein werde, zu einem außerordentlichen Gewinn werden könne. Das werde dann der Fall sein, wenn der *Filmton* zu einem so vergeistigten, handlichen und formbaren Medium geworden sein werde wie das *Filmbild* – sobald also die Tonaufnahme aus einer technischen Reproduktion zur schöpferischen Kunst geworden sein werde, wie es die Bildaufnahme ist.

Heute, zwei Jahrzehnte später, muß ich das hierher gehörende Kapitel aus „Der Geist des Films" Wort für Wort wiederholen. Was damals prophezeite Gefahr gewesen ist, ist heute bereits Geschichte. Was wir hingegen vom Tonfilm erhofft hatten, traf nicht ein. Die Kunst des Stummfilms hörte auf zu bestehen, die Technik des Tonfilms trat an ihre Stelle, sie hat sich jedoch noch nicht im erhofften Ausmaß vergeistigt und verfeinert. Der Film wurde vielfach wieder zu photographiertem Theater. Gewiß: mitunter zu gut photographiertem gutem Theater. Die Entwicklung der neuen Technik diente der alten Kunst gut. Sie wurde jedoch *nicht zu neuer Kunst,* zu neuer Sprache, die uns eine neue Erlebnissphäre erschlossen hätte wie der Stummfilm. Ich sagte „vielfach". Denn es gab und gibt ja einzelne Anzeichen dafür, daß die selbständige akustische Offenbarung des Tonfilms nicht tot ist und daß diese vergeudete große Möglichkeit der menschlichen Kultur als Potenz, als Notwendigkeit noch um ihre Ausdrucksform ringt und durch die Lücken gewisser Filme der letzten Zeit fast gewaltsam zum Lichte drängt.

Sackgasse

Waren wirklich das zwecklose Verharren und die Tatenlosigkeit von Jahrzehnten dazu nötig, die Richtigkeit der Theorie durch drastische Erfahrungen zu beweisen? Mußten wir die Sackgasse bis zu Ende gehen, nur um einzusehen, daß sie eine Sackgasse ist? Ich glaube an die Stetigkeit der Entwicklung. Ich glaube, daß auch diese Zeit nicht verloren war. Es ist Sache des Theoretikers, zu erklären, daß und weshalb auch diese Verzögerung nur eine scheinbare gewesen ist. Doch wird erst die bereits begonnene Entwicklung zu zeigen vermögen, was sie der Vergangenheit zu verdanken hat.
Es ist gewiß, daß in der neu erwachenden Filmkultur des nach dem zweiten Weltkrieg wiederauflebenden Europa auch das Wort des Theoretikers auf fruchtbaren Boden fallen wird. Die Zeit der Tonfilm*kunst* ist gekommen, und so ist die Zeit auch dafür reif geworden, daß die noch heute gültige Theorie der instinktiven Notwendigkeit Bewußtsein verleihe.

Prophezeiung

Im Jahre 1929 schrieb ich diese Prophezeiung nieder:
„In den letzten vier, fünf Jahren hatte der stumme Film erst richtigen Anlauf zu großer Entwicklung genommen. Nun hat ein neuer Anfang, der Tonfilm, diese auf halbem Wege aufgehalten. Die Kamera hatte eben erst Nerven und Phantasie bekommen. Einstellungstechnik und Montage waren gerade so weit, den stofflichen Widerstand der primitiven Gegenständlichkeit ganz zu überwinden. Der stumme Film war auf dem Wege, eine psychologische Differenziertheit, eine geistige Gestaltungskraft zu erreichen, die kaum je eine andere Kunst gehabt hat. Da brach die technische Erfindung des Tonfilms wie eine Katastrophe ein. Diese ganze reiche Kultur des visuellen Ausdrucks, die ich bis jetzt beschrieben habe, ist gefährdet. Die noch unentwickelte neue Technik hat in der Verkoppelung die alte bereits hochentwickelte auf ein ganz primi-

tives Stadium zurückgeworfen. Und mit dem Niveau des Ausdrucks mußte sich auch das Niveau des Inhalts senken.

Aber in der Geschichte gibt es nur Krisen, keine Tragödien. Es ist ein neuer Weg, der hier einen alten verstellt hat. Auch in der Wirtschaft hat jede große technische Erfindung erst Krisen und Katastrophen verursacht. Es war trotzdem immer ein Fortschritt gewesen. Auch in der Kunst erschien jede Maschine zuerst als das seelenlose, ungeistige Prinzip. Aber der Mensch assimiliert sich die Maschine allmählich zu einem Organ.

Die technische Möglichkeit ist die wirksamste Inspiration. Sie ist die Muse selbst. Nicht die Maler haben die ersten Farben erfunden und nicht die Bildhauer den Hammer und den Meißel. Auch der Kinematograph war schon längst dagewesen, bevor man auf die Idee kam, ihn als Gestaltungsmittel für eine besondere Kunst zu verwenden. In der Kunst sind zuerst die Mittel da. Das Gefühl, das nach Worten sucht, wurde erst von Worten gesucht und geweckt.

Denn die Entwicklung ist dialektisch. Die technische Erfindung bringt die Idee einer neuen Kunst. Ist die Idee aber einmal da, so entwickelt sie sich im widerstandslosen Raum der Phantasie und Theorie sehr schnell und inspiriert nun ihrerseits die Technik, gibt ihr Richtung und stellt ihr bestimmte Aufgaben. Warum wirken die ersten Tonfilme so widerlich kitschig auf uns? Weil wir sie schon an dem eigenen Maßstab ihrer Möglichkeiten messen. Unser Widerwille bedeutet keine Ablehnung, sondern eine Forderung.

Die Forderung, die wir an den Tonfilm stellen, legitimiert ihn als eine neue und bedeutende Kunst. Dies ist die Forderung: nicht bloß den stummen Film zu ergänzen und ihn naturähnlicher zu machen, sondern an die Natur von einer ganz anderen Seite heranzugehen. Die Forderung ist, eine neue Sphäre des Erlebens zu erschließen. Wir verlangen noch keine technische Vollendung der Darstellung, aber bereits *den neuen Gegenstand* der Darstellung.

Denn wenn der Tonfilm nur sprechen, singen und musizieren wollte, wie es das Theater schon seit Jahrhunderten tut, dann würde er noch in seiner höchsten technischen Vollendung nur ein Reproduktions- und Vervielfältigungsverfahren bleiben und niemals eine neue Kunst werden. Aber eine neue Entdeckung in der Kunst *ent*-deckt etwas, was bislang *ver*-deckt gewesen ist. Verdeckt vor unseren Augen. Oder vor unseren Ohren.

Das hat auch der visuelle Film getan, als er zu einer Kunst geworden ist. Er zeigte uns das Gesicht der Dinge, das Mienenspiel der Natur, die Mikrodramatik der Physiognomien und die Massengebärden. Er deckte uns in der Montage die Beziehungen der Gestalten zueinander auf und den psychischen Rhythmus der Assoziation.

Der Tonfilm wird unsere akustische Umwelt entdecken. Die Stimmen der Dinge, die intime Sprache der Natur. Alles, was außerhalb des menschlichen Dialogs noch mitspricht, noch zu uns spricht in der großen Lebenskonversation und unser Denken und Fühlen ununterbrochen tief beeinflußt. Vom Brausen der Brandung, vom Getöse der Fabrik bis zur monotonen Melodie des Herbstregens an den dunklen Fensterscheiben und dem Knarren des Fußbodens in der einsamen Stube. Sensitive lyrische Dichter haben diese bedeutungsvollen Stimmen, die uns begleiten, oft beschrieben. Der Tonfilm wird sie darstellen, er wird sie wieder ertönen lassen. Und die Empfindlichkeit der Membrane wird unsere Sensibilität steigern.

Wir haben bisher die Laute des Lebensbetriebes nur als wirres Geräusch, als chaotischen Lärm vernommen, so wie der unmusikalische Mensch ein Orchester hört. Er hört bestenfalls die lauteste, die führende Melodie heraus. Der Rest verwischt sich ihm in gestaltloses Getöse. Der Tonfilm wird uns tiefer hineinhorchen lehren. Er wird uns lehren, die Partitur des vielstimmigen Lebensorchesters zu lesen. Wir werden die besonderen Stimmcharaktere der einzelnen Dinge als Offenbarungen besonderen Lebens erkennen. Es heißt: ‚Kunst ist Erlösung vom Chaos'. Nun, der Tonfilm kann und wird uns einmal die Erlösung vom Chaos des Lärms bringen, weil er ihn als Ausdruck erfassen wird: als Bedeutung und Sinn."

1929 schrieb ich diese Forderungen nieder, die der Tonfilm bisher indes nicht erfüllt hat. Die Künste nahmen meine theoretischen Wünsche nicht zur Kenntnis. Im Verlaufe der Entwicklung des Menschengeistes eröffneten sich bereits viele Perspektiven, an denen die Straße der menschlichen Kultur vorüberführte. Auch die Kunst nützt nicht alle Möglichkeiten aus. Welchen der vielen sich bietenden Wege sie wählt, wird nicht nur von ästhetischen Faktoren bestimmt. Ich würde meine seinerzeitige „Forderung" hier nicht noch einmal stellen, wenn der Tonfilm sich in anderer Richtung entwickelt hätte. Doch er nahm keinerlei Richtung. Was damals Perspektive und Möglichkeit war, ist auch noch heute Perspektive und Möglichkeit. Ich zitiere daher weiter:

„Erst wenn der Tonfilm das Geräusch in seine Elemente zerlegen kann, erst wenn er die intimen Einzellaute herausheben und mit *Tongroßaufnahmen* uns nahebringen kann, erst wenn er diese Elemente in der Montage vorbedacht zu einer Gesamtwirkung komponieren kann, dann erst wird der Tonfilm zur neuen Kunst werden. Erst wenn der Regisseur unser Ohr so wird führen können, wie er beim stummen Film unser Auge führt, wenn er so hervorheben, hinweisen, betonen wird, dann wird er das Geräusch der Welt nicht als tote Tonmasse über sich ergehen lassen müssen, sondern er wird hineingreifen und gestalten. Dann wird der Mensch an der Tonkamera mit den Stimmen der Dinge selber sprechen."

Die dramaturgische Rolle des Tons

Der wahre, einen eigenen Stil entwickelnde Tonfilm wird sich nicht damit begnügen, das Reden der Menschen (das im Stummfilm nur *zu sehen* war) hörbar zu machen, und auch nicht damit, die Ereignisse akustisch zu kommentieren. Der Ton wird nicht nur eine Ergänzung des Bildes sein, sondern Gegenstand, Ursache und bewegendes Moment der Handlung. Er wird also zum dramaturgischen Element des Films werden. Nehmen wir zum Beispiel an, der Ton wäre nicht nur Beigabe, sondern vielleicht Ursache eines Zweikampfes. Das hörbare Klirren der Degen wird weniger bedeutungsvoll sein als vielleicht ein Lied, das hinter einer Mauer hervorklingt und das die lauschenden Rivalen gegeneinander hetzt. Solche Töne sind wesentliche Elemente der Story. Ein Ton kann ebenso Ereignisse auslösen wie ein optischer Eindruck.

Die allerersten Tonfilme waren noch bemüht, solche spezielle Möglichkeiten des Tons zu verwerten. Damals wurde in Berlin eine Filmoperette gedreht, in der ein Komponist über Nacht einen Walzer fertigstellen sollte. Wie sehr er sich auch bemühte, es wollte ihm nicht gelingen. Der Zufall führt ein ihm unbekanntes Mädchen zu ihm. Das Ergebnis des unerwarteten Abenteuers ist die Geburt des Walzers. Er improvisiert ihn auf dem Klavier, das Mädchen singt dazu. Aber die unbekannte Muse des Komponisten verschwindet, wie sie gekommen ist, und der Musiker vergißt die Melodie. Nur die Unbekannte kann sie kennen. Also annonciert der Komponist in der Zeitung: „Jenes Mädchen, das . . ." Kurzum, nach einer Reihe naiver, gleichgültiger Verwicklungen, die sich alle rund um eine Melodie bewegen, ist es eben dieser Walzer, der die Liebenden schließlich zusammenführt. Eine Tonfilm-Story. Die gefundene und dann verlorene Melodie hat eine dramaturgische, die Handlung bewegende Funktion.

Der Ton mengt sich ein

In der soeben erzählten Geschichte spielt jedoch das verlorene und wiedergefundene Lied die gleiche Rolle wie irgendein beliebiger anderer Gegenstand. Es ist ein „Requisit" im Gewebe der dramatischen Verwicklung, nicht anders als etwa ein verlorenes und wiedergefundenes Kleinod oder ein Dokument, um das sich die Erzählung rankt. Die Melodie tritt in diesem Falle lediglich als Faktum auf, der ihr eigentümliche akustische Charakter und ihre Wirkung haben keine Bedeutung. Daher handelt es sich hier um die alleräußerlichste, alleroberflächlichste Form dramaturgischer Wirksamkeit des Tones in der Story.

Organischer, tiefer ist die dramaturgische Bedeutung des Tones, wenn seine seelische Wirkung den Gang der Handlung entscheidet – wenn der Ton in der Handlung nicht nur laut wird, sondern in sie eingreift. Ich wähle ein Beispiel aus einem Stummfilm – also ein konstruiertes Beispiel –, um damit gleichzeitig auch ein anderes Problem zu beleuchten.

Noch in den ersten Jahren des Stummfilms wurde der Paganini-Film mit Conrad Veidt gedreht. Der Teufelsgeiger wird eingekerkert, aber er geigt sich frei. Durch sein Spiel verhext er die Wächter, die ihn passieren lassen, und lähmt so jeden Widerstand. Auch die Menge öffnet dem Klang der Violine, wie verzaubert, eine Gasse.

In diesem Film hat das unhörbare Violinspiel eine dramaturgische Funktion, weil es das Schicksal des Helden (seine Befreiung) bestimmt. Als Anblick ist das eine schöne, überzeugende Szene, gerade, *weil sie stumm ist*. Das stumme Spiel eines großen Schauspielers gaukelt uns ein so dämonisches Violinspiel vor, daß die Waffen der Wächter sich davor senken. – Welch ein Violin*virtuose* müßte jedoch im *Tonfilm* – in Wirklichkeit also – spielen, um diese Szene glaubhaft zu machen?! Die nur sichtbare, nur in der Phantasie tönende Musik kann verhexend wirken. Die Wirkung einer in Wirklichkeit ertönenden Musik wird von dem hundertfältigen Geschmack und der Empfindsamkeit des Publikums bestimmt. Aber nur dann, wenn jene Musik *jeden* der Zuschauer bezauberte, nur dann würden wir glauben, daß sie die Wächter im Gefängnis verhext hat. Es ist kein Zufall, daß der Tonfilm das Paganini-Thema nicht berührt hat.

In dem russischen Roschal-Film „Petersburger Nacht" erzielt der Virtuose im Konzertsaal zweierlei einander entgegengesetzte Wirkungen – nicht durch sein Spiel, sondern durch das Werk, das er spielt. Der russische Violinvirtuose spielt nämlich Volkslieder. Dagegen protestieren die Herren in den ersten Reihen, aber das Volk auf der Galerie begeistert sich. Wie die Paganini-Szene *nur* im Stummfilm möglich war, so ist diese russische Filmszene wieder *nur* im Tonfilm möglich. Wir müssen ja die Lieder hören, ihren Geist fühlen, um zu verstehen, weshalb sie die einen anziehen, die anderen aber abstoßen. Diese Szene charakterisiert nicht nur die Musik, sondern auch ihre

Hörer und hat, über ihre dramaturgische Rolle hinaus, eine ideologische Bedeutung.

Tonschlacht

Mit sehr interessanten und schönen dramaturgischen Klangwirkungen arbeitet die neuere italienische Filmproduktion und beweist damit, daß sie beim Neuaufbau der Filmkunst vorangeht. In Luigi Zampas hervorragendem antifaschistischem Film „Vivere in pace" ist die große zentrale Szene ausschließlich auf akustische Wirkungen aufgebaut. Ein deutscher Unteroffizier kehrt in dem Haus eines italienischen Bauern ein. Man muß den dort befindlichen amerikanischen Negersoldaten schnell vor ihm verstecken. Da sich in der Eile kein besserer Platz findet, wird er im Weinkeller eingesperrt. Der Deutsche fühlt sich jedoch sehr wohl, er kann sich nicht entschließen, zu gehen. Er läßt sich Speise und Trank geben und will fröhlich sein. Der Bauer und seine Familie wollen ihn zum Gehen bewegen, indem sie Müdigkeit vortäuschen. Plötzlich aber sind seltsame Geräusche aus der Richtung des Kellers zu hören. Dort hat nämlich der Neger aus Langeweile zu trinken begonnen und hat einen tüchtigen sitzen. Der Deutsche spitzt die Ohren, worauf die Stimmung der italienischen Bauernfamilie ins Lärmende umschlägt, um das verdächtige Geräusch zu übertönen. Der betrunkene Neger schlägt im Keller alles kurz und klein. Der sanfte und nüchterne alte Bauer und seine alte Frau beginnen mit dem Deutschen zu tanzen und laut zu singen. Dieses Konzert tönt um die Wette mit dem Lärm aus dem Keller. Ein Kampf der Töne entsteht, der um so furchterweckender wirkt, als der im Keller randalierende Neger jetzt von dort ausbrechen will und die Türe mit Fäusten und Stiefeln zu bearbeiten beginnt. Der Schatten des Todes breitet sich über diesen Höllentanz. Schließlich bricht der Neger die Türe auf. Die Orgie reißt plötzlich ab, regungslose Erstarrung folgt.

Noch packender ist eine Tonszene in Verganos Film „Il sole sorge ancora". Die Deutschen geleiten einen zum Tode verurteilten revolutionären Priester zum Richtplatz. Den Weg entlang sammelt sich die Menge. Immer dichter und dichter wird die Menschenmasse, die ihn in immer engerem Ring umschließt. Der Priester schreitet, erst leise, dann immer lauter betend, durch die Menge hindurch. Die Kamera fährt ihm nach. Der Priester bleibt immer im Bild, von der Menge sieht man nur jeweils zwei, drei Köpfe, an denen der Priester gerade vorbeikommt – mit ihm die Kamera. Der Priester spricht die Litanei. Zwei, drei Leute flüstern den Refrain: „Ora pro nobis!" Wir ver-

nehmen das Anschwellen eines tosenden Stromes: einen akustischen Volks-
aufstand, dessen drohende Kraft und Leidenschaftlichkeit zu einem furchterweckenden *Tonsymbol* anwächst. Eben darum, *weil wir die Menge nicht*
sehen. Würden wir sie sehen, dann gäbe es ja eine Erklärung für dieses Ton-
gewitter, denn die Stimmen so vieler Menschen können ja gar nicht weniger
laut sein. Aber dann würde dies alles seine besondere Bedeutung verlieren.
Denn niemals könnte der Film eine so gewaltige Menschenmenge *zeigen, wie*
sie der symbolisch gewordene isolierte Ton, der zu keinem realen Raum mehr
gehört, *spürbar* machen kann. Das ist die Stimme des Volkes. Und dennoch
höre ich sie im Nahbild des Priesters als dialogische Antwort auf die stumme
Mimik des Märtyrers.

Damit soll nicht gesagt sein, daß eine so entscheidende dramaturgische Rolle
des Tons für jeden Tonfilm unerläßlich sei. Es gibt ja keinen Stummfilm
mehr, also muß der Tonfilm Stories aller Art verarbeiten. Der Tonfilm ist
heute nicht eine eigene Kunstform des Films, sondern der Film überhaupt, es
kann für ihn also nicht der besondere Stil einer Abart verpflichtend sein. Er
muß alles darstellen. Daß er aber darüber die Pflege der Tonwirkungen ganz
vernachlässigt, ist sehr schade.

Das Problem des Hörspiels

Es ergibt sich hier die Notwendigkeit, das Formproblem des Hörspiels im
allgemeinen zu betrachten. Das Radio-Schauspiel ist eine rein sprachliche
Interpretation ohne Szenenbeschreibung. Doch nicht einmal das Wort können
wir in seiner genauen Bedeutung verstehen, ohne die Begleitmimik oder die
Geste zu sehen. Denn das gesprochene Wort enthält nur einen Bruchteil des
menschlichen Ausdrucks. Der Mensch spricht nicht mit dem Mund allein. Der
Blick, ein Zucken des Gesichtes, eine Geste – sie alle reden gleichzeitig und
bestimmen gemeinsam die genaue Schattierung dessen, was ausgedrückt werden soll. Da das Wort nur ein Ton aus einem reichhaltigen Akkord ist, begreifen wir es in seiner genauen Bedeutung erst dann, wenn wir *sehen, wer*
es spricht, wie und wann es gesprochen wird. Die Stimmen der Natur zum
Beispiel kennen wir so wenig, daß wir sie oft gar nicht erkennen, wenn wir
nicht *sehen, was da spricht.* Einen Meierhof kann man zur Not noch mit Hilfe
der Stimmen von Haustieren darstellen. Aber auch dann wird der Zuhörer
nicht sagen können, ob das Muhen der Kühe, das Wiehern der Pferde, das
Krähen der Hähne, das Gackern der Hennen, das Gebell der Hunde zu
einem idyllischen Meierhof gehören oder zu einem Jahrmarkt. Denn auch die

erkennbaren Stimmen kennzeichnen die Dinge nur im allgemeinen, wogegen gerade die individuelle Bestimmtheit die belebende Seele jeder darstellenden Kunst ist.

Aber schon Waldesrauschen und das Rauschen des Meeres sind nicht immer zu unterscheiden, und beiden Geräuschen zum Verwechseln ähnlich kann es sein, wenn wir mit Papier rascheln oder Säcke über Steinfliesen schleifen. Unser Gehör ist noch nicht genügend kultiviert. Der Tonfilm wird dessen Empfindungsfähigkeit erst ausbilden, so, wie der Stummfilm unser Auge erzogen hat. Ein *Jäger* vermag auch im Wald die einzelnen Stimmen zu erkennen. *Wir* jedoch können uns im allgemeinen nicht einmal in unserer eigenen Wohnung zurechtfinden, wenn wir nur auf unsere Ohren angewiesen sind. Darum *erklärt* das Hörspiel stets auf irgendeine Weise, was wir „sehen". Die Tonbilder in ihm sind stets nur Tonillustrationen zu einer erzählten oder aus den Gesprächen verständlichen Szene.

Das Bild formt den Ton

Im Film müssen die Töne nicht erklärt werden. Neben dem Wort sehen wir den Blick, das Lächeln, die Geste – den ganzen Akkord des Ausdrucks und dessen bestimmte Schattierung. Neben den *Tönen* der Dinge sehen wir ihre *Physiognomien.* Und das Donnern gewinnt eine andere Klangfarbe, sobald wir die Gesten der Maschinen dazu sehen. Selbst der Ton der Meereswelle ist ein anderer, wenn ich dazu ihre Bewegung sehe. Wie Schattierung und Wert der Malfarbe sich ändern, je nachdem, von welchen anderen Farben sie in der Komposition des Bildes umgeben ist, so ändert sich auch der Klang des Tons, je nachdem, welche Physiognomie oder Geste der sichtbaren Tonquelle ihn in der Komposition des Films begleitet, in der akustische und optische Darstellung gleichwertig in ein Bild eingefügt sind. Das Bild formt auch noch den Ton in seiner Wirkung.

Im Hörspiel muß der Schauplatz deshalb mit Worten beschrieben werden, weil *der Ton an sich nicht raumschöpferisch wirkt.*

Schweigen und Stille

Auch die Stille ist von akustischer Wirkung. Aber nur dort, wo hörbare Töne sprechen. Darum gehört die Darstellung der Stille zu den ureigensten dramatischen Wirkungen des Tonfilms. Keine andere Kunst kann Stille darstellen.

Nicht die Malerei, die Bildhauerei, die Literatur, nicht der Stummfilm. Auch auf der Bühne erscheint die Stille nur für Augenblicke als dramatische Wirkung. Auch das Hörspiel vermag uns die Tiefe der Stille nicht spürbar zu machen. Ist es doch so, daß, wenn im Radio die Töne verstummen, damit auch die Vorstellung zu Ende ist, weil wir ja die stumme Fortsetzung der Handlung *nicht sehen können*. Der einzige Stoff des Hörspiels ist ja der Ton, und wenn er aufhört, entsteht *nicht Stille, sondern das Nichts*.

Das Ereignis der Stille und der Raum

Wenn verschiedene Dinge zu reden beginnen, werden ihre verschiedenen Stimmen sie noch verschiedener machen, noch mehr individualisieren. Der Ton der Dinge ist verschieden; wenn sie aber verstummen, schweigen sie auf die gleiche Weise. Es gibt tausenderlei Töne. Die Substanz des Schweigens scheint stets die gleiche zu sein – aber nur auf den ersten Blick (auf das erste Hören). Der Ton sondert die sichtbaren Dinge voneinander ab. Die Stille nähert die Dinge einander, macht sie einander verwandt.

Jedes Gemälde zeigt jene glückliche Harmonie, in der die Stummheit der Dinge nur ihr Gespräch in ihrer gemeinsamen, geheimen Sprache bedeutet. Die Formen erkennen einander in der sie alle umspannenden Komposition und stehen zueinander in bestimmten Beziehungen.

Das war ein großer Vorteil des Tonfilms gegenüber dem stummen Film. Denn die Stimme der Stille wurde sogar laut in der Musik; die Landschaft, der Mensch und die Gegenstände der Umgebung erscheinen auf den Bildern der Leinwand mit gemeinsamer musikalischer Begleitung, sie wurden so gleichsprachig, und wir fühlten und begriffen ahnend ihr irrationales Gespräch, sobald eine gemeinsame Musik aus ihnen laut wurde..

Der Stummfilm vermochte nur auf Umwegen, mittelbar, Stille darzustellen. Das Schweigen auf der Bühne dagegen läßt dieses große pathetische Erlebnis der Stille deshalb nicht erklingen, weil der Bühnenraum dazu nicht ausreicht. Das Erlebnis der Stille ist ein *Raumerlebnis*.

Wie kann Stille wahrgenommen werden? Nicht so, daß man *nichts hört*. Das wäre ja nur ein Negativum, wenngleich man bei der Stille wenig positive Erlebnisse hat. Der Taube weiß nicht, was Stille bedeutet. Wenn aber der Morgenwind aus dem Nachbardorf das Krähen der Hähne herüberweht, und wenn ich den Klang der Holzfälleraxt von den Bergen bis hinab ins Tal hören kann, oder wenn ich das Knallen einer Peitsche kilometerweit vernehme – dann höre ich die Stille. Stille empfinde ich dann, wenn ich auch den entferntesten Ton, das leiseste Geräusch zu vernehmen vermag. Stille erlebt man, wenn das Summen einer Fliege am Fenster das ganze Zimmer erfüllt oder wenn das Ticken der Uhr die Zeit wie mit Hammerschlägen zerteilt. Am tiefsten ist die Stille, wenn ich in einem gewaltigen Raum von sehr weit her Geräusche vernehme. Auch der geräumigste Raum wird *mein Raum*, meine Umgebung sein, wenn mein Gehör für ihn ausreicht und der Lärm der fremden Welt nur von irgendwo jenseits zu mir dringt. Einen völlig tonlosen Raum jedoch werden wir niemals als ganz konkret, ganz wirklich empfinden. Er wird stets gewichtslos, stofflos wirken. Denn was wir *nur sehen*, ist nur Vision. Den gesehenen Raum werden wir nur dann als Realität empfinden, wenn er auch Töne hat. Erst dadurch erlangt er seine Tiefendimension.

Auf der Bühne kann der Gegenpart des Tones, die Stille, dann dramaturgisch eine Rolle spielen, wenn z. B. eine lärmende Gesellschaft jäh verstummt, weil jemand ins Zimmer getreten ist. Doch darf ein solches Schweigen nur sekundenlang währen, weil es sonst erstarrt und als Unterbrechung der Handlung wirkt. Auf der Bühne kann die Wirkung des Schweigens oder der Stille nicht in die Länge gezogen werden. Sie wird bald langweilig.

Im Film kann die Stille ungewöhnlich lebendig und abwechslungsreich sein, denn wenn sie auch nicht über Töne verfügt, so doch über zahllose Arten der Mimik und der Gesten. Die Blicke schweigender Menschen sind beredt und voll Ausdruck, weil ihre wortlose Pantomime den Grund ihres Schweigens erklärt und dessen Gewicht seine drohende Spannung fühlen läßt. Denn auch die stumme Handlung eines Films bleibt nicht einen Augenblick stehen und verleiht auch der Stille ein lebendiges Gesicht.

Nicht nur die Physiognomie der Menschen wird in der Stille intensiver. Es ist, als würden auch die Dinge in der Stille ihren Schleier fallen lassen und die Augen zu uns aufschlagen. Wenn der Film einen beliebigen Gegenstand im Lärm des normalen Lebens gezeigt hat und ihn dann, während jäh eingetretener Stille, von allem anderen getrennt, unserem Auge nähert, dann wird sich in der Physiognomie des Gegenstandes eine so starke, bedeutsame Spannung konzentrieren, daß diese das folgende Ereignis fast sprechend herausfordern wird.

Die dramaturgische Funktion des Tons im Bild

Dramaturgie ist die Lehre von den Gesetzen der dramatischen Handlung. Kann man also innerhalb eines einzelnen Bildes, innerhalb des fixierten Zustandes einer Momentaufnahme, von Dramaturgie sprechen? Offenbart sich nicht auch die plötzlichste Handlung erst in der Bild*reihe,* in den Beziehungen aufeinanderfolgender Zustände?

Im Film kann freilich jenes klassische Problem altgriechischer Sophistik niemals auftauchen, das besagt, die Bewegung bestehe aus einer Reihe einzelner Zustände, woraus sich die Frage ergibt, ob, umgekehrt, aus einer Reihe von Zuständen Bewegung werden könne. Denn wenn auch jedes einzelne Filmbild die Momentaufnahme eines eigenen, regungslosen Zustandes ist, so wird er von unserem Auge nicht so empfunden. *Wir sehen Bewegung.* Filmbilder nennen wir deshalb bewegte Bilder, weil auch die kürzeste Aufnahme Bewegung zeigt. Auch das kleinste Molekül einer Handlung (ganz gleich, ob es sich um eine äußere oder eine innere Handlung dreht) ist Handlung, deren optische Äußerung die Bewegung ist – auch innerhalb eines einzigen Bildes. So wirkt die Handlung auf unsere Sinne, auf unser Bewußtsein; vom Standpunkt der Erkenntnistheorie der Kunst aus gesehen, ist also das ihre Gegebenheit. Es ist eine Aufgabe des Films, besonders in seinen Nahbildern jenen Augenblick zu packen und zu lokalisieren, in dem das entscheidende, bestimmende oder die Richtung verändernde Moment der Handlung in Erscheinung tritt.

Wie groß angelegt auch das Geschehen der Handlung auch immer sein mag – irgendwo ist jener kleine Funke aufgesprungen, der z. B. die Explosion unmittelbar verursacht; irgendwo hat sich jenes Steinchen gelockert, das den Bergrutsch auslöst. Diese dramaturgisch entscheidenden Augenblicksmoleküle kann der Film in einem Bild darstellen – auch jenen einzelnen Menschen, auf den es letzten Endes, und gerade in jenem Augenblick, angekommen ist. Der Film zeigt im Blick eines Menschen dessen Zögern in der vorletzten Sekunde: jene flüchtige Bewegung oder Gebärde, in der der Reflex des Entschlusses sich kundgibt.

All dies vermag der Film durch die Nahaufnahme von dem allgemeinen Geschehen der Szene zu trennen, über die Bildreihe emporzuheben, in der der kausale Ablauf der gesamten Handlung von Anfang bis zum Ende dargestellt ist. In einem solchen, eine Schicksalswende oder -entscheidung beleuchtenden Nahbild kann auch der Ton eine ausschlaggebende dramaturgische Rolle spielen.

Schicksalhaft kann jener Augenblick sein, da jemand ein Geräusch vernimmt oder ein Wort hört und begreift. Das Nahbild wird sowohl das Gesicht zeigen als auch den Ton vernehmen lassen. Das Drama, das sich auf einem Antlitz abspielt, wird *gezeigt,* seine Ursache und Erklärung werden *zu hören* sein. Dies geschieht sozusagen auf zwei Ebenen mit kontrapunktalen Wirkungen.

Tonerklärendes Bild

Die in der Mikrophysiognomie des Gesichtes geoffenbarte Mikrodramatik wird durch den Ton, der sie verursacht, verständlich. Aber solche Nahaufnahmen können auch umgekehrt wirken. Das nahe an uns herangeführte Gesicht des Schweigenden kann uns den Ton erklären. Vielleicht hätten wir die Bedeutung eines Tons, eines Lärms gar nicht wahrgenommen, hätten wir nicht seine Wirkung auf einem Gesicht gesehen.

Angenommen, wir hören Sirenengeheul. Dramatische Bedeutung erlangt dieser Ton erst dann, wenn ich aus dem Ausdruck der Gesichter verstanden habe, daß die Sirene Gefahr ankündigt oder zum Aufstand aufruft. Ich vernehme vielleicht ein Schluchzen von irgendwo. Von welch tiefer Bedeutung es ist, werde ich erst auf jenem Gesicht erkennen, auf dem der Ausdruck des Begreifens, des Mitfühlens erscheint. *Auch der akustische Charakter des verstandenen Tons ist ein anderer.* Ich vernehme das gleiche Sirenengeheul anders, wenn ich bereits weiß, daß es Todesgefahr bedeutet.

Auch das Antlitz des musikhörenden Menschen kann zweierlei ausdrücken. Die Spiegelwirkung der Musik kann nicht nur in die Seele des Menschen, sie kann auch in die Seele der Musik hineinleuchten und vermag mit Hilfe des physiognomischen Ausdrucks jenes Erkennen zu suggerieren, welches das akustische Erlebnis auslöst. Wenn der Film das Nahbild des Dirigenten zeigt, während ein unsichtbares Orchester ertönt, kann durch das Mienenspiel des Dirigenten dem Spiel der Töne ein bestimmter Sinn gegeben und die Wirkung der Musik in eine beabsichtigte Richtung gelenkt werden. Die dargestellte menschliche Erschütterung vermag die Kraft der Musik über jede instrumentale Wirkung hinaus zu steigern.

Asynchroner Ton

In der Nahaufnahme, in der die Umgebung nicht sichtbar ist, wirkt der von außen eindringende Ton oft geheimnisvoll, einfach darum, weil wir nicht sehen, zu wem die Stimme gehört, woher das Geräusch stammt. Dadurch löst er Spannung aus. Es kommt manchmal vor, daß das Publikum nicht weiß, welche Art Ton es ist, die es hört, daß aber die darstellende Person des Films, die diesen Ton im Bild vernimmt, den Kopf dorthin wendet, woher er kommt, und die Tonquelle gleichsam früher erspäht als das Publikum. Eine solche Handhabung von Bild und Ton bietet an Spannungen und Überraschungen reiche Wirkungsmöglichkeiten.

Der asynchrone Ton (d. h. jener Ton, der nicht von den Wesen und den Dingen stammt, die wir im Bilde sehen) kann an Bedeutung zunehmen. Wenn Ton und Wort nicht an die Bilder ihrer Quellen fixiert sind, können sie über deren Dimensionen hinauswachsen. Dann sind sie nicht mehr die Stimmen dieser oder jener zufälligen Dinge, sondern ihr Klang bekommt jetzt allgemeinere Bedeutung. Ich erwähnte das „Ora pro nobis!" in jenem schönen italienischen Film, das sich in den Nahbildern zum Ausdruck solch stürmischer Volkswut auswächst, daß das Bild der größten photographierbaren Volksmenge diese Wirkung bestenfalls vermindern würde. Das Pathos des Tons oder seine symbolische Wirkung kann der Regisseur auf asynchrone Weise am sichersten spürbar machen.

Die Intimität der Stimme

Die akustische Nahaufnahme kann uns Töne wahrnehmen lassen, die im gewohnten Lärm des täglichen Lebens zwar enthalten sind, deren „Individualität" wir aber niemals heraushören können, weil sie im allgemeinen Lärm untergeht. Es kann zwar wohl sein, daß jenes individuell Spezifische auf uns wirkt, doch wird uns diese Wirkung niemals bewußt. Wenn ein Nahbild einen solchen Ton hervorhebt und uns so dessen Wirkung bewußt werden läßt, dann stellt es auch den Einfluß dar, den er auf die Handlung ausübt.

Dies ist auf der Bühne unmöglich. Wenn dort der Regisseur die Aufmerksamkeit des Publikums auf einen leise hingehauchten Seufzer lenken möchte, weil dieser Ton einen entscheidenden Augenblick der Handlung ausdrückt, dann müssen die übrigen Darsteller der Szene in diesem Augenblick verstummen, oder aber der Seufzende muß nach vorn an die Rampe gebracht werden. Dadurch aber würde jener leise Seufzer seinen Charakter verändern: Das Keusche und Versteckte, das ihm eignen soll, ginge verloren. Der Film vermag (so wie das stumme Bild) auch in der Welt der Töne das kaum Wahrnehmbare, das Intime wahrnehmbar zu machen – eben durch die Stimmung intimen Erlauschens. Es wurde uns ja dadurch, daß gerade jener Ton demonstrativ hervorgehoben wurde, nichts von dem übrigen akustischen Geschehen vorenthalten: Der allgemeine Lärm dröhnt weiter, er übertönt auch vielleicht jenes leise Gezirpe der Grille. Nur *wir* neigten uns zu ihr hin, ganz nahe, mit dem Mikrophon und mit unserem Ohr, das sich in diesem Mikrophon befindet.

Durch die Wirkung leiser Töne können ganz zarte Verbindungen und Beziehungen von Gefühlen und Gedanken wahrnehmbar gemacht werden. Diese seelischen Verbindungen können eine entscheidende dramaturgische, die Reihenfolge der Szenen und das Schicksal der Handlung bestimmende Rolle spielen. Es kann sich dabei um das Ticken einer einsamen Uhr in einem verlassenen Zimmer handeln oder um Wasser, das kaum hörbar aus einem geborstenen Rohr tropft, oder um das leise Wimmern eines träumenden Kindes.

Der Ton ist nicht isolierbar

Bei Ton-Nahaufnahmen müssen wir jedoch auf die ureigene Natur des Tons achten, nämlich darauf, daß er von seiner akustischen Umgebung niemals in jener Weise getrennt werden kann, wie etwa ein Bilddetail aus seiner Umgebung. Denn was sich nicht im Filmquadrat befindet, das sehen wir überhaupt nicht, auch dann nicht, wenn es sich unmittelbar daneben befindet. Von außen können Licht und Schatten in das Bild fallen; die Konturen des Schattens können auch verraten, *was* sich außerhalb des Bildes, aber im gleichen Raum befindet. Das Bild wird jedoch nur den Schatten zeigen. – Die *akustische Umgebung* hingegen tönt unaufhaltsam auch in die Detailbilder hinein. Nicht Schatten oder Glanz der Töne werden hineinprojiziert, sondern die *Töne selbst,* die immer *im ganzen Raum* zu hören sind, also auch im kleinsten Detailbild. Töne kann man nicht zudecken.

Die Musik in einem Restaurant kann nicht völlig verstummen, wenn ich zwei Menschen, die, in ein Gespräch vertieft, in einer Ecke sitzen, gesondert im Nahbild zeige. Die Musikkapelle ist im Bild nicht immer zu sehen, aber immer zu hören. Es ist auch nicht nötig, daß sie ganz verstumme, damit das leise Geflüster der Sprechenden vernehmbar und verständlich werde, als säße ich dicht neben ihnen. Die ganze Tonatmosphäre des Saales wird im Nahbild trotzdem vorhanden sein. Auf diese Weise werden wir im Nahbild nicht nur den Ton an sich hören, sondern auch, wie sich der Ton zum Lärm der Umgebung verhält. Wir werden seine Stellung, seine Bedeutung innerhalb der akustischen Umgebung vernehmen.

Solche Tonbilder verwendet der Film häufig dazu, die allgemeine Atmosphäre zu zeichnen. So wie der Film visuelle Landschaften zeigt, vermag er auch akustische Landschaften zu zeigen: das *Tonmilieu.*

Unser Auge erkennt die Dinge wieder, auch wenn es sie erst ein- oder zweimal gesehen hat. An Töne erinnern wir uns viel schwerer. Wir kennen viel mehr visuelle Gestalten als Tongestalten. Wir haben uns daran gewöhnt, uns ohne bewußte Zuhilfenahme unseres Gehörs in der Welt zurechtzufinden. Wenn wir nicht sehen, verirren wir uns. Unser Gehör ist aber nicht weniger vollkommen, nur weniger kultiviert, als unser Gesichtssinn. Nach den Feststellungen der Wissenschaft ist unser Ohr feiner, für alle Schattierungen empfänglicher, als unser Auge. Die Zahl der mittels des menschlichen Gehörs unterscheidbaren Töne und Geräusche geht in die vielen Tausende. Sie ist weitaus größer, als die Zahl der wahrnehmbaren und unterscheidbaren Farbennuancen und Lichtgrade.

Es besteht jedoch ein Unterschied zwischen der Wahrnehmung des Tons und der Bestimmung seiner Quelle. Ich kann wahrnehmen, daß ich jetzt einen anderen Ton vernehme, ohne zu wissen, woher er stammt. Die Bilder der Dinge nehme ich vielleicht schwerer wahr, ich erkenne sie jedoch sofort. Die Experimente von Erdmann beweisen, daß das Ohr zahllose Schattierungen und Grade des Lärms einer großen Menschenmenge zu unterscheiden vermag. Ob wir jedoch den Lärm einer wohlgelaunten oder einer zornigen Menge vernehmen, das können wir kaum mit Sicherheit behaupten.

Es ist ein gewaltiger Unterschied zwischen unserer visuellen und unserer akustischen Erziehung. Einer der Gründe hierfür ist, daß wir oft sehen, ohne zu hören. Wir sehen Dinge aus der Entfernung oder durch das Fenster, auf Bildern, auf Photographien. Sehr selten hingegen hören wir die Stimmen der Natur und des Lebens, ohne etwas zu sehen. Wir sind also nicht daran gewöhnt, von Tönen auf Bilder zu schließen. Diese Unkultiviertheit unseres Gehörs kann im Tonfilm für vielerlei überraschende Wirkungen ausgenützt werden. Wir vernehmen irgendein Zischen im Dunkeln. Ist es eine Schlange? Voll Entsetzen wendet sich das Gesicht des Darstellers auf der Leinwand der Quelle des Geräusches zu, und auch der Zuschauer im Kino erschauert. Die Kamera geht dem Ton nach. Und siehe da – aus einer über dem Feuer stehenden Teekanne zischt durch einen schmalen Spalt der Dampf hervor.

Aber solch überraschende Täuschung kann auch tragisch sein. Dann können das langsame Näherkommen des Geräusches und sein allmähliches Erkanntwerden eine weitaus erschreckendere Spannung hervorrufen, als ein gesehener – also gleich erkannter – Gegenstand es vermag. Das Brausen eines nahenden Hochwassers, das Donnern eines Bergrutsches, näherkommendes Gebrüll oder Wehgeschrei – Geräusche, die wir ebenfalls erst allmählich erkennend verstehen, lassen uns mit schier symbolischer Kraft die Unabwendbarkeit der sich nähernden Katastrophe wahrnehmen. Hier sind die großen dramatischen Wirkungsmöglichkeiten dadurch gegeben, daß man in Ausnützung des langsam fortschreitenden Erkenntnisprozesses *die verzweifelte Abwehr der Wahrheit seitens des Bewußtseins* darzustellen vermag, wo dieses Bewußtsein die Wirklichkeit oft schon hört, aber nicht zur Kenntnis nehmen will.

Töne werfen keine Schatten

Die Kultur unseres Gehörs kann gesteigert werden, und der Tonfilm ist dazu berufen, hier Erziehungsarbeit zu leisten. Unsere natürliche Fähigkeit, uns in der Welt allein durch die Wahrnehmung von Tönen ohne geschaute Bilder zurechtzufinden, ist eine im voraus begrenzte. Das ist deshalb so, weil die Töne keinen Schatten werfen und nicht räumliche Gestalt annehmen können. Ich sehe die Dinge entweder nebeneinander, oder eines vom anderen verdeckt. Die visuellen Eindrücke vermengen sich nicht.

Wenn aber *mehrere Töne* gleichzeitig erklingen, dann verschmelzen sie zu einem einzigen, zusammengesetzten Ton. Wir *sehen* die Ausdehnung des Raums und *sehen* eine Richtung in ihm. Jedoch weder eine Ausdehnung noch eine Richtung können wir *hören*. Selbst zur Unterscheidung der einzelnen Töne in einem vielstimmigen Lärm bedarf es eines sehr empfindlichen, sogenannten absoluten Gehörs. Aber der Ort dieser Töne im Raum, die Richtung, in der sich ihre Quelle befindet, kann auch bei absolutem Gehör unmöglich festgestellt werden, wenn wir gar nichts sehen.

Eines der formalen Probleme der Hörspieldramaturgie ergibt sich daraus, daß der Ton an sich keinen Raum, also auch keinen Schauplatz darzustellen vermag.

Der Ton hat keine Seiten

Der Filmregisseur muß beachten, daß der Ton schwer lokalisierbar ist. Wenn sich in einer Szene drei Menschen so unterhalten, daß ihre Mundbewegungen nicht zu sehen sind und sie ihr Sprechen auch nicht mit Gesten begleiten, ist es fast unmöglich, festzustellen, wer gerade spricht, falls die einzelnen Stimmen nicht sehr verschieden voneinander sind (z. B. Frauenstimme und Männerstimme). Das ist deshalb so, weil die Richtung des Tons nicht mittels Ton-Reflektoren so genau bestimmt werden kann, wie man die Richtung des

Lichts bestimmt. Es gibt keinen so geradlinigen und nicht streuenden „Tonstrahl", wie der Lichtstrahl es ist.

Die Gestalt der *sichtbaren* Dinge hat verschiedene *Seiten*. Eine rechte, eine linke, eine Vorder-, eine Rückseite. Daraus, welche dieser Seiten das Bild darstellt, kann festgestellt werden, von welcher Seite aus photographiert wurde. Der *Ton hat keine verschiedenen Seiten.* Die Tonaufnahme kennt keine verschiedenen Einstellungen, aus denen man heraushören könnte, von welcher Seite die Aufnahme gemacht wurde.

Der Ton hat einen Schauplatz

Jeder natürliche Ton, den die Kunst bisher darstellend vermittelte, sei es von einem geschlossenen oder offenen Podium herab, erhielt eine falsche Klangfärbung. Denn er trug stets die Klangfarbe des Raums in sich, in dem die Darstellung vor dem Publikum laut wurde, und nicht jenes Raums, den er darstellen *wollte*. Wenn wir von der Bühne her das Brausen eines Orkans, das Pfeifen des Windes oder Donner vernehmen, dann hören wir darin stets das Timbre des *Bühnenraumes* und nicht das des Waldes oder des Meeres auf der Bühne. Auch im Kirchenchor auf der Bühne vernehmen wir nicht die unverkennbare Resonanz wirklicher gotischer Spitzbogengewölbe. – Jeder Ton hat den Charakter jenes Raumes, in dem er tatsächlich erklingt.

Jeder Ton hat Raumcharakter. Der gleiche Ton klingt anders in einem engen Zimmer, im Keller, in einer großer leeren Halle, anders auf der Straße, anders im Wald oder auf dem Meere. Dieses Lokal-Timbre ist es, was auf der Bühne naturgemäß verfälscht wird.

Eine der wertvollsten künstlerischen Eigenschaften des Mikrophons ist es, daß es den Ton, der an seiner Quelle aufgenommen wurde, in seiner ursprünglichen Klangfarbe festhält. Der im Keller aufgenommene Ton bleibt ein Kellerton, auch wenn er später im Kino wieder erklingt.

Auch das Filmbild bewahrt *die Einstellung der Aufnahme,* wie immer die Einstellung des *Zuschauers* im Kino sein mag. Wenn das Bild von oben aufgenommen wurde, dann wird das Kinopublikum den Gegenstand von oben sehen – selbst dann, wenn es die Leinwand von unten betrachtet. So, wie sich unser Auge mit dem Objektiv der Kamera identifiziert, so identifiziert sich auch unser Ohr mit dem Mikrophon; darum hören wir die Töne so, wie sie das Mikrophon ursprünglich gehört hat, wo immer diese Töne vom Tonfilm reproduziert werden.

Auf diese Weise verschwindet im Tonfilm die feste, ständige Entfernung zwischen Zuschauer und Spiel nicht nur visuell – wie wir das bereits zu Beginn dieses Buches festgestellt haben –, sondern auch akustisch. Wir müssen uns nicht nur als Zuschauer, sondern auch als Hörer in den Bildraum der dargestellten Handlung versetzt fühlen.

Das Grundproblem der Tondarstellung

Unsere Tonaufnahmegeräte halten den Ton genau fest, und dann wird er ziemlich naturgetreu wiedergegeben. Wir können jedoch die Töne weder mit unseren Aufnahmegeräten noch mit der Tonsteuerung subjektiv so stilisieren, wie wir es mit den sichtbaren Gestalten der Dinge zu tun vermögen. – Wenn zwei Kameraleute verschiedener künstlerischer Eigenart dasselbe stürmische Meer photographieren, dann werden dessen beide visuelle Bilder sehr verschieden ausfallen. Aber die *akustische* Darstellung des stürmischen Meeres bleibt im wesentlichen die gleiche. Es werden sich bestenfalls solche Unterschiede zeigen, die aus technischen Ursachen entstanden sind. Der Tonoperateur hat nicht die Möglichkeit, den gleichen Ton, seiner künstlerischen Persönlichkeit entsprechend, auf verschiedene Art darzustellen.
Weshalb? – Ist dies nur auf die Unvollkommenheit der heutigen Tonaufnahmeapparaturen zurückzuführen? Oder hat es tiefere, in der Natur des Tons, in der Natur unseres Gehörs begründete Ursachen?
Wenn der Kameramann das Spiel des Darstellers als *visuelle* Erscheinung photographiert, dann handelt es sich um die Synthese *zweier* künstlerischer Darstellungen. Zur charakterdarstellenden Mimik des Schauspielers kommt die charakterdarstellende Einstellung seitens des Kameramannes, mit dessen Hilfe er die charakteristischsten Konturen und Beleuchtungen auswählt. *Zum Gesichtsausdruck des Schauspielers* auf dem Bilde kommt der *Ausdruck des Bildes* selbst, durch das die Abstufungen und Schattierungen der Darstellung außerordentlich verfeinert und gesteigert werden. Darum ist es so, daß die Aufnahme nicht nur reproduziert, sondern auch gestaltet.
In einer *Ton*aufnahme dagegen wird nur so viel Ausdruck sein, wie der Schauspieler hineingelegt und wie die Tonfilmkamera getreulich aufgenommen hat. Der Tonoperateur registriert und reproduziert nur den Ton. Er vermag die Subjektivität seiner Persönlichkeit nicht mit Hilfe verschiedener Einstellungen in die Tonaufnahme zu projizieren. (Und nur die Möglichkeit solcher Subjektivität würde der Tondarstellung künstlerische Möglichkeiten erschließen.)
Verschiedene Perspektiven verändern die Gestalt und die Zeichnung der

Töne nicht, wie sie die der sichtbaren Dinge verändern. Der *Blickwinkel* *verändert* die Physiognomie der *Dinge.* Die der Töne wird durch den „*Hör-winkel" nicht wesentlich verändert.* Den vom gleichen Ort stammenden gleichen Ton kann man nicht auf verschiedene Art auffassen. Wenn ich aber keine freie Wahl zwischen bestehenden Möglichkeiten habe, dann bleibt die Aufnahme nur mechanische Reproduktion.

Den Ton kann man nicht darstellen

Von der Leinwand spricht nämlich nicht das *Bild des Tones,* sondern der *Ton selbst,* den der Film fixiert und nun zum Klingen gebracht hat – derselbe Ton. Der Ton hat überhaupt kein Bild. Der Ton selbst in seiner ursprünglichen Dimension, mit seinen ursprünglichen physikalischen Eigenschaften *wiederholt sich,* spricht von neuem – von der Leinwand. Zwischen dem ursprünglichen und dem reproduzierten Ton besteht *kein Unterschied in der Realität,* in der Dimension, wie er zwischen den Gegenständen und ihren Bildern besteht.

Tonmontage

Es lohnt sich nicht, hier von den Formproblemen der Tonmontage zu sprechen, davon, welche akustische, musikalische Gesetze die Wirkungen der Tonreihen bestimmen. Das sind Fragen, die in das Gebiet der Musik und der reinen Akustik gehören. Wir wollen hier nur untersuchen, welche Rolle die Tonmontage in der Dramaturgie des Films spielen kann.

Zum Beispiel können gewisse Töne, die einander ähnlich sind und aneinander erinnern, Assoziationen hervorrufen. Im Strauß-Film „Der große Walzer" beschwört der rhythmische Trab eines Fiakerpferdes den Rhythmus eines Walzers herauf, dem sich die morgendlichen Töne des Wienerwaldes gleichsam als Melodien anschmiegen. – In einem Film Ermlers löst das Geknatter einer Nähmaschine im Bewußtsein des Soldaten, der sein Erinnerungsvermögen verloren hat, die Erinnerung an Maschinengewehre aus, und von hier ausgehend, reproduziert er nun die Assoziationen der vergessenen Vergangenheit.

Das Nebeneinander-Schneiden von Tongegensätzen kann wirkungsvoller sein als die Montage visueller Gegensätze. Der Tonschnitt vermag Schluchzen neben Gelächter, Tanzmusik neben Gewimmer zu stellen und so hunderterlei Ausdrucksmöglichkeiten zu schaffen.

Im Gefolge der Töne kann auch die *Stille als akustische Wirkung* in der Montage erscheinen. Ein Ton verschwindet nämlich, auch wenn er bereits verklungen ist, aus unserem Bewußtsein nicht so wie ein Bild. Der Ton klingt noch eine Weile in unserem Ohr fort und vertieft als stummer Kontrapunkt das folgende Bild. Nach wilder Zigeunermusik wirkt die vollkommene Stille eines Krankenzimmers anders, als wäre sie auf ein ebenfalls stilles Bild gefolgt. Die Töne, die – wie man zu sagen pflegt – noch in unserem Ohr klingen, können auch der Stille Tiefe und Sinn verleihen.

Tonüberblendung

Die Ähnlichkeit von Tönen macht Tonüberblendungen, analog den Bildüberblendungen, möglich. Dieses Verfahren dient nicht nur einer formalen Verknüpfung, sondern vermag zwei Szenen auch inhaltlich sinnvoll zu verbinden.

Wenn Rufe, die zum Streik auffordern, in das Geheul der Fabriksirenen überblenden, dann wird die hier erzielte Wirkung metaphorischer Natur sein: Es ist, als hörten wir in den Sirenen den zornigen Aufschrei der Fabrik. – Solche Tonüberblendung wird zum Tongleichnis. Wenn das Klopfen des Morseapparates im Quartier des Generalstabes, allmählich lauter werdend, in das Geknatter von Gewehrschüssen übergeht, dann besteht zwischen den beiden Geräuschen ein intellektualer und ein kausaler Zusammenhang: Die Morsezeichen waren der Befehl, das Gewehrfeuer dessen Ausführung.

Jede passende Gelegenheit verlockt zur Konstruktion solcher Tongleichnisse und Tonsymbole, und darum werden sie nur zu oft zu formalistischen Phrasen.

Asynchrone Tonwirkungen

Manchmal ergeben sich wirksame Übergänge, wenn die Töne der einen Szene im folgenden Bild noch zu hören sind. Das kann der Fall sein, wenn z. B. im Sterbezimmer die Jazzmusik aus der soeben geschauten Tanzbar noch zu hören ist; oder wenn das Rauschen des offenen Meeres in die abgestandene Stille einer großstädtischen Kellerwohnung hinüberklingt. – Umgekehrt kann der Ton gleichsam vorausprojiziert werden. Wir sehen den Bauern noch auf dem Felde, aber wir hören bereits das Sausen der Fabrikmaschinen aus dem kommenden Bild – ein Geräusch, gleichsam aus der Nachbarschaft. Nicht aus der Nachbarschaft der Wirklichkeit, sondern aus jener, die von der künstlerischen Komposition des Films bestimmt wurde. Es handelt sich hier um eine die Spannung erhöhende, die Stimmung vertiefende Vorbereitung.

Das wirksamste Ausdrucksmittel

Die asynchrone Verwendung des Tones ist das wirksamste Ausdrucksmittel des Tonfilms. In synchronen Aufnahmen ist der Ton eigentlich nur eine naturalistische Ergänzung des Bildes. Er dient dazu, den Film noch naturähnlicher zu machen. In der asynchronen Aufnahme hingegen kann der Ton, vom Bilde unabhängig geworden, der Filmszene eine parallele Bedeutung, sozusagen einen Begleitsinn geben.

In einem russischen Kriegsfilm sehen wir, wie ein junger Soldat, dessen Nerven beim ersten Sturmangriff versagen, seine Kameraden im Stich läßt und sich in einen Granattrichter verkriecht. Die Nahaufnahme zeigt, daß seine fest aufeinandergepreßten Lippen stumm sind. Dennoch hören wir ihn sprechen. Wir hören und lauschen gespannt und bewegt seinem inneren Monolog.

Hätte der Soldat die gleichen Worte tatsächlich gesprochen, dann wäre diese Szene unerträglich gewesen. Denn der „unnatürliche" Monolog ist auch auf der heutigen Bühne schwer zu ertragen. Viel schwerer erträglich noch ist er im Film, der an Natürlichkeit gebunden ist. Doch ist es nicht viel weniger natürlich, daß die Stimme eines Menschen erklingt, wenn er schweigt? – Wir antworten: Gerade darin liegt die filmische Möglichkeit! Was sich bereits außerhalb der naturgegebenen Möglichkeiten befindet, kann nicht mehr mit natürlichem Maß gemessen werden. – Noch weniger natürlich wäre es, wenn ein Mensch sich auf der Erde, im Gehen, mit der Geschwindigkeit eines Wagens fortbewegte. Solange derartige Unnatürlichkeiten sich nicht allzuweit von den wirklichen Möglichkeiten entfernen, wirken sie als Übertreibung der Wirklichkeit. Mit dem Wachsen jener Entfernung aber werden sie zum Märchen oder zum Symbol. Sobald der Mensch mit Flügeln fliegt, kann er auch mit Flugzeugen um die Wette fliegen. Wir messen seine Leistung nicht mehr mit natürlichen Maßstäben.

Der asynchrone Ton muß nicht natürlich sein. Seine Wirkung ist eine symbolische, er knüpft, dem Sinn seines geistigen Milieus entsprechend, an die Dinge an. Der Tonfilm hat diese seine reichste und tiefste Ausdrucksform noch kaum ausgewertet. Und doch zeigt der Weg seiner zukünftigen Entwicklung in diese Richtung. Die freie kontrapunktische Handhabung von Ton und Bild wird den Tonfilm von den Fesseln des primitiven Naturalismus befreien und es ermöglichen, daß wir die einmal bereits erreichte und wieder verlorene Verfeinerung des Stummfilms in unseren Filmen wieder zur Geltung bringen.

Im asynchronen Tonfilm kann sich die Handlung auf zwei Ebenen parallel bewegen: im Ton und im Bild. Ich sehe z. B. das, was äußerlich geschieht, und inzwischen höre ich, was die Menschen bei sich selbst denken und fühlen. Oder umgekehrt: Der Erzähler sagt uns, was geschieht. Es auch zu sehen, ist überflüssig. Was ich sehe, ist die Reihe der *inneren Assoziationen* – der irrationale Vorgang der Bildassoziationen. – So werden sich als neue Kunstformen auch die Filmballade und die Filmlyrik entwickeln. Wir hören das Gedicht, und ein Strom von Bildern wird, wie Musikbegleitung, damit parallel laufen. Das werden bewegte Illustrationen sein, welche die inneren Bilder der erschütterten Seele verkörpern.

Asynchrones Bild neben synchroner Szene

Sehen wir den Kopf eines schweigenden Menschen allein im Bild und hören, wie ein anderer Mensch zu ihm spricht, dann ist das Bild *asynchron*, während die Szene naturalistisch synchron sein kann. Die Töne erklingen im selben Zimmer, aber nicht im selben Bild. Auch eine solche Zweiteilung kann ihre kontrapunktischen Wirkungen haben. Mein beobachtendes Auge sieht, auf ein stummes Antlitz konzentriert, ganz andere Dinge, als ich inzwischen aus dem Raum außerhalb des Filmquadrates vernehme. Auch dies kann kontrapunktische Wirkungen ergeben, die auf der Bühne unmöglich zu erzielen waren und auch im Stummfilm unmöglich sind.

Chaplin zeigte schon in seinem ersten Tonfilm, in dem er selbst noch stumm blieb, ein wunderbares Beispiel solch asynchroner Wirkung. Seine Angebetete singt in einem Lokal und hat keinen Erfolg. Die vielen Menschen in dem großen Saal hüllen sich in frostiges Schweigen. Nur ein vereinsamtes Klatschen ist von irgendwo zu hören. Die Kamera sucht, im Panorama, den einzigen, der da klatscht. Lange sucht sie, unbarmherzig, nach ihm, unter lauter gleichgültigen Menschen. Aber das Klatschen wird stärker. Die Kamera nähert sich. Endlich entdeckt sie Charlie, der in einer Ecke des großen Saales ganz allein klatscht, gegen die Gleichgültigkeit der Menge und gegen das Schicksal ankämpfend.

Im Film „Das Parteibuch" des russischen Regisseurs Pyrjew gibt es auch ein gutes Beispiel. Auf einer Parteisitzung wird die Heldin durch Abstimmung aus der Partei ausgeschlossen. Inzwischen sehen wir sie allein, im Nahbild. Wir sehen nicht die zur Abstimmung erhobenen Hände, sehen also nicht gleich auf den ersten Blick, ob die Mehrheit für oder gegen sie ist. Aber wir hören die Stimme des Abstimmungsleiters: „Eins – zwei – drei ..." Der Kopf der Heldin neigt sich immer tiefer. „Vier – fünf – sechs ..." Die Zahlen wirken auf den Kopf, der mit geschlossenen Augen immer tiefer hinabsinkt, wie Hammerschläge. Aber wir sehen das Endergebnis, das im Totalbild schon lange zu sehen wäre, noch immer nicht. Da wir nur das Zählen hören, können wir noch hoffen. Und weil wir auch jenen nicht sehen, der die Zahlen ausspricht, wird das Gewicht der Worte *zu einem unpersönlichen Schicksal.*

Siebzehntes Kapitel

Der Dialog

Als die Technik des Sprechfilms auf dem Plan erschien, brach unter den Regisseuren und Drehbuchautoren eine regelrechte Panik aus. Es hatte sich in der Geschichte keiner anderen Kunst je vorher ereignet, daß die technische Entwicklung der Ausdrucksmittel die Künstler in solche Verlegenheit gebracht hätte.

Diese Unruhe und Ungewißheit hatte vielerlei Gründe. Es schien eine Gefahr für das Geschäft, daß der Tonfilm die internationale Exportfähigkeit des Stummfilms in Frage stellte. Viele Filmregisseure und Filmdarsteller verfügten gar nicht über eine ausreichende Sprechkultur. Es ist bezeichnend, daß niemand gegen die nun zu tönendem Leben erwachten Geräusche Protest erhob. Auch Chaplin war sofort zu den frappantesten Tonwirkungen bereit. In seinem ersten Tonfilm verschluckt er aus Ungeschicklichkeit eine kleine Signalpfeife, die, wenn er den Schluckauf hat, in den ungeeignetsten Situationen zu tönen beginnt. Nur gegen das *Wort* wehrte er sich auf der ganzen Linie. – Künstler und Theoretiker zogen mit den antiquierten Gesetzen der Ästhetik und der Kunstphilosophie gegen den Sprechfilm zu Felde. So wie seinerzeit gegen den Stummfilm. Genau so ergebnislos.

Das Pharisäische in der Ablehnung des Tonfilms können wir erst dann richtig ermessen, wenn wir uns vorstellen, was geschehen wäre, wenn Lumière gleichzeitig mit der Filmkamera das Tonaufnahmegerät erfunden hätte. Dann wäre niemand auf die ausgefallene Idee gekommen, dramatische Szenen als stumme Bilder zu zeigen. Jedermann hätte es als widernatürlich, unkünstlerisch und komisch empfunden, in stummen Bildern redende Menschen zu zeigen, deren Lippen sich lautlos bewegen. Dann verschwinden sie, und wir lesen in einer Aufschrift, was diese Leute sprechen. Worauf wir die lautlos redenden Menschen wieder zu Gesicht bekommen, die wir nun zu verstehen meinen, weil wir ja soeben gelesen haben, was sie jetzt sagen.

Gestehen wir es ruhig ein: Es war dies eine äußerst primitive und naive Methode, über die Unvollkommenheit unserer Technik hinwegzukommen. Und dennoch hatten wir sie zu einem ästhetischen Prinzip erhoben.

Gleichwohl handelte es sich hier um eine notwendige und sehr fruchtbare Hypothese. Wir hatten ja die Stummheit der Bilder als unveränderliches

Material erhalten. Jede seiner künstlerischen Möglichkeiten mußte ausgenützt werden.

Unter der den Film begleitenden Sprache sah anfangs jedermann nur ein störendes Element. Die besten Regisseure wandten all ihre Phantasie oder Geschicklichkeit dafür auf, ihre Gestalten nicht sprechen zu lassen. Sie wollten die Verwendung der neuen Technik um jeden Preis vermeiden. Wenn aber etwas gegen die heutige Form des Tonfilms gesagt werden kann, dann ist es gerade dies, daß dieser Zustand sich im wesentlichen bis auf den heutigen Tag nicht verändert hat und der Dialog noch heute für ein notwendiges Übel angesehen wird. Der Tonfilm ist also eine Kunst, die ihr wesentlichstes Ausdrucksmittel als störenden Umstand betrachtet. Es ist so, als würde ein Maler sich mit dem Vorsatz an die Staffelei setzen, nach Möglichkeit keine Farben zu verwenden.

In seinem ersten Tonfilm läßt Stroheim einen Bauchredner auftreten und läßt Puppen sprechen. Auch René Clair läßt in seinem Film „Unter den Dächern von Paris" seine Gestalten mit Vorliebe hinter Fensterscheiben sprechen oder aber in solchem Lärm, daß nur die Bewegungen ihrer Lippen zu sehen sind, ihre Worte jedoch unverständlich bleiben.

Aber diese Abwehrstellung gegen den Dialog, die das historische Faktum des Tonfilms nicht zur Kenntnis nehmen wollte, dieser unfruchtbar konservative Standpunkt, war noch immer künstlerischer und produktiver als die Dekadenz des Tonfilms in den darauffolgenden Jahren; sie kam darin zum Ausdruck, daß man sich mit der amerikanischen Form des Nur-Sprechfilms abgefunden hatte und damit in den Zustand des photographierten Theaters zurücksank. Was man vielleicht noch ängstlich behüten wollte, das war die verfeinerte Bildkultur des Stummfilms, die durch das Wort nur beschwert wurde. Aber schon die neuere amerikanische Filmindustrie, das neue Filmgeschäft, kennt diese Bedenken nicht mehr. Man erinnert sich kaum mehr jener großen Kunst, deren Wiege doch gerade das amerikanische Hollywood gewesen ist. Lustig läßt sie in Nahbildern und wieder Nahbildern die Menschen sprechen, den ganzen langen Film hindurch. Das ist billiger und beschleunigt die Produktion. Photographiertes Theater, wie in den ersten Anfängen des Anfangs.

Wir befinden uns jetzt in der dritten Periode der Filmkunst, in der Europa den Film von neuem entdecken wird, und zwar den Ton- und Sprechfilm, den Farbfilm und den plastischen Film, der jedoch keine Reproduktion des Theaters sein wird, sondern eine neue Kunst, die alle ihre Mittel anders verwendet und eigene Gesetze hat. Sie wird den Dialog nicht als störenden Umstand betrachten, weil sie ihn, ihren eigenen Gesetzen entsprechend, verwenden wird.

In meinem Buch „Der sichtbare Mensch" habe ich selbst seinerzeit den Grundstein zur Ästhetik der Stummheit im Film gelegt. Das war keineswegs ein Irrtum. Denn der Tonfilm bedeutet *keine organische Entwicklung des Stummfilms,* sondern er ist eine andere Kunstart. Auch die Graphik kann nicht als Entwicklungsstadium der Malerei bezeichnet werden. Mit dem Ton entwickelte sich eine Kunst mit anderen Gesetzen, anderen Wirkungen. Das Wesen des Stummfilms seinerzeit war tatsächlich die Stummheit, so wie Farblosigkeit das Wesen der Graphik ist.

Dennoch ist es sicher, daß diese stumme Kunst niemals entstanden wäre – zumindest nicht in der uns bekannten Form –, wenn das Tonaufnahmegerät gleichzeitig mit der Bildkamera erfunden worden wäre. Alle Erscheinungen der Geschichte sind begründet, nicht alle jedoch sind notwendig. Jenen prinzipiellen Unterschied zwischen visueller Kultur und der begrifflichen Kultur der Worte, den ich im Buch „Der sichtbare Mensch" erörtert habe, gab es tatsächlich. Das bedeutete jedoch nicht, daß er als unüberbrückbarer Gegensatz bestehen bleiben müsse.

Es ist wahr, daß der Sprechfilm die hochentwickelte Bildkultur in ihr Anfangsstadium zurückwarf. Doch es war dogmatische Pedanterie, aus der technischen Krise einen unüberbrückbaren prinzipiellen Widerspruch zwischen der Bilddarstellung und dem Wort zu konstruieren.

Im *Stummfilm* bestand in Wahrheit ein Gegensatz zwischen Bild und geschriebenem Wort. Denn man mußte das Bild, das visuelle Spiel, unterbrechen, um die Zwischentitel bringen zu können. Bild und Literatur, also zwei von Grund aus verschiedene seelische Dimensionen, lösten einander dauernd ab. Der Rhythmus der Montage blieb immer wieder stecken. Das war – mit heutigen Augen gesehen – eine fast unerträgliche, barbarische Angelegenheit.

Im Tonfilm hingegen reißt die Reihe der Bilder niemals ab. Die visuelle Montage wird nicht von einer bloß lesbaren Schrift unterbrochen. Im Bild selbst erscheint die Sprache nicht in Form ausdrucksloser Buchstaben, deren Betonung der Leser dazudenken muß. Das gesprochene Wort erklingt nicht nur gleichzeitig mit dem Bild, sondern der Ausdruck von Bild und Ton wird auch zu einem organischen Ganzen, wenn vom Gefühl, vom Seelenzustand einer Person die Rede ist.

Im Stummfilm war demnach der Kampf gegen das Wort berechtigt, weil die Aufschrift mitten in der Reihe der Bilder auf jeden Fall ein fremdes Element darstellte. Das vollkommene Ideal des Stummfilms wäre tatsächlich gewesen, ganz ohne Text auszukommen. Das war im Grunde genommen ein Protest nicht gegen die *Sprache,* sondern gegen das *Lesen,* also gegen einen ebenfalls optischen Prozeß, wenn auch völlig anderer Natur. Es hat uns niemals gestört, wenn wir in irgendeiner dramatischen Szene sprechen *sahen*. Das Hören des Gesprochenen hätte uns ebenfalls nicht zu stören vermocht, da es ja das Bild nicht stören konnte. Wir hätten es gerne erlebt, daß es nicht notwendig sei, geschriebenen Erklärungen zuliebe die Bildreihe zu unterbrechen. Auf solche Art wäre jedoch der Stummfilm nur als *Film der Stummen* vollkommen gewesen.

Die sichtbare und die hörbare Sprache

Entgegen aller logischen Überlegung protestierten dennoch gerade die Menschen mit anspruchsvollerem Geschmack anfangs besonders heftig gegen den sprechenden Film. Dabei hatte es am Anfang den Anschein, daß es dem Sprechfilm gelingen werde, die künstlerischen Errungenschaften des Stummfilms zu bewahren: die Nahbilder, welche die Mikrophysiognomie der Menschen und das Gesicht der Dinge aufdecken, die lebendige Seele des Landschaftsbildes, den Rhythmus der Montage und die Änderung der Einstellungen. Was also wirkte störend?

Es war eine bittere Enttäuschung, eine peinliche Entdeckung gleichsam, als das Publikum die Sprache der Filmstars, die es bis dahin nur gesehen hatte, nunmehr hörte und verstand. Doch nicht die Tatsache, *daß* sie redeten, sondern *was* sie redeten, machte die Kinobesucher betroffen. Denn, was sie sprachen, war so trivial, so naiv und seicht, daß das Publikum besseren Geschmacks die Zeit des Stummfilms zurücksehnte. So geschah es, daß die Angst vor der Plattheit des Dialogs zum Vorurteil gegen den Dialog im allgemeinen wurde.

Die Autoren der Stummfilme waren nur selten bedeutende Schriftsteller. Also waren auch die Dialoge dementsprechend. Aber die *mimischen Dialoge* großer Schauspieler waren oft ausdrucksvoller, tiefer, ergreifender gewesen als die Dialoge der Schriftsteller. Im Stummfilm verstanden wir die Sprache der Augen auch ohne Worte. Ein Blick Asta Nielsens, Lilian Gish' oder Chaplins sagte mehr als die Worte manch eines guten Schriftstellers. Die stummen Dialoge solcher Darsteller ergriffen uns oft auch dann, wenn die Story des Films sehr einfältig war.

Als jedoch diese großen stummen Sprecher zu *reden* begannen – geschah etwas Fürchterliches. Die unerhörte Trivialität ihrer hörbaren Worte überdeckte die menschliche Tiefe ihrer Blicke. Jetzt sprachen ja nicht mehr sie, sondern die Drehbuchautoren! Eine große Illusion löste sich in Nichts auf.

Seltsamerweise stellen Publikum und Kritik noch heute weit geringere literarische Ansprüche an den Dialog im Film als an den Sprechbühnendialog. Damals jedoch dachte noch niemand daran, daß der Film auch mit ernster Literatur zu tun haben könnte und daß der Dialog im Film Möglichkeiten, Aufgaben und Probleme hat, die tiefer gehen als die Probleme des Theaterdialogs und vor allem vollkommen neuartig sind.

Schweigen ist Handeln

Möglichst wenig zu sprechen, ist heute noch die Parole. Und doch ist es ein unrichtiges Prinzip, die Schauspieler des Films um jeden Preis wortkarger sein zu lassen als die Sprecher der Bühne. Auch die Gestalten des Stummfilms redeten ja, nur waren sie nicht zu hören. Die Titel freilich verrieten nur so viel vom stummen Dialog, wie zum Verständnis der Handlung unumgänglich notwendig erschien.

Wollte man jedoch im Tonfilm kein Sprechen hören, *dann dürfte man dieses Sprechen auch nicht sehen*. Denn es ist ja unmöglich, daß das Publikum jedes Geräusch vernehmen soll, mit Ausnahme dessen, was die Menschen sprechen. Es geht auch nicht, daß man etwa nur zwei „wichtige" Sätze hörbar macht und wir bei den übrigen Gesprächen nur die Bewegungen der Lippen sehen wie früher. Wenn also im Tonfilm kein Wort zu hören sein soll, dann müssen die Darsteller tatsächlich schweigen.

Aber das Schweigen der Menschen ist nicht nur eine einfache, passive Tonlosigkeit, nicht nur ein Negativum. Das Schweigen ist Handlung. Oft ist es eine Handlung des Menschen mit beabsichtigtem dramatischem Ausdruck. In jedem Fall ist es der Ausdruck eines sehr bestimmten Seelenzustandes.

Alle Szenen des Stummfilms sind stumm. Selten aber drückt er Schweigen aus (wie die Pantomime). Das Schweigen ist entweder eine charakteristische Eigenschaft der Darsteller, oder es muß eine dramatische Ursache haben. Weder im Film noch auf der Bühne verstummen die Darsteller nur deshalb, damit „weniger geredet werde". Geschieht dies ohne innere Begründung, dann entsteht eine unverständliche Leere.

Viel oder wenig zu sprechen, das ist nicht nur ein Mengenunterschied. Die Quantität schlägt hier sehr schnell in Qualität um, und aus der formalen akustischen Wirkung wird ein dramaturgisches Motiv. Ob jemand viel oder wenig spricht, das ist ein Unterschied in der Charakterzeichnung.

Die Heldin in Ostrowskis berühmtem Stück „Sturm", Katharina, ist ein schwatzhaftes, aufgeregt plapperndes Mädchen. Dieses unruhige, unentwegte

Plappern verleiht ihr ihren unbestimmten, ungewissen und leichten, an einen flatternden Vogel erinnernden Charakter. Nur mit einem solchen plaudernden, einfältigen Kind konnte sich jene Tragödie ereignen, die mit Katharina geschah. Als jedoch der Regisseur Petrow, in seiner Abneigung gegen viele Worte, aus Katharina eine wortkarge Frau machte, veränderte er ihren Charakter. Sie wurde zu einem nüchternen, ruhigen und entschlossenen Weib, dem das, was der ursprünglichen Katharina Ostrowskis naturgemäß und notwendigerweise widerfuhr, nicht passieren konnte.

Das Sprechen der Menschen ist nicht nur Situationsmeldung, sondern der reflexartige Ausdruck ihrer Leidenschaften, der von bewußten rationalen Absichten ebenso unabhängig ist wie das Lachen oder das Weinen. Lebendige Menschen sprechen nicht nur wesentliche und notwendige Dinge, und sie werden auch nicht durch ihr verstandes- und vernunftgesteuertes Sprechen am besten charakterisiert. Man darf beim Tonfilm nicht vergessen, daß die Sprache gleichzeitig auch sichtbares Mienenspiel ist.

Die tönende Geste der Sprache

In den amerikanischen Filmen der letzten Jahre sprechen die Menschen sehr viel und auch sehr viel Überflüssiges. Dies ist ein Merkmal des Rückfalls des amerikanischen Films auf die Stufe des photographierten Theaters. Oft geschieht dies nur aus Gründen der Rationalisierung und Verbilligung der technischen Produktion. Dennoch ist gerade in diesen Dialogszenen oft irgend etwas vorhanden, was als eigentlich filmisch angesprochen werden kann.

Schon als ich vom Stummfilm sprach, bezeichnete ich die Sprache als ausdrucksvolle *Bewegung*, als Mimik, welche die feinsten Schattierungen der Gefühle zu zeigen imstande ist, auch dann, wenn wir den Sinn der Worte nicht verstehen. Heute jedoch, im Tonfilm, *verstehen* wir die Worte und verstehen eben darum sehr oft, daß ihr Sinn gar nicht wichtig ist. Um so wichtiger kann der *Ton* sein, in dem sie gesprochen werden: die Intonation, die Betonung, das Timbre, das verdeckte Mitklingen, das unbeabsichtigt und unbewußt ist. Diese Tonschattierungen können vielerlei bedeuten, was im Begriffsinhalt des Wortes nicht eingeschlossen ist. Es ist die rezitative Begleitmusik der Worte: die Tongeste.

Die wortreiche Sprache dient oft nur dazu, solchen mitschwingenden unterbewußten Ausdrucksformen das nötige Tonmaterial zu liefern. Sehr geeignet für solche Tonäußerungen ist die leichte, gewichtlose Sprechmanier des modernen Films, in dem sich kaum hingehauchte Worte von den Lippen lösen, wie ein fliehendes, müdes Lächeln oder der kaum wahrnehmbare Schatten eines Kummers über ein Antlitz huschen. Das ist hörbares Mienenspiel in der Mikromimik der Nahaufnahme.

Auch der moderne Schauspieler spricht in modernen Stücken ohne rhetorische Betonung. Aber die stilisierte Umgebung der Theaterdekoration, die Lage der Bühne und ihre Entfernung vom Zuschauerraum gestatten nicht jene gewichtlose Anrede, jenen hingehauchten Ton, den wir gar nicht als irgendeine beabsichtigte Handlung betrachten, sondern nur als die akustische Atmosphäre der Menschen, ähnlich dem Duft seiner Haut oder seiner Haare. Hierin liegen die spezifischen Möglichkeiten der Tonfilm-Nahaufnahme. Der stets offene Raum der Theaterbühne gleicht die Betonung des gesprochenen Wortes aus; sie wird bei der Nahaufnahme ebenso überflüssig wie die Grimasse, das übertriebene Schminken oder die große Geste.

Weshalb sind fremdsprachige Synchronisationen unmöglich?

Das schwierigste Problem der heutigen Filmproduktion ist die Unterbringung der Filme auf den Weltmärkten. Dies ist vor allem ein bitteres Problem für die kleinen Nationen. Der innere Markt reicht nicht aus, die Produktionskosten zu decken, und die großen Nationen, die ihren eigenen Markt mit ihren Filmen versorgen können, nehmen nur selten einen fremden Film, dessen fremdsprachige Dialoge das Publikum dann als übersetzte Zwischentitel vorgesetzt erhält. Es ist allgemein bekannt, daß auf diese Weise die Hälfte der Wirkung verlorengeht.

Den Dialog eines Sprechfilms in einer anderen Sprache zu synchronisieren, ist schwierig. Das ist eine Folge der Entwicklung unserer Filmkultur. Der Tonfilm hat uns gelehrt, den tiefen Zusammenhang von Mimik und Rede zu sehen und zu hören. Das künstlerisch entwickelte Publikum versteht nicht nur den Sinn des gesprochenen Wortes, sondern auch jenen der mitschwingenden Tongeste, von der ich vorhin sprach; es hört, daß darin die Parallelität der Mikromimik des Gesichtes und der Geste der Hände laut wird. Ein so kultiviertes Publikum wird sofort den Widerspruch zwischen französischer Mimik und einer später aufgeklebten englischen Stimme finden.

Früher, als wir noch auf den rein begrifflichen Charakter der Worte achteten, wäre es vielleicht noch vorstellbar gewesen, daß in einem Film jemand mit einer dem Engländer entsprechenden ruhigen, kühlen Betonung sagt „I love you" („Ich liebe dich") und dies mit den leidenschaftlichen Gesten eines Italieners begleitet. Das heutige Publikum erkennt und empfindet es als unwider-

stehlich komisch, daß hier *ein* Temperament *spricht* und ein *anderes gestiku-
liert.* In dieser Schwierigkeit liegt eine gewisse Ermunterung, weil sie beweist,
daß die Tonfilmkultur des Publikums sich trotz allem entwickelt.

Das ästhetische Gesetz der Undurchdringlichkeit

Wir wissen, daß sich auf Shakespeares Bühne kaum Kulissen befanden. Keinerlei visueller Eindruck lenkte die Aufmerksamkeit des Publikums vom Inhalt der Worte ab. Shakespeares farbenreiche Sprache füllte die Bühne mit
Bildern von barocker Pracht.
Aber auch die Ästhetik hat ein Gesetz, das eine Analogie zu dem physikalischen Gesetz der Undurchdringlichkeit darstellt. Diesem Gesetz zufolge ist
der Tonfilm – gerade im Gegensatz zu der Bühne Shakespeares – so angefüllt
mit visuellen Darstellungen, daß für das Wort in ihm nur wenig Raum bleibt.
Auch der Tonfilm besteht aus Bildreihen, und das Wort erscheint *im Bild,* es
ist eines von dessen Elementen, wie etwa eine Linie oder ein Schatten. Der
Ton wird stets nur den Eindruck des Bildes vervollkommnen und untermalen.
Darum darf er nicht allzu spürbar daraus hervorstechen. Der Tonfilm erfordert den Stil gewichtloser Worte.
Im Bewußtsein dieser Tatsache verfallen zahlreiche Drehbuchautoren in das
andere Extrem und lassen nur nebenbei „fallengelassene" Worte in der Weise
sprechen, daß auch die alltäglichsten Menschen sich nur in Anspielungen oder
in Halbträumen lallend verständigen.

Das Filmbild und das Wort

Es ist ein künstlerisches Ziel, daß jede Einstellung eine Bildkomposition darstellt. Das Wort darf die Komposition nicht sprengen. Auch das Wort kann
ja die visuelle Bildhaftigkeit des Films fördern, indem es viele Übergangsbil-
der zu „erzählen" vermag, die nur aus Gründen der Verständlichkeit gebraucht werden und die zu zeigen, vom Standpunkt der Bildwirkung aus gesehen, sich nicht lohnt.
Der Sprechfilm kann dem Wort auch optische Betonung verleihen. Er kann
es visuell umrahmen und hervorheben, wenn er es z. B. in einer eigens eingestellten Nahaufnahme sprechen läßt und so aus dem Ganzen heraushebt; oder
wenn er es in einem jäh sich vergrößernden Bild laut werden läßt.
Die Technik der Bildbetonung macht es möglich, einen Satz, ein Wort hervor-

zuheben, ohne daß der *Sprecher* dies besorgen müßte. Auf der Bühne vermag nur der Schauspieler ein Wort zu betonen. Wünscht er es hervorzuheben, dann muß er es anders aussprechen als die übrigen Worte, obwohl es sein kann, daß dies sonst gar nicht begründet erscheint. Im Film kann der Schauspieler stets gleichmäßig unbetont sprechen. Nicht er selbst, sondern die plötzlich wechselnde Bildeinstellung durch den Regisseur wird die Aufmerksamkeit des Publikums auf ein bestimmtes Wort zu lenken haben. Der Sprechende selbst weiß gar nicht, daß es wichtig ist. Nur die Einstellung betont hier die Bedeutung des Wortes.

Wort im Bild

Der Dialog des Tonfilms muß gar nicht so sehr logisch und alles aussagend sein wie der Dialog der Sprechbühne. Das Bild – nicht nur die im Bild dargestellten Dinge, sondern seine gesamte Physiognomie – vermag sehr viel auszudrücken, was die Worte nicht aussprechen.

Andererseits muß sich das Wort in die Komposition des Bildes einfügen, um dessen visuelle Wirkung akustisch zu steigern und auf keinen Fall zu stören. So darf das Wort unsere Aufmerksamkeit nicht gerade dann in Anspruch nehmen, wenn das visuelle Bild etwas Wichtiges ausdrückt.

Auch die Kraft des Tones und die Leuchtkraft des Bildes stehen in mancherlei wechselseitigen Beziehungen. Es muß auch darauf geachtet werden, daß in Fällen, in denen gesprochene Worte einen Ton-Hintergrund haben (Musik oder einen beliebigen dazwischenklingeden Lärm) solange vom Hintergrund auch etwas zu sehen ist, das Wort sich nicht allzu scharf von seinem akustischen Hintergrund abhebe, sondern mit ihm ungefähr so verschmelze, wie das Bild der sprechenden Person mit ihrem visuellen Hintergrund verschmilzt.

Die Sprache als irrationale Tonwirkung

Ich sprach bereits davon, daß das gesprochene Wort nicht nur einen Begriff, sondern durch seine Intonation, sein Timbre, auch eine irrationale Gemütsbewegung darstellt. Wir sprachen davon, daß zur Fixierung solcher mitschwingender Tonfärbungen, die nicht nur die logischen Gedanken des Sprechenden ausdrücken, sondern auch jene unbewußten Stimmungen, die sich gleichzeitig in der Mimik des Menschen spiegeln, der Tonfilm geeigneter ist als die Sprechbühne. (Die zwischen den Worten schwebenden Stimmungen im *ge-*

schriebenen Wort festzuhalten, ist Sache der Dichter.) Doch ist es ein Paradoxon des irrationalen Ausdrucks, daß man nur dann „zwischen den Zeilen" zu lesen vermag, wenn lesbare, nämlich verständliche Zeilen vorhanden sind. Das Unausgesprochene kann nur als Mitklang des Ausgesprochenen laut werden. Zwischen zwei Worten von klarstem Sinn vermögen wir, wie zwischen den feingeschliffenen Spitzen einer Pinzette, mit Sicherheit jenes Etwas zu fassen, für das es keine Worte gibt. Dagegen vermag eine Sprache, die keinerlei rationalen Gehalt aufweist, uns nicht die Atmosphäre irrationaler Stimmungen zu vermitteln. Da könnte es sich höchstens um unartikulierte Laute der Leidenschaft (wie Schreien, Weinen oder Lachen) handeln, die jene Schattierungen fein differenzierter Gefühle nicht auszudrücken vermögen. Die Irrationalität von Äußerungen dieser Art verleiht den Worten keinen tieferen Sinn, sondern beraubt sie allen Sinnes, wie es bei der Sprache der Wahnsinnigen der Fall ist.

Achtzehntes Kapitel

Das Problem der Tongroteske

Der rationale und begriffliche Charakter des Wortes macht die Kunstform der Groteske im Tonfilm zu einem speziellen Problem. Auch die Verzerrung der visuellen Form wirkt nur dann als Verzerrung, wenn wir uns *an die ursprüngliche Form erinnern,* die verändert wurde, wenn wir sie also in der Karikatur wiedererkennen. Anderenfalls sehen wir ja nur eine andere Form, die zum Modell in keinerlei Beziehung steht. Das Zerrbild ist um so wirkungsvoller, je ähnlicher es seinem Original ist. Derselbe *Ton* aber kann – wie wir bereits festgestellt haben – *keine* verschiedenen Einstellungen haben. Jede Veränderung am Ton bringt *andere Töne* hervor, die mit den vorherigen nichts gemein haben.

Freilich ist die Analogie zur Figur nicht der einzelne Ton, sondern das Tonbild, die Melodie. Karikierte Melodien aber kann es geben. Wie könnte man jedoch die Stimme eines Menschen und die Geräusche der Natur so verzerren, daß die Töne auch später noch als dieselben erkennbar bleiben?

Kann es überhaupt *unwahrscheinliche* Töne, phantastische oder groteske Geräusche geben? Wir können uns Märchenwesen vorstellen, wir können Märchengestalten zeichnen. Aber Märchentöne und Märchengeräusche ... wie klingen die? Wir können uns allerlei Nichtexistierendes und Unmögliches ausdenken. Aber wir sind nicht imstande, einen unmöglichen Ton zu erfinden, einen, der nicht auch in Wirklichkeit erklingen könnte. Da das Bild Darstellung und auch Illusion sein kann, kann es auch das Bild von etwas nicht Existierendem, Erfundenem sein. Der Ton im Film ist *kein Abbild* des wirklichen Tones, sondern seine eigene Wiederholung, sein eigenes Lautwerden. Es ist also unmöglich, auf dem Gebiet der Töne Unmögliches zu erfinden.

Unwahrscheinliche Töne

Der Ton an sich kann nicht unwahrscheinlich sein, aber die *Quelle,* aus der der Ton stammt, kann unwahrscheinlich, inadäquat sein. Löwengebrüll ist an sich noch nicht grotesk, es wird es erst, wenn es aus der Kehle eines Mäuschens kommt. Der Ton an sich wirkt nicht als Verzerrung, wenn wir nicht auch das *nicht dazugehörige Bild* zu sehen bekommen. Daß der Anblick einer nicht zum Ton gehörigen Tonquelle hingegen von äußerst grotesker Wirkung sein kann, hat der amerikanische Trick-Tonfilm zur Genüge ausgenützt. Wenn Mickymaus ausspuckt, dann dröhnt ihre Spucke gegen den Fußboden wie ein Schlag auf die große Trommel.

Ebenso unwahrscheinlich, also märchenhaft, wirkt es, Dinge laut werden zu lassen, die im allgemeinen keine Töne von sich zu geben pflegen. So ist es, wenn z. B. eine Spinne auf ihrem ausgespannten Netz Zither spielt und das Netz tatsächlich wie eine Zither erklingt. Die Spinnenfäden können wie gespannte Saiten wirken, und diese visuelle Ähnlichkeit begründet die Tonassoziation. Wenn ein tanzendes Skelett seine Rippen mit einem Knochen bearbeitet wie ein Xylophon und tatsächlich dessen Töne hervorbringt, dann klingt das überzeugend.

Es ist eine seit langem bekannte Erscheinung, daß manche visuelle Eindrücke Tonassoziationen auslösen. Die Dichter machen davon in ihren Stimmungsbildern oft Gebrauch. Jedermann hat bereits vom „Silberklang" des Mondlichtes und vom „Geklingel" der Glockenblumen und Maiglöckchen gehört. Der Trickfilm braucht nur die banalsten Gleichnisse wörtlich zu nehmen, um groteske, aber überzeugende Klangbilder zu erzielen.

Die Sprechgroteske

Auf diesem Gebiet sind die Möglichkeiten infolge der rationalen Struktur und der Bedeutung des Wortes im Sprechverkehr noch enger begrenzt. Wir können irgend jemandes Sprechweise verzerrt darstellen, und das kann komisch wirken. Gewisse Merkwürdigkeiten in seinem Tonfall können wir auch, ohne verständliche Worte zu verwenden, übertreiben. Aber die Grenzen der Verzerrung der Worte fallen mit den Grenzen ihrer Verständlichkeit zusammen. Worte und Sätze, die völlig unverständlich sind, können auch nicht komisch sein.

Wenn ich im Dunkeln oder im Traum etwas Unfaßbares *sehe,* kann das sehr furchterweckend wirken. Aber wenn Worte unverständlich sind, ist jede Möglichkeit einer furchterweckenden Wirkung dahin. Sie werden zu leeren, nichtssagenden Tongebilden, die in uns keinerlei Assoziationen erwecken.

Ein überzeugender geschichtlicher Beweis für die Problemschwierigkeiten der Sprechgroteske ist, daß mit dem Erscheinen des Tonfilms die damals bereits hochentwickelte Form der amerikanischen Filmgroteske vollkommen versank. Keiner der weltberühmten Meister der Filmgroteske vermochte seine Popularität in den Tonfilm herüberzuretten. Nicht Buster Keaton, nicht Harold Lloyd und ebensowenig andere (von Chaplin soll später die Rede sein). Sie waren nämlich nicht imstande, ihre Stimme, ihre Worte, ihrer visuellen Erscheinung entsprechend, zu verzerren.

Das Problem der musikalischen Groteske

Die musikalische Groteske beruht im wesentlichen darauf, daß der Ton nur dadurch grotesk wirkt, weil seine Natur nicht der Natur des betreffenden Instrumentes entspricht. Als in Alexandrows musikalischem Lustspiel „Lustige Burschen" der Hirt an die Bauernkrüge klopft und so auf ihnen zu spielen beginnt wie auf einem Instrument, wirkt die so erzielte *Melodie* in keiner Weise grotesk. Grotesk ist vielmehr die überraschende Tatsache, daß gewöhnliche Tonkrüge in einer so unverzerrten, schönen Melodie erklingen. Würden wir die sonderbare Quelle nicht *sehen,* aus der diese musikalische Darbietung stammt, wäre nichts Sonderbares daran.

Wenn der Ton und seine Quelle nicht zusammenpassen

Eine groteske Wirkung kann, wie erwähnt, von einer schönen Melodie ausgelöst werden, wenn sie aus Gegenständen laut wird, die dafür ungeeignet erscheinen. Seit Jahrhunderten nützen die musikalischen Zirkusclowns die Komik solcher Wirkungen aus. Wenn der Clown vor unseren Augen aus einem Besenstiel, einer Schweinsblase und einer gewöhnlichen Schnur ein Streichinstrument verfertigt, dem er die schönsten Cellotöne entlockt, dann wirkt nicht der Celloton grotesk, sondern die Tatsache, daß ein Besenstiel und eine gewöhnliche Schweinsblase seine Quellen sind.

Ein weiteres Grundprinzip der Tonverzerrung ist, daß die Tatsache und die Absicht einer Verzerrung wahrnehmbar sein müssen. Dazu aber ist es notwendig, daß der *ursprüngliche Ton,* den der Film verzerrt, entweder allgemein bekannt oder für das Publikum ebenfalls zu hören sei. Ein bekannter musikalischer Scherz beruht darauf, daß Musikinstrumente tierische oder menschliche Töne imitieren. Eine oft verwendete groteske Wirkung des amerikanischen Jazz: Das Saxophon lacht, die Klarinette kräht – das wirkt komisch. Wenn einer von den Musikern lachte oder ein wirklicher Hahn krähte, wäre das kaum grotesk.

Musik im Film

Heute schreiben bereits bedeutende Komponisten Musik zu Filmen und betrachten dies als eigene Kunstform, wie etwa die Opernmusik. Dies wurde durch den Tonfilm möglich. Der Stummfilm regte die Komponisten nicht weiter an, wenngleich er von Anfang bis zu Ende mit Musikbegleitung vorgeführt wurde. Die Hauptursache dieser Interesselosigkeit war, daß nur wenige Kinotheater über eigene gute Orchester verfügten und die Filme, also auch deren Musik, nur kurze Zeit gegeben wurden. Der Tonfilm *bewahrt* jedoch den einmaligen guten Vortrag der Musik so wie eine Schallplatte.

In den letzten Jahren des Stummfilms kam es bereits vor, daß für bedeutungsvolle Filme ernste Musik komponiert wurde. Da diese Musik die stummen Bilder begleitete, ergab es sich von selbst, daß sie auch die fehlenden Geräusche illustrierte, als Programmusik. In der Musik waren das Sausen des Meeres und der Lärm der Maschinen zu vernehmen, und diese naturalistischen Geräusche wurden in der Partitur genau fixiert, als zur Komposition gehörende musikalische Elemente, die auf den Wink des Dirigentenstabes mit größter Genauigkeit einsetzten wie irgendwelche neuartige Instrumente.

Der Tonfilm verdrängt die Programmusik

Der Tonfilm machte es überflüssig, *daß die Musik die Töne naturalistisch kopiere.* Im Tonfilm rauscht das Meer selbst, man muß es nicht im Orchester rauschen lassen, die Maschinen surren, und die Hähne krähen. Die Musik muß nichts nachahmen, sie darf reine Musik bleiben. Freilich muß der Komponist jene Geräuschmasse, welche die Tonaufnahme als Lärm des Lebens in den Film einbringt, in Betracht ziehen und seine Musik entsprechend komponieren, damit der akustische Gesamteindruck ein einheitlicher sei.

Nachahmung

Im jüngsten Entwicklungsstadium des Tonfilms ist es also so, daß die Musik, der besten Operntradition entsprechend, *nicht* die im Spiel sichtbar werdenden Empfindungen *illustriert*, sondern ihnen einen *anderen Ausdruck*, einen *musikalischen Ausdruck*, hinzufügt. Die sichtbaren Erscheinungen des Erlebnisses im Bild und dessen hörbare Erscheinung in der Musik laufen parallel, ohne voneinander abhängig zu sein. Es ist daher natürlich, daß die Musik die

Hauptphasen der Handlung begleiten wird, sie muß jedoch nicht jede ihrer Phasen rhythmisch nachahmen. Eine solche sklavische Nachahmung der Handlung würde dem Film den Charakter eines Balletts oder einer Pantomime verleihen.

Es ist die besondere Aufgabe des Tonfilmkomponisten, schweigen zu können, wenn dies nötig ist. Das Schweigen und die Stille sind nämlich wichtige Ausdrucksmittel des Tonfilms. Im Tonfilm ist das Verstummen der Musik nicht nur ein die Spannung gefährlicher Augenblicke unterstreichendes, atemloses Schweigen. Oftmals drückt es langausgespielte Stimmungen aus. Sehr häufig ist es jedoch gerade die Musik, die das große Erlebnis des Schweigens und der Stille am stärksten zum Ausdruck bringt. Das negative Element der Stummheit vermag für sich allein das große seelische Erlebnis der Stille nicht auszudrücken. Dies können das Antlitz des Lauschenden, dessen Geste oder die Musik ausdrücken, die ja die Stimme des Schweigens ist. Ein dem Gebiete der Oper entnommenes Beispiel hierfür, aber vielleicht das vollkommenste, ist die erste Begegnung des Holländers in Wagners „Fliegendem Holländer" mit Senta. Die beiden stehen, einander in die Augen blickend, lange in stummer Erstarrung. Sie schweigen, aber die Musik spricht. Dieses lange, erstarrte Schweigen würde zur unerträglichen Leere auf der Bühne werden, wenn nicht die Musik jene innere Erregung ausdrückte, die ihre Seelen bewegt.

Chaplins Geheimnis

Chaplin war von Anfang an ein Gegner des Sprechfilms. Gegen Töne, Geräusche hatte er nichts einzuwenden, ja, er verwendete sie auch selbst sofort. Schließlich hätte es ihm schon nichts mehr ausgemacht, wenn die übrigen Darsteller seiner Filme reden, wenn nur er selbst nicht gezwungen werde zu sprechen. Dieser Konservativismus begann auch der Bildtechnik seiner Filme einen *gefährlich veralteten* Charakter zu verleihen. Er konnte nämlich auch in dramatischen Szenen die Sprecher nicht nahe heranbringen. In der Nahaufnahme wären nämlich ihre Worte zu hören gewesen. Andererseits hätte das Publikum – im Zeitalter des Tonfilms – geglaubt, daß die Tonfilmapparatur defekt sei. Heute wird niemand mehr die Stummheit eines Films als künstlerische Absicht auffassen, sondern als technischen Mangel. So kam es, daß sein Film „Moderne Zeiten" gegenüber seinen letzten Stummfilmen „primitiver" photographiert und antiquiert erschien.

Was wir dadurch, daß wir die Großaufnahmen von Chaplins Gesicht nicht mehr sehen konnten, verloren haben, das kann nur der ermessen, der an die packenden Nahaufnahmen seiner früheren Filme denkt, an den traurig-weisen Blick seiner Kinderaugen, an jenes entzückend lausbübische Lächeln, an den tragischen Ausdruck des verausgabten guten Willens in seinen gütigen Augen. Wenn Chaplins letzte Filme dennoch künstlerische Erlebnisse waren, dann waren sie es nicht ihrer Stummheit wegen, sondern trotz ihrer Stummheit. Denn in diesen Filmen war nichts, was die künstlerische Notwendigkeit ihrer Stummheit gerechtfertigt hätte. So blieb Chaplins Schweigen ein Rätsel bis zu den „Modernen Zeiten", wo er endlich sein Schweigen brach, indem er sang. Und in jener Gesangszene wurde es endlich klar, warum er nicht sprechen wollte.

Nicht, daß seine Stimme nicht angenehm wäre. Im Gegenteil, Chaplin verfügt über eine sehr angenehme Stimme. Aber *wie* soll Charlie sprechen? Wie spricht eine so seltsame, groteske, stilisierte Figur, die solch ein spaßiges Melonenhütchen, solch weite flatternde Hosen trägt, eine Gestalt mit diesem Stöckchen und diesen auseinanderstehenden Kajakfüßen, mit jenem entenhaften Gang? Solch eine prägnante Figur müßte eine ebenso prägnante Stimme und Sprechmanier haben. Aber welche?

Wie spricht eine Karikatur? Wie spricht eine Maske? Welche Stimme hat sie? Wie ist jene Sprechmanier, die genau so komisch und ergreifend, ungeschickt und virtuos, gutartig und schlau ist wie das visuelle Bild Charlies? Kann diese unwahrscheinliche und doch überzeugend wahre, aber unnatürliche, *stilisierte Gestalt* natürlich und unstilisiert sprechen?

Charlie, diese groteske Figur, hätte eine eigene Sprechmanier erfinden müssen, die von der Sprache anderer Menschen ebenso verschieden ist, wie seine Erscheinung sich von der Erscheinung anderer unterscheidet. Wir wissen, daß die Schauspieler des antiken Athen, die auf Kothurnen spielten, nicht natürlich gesprochen haben, sondern Verse durch Sprachrohre von sich gaben. Auch ihre Sprache und Stimme war nicht natürlich. Ebenso stilisiert sprechen die Masken des altjapanischen Theaters. Auch die Chaplin-Maske hätte eine Stimm- und Sprachmaske gebrauchen müssen.

Chaplin mußte schweigen, *weil er eingesperrt war in seine eigene groteske Maske,* die er für sich selbst erfunden hatte, deren Erfolg und Popularität ihn jedoch nicht mehr losließ und sich wie eine eiserne Maske über sein Antlitz legte.

Weshalb aber ergriff Chaplin dann in den „Modernen Zeiten" dennoch das Wort? *Warum* ließ er seine Stimme hören? Er tat es darum, weil er dort *sang* und weil der gesungene Text *nicht natürlich, sondern stilisiert wirkt* und auch ähnliche groteske Verzerrungen verträgt wie die visuelle Gestalt. In der erwähnten Gesangszene verliert Chaplin seine Manschetten, auf die er den Text des Liedes geschrieben hat – nur deshalb, um auch keine verständlichen, natürlichen Worte mehr sprechen zu müssen. Chaplin beginnt darauf in einer nicht existierenden Sprache zu sprechen und sagt singend erfundene, unverständliche Worte, kreiert eine groteske Tonmimik, die seinem Äußeren und seinem Wesen vollkommen entspricht – *weil sie ebenso stilisiert ist wie er selbst*.

Dies war jedoch nur eine einmalige Umgehung jenes Widerspruches zwischen dem sprechenden Chaplin und der Chaplin-Maske, wenn auch eine geistreiche, so doch nicht *die* Lösung. Man spürte jedoch bereits, daß Chaplin sich Schritt für Schritt aus dem Gefängnis seiner Maske zu befreien sucht. Seine Gestalt entwickelt sich in einer anderen Richtung, gewinnt an psychologischer Tiefe und auch an sozialer Bedeutung. Das unabwandelbare Schema einer grotesken Maske ist ihm nicht mehr ausdrucksvoll genug. Chaplins auf der ganzen Welt geliebte Maske, die Chaplin, dem großen Künstler und Menschen, *die Lippen versiegelte,* mußte fallen.

Bereits in den „Modernen Zeiten" beginnt er sie vorsichtig zu lüften. Er trägt den runden steifen Hut bereits selten, das Rohrstöckchen sehen wir kaum noch in seiner Hand, die Schuhe an den auseinanderstehenden Füßen sind nicht mehr so lang. Und wer auf das Schlußbild dieses Films geachtet hat, konnte bemerken, daß jener Chaplin, der mit dem Mädchen im Graben der Landstraße sitzt, überhaupt nicht mehr maskiert und keine seltsame Figur mehr ist. Es war zu erwarten, daß Chaplin in seinem nächsten Film das Wort ergreifen werde.

Und wirklich, im Film „Diktator" *spricht* Chaplin bereits. Ja, er läßt sich sogar sein kleines Schnurrbärtchen abnehmen, damit seine Maske der Hitlers nicht ähnlich sehe.

Zwischen dem alten und dem neuen Chaplin gibt es noch einen Unterschied, der sehr nachdenklich stimmt, einen Unterschied zwischen der alten grotesken Figur und dem neuen vielgestaltigen *Menschen.* Es ereignet sich nämlich in den „Modernen Zeiten", im letzten Bild, zum erstenmal, daß Charlie *nicht allein* weiter in die Welt hinauswandert, sondern mit seiner Freundin. *Der stumme Chaplin war einsam!*

Entwicklung – umgekehrt

Ich sagte, daß der Tonfilm nicht die logische, also organische Fortsetzung des Stummfilms ist, sondern eine andersgeartete Kunst, so wie auch die Malerei nicht eine entwickeltere Form der Graphik ist, sondern etwas anderes. Man könnte sich die Entstehung der beiden Filmgattungen auch in umgekehrter Reihenfolge vorstellen. Hätte man zuerst den Tonfilm erfunden, so hätte es später irgend jemandem einfallen können, mit pantomimischen stummen Bildern eine eigene Kunstart zu schaffen: den Stummfilm. Dann wäre eben dieser, zum Unterschied vom weitverbreiteten und vulgäreren Tonfilm, eine aparte Spezialität, eine Freude für Ästheten. Aber vielleicht auch mehr als das. Ich kann mir vorstellen (ja, ich würde auch wagen, jetzt, da der Tonfilm noch alles beherrscht, einen Anfang damit zu machen), daß die neue Kunstform des neuen Stummfilms geschaffen würde, in welchem tatsächlich nur jene spezifischen visuellen Erlebnisse zu sehen wären, die im Tonfilm keinen Platz finden.

Filmlyrik

Ich kann mir auch eine Kunstform der Filmlyrik ganz konkret vorstellen und möchte hier dazu anregen. Sie wäre die eigentliche Synthese von Sprech- und Stummfilm. Inhalt des Filmes wäre nicht die Story, sondern das Gedicht. Der Text des Gedichtes wäre hörbar, und die Gesichte des inzwischen abrollenden Bildstreifens würden den Text stumm begleiten, und zwar nicht als Illustrationen, sondern als freie Assoziationen. Sie würden einander *in kontrapunktischer Gleichzeitigkeit* gegenseitig einen Sinn geben, so wie im Lied Melodie und Begleitung den Text des Gedichtes ergänzen. Die Musik stummer Bilder würde das Filmgedicht also zu einem künstlerischen Dreiklang ergänzen, in dem Text, Musik und Bild zu einer einheitlichen Architektur zusammenwüchsen. Diese neue Kunstform des neuen Tonfilmzeitalters ist fällig.

Mit Ton sparen!

Ich habe bereits darüber geklagt, daß sich der Tonfilm nicht zum Offenbarer der akustischen Erlebniswelt entwickelt hat, wie man das von ihm erwartet und wie er es selbst in seinen Anfängen versprochen hatte. Im Gegenteil, er wurde an vielen Stellen, an denen er bereits ertönt war, zum Teil wieder stumm. Anfangs war in ihm das Plätschern jedes ausgegossenen Wassers zu hören, das Dröhnen jedes Schrittes, das Knarren jeder Tür und das Klirren jedes Fensters. Der Tonfilm schien lärmender als das lärmende Leben. Die heutigen Tonfilme sind, was Geräusche betrifft, viel zurückhaltender. Das ist recht so. Der Ton ist ja dort, wo er lediglich naturalistische Ergänzung ist, ebensosehr überflüssig wie das Bemalen von Statuen, das nur dazu dienen soll, sie „naturgetreuer" zu gestalten. Der Ton hat ausschließlich künstlerische

Bedeutung, er hat also nur dann eine Daseinsberechtigung, wenn er eine dramaturgische Rolle spielt oder zur Charakteristik der Atmosphäre unerläßlich ist.

Die Herrschaft des Wortes

Worin aber liegt die Ursache und wie ist es zu erklären, daß die Welt der Geräusche – die Darstellung der akustischen Umgebung – auch als Thema in den Hintergrund gedrängt wurde, obwohl die Technik der Tonaufnahme diese Erlebnisse und Wirkungen geradezu hervorhob? Der Tonfilm wurde im Verlaufe seiner Entwicklung einfacher als der Stummfilm und näherte sich von neuem dem Stil des Theaters.

Ursache und Erklärung hierfür ist das Wort. Der Tonfilm ist nämlich gleichzeitig Sprechfilm. Der Stummfilm, in dem das Wort ja keine konstruktive Rolle spielen konnte, entwickelte in seiner visuellen Formsprache nicht den Ausdruck der rationalen, sondern der gefühlsmäßigen, stimmungsmäßigen Erlebnisse. Der Tonfilm mit seiner akustischen Formsprache konnte die irrationale Seite der Gefühls- und Stimmungserlebnisse nicht ebenso einseitig entwickeln. Denn nun ertönte ja auch das verständliche Wort, dem eine entsprechende Rolle beigemessen werden mußte, da ja sonst der Film zu einem tönenden Stummfilm bzw. zu einem Film der Stummen geworden wäre. Der begriffliche Inhalt des Wortes, seine sinngebende Kraft, seine erinnernde Beziehung zur Vergangenheit wie sein schlußfolgernder Hinweis auf die Zukunft haben viele optische und akustische Ausdrücke überflüssig gemacht, ja verdrängten sie im Sinne des bereits erwähnten ästhetischen Gesetzes der Undurchdringlichkeit aus dem Film.

Das ist eine entwicklungsgeschichtliche Tatsache, und es wäre sinnlos, darüber zu streiten. An dieser Praxis vermag die Theorie nichts zu ändern. Wir aber bekennen uns zu der Auffassung Karl Marx', daß die bewußtseinbildende Kraft der Theorie zu einer materiellen Gewalt zu werden vermag und – da sie ja selbst ein Ergebnis der Entwicklung darstellt – auf die Entwicklung dialektisch zurückwirkt.

Die beschriebene Vereinfachung des Tonfilms erfolgte nicht notwendigerweise und ist keine endgültige. Ohne die Bedeutung des Wortes verkennen zu wollen, kann gesagt werden, daß Ausdruck und künstlerische Gestaltung akustischer Erlebnisse eine neue Blüte erleben werden. Vor allem wird man sich bewußt werden, daß die Verwendung des Wortes im Tonfilm ganz andere Möglichkeiten und auch Aufgaben hat als auf der Sprechbühne.

Der Filmerzähler

Eine große Zukunft hat der *erzählte Film*, in welchem der unsichtbare Autor-Erzähler uns die Handlung (wie im Filmgedicht die Verse vorgetragen werden) erzählt. Damit befreit er die Bildvision des Films von dem Zwang, alle Details nur deshalb zu zeigen, damit der Gang der Handlung verständlich werde. Wir hören ja die Worte des Erzählers, die uns das Ereignis schildern. Die Bilder können inzwischen die *inneren* Ereignisse in kontrapunktischer Ideenassoziation zeigen und die Tiefendimension des Films erschließen.

Diese Kunstform des Tonfilms, die ebenfalls fällig ist, kann die im Stummfilm einmal bereits erreichte hohe visuelle Kultur wieder verwenden und für uns retten.

Neunzehntes Kapitel

Bemerkungen zum Farbfilm und zum plastischen Film

Die technische Seite des Farbfilms ist für uns ohne Interesse. Eine künstlerische Bedeutung hat die Farbe nur dann, wenn sie besondere Film-Farberlebnisse ausdrückt. Denn wollte der Farbfilm mit den künstlerischen Wirkungen der Malerei in Wettstreit treten, dann wäre er von Anfang an zur Niederlage verdammt und könnte nichts weiter sein als eine kitschig primitive Parodie der ältesten und größten Kunst. Die künstlerische Spezialität des farbigen Filmbildes *kann nur das Erlebnis bewegter Farben und deren Ausdruck sein.*

Die Bewegung der Farben

Eine der Gefahren des Farbfilms liegt in der Versuchung, die einzelnen Bilder zu sehr auf die malerische Wirkung, also auf das *Statische* hin zu komponieren, was den Fluß des Films in ein Stakkato zerreißt. Andererseits vermag die Darstellung der bewegten Farben, wenn unsere Technik sie mit allen Feinheiten festhält und unsere dazu vorbereiteten Sinne sie auffassen, uns ein großes Reich solcher menschlicher Erlebnisse zu erschließen, die in keiner anderen Kunst ausgedrückt werden können – am allerwenigsten in der Malerei. Denn der Maler kann nur ein gerötetes Antlitz malen, nicht aber ein bleiches Gesicht, das jäh errötet. Er vermag nur die Blässe eines Gesichtes zu zeigen, nicht aber die dramatische Erscheinung des Erbleichens.
Woher kommt es, daß die Schönheit eines gemalten Sonnenunterganges oft alltäglich wirkt, obwohl er in der freien Natur stets aufregend interessant ist? Die Ursache hiefür ist, daß wir in der Wirklichkeit ein *Geschehen* erleben und nicht einen *Zustand* vor uns haben; es ist eine vor sich gehende Farbveränderung, wir sehen Übergänge, welche durch die starre Abstraktion des Gemäldes oft schematisiert werden.
Im ersten Farbfilm des russischen Regisseurs Ekk verfolgt ein roher Aufseher ein Mädel, das sich empört zur Wehr setzt. Und wir sehen, wie das sanfte Blau der Augen des jungen Mädchens in ein drohendes feuchtes Licht getaucht wird. Die *Veränderungen* der Farben drücken Gefühle und Empfin-

dungen aus, die das Mienenspiel allein, ohne Farben, nicht ausdrücken könnte. Mit den Farbveränderungen vermehrten und verfeinerten sich die mimischen Schattierungen. Denn die Veränderung der Farben wird zur ausdrucksvollen Mimik (wie beim Erbleichen), auch dann, wenn sich dabei kein einziger Muskel des Gesichtes bewegt. Hier bieten sich der Mikrophysiognomie mit Hilfe der Farben neue Möglichkeiten.

Die Bewegung der Farben ist oft von einer nicht wahrnehmbaren Feinheit, aber auch dann verändert sie den Eindruck des Bildes. Ein völlig reglos erscheinendes Bild eines Sommermittags wirkt im Farbfilm völlig anders als selbst auf dem allerbesten Gemälde. Denn wie sehr auch ein guter Maler den Eindruck der vibrierenden heißen Luft festzuhalten versteht, kann er doch niemals die Wirkung des Farbfilms erreichen, wenn dort der dunkelblaue Himmel tatsächlich vibriert. Dies verändert zwar unmerklich, aber dennoch den Eindruck des Landschaftsbildes.

Der Schnitt der Farben

Neue Probleme und Aufgaben bedeutet auch der Schnitt der Farben. Hier handelt es sich nicht nur um die Harmonie einander folgender Farben, sondern auch darum, daß das farblose Bild homogener war. Infolge der Farbunterschiede werden die Dinge und die Gestalten weit schärfer gegeneinander abgegrenzt als in den Bildern des Schwarzweißfilms. Dies beeinflußt die Formgesetze der Überblendungen sehr stark. Die farbigen Gestalten wirken gewichtiger und fließen im visuellen Eindruck schwerer ineinander über als die weniger gewichtigen grauen Schattenbilder (es sei denn, daß sie in ihrer Hauptfarbe ineinander überfließen). Die auf Umrißähnlichkeit sich gründenden Überblendungen des Stummfilms sind im Farbfilm selten zu verwenden, weil die charakteristischste Äußerung der Figur hier nicht ihr Umriß ist, sondern ihre Farbe.

Die Ähnlichkeit und der Gegensatz der Farben werden beim Schnitt eine größere Rolle spielen, und zwar nicht nur aus formalen Gründen. Farben haben nämlich eine außerordentlich große symbolische, assoziierende und Empfindungen erweckende Kraft.

Den Schnitt des Farbfilms erschwert auch die Tatsache, daß Farben den Bildern Tiefe und Perspektive verleihen. Es sind nicht mehr zweidimensionale Gebilde, die in einer Fläche ineinander übergehen. Dank den Farben können wir auch im Hintergrund der Bilder Dinge voneinander unterscheiden, die in einem entsprechenden Schwarzweißfilm in einem allgemeinen

Nebel verschwammen. Im Schwarzweißbild ist der Eindruck der Entfernung eine negative Wirkung: Er besteht darin, daß ich die Dinge *nicht mehr gut sehen kann*. Im *farbigen* Hintergrund sehe ich jedoch *sehr gut*, daß ein Ding weit entfernt ist. Unseren Blick, der sich in den Tiefen jedes einzelnen Landschaftsbildes verliert, immer wieder zurückzuholen, ist schwieriger, wenn die Bilder uns in Aufeinanderfolge gezeigt werden.

Der plastische Film

Der plastische Film wird dieses Problem des Schnittes freilich noch mehr erschweren. Es war ja eine der wesentlichsten Ursachen der Filmwirkung, daß der Bildwechsel mit schwebender Leichtigkeit erfolgte, was die tiefelosen Schattens des Schwarzweißfilms möglich machten. Es ist sehr schwer vorstellbar, daß die Bilder in einem farbigen, plastischen Tonfilm, der uns die volle Illusion greifbarer räumlicher Wirklichkeit geben wird, in schnellem Schnitt mit der Geschwindigkeit von Assoziationen aufeinanderfolgen werden. Dabei müssen wir folgendes bedenken: Der plastische Film, der ja die Illusion in uns erwecken wird, daß die Gestalten von der Leinwand in den Zuschauerraum hineinreichen und ihn betreten, wird die traditionelle geschlossene Komposition des Bildes noch mehr zerstören; dies stellte bereits in den Anfängen des Films eine besondere Neuerung dieser neuen Kunst dar. In dieser Hinsicht wird der plastische Film noch filmischer sein. Was jedoch den Rhythmus der Montage angeht, wird er wesentlich andere, neue Gesetze haben.

Die Dramaturgie der Farben

Farben und hauptsächlich Farbveränderungen können eine dramaturgische, also den Gang der Handlung beeinflussende Rolle spielen. Sie können auch symbolische Bedeutung haben. Im Schlußbild jenes bereits erwähnten Films des Regisseurs Ekk schwenkt die Heldin aus dem Turm ein weißes Tuch als Signal. Aber sie wird verwundet, und das weiße Tuch wird durch ihr Blut zur roten Fahne. Gerade dies entscheidet den weiteren Gang des Geschehens: Die Arbeiter der Fabrik sehen die rote Fahne vom Turm wehen ...
Die Farbe verändert jedoch – im Gegensatz zu dem entscheidenderen und bedeutungsvolleren Wort – die dramaturgische Struktur des Films nicht wesentlich.

Der farbige Trickfilm

Am raschesten und unwiderruflich eroberte die Farbe das Reich des Zeichen-
trickfilms. Nicht nur, weil hier alles mit der Farbe Zusammenhängende leichter zu lösen war, sondern auch, weil mit ihrer Hilfe weitaus künstlerischere
Wirkungen erzielt werden können. Wir können ja die Farben frei wählen, wir
photographieren sie nicht, wir malen sie. Wir können sie stilisieren. Andererseits aber ist die künstlerische Darstellung auf dem Gebiete der Farbbewe-
gung von unseren natürlichen Eindrücken noch so weit entfernt, daß eine gut
photographierte Abenddämmerung oder Morgendämmerung an Nuancen reicher sein wird als der bestgemalte farbige Zeichenfilm.

Zwanzigstes Kapitel

Das Drehbuch

Noch vor nicht allzu langer Zeit mußte man den Philistern erst beweisen, daß der Film eine selbständige Kunst mit eigenen Prinzipien und Gesetzen ist. Wie es heute scheint, muß auch noch bewiesen werden, daß die literarische Grundlage dieser neuen visuellen Kunst eine selbständige, eigene literarische Kunstform darstellt, genau so wie etwa das geschriebene Drama. Das Drehbuch ist nicht nur ein technisches Hilfsmittel, es ist nicht wie ein Baugerüst, das man wieder abträgt, wenn das Haus fertig steht, sondern es ist eine der Arbeit von Dichtern würdige literarische Form, die ohne weiteres als Lektüre in Buchform publiziert werden kann. Es kann sich hiebei freilich um ein gutes oder um ein schlechtes Buch handeln, wie sonst auch; aber es besteht auch keine Ursache, daß es nicht ebensogut zu einer Perle der Literatur werde. Wenn man fragt, warum das Drehbuch noch nicht seinen Shakespeare, seinen Calderon, Molière, Ibsen gefunden habe – dann antworte ich: Wenn sie noch nicht gefunden sind, dann werden sie gefunden werden! Wir wußten ja noch gar nicht, daß sie uns fehlen, denn wir haben uns nicht im geringsten um sie gekümmert, sie gar nicht gesucht, ja sogar die Möglichkeit ihrer Existenz geleugnet.

Die meisten Kinobesucher sind sich nicht darüber im klaren, daß sie den Vortrag eines Drehbuches sehen, so wie sie im Theater den Vortrag eines Dramas sehen. Doch wie viele gibt es, die, im Theater sitzend, daran denken? Wenn nicht die Zeitungskritiken Stück und Vortrag gesondert behandeln würden, fiele es kaum jemandem ein, daß das, was er sieht, das Produkt eines vorangegangenen literarischen Schaffensprozesses ist.

Daß die öffentliche Meinung zwischen Drehbuch und fertigem Film noch weniger unterscheidet als zwischen Drama und Theateraufführung, liegt vor allem darin begründet, daß man ein Theaterstück mehrmals aufführen kann. Es kann an mehreren Orten, von mehreren Theatern in verschiedener Art aufgeführt werden und beweist damit, daß es als literarisches Werk von den einzelnen Aufführungen unabhängig besteht. Der *Film* jedoch saugt in den meisten Fällen das Drehbuch völlig auf, so daß es in absehbarer Zeit kaum mehr von neuem oder anders gedreht werden kann; es hat somit, nachdem es gedreht wurde, seine Bedeutung als gleichsam hinter dem Film bestehendes und von diesem unabhängiges Werk verloren. In den meisten Fällen ist es als literarische Schöpfung unzugänglich. Es ist noch keine sehr verbreitete Gepflogenheit, Drehbücher als Lektüre herauszugeben.

Es ist wahr, daß das Drehbuch eine ganz neue literarische Kunstform ist, jünger selbst als der Film. Kein Wunder also, daß man es noch in keiner Literaturästhetik erwähnt findet. Der Film ist bereits (1948) fünfzig Jahre alt, das Drehbuch als literarische Kunstform bestenfalls fünfundzwanzig Jahre. Erst in den zwanziger Jahren begann man in Deutschland damit, besonders anspruchsvolle Drehbücher in Buchform herauszubringen.

Auch hierin ahmte der Film genau die Entwicklung des Theaters nach. Es hatte ja bereits seit Jahrhunderten ein hochentwickeltes und sehr populäres Theater und namhafte Autoren gegeben, ehe es schriftlich festgehaltene und der lesenden Öffentlichkeit zugängliche Dramen gab. Bei den alten Griechen und im Mittelalter war das geschriebene Theaterstück stets ein Schritt auf dem Wege zum bühnenfremden Lesedrama. Die Theatervorstellung begann als Stegreifspiel, sie ist viel älter als das Schauspiel. Es ist bekannt, daß auch Shakespeares Dramen erst nachträglich aus den für die Schauspieler geschriebenen Rollen zusammengestellt wurden.

Auch der Film ist viel älter als das Drehbuch. Dieses „viel" bedeutet hier ungefähr zwanzig Jahre, umfaßt aber doch beinahe die halbe Zeitspanne, die der Film für seine Entwicklung in Anspruch genommen hat.

Zu Beginn des Films war der Regisseur der Autor, er improvisierte die Szene im Atelier an Ort und Stelle und sagte den Schauspielern während der Aufnahme ein, was sie zu tun hätten. Die Titel wurden nachträglich geschrieben und eingeschnitten.

Das Drehbuch entstand, als der Film zu einer selbständigen neuen Kunst wurde, zu der Zeit, als man seine neuen und zarten visuellen Wirkungen nicht mehr vor der Kamera improvisieren konnte, sondern sie wie die Bildreihen einer empfindsamen Phantasie sorgsam vorausplanen mußte. Das Drehbuch *wurde zur literarischen Kunstform, als der Film sich von der Literatur befreite,* als er, selbständig geworden, eigene visuelle Wirkungen anstrebte. Die Bildreihen des photographierten Theaters konnte man in Form eines schematisierten Dramas niederschreiben. Einen Film, der mit besonderen visuellen Wirkungen arbeitete, in Dramenform niederzuschreiben, war nicht möglich. Auch nicht in Romanform. Es bedurfte einer *neuen Kunstform,* deren literarischer Anspruch und deren Neuartigkeit eben in der Erfüllung jener paradoxen Forderung bestand, die mit Worten unausdrückbaren visuellen Erlebnisse des Stummfilms dennoch mit Worten auszudrücken. Jede Art anspruchsvollerer neuer Literatur übernimmt ja die Aufgabe, bisher noch niemals ausgesprochene, ja für unaussprechbar gehaltene Erlebnisse mit Worten zu gestalten.

Die ersten Drehbücher waren wahrhaftig nur technische Hilfsmittel, sie enthielten bloß die Reihenfolge der Szenen und der Einstellungen als Gedächtnisstütze für den Regisseur. Sie zeigten nur an, *was* auf dem Bild erscheinen werde, sagten aber nichts darüber, *wie* dies geschehen solle.

Zur Zeit des Stummfilms wuchs die Bedeutung des literarischen Drehbuches im gleichen Maße, wie die abenteuerlichen Filmstories vereinfacht und der Film vertieft wurden. Als die Phantasie der Kolportageschriftsteller nicht mehr ausreichend erschien und eine eigene Filmphantasie notwendig wurde, die diffizilste visuelle Erlebnisse beschrieb, ohne intrigante Verwicklungen dareinzuflechten – verdrängte die Intensität der Nahaufnahmen die Extensität verwickelter Stories und gebar eine neue literarische Kunstform.

Eine solche Vereinfachung der Story hat also den Film in keiner Weise vereinfacht. Die abenteuerlichen Ereignisse wurden weniger, während sich die psychologischen Schattierungen vermehrten. Die Entwicklung nahm ihre Richtung nach innen, und das Drehbuch bot Aufgaben, die der höchsten dichterischen Begabung würdig waren.

Hier soll nur nebenbei erwähnt werden, daß in der Entwicklung des Stummfilms diese Befreiung von der abenteuerlichen Story zeitlich mit einer Mode der exotischen Romantik zusammenfiel, wobei beides in augenfälliger Weise auf die gleichen Ursachen zurückgeführt werden konnte. Beides war Ausdruck für die Flucht der bürgerlichen Kunst vor der Wirklichkeit, einer Flucht, die nur in verschiedene Richtungen versucht wurde. Auch der Film flüchtete in die exotischen Abenteuer der Romantik oder anderswohin: in Detailwirklichkeiten, die völlig aus ihrem Zusammenhang gelöst waren.

Mit dem Erscheinen des Sprechfilms ergab sich automatisch ein höherer literarischer Anspruch an das Drehbuch. Man mußte ja Dialoge schreiben wie im Drama. Und noch mehr als das allein. Denn das Drama besteht ja *nur* aus Dialogen, die gleichsam im luftleeren Raum erklingen. Der Schauplatz wird zumeist nur angedeutet, aber literarisch nicht spürbar gemacht. Im abstrakten geistigen Raum des Dramas ist die visuelle Umgebung des Menschen eben nur Hintergrund, der in den Seelenzustand des Menschen und damit in die Handlung *als Darsteller kaum hinübergreift.* Im Film hingegen werden die Dinge – wie wir bereits mehrmals erwähnt haben –, soweit sie sichtbar und hörbar sind, auf die gleiche Ebene projiziert und bilden zusammen mit dem Menschen ein homogenes Bildmaterial; so sind sie in der gemeinsamen Bildkomposition auch gleichrangige Darsteller der Handlung. Aus diesem Grunde kann der Drehbuchautor den Schauplatz nicht mit einigen

Regiebemerkungen erledigen. Er muß auch das Sichtbare mit literarischen Mitteln spürbar machen, charakterisieren, untermalen. Er muß dies sogar eingehender tun als der Romanschriftsteller, der sehr vieles der Phantasie des Lesers überlassen kann. Im Drehbuch muß der Schriftsteller die Rolle der Bilder der Dinge genau beschreiben, ebenso wie die der anderen Darsteller, denn durch sie alle vollzieht sich ja das Schicksal der Menschen.

Auf diese Weise hat die erweiterte und gereifte Filmkunst jene neue literarische Kunstform aus sich selbst entwickelt, die wir als Drehbuch bezeichnen. Wir sehen Drehbücher bereits allenthalben im Druck, und bald werden sie als Lektüre populärer sein als das abstraktere Drama. Wann allerdings unsere Literaturtheoretiker diese längst greifbar gewordene Tatsache endlich zur Kenntnis nehmen werden, ist schwer zu sagen. Wir unternehmen deshalb den Versuch, die Gesetze dieser neuen Kunstform hier festzustellen.

Die Frage der neuen Kunstform ist: Worin unterscheidet sich das Drehbuch vom Drama und von der Erzählung? (Denn wir werden sein Prinzip, sein Gesetz, am genauesten zu bestimmen vermögen, wenn wir jene Prinzipien feststellen, die es von seinen nächsten Verwandten unterscheiden.)

Das heutige Drehbuch ist keine Halbfertigware, keine Skizze und kein Grundriß, es ist nicht nur die Anweisung zu einer Kunstschöpfung, sondern die vollständige Kunstschöpfung selbst. Das Drehbuch kann die Wirklichkeit selbständig darstellen, ein selbständiges und verständliches Bild von ihr geben, genau so wie jede andere der alten literarischen Kunstformen. Es ist richtig, daß das Drehbuch Bilder und Dialoge beschreibt, die erst zu verwirklichen sind. Es tut dies ebenso wie das Drama, das seinerseits auf die Bühne verweist: Dennoch wird dieses als erstrangige literarische Kunstform betrachtet.

Auch die Noten sind nur Zeichen der Musik, die dann durch die Instrumente verwirklicht wird. Dennoch würde es niemandem einfallen, die Partitur einer Beethoven-Symphonie als Halbfabrikat oder Skizze zu bezeichnen. Es gibt sogar bereits gedruckte Drehbücher, die, ebenso wie die sogenannten nicht aufführbaren Buchdramen, nicht drehbar sind. Und dennoch sind sie keine Novellen, keine Theaterstücke, sondern Filmdrehbücher. Dies ist ihre literarische Kunstform.

Die Grundthese, aus der alle Formen des Films sich ableiten – also auch das Grundgesetz des Drehbuches –, ist, daß es sich um einen hörbaren Anblick, um ein bewegtes Bild handelt. Also um eine Handlung, die sich in der Gegenwart vor unseren Augen abspielt.

Aus dieser Grundthese folgt zuerst, daß das Drehbuch nur eine „wirkliche Zeit" darstellen kann, so wie das Drama. Der Autor kann im Drehbuch nicht das Wort ergreifen (wie er es auch im Drama, von seltenen Ausnahmen abgesehen, nicht kann). Der Autor kann nicht sagen, daß „die Zeit inzwischen vergangen ist", er kann nicht sagen, „dann, nach Jahren ...". Das Drehbuch kann sich nicht auf Vergangenes berufen, nicht erzählen, was lange Zeit vorher oder anderswo geschehen ist, es kann die Ereignisse nicht kurz zusammenfassen, wie die Kunstform der Epik es tut. Das Drehbuch stellt nur dar, was vor unseren Augen, *in der Gegenwart, in einem spürbaren Raum und in einer spürbaren Zeit geschieht.* Hierin ist es dem Drama verwandt. Worin unterscheidet es sich vom Drama?

Im Film ist die Handlung, genau so wie auf der Bühne, sichtbar und hörbar, aber auf der Bühne handeln in einem realen Raum (im Raum der Bühne) lebendige Menschen (Schauspieler). Der Film hingegen *zeigt nur die Bilder* des Raumes und der Menschen. Der Film stellt nicht eine in der Phantasie des Dichters sich abspielende Handlung dar, sondern ein Ereignis, das sich in einem wirklichen Raum mit realen Gestalten im Atelier oder in der Natur tatsächlich abgespielt hat. Er zeigt jedoch nur ein *Abbild,* eine Photographie davon. So ist er nicht Phantasie. Aber auch nicht unmittelbare Realität.

Was folgt hieraus? Das Drehbuch als literarische Kunstform kann nur das beschreiben, was im Film sichtbar und hörbar sein kann (wenn auch vielleicht erst im kommenden idealen Film). Das klingt wie eine Selbstverständlichkeit, wie ein Gemeinplatz, sobald wir nicht die Grenzen der Wirksamkeit dieses Gesetzes zu ertasten versuchen. Gerade davon aber hängt alles ab.

In einem der schönsten Sowjetfilme, in „Tschapajew", ereignet es sich, daß der kommunistische politische Kommissar des Partisanenführers Tschapajew, Furmanow, einen der Partisanenkommandanten in den Kerker werfen lassen muß, weil er ein Ferkel gestohlen hat. Wo kann er ihn in jenem Gehöft, das der Aufenthaltsort ist, einsperren? Er entscheidet sich für einen baufälligen Schuppen, dessen wackelige Tür nicht versperrbar ist. Wir *sehen* dies, weil der hünenhafte Partisan seinen Tigerkopf einige Male bei der Tür herausreckt. Er könnte also auch herauskommen. Was hindert ihn daran, die ganze Bretterbude mit einem Fußtritt zu zertrümmern? Vielleicht die Wache, die Furmanow, der politische Kommissar, vor seine Tür gestellt hat? Aber diese Wache ist noch klappriger als die Tür: ein kurzsichtiger, engbrüstiger, bedauernswerter kleiner Beamter, der nicht einmal weiß, wie er das Gewehr halten soll. Diesen komischen kleinen Menschen könnte der riesenhafte wilde Partisan umblasen. Aber er tut es nicht. Es wird demnach offenbar, daß der Häftling nicht von einer physischen Kraft, sondern von einer moralischen Macht gefangengehalten wird. Dies ist *sichtbar.* Es erscheint in Bildwirkungen, unmißverständlich.

Dann kommt Tschapajew selbst, um seinen Freund zu befreien. Aber jener hilflose und lächerliche kleine Wächter, der den Gefangenen bewacht, stellt sich ihm in den Weg. Wem? Seinem Kommandanten, dem riesenkräftigen, unbezwinglichen, gefährlichen Tschapajew; er tobt, schleudert seinen Säbel zu Boden – aber diesen Soldaten, dieses lächerliche Männlein, stößt er nicht zur Seite. Weshalb nicht? Offenbar tritt auch Tschapajew nicht vor der physischen Macht den Rückzug an. Er tut es – was aus diesem Bild bildhaft ins Auge springt – vor einer moralischen Kraft, die dieser kurzsichtige, ungeschickte kleine Mann verkörpert, weil ihn der Beauftragte der Kommunistischen Partei als Wächter dort hingestellt hat. Die undisziplinierten, unlenkbaren Partisanen respektieren das Ansehen ihrer Partei, und dessen ist sich auch der Wächter bewußt.

Das ist ein Beispiel, wie es gelang, das Ansehen der Partei in der Bildhaftigkeit einer dramatischen Szene, *als Anblick*, spürbar zu machen, also etwas zu zeigen, was als abstrakter Gedanke wirkt, als Idee, die man nicht photographieren kann. Bei diesem Beispiel muß noch besonders in Betracht gezogen werden, daß sich darin nicht ein einziges symbolisches Bild, keine einzige Metapher befindet. Lauter reale, ja alltäglich wahrscheinliche Aufnahmen, dennoch strahlt aus ihnen ein tieferer Sinn.

Lessing und der Film

Lessing hat, als er den prinzipiellen Unterschied zwischen Drama und Bühnenspiel analysierte, damit zugleich, eineinhalb Jahrhunderte seherisch vorauseilend, den Unterschied zwischen Drehbuch und Film aufgezeigt.

Gleich am Beginn seiner „Hamburgischen Dramaturgie" spricht Lessing von Fällen, in denen Theaterstücke nach Romanen geschaffen wurden. Er meint, daß es zwar wenig Mühe koste, einzelne Empfindungen zu Szenen auszubauen; es sei indes nötig, sich in die wahre Situation einer jeden der handelnden Personen hineinzuversetzen, deren Leidenschaften nicht nur zu beschreiben, sondern diese vor den Augen des Zuschauers entstehen und ohne Sprünge in der Stetigkeit des dargestellten Geschehens reifen zu lassen.

Dieser Gedanke drückt den wesentlichsten Unterschied zwischen Drama und Epik aus. Auch das Drehbuch beschreibt – so wie das Drama – die Leidenschaften nicht, sondern läßt sie vor den Augen des Zuschauers entstehen und erhöht sie. Aber nach der gleichen Feststellung Lessings bestimmt diese Stetigkeit auch den Unterschied zwischen Drama und Drehbuch und hilft uns, eines der Grundgesetze des Films zu verstehen. Er spricht ja davon, daß das Drama die Leidenschaften *in einer illusorischen Stetigkeit, ohne Sprung, darstelle.* Und wirklich ist dies die Eigentümlichkeit des Dramas, die sich notwendigerweise aus seiner Bestimmung für die Bühne ergibt. Denn wenn eine Gestalt auf der Bühne auftritt, dann wird sie, solange sie auf der Bühne weilt, ununterbrochen, also „stetig" (ohne Sprung), vor unseren Augen sichtbar sein.

Parallele Handlungen

Der Romanschriftsteller kann seinen Leser in eine große Gesellschaft einführen und sich dann nur mit einem einzigen Mitglied dieser Gesellschaft beschäftigen. Er kann dessen ganze Lebensgeschichte erzählen, ohne dem Leser mitzuteilen, was die übrigen Mitglieder der Gesellschaft inzwischen getrieben haben. Der Leser vergißt diese anderen unter Umständen ganz. In der Epik sind derartige „Sprünge" möglich, und die Illusion der Stetigkeit einer Szene ist nicht unerläßlich wie im Drama. Dies ist der grundlegende Unterschied zwischen epischer Form und dramatischer Form.
In dieser Hinsicht ist jedoch das Drehbuch nicht mit dem Drama, sondern mit der Epik verwandt. Auch im Film ist nämlich die Illusion der Stetigkeit nicht Voraussetzung. Ja, sie ist gar nicht möglich. In einer Filmszene müssen nicht alle am gleichen Platz gegenwärtige Gestalten im Bilde sichtbar sein, das würde sogar dem Stil und der Technik des Films widersprechen. Es ist die Illusion des Publikums, daß die an der Szene Beteiligten irgendwo in der Nähe des Geschehens gegenwärtig sind, daß man sie aber nicht alle gleichzeitig sehen kann. In den ununterbrochen wechselnden Detailbildern und Großaufnahmen ist nur der zu sehen, dessen Wort oder Gesichtsausdruck gerade gebraucht wird. Der Film kann eine solche Gestalt aus der größten Menschenmenge hervorheben und sich mit ihr separat beschäftigen, indem er sich in ihre Gefühle und ihre Psychologie vertieft. Hierin ist der Film (also auch das Drehbuch) mit der Epik verwandt.
Für den Film ist also die Einheit des Raumes weniger von Bedeutung als für das die Szenen in freiester Weise wechselnde Drama. Denn dieses kann nicht mitten in einer Szene eine andere Szene zeigen, die sich ganz anderswo abspielt, und dann wieder zur Fortsetzung der vorigen Szene zurückkehren. Das klassische Gesetz von der Einheit des Raumes ist also in keiner Weise für den Film gültig. Um so mehr gilt dagegen das Gesetz von der Einheit der Zeit. Denn wenn ich eine Szene unterbreche, dann kann die dazwischengeschnittene andere Szene irgendwo anders spielen – *doch nicht zu einer anderen*

Zeit! Sie kann nicht vorher oder nachher spielen, sondern nur ganz genau zur gleichen Zeit. Sonst würde es das Publikum nicht verstehen oder nicht glauben – ausgenommen, es handelte sich um eine als solche gekennzeichnete Erinnerung oder um einen Traum einer der handelnden Personen.

Technische Aufnahme und künstlerisches Prinzip

Es ergibt sich nunmehr die Frage: Wenn auf der Bühne mehrere Darsteller anwesend sind, aber nur einer oder zwei von ihnen mit Worten und mit Handlungen hervortreten, werden dann die anderen nicht zu toter Statisterie? (Dies ist etwas, was die Technik des Films vermeiden kann.) Auch in einem guten Drama kann dies nicht passieren, denn dieses verfügt stets über ein betontes Zentralproblem, das sämtliche Personen organisch verbindet. Wer auch immer und was immer er sagt – er spricht auf der Bühne von einem entscheidenden Problem, das sämtliche Personen betrifft, und so bleiben alle immer lebendig und interessant. So bestimmt die technische Struktur der Bühne den literarischen Aufbau des Dramas.

Wie wir gesehen haben, ist die technische Struktur des *Films* eine andere und daher ist auch der literarische Aufbau des Drehbuches ein anderer. Jenes zentrale Problem, jene Gruppierung um eine zentrale Verwicklung, mit der wir die Struktur des Dramas charakterisiert haben, entspricht nicht dem Geist des Films. Seine technischen Voraussetzungen sind ja ganz andere. Der Film verträgt nicht einen aus wenigen langen Szenen bestehenden Aufbau. Der visuelle Charakter des Films steht dem entgegen.

Eine lange Szene auf unverändertem Schauplatz ist nämlich nur dann für die Zuschauer erträglich, wenn sie mit innerer Bewegung geladen ist. In einem Zimmer auf der Bühne können sich Menschen stundenlang unterhalten, wenn ihre Worte eine innere Bewegung, Entwicklung, einen inneren Kampf ausdrücken. Aber im Film, in dem der Anblick stets ein entscheidendes Element ist, genügen solch langatmige, nur innere (also unsichtbare) Ereignisse nicht. Im Film brauchen wir auch das photographierbare Bild der inneren Bewegung. Darum wird das Drehbuch in diesen Dingen, ähnlich dem Roman, die Verwicklungen nicht zentralisieren, sondern seine Gestalten im Verlaufe der Story vor wechselnde Probleme stellen.

Der Umfang

Eines der Formgesetze des Drehbuchs ist seine genormte Länge.
Hierin ähnelt es dem Drama, dessen Aufführbarkeit seine Länge bestimmt.
Mit der Zeit hat sich eine Standardlänge für den Film herausgebildet. Dies
geschah zum Teil aus geschäftlichen Gründen, vor allem, damit ein Kino an
einem Abend zwei bis drei Vorstellungen geben kann. Aber auch physiologische Erfahrungen haben diesen Umfang bestimmt. Filme, die länger sind als
dreitausend Meter, ermüden unsere Augen.
Das sind nur äußere Gründe. Aber wie so oft in der Kunst, wurden äußere
Bedingungen zu inneren kompositionellen künstlerischen Gesetzen. Auch eine
Abart der Novelle, die Kurzgeschichte, wurde durch die im voraus bestimmte
Länge der Zeitungsfeuilletons geschaffen, und es wurden Klassiker dieses Ge-
bietes geboren, wie Maupassant. Die Formen der Architektur haben viele plastische Kompositionen diktiert.
Die festgesetzte Länge determiniert auch den Inhalt. Die vorgeschriebene
Länge des Sonetts bestimmt auch dessen künstlerischen Stil. Niemand muß
Sonette oder Drehbücher schreiben. Wenn jemand es aber tut, dann darf der
gegebene Umfang nicht zum Prokrustesbett werden, das den notwendigen Inhalt gewaltsam verkürzt oder erweitert. Thema, Inhalt und Stil des Drehbuchs
müssen durch dessen festgesetzte Länge inspiriert sein. Diese festgesetzte Länge
ist ein *Stil*, den der Drehbuchautor empfinden muß.

Die führende Rolle des Drehbuchs

Das Drehbuch ist heute bereits zu einer selbständigen literarischen Kunstform
geworden, die so aus dem Film geboren wurde wie das Drama aus dem
Theater. Das Drama hat seither das Theater überflügelt. Es bestimmt bereits
die Aufgaben und den Stil des Theaters. Theatergeschichte ist bereits seit langem ein Anhängsel der Geschichte des Dramas.
Im Film ist noch nicht eine Spur hievon zu sehen. Doch auch diese Zeit wird
kommen. Bisher war die Geschichte des Drehbuchs ein Kapitel aus der Geschichte des Films. Bald vielleicht wird jedoch das Drehbuch die Geschichte
des Films bestimmen. Dies ist der Weg der Entwicklung.

Für Marxisten

Wenn ich hier die eigenen Gesetze der literarischen Kunstform des Drehbuchs feststelle, erscheint es notwendig, dazu noch einiges zu sagen. Auch eine Kunst, eine Kunstform, besteht nicht ausschließlich aus ureigenen Elementen. Die Darstellung der Wirklichkeit geht nach Grundprinzipien vor sich, die für alle Künste in gleicher Weise gelten. Sie sind in jedem Handbuch der Ästhetik zu finden. Man kann jedoch alle Dinge durch ihre Eigentümlichkeiten, die sie von den anderen unterscheiden, am genauesten charakterisieren. Und diese Eigentümlichkeiten sind es, die die Erscheinungsformen jener Elemente bestimmen, die an sich die verschiedenen Künste gemeinsam haben. Die Malerei zum Beispiel vermag nicht nur die Erlebnisse der „reinen", absoluten Malerei auszudrücken. Sie vermag auch sogenannte literarische Motive, philosophische, psychologische und allerlei sonstige Gedanken und Stimmungen auszudrücken. Welchen Inhalt sie aber auch immer ausdrückt, er muß innerhalb der Möglichkeiten des eigenen Materials der Malerei, also in Form eines visuellen Eindrucks, in Erscheinung treten, sonst kann er überhaupt nicht dargestellt werden. Wir müssen also, wenn wir von Malerei sprechen, zuerst deren „ureigenstes Material" bestimmen.

Auch die Filmkunst besteht nicht ausschließlich aus ureigensten Filmwirkungen (wie es die Fanatiker des absoluten Films ersehnten); auch in ihr sind die in anderen Kunstformen vorkommenden Elemente der dramatischen Gegenwärtigkeit und der menschenschildernden Psychologie zu finden. Eines ist jedoch sicher: Im Film konnten sie nur in Form von bewegten und redenden Bildern erscheinen, also den ureigensten Gesetzen der Filmkunst entsprechend.

Was war früher, Inhalt oder Form?

Der Inhalt bestimmt die Form. Doch ist dieses Gesetz im Falle des Films auch nicht ganz leicht zu verstehen. Es verhält sich nicht so, daß *Filmstoffe*, also Filmthemen, Filmerzählungen, Filmgestalten, die in Romanen oder auf der Bühne nicht verwirklicht werden konnten, schon längst in den Köpfen der Schriftsteller umgegangen wären und daß diese armen Schriftsteller jahrzehntelang auf die Möglichkeit irgendeiner visuellen Verwirklichung dieser Einfälle gewartet hätten, bis sie dann endlich eben bei Lumière die Kinematographie bestellten, also die neue Form für den neuen Inhalt. Die historischen Tatsachen beweisen, daß es gerade umgekehrt gekommen ist. Lumières Kamera photographierte bereits zehn Jahre lang Theatervorstellungen, ehe die erste, im eigentlichen Sinne filmische, Filmerzählung geboren wurde. – Auch Hammer und Meißel haben nicht die Bildhauer für ihre eigenen Zwecke erfunden. – Die Technik des Films war schon lange vorhanden. Zur neuen Formsprache wurde sie jedoch erst, als sie den neuen Inhalt erhielt. Auch Hammer und Meißel wären die Werkzeuge der Steinmetzen geblieben, wenn die Menschen nicht „plastische Erlebnisse" gehabt hätten, die man mit Hilfe jener Werkzeuge am besten zum Ausdruck bringen konnte. Wenn aber die *Form* der neuen Kunstart sich bereits entwickelt hat, dann werden ihre eigensten Gesetze in dialektischer Rückwirkung auch das geeignete persönliche Thema bestimmen und auch den Inhalt spezialisieren. Die Drehbuchautoren mußten sich mit ihren Stoffen den neuen Formgesetzen der entwickelten Filmkunst anpassen.

Lange befinden sich neue Themen eingezwängt in alte Formen und verursachen geringe Veränderungen. Es vergeht eine geraume Weile, ehe der neue Inhalt die alten Formen sprengt und eine neue schafft. Doch auch dies tut er innerhalb der jeweiligen Kunstform. Darum blieb das Schauspiel immer Schauspiel, der Roman immer Roman und der Film immer Film. Daß aber eine vollkommen neue Kunst geboren wird, ist in unserer Geschichte erst ein einziges Mal vorgekommen.

Das dialektische Wechselverhältnis von Inhalt und Form ist irgendwie ähnlich dem Verhältnis zwischen Flußwasser und Flußbett. Das Wasser ist der Inhalt, das Bett ist die Form. Zweifellos hat irgendeinmal das Wasser sich ein Bett gegraben, also der Inhalt die Form geschaffen. Seit jedoch das Bett des Flusses besteht, sammelt es die Gewässer der Umgegend und verleiht ihnen Form. Also formt die Form den Inhalt. Gewaltige Überschwemmungen sind dazu nötig, daß Flüsse sich, über ihr altes Bett hinaus, neue Form erzwingen.

Stoff und Kunstform

Es ist sozusagen allgemeiner literarischer Brauch, Romane, Novellen und Theaterstücke für den Film zu bearbeiten. Zum Teil deshalb, weil wir ihre Story für „filmisch" halten, und dann auch, weil sie Erfolg hatten und weil die Popularität, die sie als Romane oder Dramen erzielt hatten, auf dem Filmmarkt verwertet werden kann. Daß originale Filmerzählungen eine Seltenheit sind, weist zweifellos auf eine noch unentwickelte Drehbuchliteratur hin.

Es hätte wenig Sinn, die praktische Seite dieser Frage zu untersuchen. Sollen wir ursprüngliche Filmerzählungen fordern, wenn sie nicht einmal zusammen mit den Bearbeitungen zur Deckung des Bedarfs ausreichen? In der Praxis entscheidet das Gesetz von Angebot und Nachfrage. Wenn das Angebot an brauchbaren originalen Filmstories ein größeres wäre, würde man sich offenbar seltener mit Bearbeitungen begnügen.

Aber unser Interesse gilt hier nicht den Gesetzen des Marktes, sondern jenen der Kunst. Die Methode der Bearbeitungen mag den Anforderungen, den Gesetzen des Marktes entsprechen – entspricht sie jedoch auch den Ansprüchen der Kunst? Wird sie, indem sie einer praktischen Forderung Genüge tut, nicht notwendigerweise der Kunst und der ästhetischen Kultur des Publikums abträglich sein?

Ich sage „notwendigerweise", denn davon hängt es ab, ob es sich hier um eine prinzipielle Frage handelt. Wenn solche Bearbeitungen auch gut sein können, dann ist es Aufgabe der Tageskritik, in jedem einzelnen Fall festzustellen, ob sie auch wirklich gelungen sind. Doch dies ist kein ästhetisches Problem.

Es gibt jedoch einen alten ästhetischen Standpunkt, der jedwede Bearbeitung aus Prinzip ablehnt, weil er sie für *notwendigerweise unkünstlerisch* hält. Diese Frage ist für die Kunsttheorie schon darum von größtem Interesse, weil die Gegner der Bearbeitung sich auf eine zweifellos richtige These berufen und – in der Praxis – dennoch unrecht haben. In der Literaturgeschichte wimmelt es ja geradezu von immer neuen Bearbeitungen klassischer Themen der Weltliteratur.

Jener theoretische Leitsatz, der gegen Bearbeitungen spricht, lautet: In der Kunst hängen Inhalt und Form organisch zusammen, und eine bestimmte ünstlerische Form wird stets nur der adäquate Ausdruck eines bestimmten

Inhalts sein. Die Umarbeitung des Inhalts in eine andere Form wird also das betreffende Werk, wenn es gut ist, unweigerlich verderben. Aus schlechten Romanen kann man vielleicht gute Filme machen – aus guten Romanen niemals ebenso gute oder bessere Filme.

Gegen diesen theoretisch unanfechtbaren Satz spricht allerdings jene Wahrheit, daß Shakespeare die Handlung vieler seiner Stücke sehr guten alten italienischen Novellen entnahm und daß auch die Handlungen der antiken Griechendramen aus den Epen bekannt waren.

Die Mehrzahl der klassischen Dramen verarbeitete epische Stoffe, und wenn wir in Lessings „Hamburgischer Dramaturgie" blättern, können wir feststellen, daß schon die ersten drei Kritiken Theaterstücke behandeln, die aus Romanen gemacht wurden. Dabei muß erwähnt werden, daß der Autor des „Laokoon", der in seiner Kunstphilosophie die charakteristischen Gesetze der einzelnen Kunstformen erforscht hat, an jenen Dramen viel auszusetzen fand, aber dagegen, daß sie Romanbearbeitungen waren, nichts einzuwenden hatte. Er spart, ganz im Gegenteil, nicht mit guten Ratschlägen, wie man solche Bearbeitungen geschickter machen könne.

Gerade weil dieser Widerspruch so augenfällig ist, muß es Verwunderung erwecken, daß die gelehrten Ästhetiker dieses Paradoxon noch nicht zum Gegenstand ihrer Erörterungen gemacht haben. Wäre nämlich die Verurteilung der Bearbeitungen einfach ein prinzipieller Irrtum, dann läge der Fall einfach. Ein Irrtum liegt jedoch nicht vor, weil es sich um eine logische Folge des Satzes vom Zusammenhang zwischen Inhalt und Form handelt, der über jede Diskussion erhaben ist.

Es ist also offenbar so, daß es sich hier nur um einen *scheinbaren* Widerspruch handelt, um eine *undialektische Erstarrung* von Teilwahrheiten. – Es lohnt sich, dies genauer zu untersuchen, damit wir die Fehlerquelle entdecken.

Wenn wir annehmen, daß der Inhalt oder der Stoff die Form, also auch die Kunstform (Kunstgattung) bestimmt, die ja die allgemeinste künstlerische Form ist, und wenn wir es dennoch für möglich halten, den gleichen Stoff manchmal in eine andere Form zu gießen, dann muß dieser Widerspruch darin begründet sein, daß die verwendeten Begriffe ungeklärt sind – daß nämlich die Begriffe „Inhalt" und „Form" sich nicht genau damit decken, was wir einerseits Stoff, Handlung, Story oder Sujet, andererseits Kunstform (Kunstgattung) zu nennen pflegen. Darum ist der Fall möglich, daß das Sujet, die Story eines Romans, zum Theaterstück oder zum Film umgearbeitet wird und dennoch in beiden Kunstformen Meisterwerke von der gleichen Vollkommenheit vorliegen. *Die Form entspricht eben doch in beiden Fällen dem Inhalt.* Wie aber kann das möglich sein? Es ist nur so zu verstehen, daß das Sujet, die Story der bei-

den Werke, zwar gleich, aber *der Inhalt der beiden dennoch verschieden ist.*
Diese Verschiedenheit des Inhalts entspricht der durch die Umarbeitung veränderten Form.

Nach der jede philosophische Einsicht entbehrenden naiven Anschauung liefert das Leben – wie man zu sagen pflegt – die Dramen und Romane sozusagen „fertig" ins Haus. Die Ereignisse des Lebens haben danach eine immanente A-priori-Zugehörigkeit zu irgendeiner Kunstform. Ob das eine Geschehen für ein Drama, das andere mehr für einen Roman, für einen Film oder für
ein Gedicht passend erscheint, das bestimmt das Leben selbst – der Schriftsteller erhält den im voraus standardisierten Stoff bereits als bestimmtes und nur
in einer bestimmten Art verarbeitbares Kunstform-Thema. Wenn ihm irgendein Thema gefällt, dann bleibt ihm, was die Kunstform betrifft, keine Wahl.
Die Kunstform wohnt eben dem Thema schon inne. Der in der Wirklichkeit
vorhandene künstlerische „Richtungssinn" hat hier bereits entschieden.

Wenn wir jene vulgären Reporterphrasen, die gerne von „fertigen Romanen",
von Tragödien des Lebens sprechen, nicht zur ästhetischen Norm erheben, sondern die Begriffe mit den Mitteln unserer Erkenntnistheorie der Kunst syste-
matisch analysieren, dann stellen wir fest: Es bedarf eines naiven Mystizis-
mus, zu glauben, daß in den Tatsachen der Wirklichkeit ihre Zugehörigkeit zu
bestimmten Kunstformen als *Bestimmung* vorhanden sei, derart, daß diese
Tatsache nur für die dramatische, jene nur für die filmische Bearbeitung geeignet sei.

Die Wirklichkeit ist eine, von unserem Bewußtsein unabhängige, objektive
Realität, also auch unabhängig von der künstlerischen Betrachtungsweise des
Menschen. Die Wirklichkeit hat Farben, Formen und Töne. Ihr wohnt jedoch
keine ihr angeborene Bezogenheit zur Malerei, zur Bildhauerei oder zur Musik
inne. Solche Tendenzen sind rein menschliche Funktionen. Die Wirklichkeit
formt auch nicht Kunstformen aus sich selbst heraus, und auch nicht fertige
Themen, die dann wie reife Früchte darauf warten, vom Künstler gepflückt
zu werden. Kunst und Kunstformen sind die *Betrachtungsweise* des die Wirklichkeit betrachtenden Menschen und in der betrachteten Wirklichkeit *nicht*
a priori enthalten. (Obgleich die Betrachtung selbst und ihre Arten ebenfalls
Elemente der Wirklichkeit sind.)

Freilich ist die Betrachtungsweise nicht willkürlich und unendlich mannigfal-
tig. Einige Formen der Betrachtungsweise oder Kunstformen haben sich innerhalb der Kulturkreise der zivilisierten Menschheit entwickelt und wurden so
zur geschichtlich gegebenen objektiven Form der Kultur, weil die typischen
Formen menschlicher Betrachtung den einzelnen Wesen und Dingen gegenüber als objektive Gegebenheiten auftreten, obwohl das menschliche Bewußt-

sein subjektiv ist. – Ich habe an anderer Stelle das dialektische Wechselverhältnis zwischen Fluß und Flußbett als Gleichnis angeführt. Auch hier könnte es als Gleichnis für das Wechselverhältnis zwischen Stoff und Kunstform gelten.

Ist also von einem „Dramenthema" die Rede, von einem „Dramensujet", das tatsächlich besonders geeignet erscheint, weil ihm die Anzeichen der dramatischen Kunstform anhaften, dann muß hier bereits von „Inhalt" gesprochen werden, der die Form tatsächlich bestimmt, und nicht von „Stoff", nicht vom Rohstoff der lebendigen Wirklichkeit, der nicht die Kunstform zu bestimmen vermag, weil er Inhalt von diesem und jenem sein kann, weil er selbst *noch nicht Inhalt ist*.

Ein solches Sujet (ein solcher Inhalt also) ist nicht mehr nur ein Stück Wirklichkeit, sondern enthält bereits *Betrachtung* der Wirklichkeit aus dem Blickwinkel einer bestimmten Kunstform. Es ist gleichsam schon eine Art Halbfertigware, die bereits für irgendeine Kunstform präpariert wurde. Sage ich „Thema", „Sujet", „Story", dann sind das korrelative, also Wechselbegriffe, die für sich allein nicht denkbar sind, sondern mit anderen Begriffen eben in Wechselbeziehungen stehen; d. h., es kann sich nur um das Thema von irgend etwas, z. B. um das Thema eines Dramas, um das Sujet eines Romans, um die Story eines Films handeln. All diese Themen sind jedoch nur in der – aus dem Blickwinkel der Kunstformen gesehenen – Wirklichkeit zu finden.

Hieraus folgt, daß man den Rohstoff der lebendigen Wirklichkeit in den verschiedensten Kunstformen verarbeiten kann. Jener Inhalt aber, der bereits die Form bestimmt, ist kein Rohstoff mehr.

Es gibt ja Nur-Dramatiker, Nur-Romanciers. Auch sie betrachten als Künstler die *gesamte lebendige Wirklichkeit*. Aber sie tun es schon aus dem Blickwinkel *ihrer* Kunstform, welche Betrachtungsweise organisch zu ihrem Wesen gehört. Es gibt jedoch auch Dichter, die in *mehreren* Kunstformen schreiben und das Leben einmal mit den Augen des Romanciers, ein andermal mit den Augen des Dramatikers betrachten. So kann es vorkommen, daß sie dasselbe Stück Wirklichkeit einmal als Drama, ein andermal aber vielleicht als Film auffassen. In solchen Fällen bearbeiten sie nicht ihr eigenes Drama als Film. Sie greifen auf ihr Grunderlebnis zurück und verarbeiten den gleichen Rohstoff einmal zum Drama und dann zum Film. Es ist sicher, daß es in der Geschichte kaum noch irgendein markantes Geschehen gibt, das nicht bereits als Stoff einer Ballade, eines Dramas, eines Epos oder eines Romans verwendet worden wäre. Das geschichtliche Ereignis an sich ist jedoch nur *Stoff* und noch kein *Thema*. Stoffe kann man noch aus den Blickwinkeln der verschiedensten Kunstformen betrachten. Zum Thema wird ein Geschehen, wenn es

sich, aus dem Blickwinkel irgendeiner Kunstform betrachtet, aus dem vielgestaltigen Stoff hervorhebt und zum beherrschenden Motiv wird. Dieses Thema
kann nur noch in *einer* Kunstform adäquat ausgedrückt werden. Es bestimmt
die Kunstform, weil es ja von der Kunstform bestimmt wurde. Dieses Thema,
dieses aus einem bestimmten Blickwinkel gesehene Stück Wirklichkeit (dieser
Stoff), ist jener *Inhalt, der die Form tatsächlich bestimmt.*
Wählen wir als Beispiel das Porträt eines Menschen. Die Wirklichkeit dieses
Menschen ist vorerst nur Stoff. Man kann sie malen, zeichnen, modellieren.
Wird sie jedoch von einem echten Maler betrachtet, dann wird er zuerst ihre
Farben betrachten, die Farben werden das Beherrschende für ihn sein – und
die Farben jenes Menschen sind nicht mehr Stoff allein, sondern bereits ein
Thema für den Maler, das als Inhalt die Form, also die Kunstform, bestimmt:
die Malerei. Der Graphiker wird an diesem selben Menschen die Linien sehen
– denselben Stoff also, aber *ein anderes künstlerisches Thema.* Dieses Thema
wird der Inhalt sein, der die Kunstform – in diesem Falle die Zeichnung oder
den Kupferstich – bestimmt. *Derselbe* Mensch kann auch Erlebnis eines
Bildhauers sein. Und doch ist es nicht das gleiche Erlebnis, denn in seinem
Falle ist ein skulpturales Erlebnis zustande gekommen. Derselbe Stoff bedeutet für ihn ein *Thema für plastische Figuren* und bestimmt dann die Kunstform.
Bei den literarischen Kunstformen ist es ähnlich. Der eine Schriftsteller wird
die Atmosphäre, den Stimmungsgehalt eines Geschehens herausfühlen, und
dies wird sein Thema sein. Er wird es höchstwahrscheinlich als Novelle verarbeiten. Ein anderer wird im gleichen Geschehen jene zentrale Verwicklung
erspähen, deren unerbittliches Problem nach dramatischer Verarbeitung verlangt. Der Stoff der lebendigen Wirklichkeit mag der gleiche sein, die Themen dieser zwei Schriftsteller sind verschieden. Und die verschiedenen Themen lieferten verschiedene Inhalte und erforderten verschiedene Kunstformen.
Und wenn ein dritter Schriftsteller im gleichen Geschehnis die seelischen
Wandlungen der Menschen erblickt, die, aufeinander wirkend, die Verflech-
tung von Schicksalen zeigen, dann wird er denselben Fall vermutlich als Roman behandeln. – Der Rohstoff eines Geschehens hat so, aus drei Blickwinkeln gesehen, drei Themen, drei Inhalte und drei Kunstformen ergeben. Am
häufigsten jedoch ereignet es sich, daß ein Geschehen, das bereits in irgendeiner Kunstform verwertet wurde, später in einer anderen Kunstform verarbeitet wird. Es geht also nicht um dasselbe Modell, das drei Künstlern gegen-
übersitzt, sondern es ist vielmehr so, als wäre auf Grund eines Gemäldes eine
Zeichnung und auf Grund dieser Zeichnung eine Statue entstanden. Dies ist
schon viel problematischer.

Aber auch hier hat – wenn kein Stümper, sondern ein Künstler am Werke ist und literarische Möglichkeiten zur Debatte stehen – der Dramatiker den Roman, der Filmschriftsteller das Drama (oder umgekehrt) nur als Rohstoff betrachtet, also das künstlerische Produkt als lebendige Wirklichkeit aufgefaßt und jenseits der Form nur die Mitteilung des reinen Geschehens darin erblickt. Wenn ein Dramatiker wie Shakespeare eine Bandello-Novelle las, dann packte ihn nicht vor allem die Vollkommenheit ihrer künstlerischen Form, sondern das erzählte Geschehen, das er, von der Novelle getrennt, als lebendige Wirklichkeit auffaßte und in dem er die dramatischen Möglichkeiten erkannte. Also ganz andere Möglichkeiten, als die Novelle auszudrücken vermochte. – Ist also in einem Shakespeare-Drama der Erlebnisstoff einer Bandello-Novelle in anderer Form vorhanden? Man findet ja vom Hauptinhalt des Shakespeare-Stückes nicht eine Spur in jener Novelle! Gewiß nicht. Shakespeare sah in der Erzählung ein völlig anderes Thema, und darum war der Inhalt, der die Kunstform seines Dramas bestimmt, ein ganz anderer.

Ich möchte den Fall einer weniger bekannten Bearbeitung näher betrachten, und zwar deshalb, weil der betreffende Dichter gleichzeitig ein ausgezeichneter Theoretiker und klar zu sagen imstande war, warum und wie seine Bearbeitung erfolgte. Friedrich Hebbel bearbeitete den gewaltigen epischen Stoff des Nibelungenliedes als Drama. Hebbel ist der letzte, der den Vorwurf verdiente, der Erhabenheit der Germanensage und ihrer formalen Vollkommenheit nicht die gebührende Achtung gezollt zu haben. Hebbel wollte das Nibelungenlied weder verbessern, noch kann man diesem Dichter vorwerfen, daß er es aus geschäftlichen Gründen popularisieren wollte. Was also waren seine Gründe und Absichten?

In seinen berühmten „Tagebüchern" gibt uns Hebbel selbst die Antwort darauf, indem er sagt, daß man auf dem Boden des Nibelungenmythos eine rein menschliche Tragödie aufbauen könnte, die in all ihren Beweggründen natürlich wäre.

Was also tat Hebbel? Er behielt den mythischen Boden, das äußere Gerüst der Erzählung bei, *er deutete es nur um.* Handlungen und Ereignisse blieben im großen und ganzen bestehen, nur die sie bewegenden Ursachen und ihre Erklärungen wurden andere.

Auf diese Weise wurde derselbe „Fall", weil er andere Akzente erhielt, zu einem *anderen Thema.* Thema und Inhalt der Hebbelschen Nibelungen-Trilogie und des Nibelungenliedes sind nicht identisch. Denn, obgleich Hagen Siegfried auch im Hebbel-Drama tötet, so doch aus ganz anderen seelischen Ursachen, und auch Kriemhilds Rache setzt bei Hebbel ein völlig anderes Seelendrama voraus als im Epos.

Fast in jeder künstlerischen, ernstgemeinten und verständigen Bearbeitung treffen wir auf solche *Umdeutungen*. Wir sehen andere innere bewegende Kräfte der gleichen äußeren Handlung. Aber diese inneren Beweggründe beleuchteten das innere Leben der Gestalten. Dies ist das Wesentliche, es ist der Inhalt (der die Form bestimmt). Der Stoff, also das äußere Geschehen, liefert sozusagen nur die Indizien, die der Untersuchungsrichter bekanntlich in der verschiedensten Weise auslegen kann.

Es kommt nicht selten vor, daß ein Schriftsteller einen Stoff, den er in einer bestimmten Kunstform bereits verarbeitet hat, von neuem hervorholt, um ihn auch in einer anderen Kunstform zu verarbeiten. Wir wissen, daß dies heutzutage, besonders bei Verfilmungen, fast immer nur aus materiellen Gründen geschieht. Mit einem populär gewordenen Erfolgsroman kann man auf der Bühne und dann auch noch beim Film Geld verdienen. Doch können solche Bearbeitungen auch ernste künstlerische Ursachen haben.

Nehmen wir ein Beispiel, das über jeden Verdacht materieller Nutznießung erhaben ist. Wir wissen, daß Goethe seine Novelle „Der Mann von fünfzig Jahren", die im „Wilhelm Meister" vorgeformt ist, zu einem Theaterstück umarbeiten wollte. Der Plan zu diesem beabsichtigten Drama existiert, darin wird dessen Inhalt – bereits in Aufzüge und Szenen aufgeteilt – erzählt. Es ist der Inhalt der Novelle, nur – anders erzählt. Dies „anders" zeigt uns in sehr lehrreicher Weise, weshalb Goethe es für nötig erachtete, den bereits einmal verarbeiteten Stoff in einer anderen Kunstform noch einmal zu verarbeiten. Wir sehen genau, wie er im Dramenentwurf Momente hervorhebt, die in der Novelle kaum oder überhaupt nicht wahrzunehmen sind. Er will eine ganz andere Schicht der lebendigen Wirklichkeit an die Oberfläche bringen. Das Geschehen ist ähnlich, aber der Sinn ist ein anderer, und der Inhalt ist ein vollkommen anderes seelisches Erlebnis. In der *Wirklichkeit* war auch dieses seelische Erlebnis enthalten. Doch in der Kunstform der Novelle hatte er es nicht hervorgehoben. Deshalb wollte er mit einer anderen Kunstform noch einmal in die Tiefen desselben Lebensstoffes tauchen.

Es klingt fürs erste vielleicht paradox, wenn ich sage, daß gerade die Anerkennung der Stilgesetze aller Kunstformen jenes Moment ist, das Bearbeitungen Berechtigung verleiht und sie notwendig macht. Der strenge Stil des Dramas verlangt ja, daß vielerlei Farben und Stimmungen des Lebens weggelassen werden müssen. Das Drama ist ja die Kunstform der großen Schicksalslinien und Verwicklungen, und jener Reichtum an Nuancen, den ein Roman in sich aufnehmen kann, findet in der gleichsam luftleeren Stahlkonstruktion eines Dramas keinen Platz. Andererseits gibt es Fälle, in denen es der Dichter bedauert, auf die Fülle der Nuancen und Stimmungen verzichten zu sollen, und so gestaltet er auch den Roman. Er wählt lieber diesen Weg, als daß er den reinen Stil des Dramas verdürbe. Wenn jemand jene Lebensfarben, denen der strenge Dramenstil keinen Raum gab, in einen Film hinüberrettet, tut er das gleiche. Er tut dies, nicht weil er die Stilarten der Kunstformen etwa nicht respektierte, sondern gerade *weil* sie ihm sehr am Herzen liegen.

Stilprobleme

Die Formsprache der Filmkunst hat eine außerordentliche Ausdrucksfähigkeit erlangt. Es ist, als wäre diese Formentwicklung mit dem Durchbruch des Sprechfilms zum Stillstand gekommen. Die Aufmerksamkeit wandte sich mehr dem Inhalt zu. Jetzt, nach Beendigung des zweiten Weltkrieges, scheint es, daß die noch unausgebeuteten formalen Möglichkeiten des Tonfilms zu einer neuen Entwicklung führen, die natürlich neue Inhalte ausdrückt.

Nach dem ersten Entwicklungsstadium der Formsprache des Films begannen sich die Kunstformen und Stilarten zu differenzieren. Die Problematik dieser Stilarten ist deshalb besonders interessant und wichtig, weil sie besser als alle anderen Elemente der Kunst deren soziale Wurzeln und gesellschaftliche Bedeutung aufzeigen.

Monumentalität

Am stärksten bewußt wurde dieses Problem in der sowjetischen Filmarbeit, wo Fragen von allgemeiner prinzipieller Bedeutung niemals außer acht gelassen wurden. So tauchte auch die Frage der *Monumentalität* auf und wurde zum Gegenstand leidenschaftlich geführter Diskussionen. Man forderte vom sowjetischen Film, daß er, seinem sozialistischen Geist entsprechend, sich nicht mit der Darstellung intimer Privatangelegenheiten beschäftigen, also nicht „Kammerspielcharakter" haben sollte. Er müsse das ganze Volk darstellen, Probleme behandeln, die die gesamte Gesellschaft betreffen, er müsse demgemäß monumental sein. Diese berechtigte Forderung hatte aber zur Folge, daß in den Sowjet-Drehbüchern für individuelle Psychologie und für die Darstellung innerer Menschlichkeit wenig Raum übrigblieb und diese Filme manchmal den Charakter allgemein gehaltener, mit soziologischer Schulmeisterlichkeit vorgetragener historischer Revuen erhielten.

Monumentalität und Kammerstil sind jedoch, vom Standpunkt des Stilproblems aus gesehen, zu Unrecht aufgestellte Gegensätze. Bis zu Beginn des neunzehnten Jahrhunderts existierte diese Alternative mit ihrem einander ausschließenden „Entweder-Oder" überhaupt nicht. Gibt es etwas Vertraulicheres, Beseelteres als das Gespräch zweier Verliebter, die sich im Bett umarmen? Die Situation selbst erfordert Abgeschlossenheit, Verborgenheit. Dennoch ist der verliebte Dialog Romeos und Julias eine der monumentalsten Szenen der dramatischen Weltliteratur. Denn in diesem verinnerlichten, vertrautesten aller Dialoge zeichnet sich eine historische Wende ab: der Aufruhr der Liebe des einzelnen gegen die Ketten der Gesetze feudaler patriarchalischer Familien und Stämme.

Daß Antigone ihren Bruder liebt und verehrt, ist eine familiäre Privatangelegenheit. Aber im Drama des Sophokles wird diese Tatsache zur Monumentalität, weil sie die herrschende Gesellschaftsordnung als problematisch erscheinen läßt.

Die alte Kunst kannte den Gegensatz von Monumentalität und Kammerstil nicht, weil sie zwischen Groß und Klein, Allgemeingültig und Privat keinen Unterschied machte. Es ist eine Erscheinung der bürgerlichen Kunst, zwischen persönlichem Erlebnis und Ereignissen von gesellschaftlicher Bedeutung in deren Darstellungsart solche Unterschiede zu machen. Dieser Umstand brachte die nach innen gerichtete, von allen gesellschaftlichen Bindungen gereinigte Kunst der Kammerspiele hervor und andererseits eine durch dekorative Verallgemeinerung verflachte „Monumentalität", die alle persönlichen Züge verwischte. Es ist darum natürlich, daß dies auch in der Sowjetkunst und im Sowjetfilm nur für kurze Zeit ein „Problem" sein konnte, und der Stil der neueren russischen Filme wurde gerade die im persönlichen Menschenschicksal sich offenbarende geschichtliche Perspektive.

Die Monumentalität in der Kunst ist kein Mengenproblem, in ihr entscheidet weder die Zahl noch das Maß. Defoes Robinson, auf einer Insel allein, ist zweifellos eine der monumentalsten Visionen der Weltliteratur. Es ist allgemein bekannt, daß man auf Grund der photographischen Reproduktion eines Gemäldes oder einer Statue die Maßstäbe des Originals unmöglich feststellen kann. Eines wird hier groß wirken, obwohl es in Wirklichkeit winzig klein ist, und umgekehrt. Dies liegt in der *inneren Monumentalität* des Werkes begründet, die wahrlich auch in einem Miniaturbildnis zur Wirkung gelangen kann.

Entscheidend ist das Prinzip, daß in der Kunst *nur der Mensch groß oder klein sein kann*. Die Größe eines Elefanten oder eines Berges ist künstlerisch ohne jede Bedeutung, weil die äußeren Gegebenheiten der Natur rein zufällige sind und daher keine *innere Größe* ausdrücken. Nur das *individualisierte lebendige Bild* des Menschen kann monumental wirken. Und zwar wirkt es um so mächtiger, je persönlicheren Charakter es trägt. Wir kennen ja die gewöhnlichen, normalen Maßstäbe, darum berührt uns ihre ungewohnte Größe.

Die altägyptischen Riesenstatuen wirken darum so ungewöhnlich monumental, weil in ihrer Physiognomie, in ihren Augenwinkeln irgendein persönlicher, fast intim lebendiger menschlicher Ausdruck zu lesen ist. Dies ist das Überraschende und Fesselnde an ihnen. Fehlte dies, dann wären sie nur Felsen, die Menschen ähnlich sind; Felsen können beliebig groß sein. So jedoch sind sie Menschen, die enormen Felsen ähneln. Sie erscheinen als übermenschlich, weil ich auch den Menschen und seine Maßstäbe in ihnen erkenne. Wenn die Umrisse eines Berges an die Konturen eines Menschen erinnern, dann wird dieser Berg kleiner wirken, als er in Wahrheit ist. Wenn jedoch die Statue eines Menschen an einen Berg erinnert – durch das Gewicht ihrer Formen – *dann wirkt sie größer* als ihr tatsächliches Format, dann wird sie monumental. Das Geheimnis der Monumentalität der Mosaike in Ravenna ist, daß sie wie individuelle Porträts wirken und nicht wie ungeheure Steinarchitekturen.

Filme können niemals durch Massenszenen oder durch die Größe der Bauten „monumental" gemacht werden, nur durch die Bedeutung der Themen und der Persönlichkeit ihrer Helden. Auch das intimste menschliche Geschehen kann eine Folge und Spiegelung großer historischer Ereignisse sein. Die Frage ist nur, ob der Verfasser sie so sehen und zeigen kann, ohne schulmeisterhaft zu werden.

Stil und Stilisierung

Die Frage der Stilisierung im Film ist deshalb so verwickelt, weil die photographische Technik von allem Anfang an die *unstilisierte Natürlichkeit* zum Darstellungsprinzip des Films erhob. Es gibt keine Kunst, die ihre Stilarten ohne jede Stilisierung entwickeln könnte. Es besteht jedoch ein Unterschied zwischen Stil und Stilisiertheit.

„Stil einer Kunst" ist das formal Charakteristische eben dieser Kunst. Die Eigenart der künstlerischen Persönlichkeit, die Eigentümlichkeiten des Volkes, der Klasse oder der Zeit spiegeln sich gleichermaßen im Formstil des Werkes. Da es kein Kunstwerk gibt, in dem die Eigenart der Persönlichkeit des Künstlers, die Ideologie seiner Klasse, die Überlieferung seines Volkes, der Geschmack seiner Zeit sich nicht irgendwie spiegeln, gibt es also auch kein Kunstwerk ohne irgendeinen Stil, wenn auch vielleicht einen unbewußten, unbedeutenden.

Wichtig ist jedoch, daß das Kunstwerk die Synthese aller dieser Wirkungen in *einem einheitlichen Stil* ausdrückt, daß sich also der Stil des Künstlers, der

Stil seines Zeitalters, seiner Klasse, seiner Art, *in den Formen eines einzigen Stils* offenbaren. Außerdem hat jedoch jedes Kunstwerk noch seinen eigenen Stil von einmaliger Gültigkeit, in welchem sich sein Inhalt und seine Tendenz offenbaren. Wir müssen uns auch noch vor Augen halten, daß die großen historischen Stilarten unbewußt und ohne theoretische Absicht, fast unbemerkt, in der Praxis entstanden sind – als Moderichtungen – und daß erst später, als sie vergangen waren, festgestellt werden konnte, daß sie umfassende, ein Zeitalter bestimmende „Stilarten" gewesen sind. Es kam vor, daß Stilarten aus einem falschen Bewußtsein heraus entstanden, wie der Stil der Frührenaissance, der nur eine bescheidene Nachahmung des Stils der griechischen Antike sein wollte und sich auch dafür hielt. Ein Stil kann auch unter dem Einfluß einer moralischen Strömung entstehen, ohne jede ästhetische Erwägung, wie der Directoire-Stil in seiner strengen Einfachheit, der dem puritanischen Geist des revolutionären Bürgertums in bewußter Gegnerschaft zum aristokratischen Rokoko Ausdruck verlieh. Wenn wir den Stil als allgemeinen Charakter künstlerischer Formen auffassen, dann sind auch der völlig unstilisierte Naturalismus und sogar das eklektische Stilgemenge Stilarten.

Stilisierung ist etwas anderes. Den Unterschied zwischen Stil und Stilisierung vermag uns das Beispiel der Literatur am besten zu beleuchten. Jedes literarische Werk (es muß gar nicht ein Kunstwerk sein) hat irgendeinen Stil in dem Sinne, daß es das, was es zu sagen hat, in irgendeiner bestimmten Manier formuliert. Aber nicht jede Literatur ist stilisiert. Die im natürlichen, alltäglichen Unterhaltungston geschriebenen Arbeiten sind es zum Beispiel nicht. Andererseits sind *Gedichte* und ist jede gebundene Prosa stilisiert.

Es besteht ein unüberbrückbarer Gegensatz zwischen naturalistischen oder diesen nahestehenden „natürlichen" Schöpfungen und jenen, vom Natürlichen bewußt abweichenden geformten, gebundenen, also *stilisierten* Werken. Stilisierung und Realismus sind jedoch keine Gegensätze. Unter den in gebundener Sprache schreibenden Dichtern gibt es ja viele große Realisten. Man kann nämlich die der Natur innewohnenden Gesetze und Wahrheiten nicht nur durch naturgetreues Kopieren darstellen, sondern besser noch durch sich steigernde, hervorhebende, betonende Stilisierung. In solchen Fällen stellt das natürliche Bild vielleicht die *Wirklichkeit* dar, das stilisierte aber *drückt die Wahrheit aus.*

Uns interessiert dieses Stilproblem hier nur in seinem Verhältnis zum Film. Ist Stilisierung im Film möglich? Können wir in einer Photographie ein Bild des lebendigen Lebens vermitteln, das einer Dichtung in Versen entspräche? Ist eine Darstellung möglich, deren Gestaltungsregel nicht nur auf dem Vergleich, sondern auch auf den *abstrakten* Gesetzen des Rhythmus und der

Formschönheit beruhte? Können wir die Menschen im Film in Versen sprechen lassen, ohne daß zwischen der stilisierten Rede und der unstilisierten Natürlichkeit des Bildes ein störender Gegensatz entstünde?

Wir wissen, daß der Film, trotz seiner photographischen Technik, schon in den ersten Jahren nach Möglichkeiten der Stilisierung suchte. Die Regisseure bemühten sich, den Eindruck eines Gemäldes hervorzurufen, indem sie sich der Lichtwirkungen, der mildernden, verwischenden, verzeichnenden Wirkungen der Linse und vor allem charakteristischer Einstellungen bedienten. Besonders der schwedische Film suchte nach poetischen Bildwirkungen. Fritz Lang, Murnau und Robert Wiene, der Meister des expressionistischen „Caligari", haben schon in der Stummfilmzeit viel Schönes und Interessantes in dieser Richtung geschaffen, und der Russe Moskwin, der größte „Maler" unter den Filmoperateuren, schuf gemeinsam mit Eisenstein, für den gerade die Stilisierung das Hauptprinzip in der Kunst bedeutete, den interessantesten und wertvollsten stilisierten Film „Iwan der Schreckliche". Der eigentliche Inhalt dieser dämonisch-monumentalen musikalischen Bildsymphonie ist gar nicht die Geschichte Iwans des Schrecklichen, sondern die Entdeckung der furchterweckenden mittelalterlichen prawoslawischen Gotik im lebendig gemachten Geist abergläubischer Ikonen. In diesem Werk erreichte der Film die höchste Stufe des stilisierten Stils.

Dennoch gibt es anscheinend etwas, das im Film immer nach Natürlichkeit verlangt und die Stilisierung sehr schwer verträgt. Das sind nicht die Formen, die zu stilisieren es in hohem Maße gelang, sondern das ist die *Bewegung*. Auf der Bühne akzeptieren wir es, ja wir bemerken es oft gar nicht, daß die Gestalten sich nicht natürlich bewegen. So ist es auch im Film, wenn wir die Darsteller bühnenmäßig, also von weitem, im Totalbild sehen. Es wirkt jedoch in einer besonderen Weise unerträglich, wenn sich ein Mensch *in Nahaufnahme, abgegrenzt von seiner Umgebung,* stilisiert, unnatürlich bewegt. (Eine Ausnahme bildet der Tanz, der die Bewegungen zu motivieren vermag.) Im Totalbild ist nämlich die Gestalt in ihre sichtbare Umgebung hineinkomponiert. Ihre stilisierten Bewegungen erhalten dort vom Stil der gesamten Bildkomposition ihren Sinn. Wir akzeptieren hier ein unnatürliches Neigen, weil wir dessen Ausgleich und Fortsetzung in einem anderen Neigen auf der anderen Seite des Bildes erblicken. Wenn aber eine Gestalt oder ein Gesicht so nahe ist, daß es kein Element einer Komposition mehr ist, und wenn ich andererseits die kleinsten Details des lebendigen Mienenspiels erkennen kann, das unstilisierbare, natürliche Bild der Mikrophysiognomie der Lippenbewegung und jedes Augenzwinkern, dann wird eine unnatürliche Stilisiertheit in der Haltung des Kopfes und der Glieder als peinlicher, grotesker

Widerspruch wirken. Die Stilisiertheit der Konturen widerspricht einer Natürlichkeit der inneren Details.

Dies ist die Erklärung dafür, daß der Film seinem prinzipiellen Wesen nach schwer zu stilisieren ist. Denn die zu seinem Wesen gehörende Mikrophysiognomik der Nahbilder, das innere Spiel des Gesichtes, ist unstilisierbar. Die intime Lebendigkeit der Nahbilder entlarvt die am schönsten stilisierten Bilder der Totalaufnahme. Unter der Maske lugt der Mensch hervor. Darum haben wir keine in Versen redenden Filme. Es ist, als stünde die gebundene Sprache auch zu den natürlichen Bewegungen im stilisierten Film in Widerspruch.

Bei den Zeichentrickfilmen steht diese Frage überhaupt nicht zur Debatte. Dort ist die vollkommene Natürlichkeit das, was schier unerreichbar erscheint, und die mit der Zeichentechnik notwendigerweise Hand in Hand gehende Stilisierung bestimmt den Gesamtstil des Films. Wenn Zeichnungen in Versen reden, so stört das niemand.

Wie ist es andererseits zu erklären, daß wir den Gesangfilm, die zweifellos unnatürliche Filmoperette und die Filmoper akzeptieren? Wir tun es, weil der Gesang eine natürliche Lebensäußerung des Menschen ist. Singende Menschen sehen wir überall, ja manchmal auch solche, die ein Gedicht aufsagen. Nur das eine ist nicht wahrscheinlich, daß die Menschen ihre kleinen alltäglichen Sorgen miteinander in Versen besprechen. Wenn wir nun eine Filmoper sehen und hören, dann wissen wir im voraus, daß es sich hier nicht um Kunst, sondern um eine künstlerische Darstellung handelt, ähnlich wie bei einem Ballettfilm. Wir wollen uns mit dieser Frage in einem der folgenden Kapitel eingehender befassen.

Subjektive und volkstümliche Stilisierung

In der Synthese von objektivem Eindruck und subjektiver Auffassung, dem grundlegenden Prozeß jeder künstlerischen Darstellung, kommen Stil und Stilisierung zweifellos von der Seite des Subjekts her. Stilisierung ist nämlich die Abweichung von der Realität, von der sachlichen Ähnlichkeit. Ein und denselben Gegenstand kann man in den verschiedensten Stilarten, nach verschiedenen subjektiven Auffassungen darstellen – auch dann, wenn es sich nicht um einen persönlichen, sondern um einen Volks- oder Klassenstil handelt. Denn auch dieser wird sich ja bei jeder konkreten Kunstschöpfung im Spiegel der Kunst irgendeiner konkreten schöpferischen Persönlichkeit offenbaren.

Auch die Schöpfungen der Kunst werden nicht vom Volkskollektiv, sondern von einzelnen aus dem Volke vollbracht.

Hier haben wir es mit einem paradoxen Problem zu tun. Wenn der Stil das subjektive Element der Darstellung ist, wie kann es dann sein, daß stets die geschichtlichen und die Volksstilarten die allgemeingültigen Elemente der Kunst waren? Wie verhalten sich der jede Realität deformierende, willkürlich stilisierende Formalismus des extremen Subjektivismus und die naiv, bis zur abstrakten Ornamentik stilisierenden Tendenzen der Volkskunst zueinander? Warum ist das eine willkürlicher Subjektivismus, das andere hingegen von überpersönlichem, allgemeingültigem objektivem Wert?

Ich erwähnte bereits, daß auch der originellste und urtümlichste Volksstil sich nur als persönlicher Geschmack einer bestimmten Persönlichkeit und als deren künstlerische Absicht zu äußern vermag. Andererseits werden hier persönlicher Geschmack und Absicht nicht nur persönlich sein. Jeder Künstler, der in lebendigem Kontakt mit seiner Gesellschaft lebt, ist mit seiner ganzen Ideologie, mit allem Gefühl, bewußt oder unbewußt, ein Repräsentant jenes Volkes, zu dessen überpersönlichem, traditionellem Stil er sich in aller Naivität bekennt.

Der geschichtliche Stil eines Volkes ist eine objektive historische Tatsache. (Wenn auch Stilisierung an sich ein subjektiver Vorgang ist.) Die glücklichste Konstellation tritt dann ein, wenn ein Künstler diese zur objektiven Erscheinung gewordene geschichtliche Überlieferung als subjektives Erlebnis durchlebt und in seinen Werken ausdrückt. In solchen Fällen vermag der Künstler in seinen persönlichsten, subjektivsten spontanen Schöpfungen objektive Werke von allgemein geschichtlicher Gültigkeit zu schaffen. Es ist dies jener seltene Fall, wo Kunst in extremster Weise stilisiert sein kann, ohne willkürlich subjektiv zu sein.

Im heutigen westlichen Kulturkreis ist dies nahezu unvorstellbar. Uralte, primitive Volksstilarten sind zur Darstellung des modernen industrialisierten Lebens nicht geeignet. Gibt es überhaupt irgendwo einen überlieferten Volksstil, nicht primitiv und nicht veraltet, der auch zur Darstellung des heutigen Lebens geeignet wäre?

Für einen Bewohner Westeuropas oder Amerikas wäre es ein Wunder, wenn in einem Pariser Literatencafé plötzlich Homer oder einer der Sänger der Kalevala als Gast erscheinen würde. Das wäre ebenso merkwürdig, wie wenn jemand auf den Einfall käme, den Kampf moderner Bombenflugzeuge in der Weise der alten Rhapsoden zu besingen. Und doch wurde solch Merkwürdiges bei den Völkern der Sowjetunion zur Wirklichkeit. Die überraschendsten Beweise hierfür liefert die Voksdichtung Mittelasiens. Aber auch in den Filmen der Völker Sowjetasiens, in der interessanten Produktion der Filmstudios von Kasachstan, Usbekistan und Turkmenistan tritt diese Erscheinung zutage. Es ist allgemein bekannt, daß die Völker Mittelasiens erst durch die Kultur- politik der Sowjetunion zum Bewußtsein ihrer eigenen Volks- und nationalen Kultur erwachten. Sie war bis dahin bloß eine immer mehr verblassende Überlieferung und lebte nur noch in der Erinnerung der Alten. Die Sowjet- kultur erweckte nicht nur die bereits in Vergessenheit geratene Überlieferung zu neuem Leben, sie förderte und unterstützte auch ihre lebendige Fortset- zung. Bei den Völkern Mittelasiens war nämlich die Überlieferung der alten Sänger noch lebendig, sie selbst lebten noch und zogen mit ihrer zweisaitigen Laute als wandernde Rhapsoden von Hof zu Hof und sangen die alten Volks- sagen, die noch nirgends aufgezeichnet waren. Die Sowjetregierung hat diese herrlichen alten Epen nicht nur aufgezeichnet, sondern ermöglichte es diesem letzten Geschlechte der Akinen (kasachischer Name dieser Barden), sich in das heutige Leben des Sowjetreiches einzuschalten und nicht nur von den alten Helden zu singen, sondern auch von den Großtaten unserer Zeit – im Rhythmus und in der Sprache des alten Volksstils. Damit wieder beeinfluß- ten sie den Stil der jüngeren Schriftstellergeneration.

In unseren Tagen, in Mittelasien geschah dieses Wunder, das erst in Zukunft einen entscheidenden Einfluß auf die westliche Kunst ausüben wird: Das heutige moderne Leben wird dort im Stil uralter und dennoch lebendiger Volkskunst dargestellt. Dies beschränkt sich keineswegs auf das Gebiet der Literatur. Die kasachischen und die tatarischen, die usbekischen und die turk- menischen, die kirgisischen und die jakutischen Regisseure, Schauspieler und Drehbuchautoren, die in ihren modern ausgerüsteten Filmstudios das Hand- werkzeug der modernsten Filmtechnik ausgezeichnet beherrschen, sind selbst noch in den Überlieferungen lebendiger Volkskunst aufgewachsen und hatten das beispiellose, beneidenswerte Glück, nicht unter den größten Anstrengun- gen persönliche Stilarten entwickeln zu müssen, weil sie vom großen, leben- digen Volksstil getragen werden. Der enge Kontakt der Sowjetkunst mit dem Volke sichert die Entwicklung dieser Richtung.

Musikalische Kunstformen

Der Opernfilm und die Filmoper sind offensichtlich zwei verschiedene Kunst-formen. Das ist nicht nur ein Wortspiel. Unter Opernfilm verstehen wir eine verfilmte Opernvorstellung. Man kann Bizets „Carmen", Verdis „Rigoletto" und alle möglichen klassischen Opern als Tonfilm drehen und so deren her-vorragendste Vorstellung fixieren, vervielfältigen. Das ist eine notwendige und wertvolle Reproduktion und zur Popularisierung klassischer Opern von großem Nutzen. Aber mit den Problemen und Aufgaben der Filmkunst hat es wenig zu tun. Die Filmoper hingegen ist die im voraus für den Film her-gestellte, gedachte und komponierte, neue musikalische Kunstform, die neue Probleme und Aufgaben hat.

Bei einer von allem Anfang an gegebenen, vom Film unabhängig vorhande-nen Oper können den Bearbeiter zwei Absichten leiten: zuerst die Populari-sierung hochwertiger Musik, und zwar in ihrer gegebenen und unveränder-lichen klassischen Form; andererseits mag man im Sujet der Oper und in ihren musikalischen Motiven Material für eine Filmbearbeitung sehen. Im ersten Fall können wir mit der Oper nicht so verfahren, wie wir das bei der Verfilmung von Romanen und Stücken zu tun pflegen, wir können der Oper nicht, indem wir sie als Rohstoff betrachten, in einer freien Bearbeitung einen *filmischen* Stil verleihen. Dies ist darum unmöglich, weil uns die Musik, die ja verfilmt wird und die wir nicht verändern dürfen, *an die Szenenfolge bin-det.* Die Musik, mit der die Handlung gleichsam bedeckt ist, führt nun auch die Handlung selbst in den Film über. Daraus folgt, daß diese Handlung im Film noch viel steifer, grotesker und theatralischer wirken wird als auf der Bühne. Auf der Opernbühne haben wir uns an diesen Stil gewöhnt, er bedeu-det dort die traditionelle Konvention und entspricht der „unnatürlichen" Sti-lisiertheit der Bühne, der Ausstattung und des sichtbaren Orchesters. In der unstilisiert photographierten „natürlichen" Umgebung des Films hingegen wird der Spielstil der Oper (der von der Musik bestimmt wird) in den meisten Fällen als Unmöglichkeit und als lächerlicher Widerspruch wirken. Es wird sich darum bei der Verfilmung klassischer Opern zumeist empfehlen, sie *als Opernvorstellungen zu drehen.* Dann wird auch das opernhafte Spiel ein realistisches Bild ergeben, da es ja die bildgetreue Aufnahme einer bekannten

Wirklichkeit ist, und da Bewegungen, die in einer wirklichen Straße lächerlich wirken würden, keineswegs lächerlich sind, wenn wir die Bühne sehen, auf der sie vollführt werden.

Freilich ist die Filmtechnik auch bei der Aufnahme solcher Opernfilme zu verwenden, sie kann die altmodische und auch auf der Bühne schon unerträgliche Starre lockern. Die Technik vermag auch, wenn sie nicht die Natur aufnimmt, sondern Theater, dennoch mit ihren Detailbildern durch wechselnde Einstellungen und durch den Schnitt sehr viel dazu beizutragen, daß Opern dramatisch lebendiger und dem heutigen Geschmack entsprechender dargestellt werden.

Im Film kamen immer schon Bühnen- oder Estradeszenen vor, besonders wenn der Film von Schauspielerschicksalen handelte. Diese waren Szenen des wirklichen Lebens, genau so wie die Straßenszenen, und ihr naturwidriger Stil war – natürlich. Jedermann wußte, daß es auf der Bühne ebenso zugeht. Diese Szenen wurden jedoch unter Verwendung der gesamten optischen Technik bildmäßig aufgenommen. Gute Regisseure hoben dabei gerade den eigentümlichen Bühnencharakter mit den besonderen Mitteln des Films hervor, nicht selten in der Absicht, zu ironisieren. René Clair zum Beispiel hat niemals so filmisch gearbeitet wie damals, als er in seinen Filmen die groteske Naturwidrigkeit des Bühnenstils parodierte.

Aber auch wenn der Film die Opernvorstellung in ihrem klassischen, originalen Stil darzustellen wünscht, sollte er es in der Sprache des modernen Films tun. Der ursprüngliche Stil muß vor allem deshalb erhalten bleiben, weil, wie ich bereits erwähnte, die Musik verpflichtet. Klassische Musik können wir unter Umständen kürzen, aber nicht verändern. Nun wurden aber die klassischen Opern zu alten, ungewöhnlich stilisierten Texten geschrieben und bewahren deren archaische dramatische Struktur. Wenn auf der Opernbühne die Gegner einander mit gezogenen Säbeln gegenüberstehen und, statt loszuschlagen, erst einmal eine halbe Stunde lang von ihrem blutigen Haß zu singen beginnen, dann ist dies nur auf der Opernbühne erträglich, wo die alte und vornehme kulturelle Überlieferung uns bestimmt, den nötigen Ernst zu bewahren. Der Gesang aber ist das Wichtigste und Wertvollste an der Szene. Daraus folgt nicht, daß man eine solche Szene unbedingt in der Umgebung gemalter Bühnenbilder und Kulissen aufnehmen muß. Opern werden ja oft genug auch in Freilufttheatern mit einer natürlichen Dekoration als Hintergrund gegeben. Aber auch wenn die Dekoration natürlich ist, erscheint es wichtig, daß sie *Dekoration bleibt*, daß es dem Publikum bewußt ist, eine Dekoration vor sich zu haben und *einer Opernvorstellung beizuwohnen, wenn auch in einem echten Wald.* Dann wird die veraltete Stilisiertheit der Handlung und des Spiels (die von der Musik erzwungen wird) auch der natürlichen Umgebung nicht widersprechen.

Auf solche Art kann man Opern im Film mit weitaus großzügigeren Dekorationen aufführen als auf der größten Opernbühne. Im Freilufttheater steht die ganze Größe der Natur als Dekoration zur Verfügung.

Aber das Problem der Natur und der Natürlichkeit im Opernfilm ist nicht nur eine Frage der Dekorationen, sondern auch der Regie und des Spiels. Denn der an die klassische Musik „angefrorene" Dialog kann nicht wesentlich verändert werden. Wie verdreht und langatmig er auch dem heutigen Geschmack erscheinen mag – weder das Ganze noch seine einzelnen Sätze kann man kürzen, ohne der klassischen Musik zu schaden. In einem Film, der das Leben darstellt, wäre dies unmöglich. In einem Film, der eine Opernszene zeigt, ist dies natürlich.

Auch das Mienenspiel des Sängers während des Gesanges ist ein zu lösendes Problem. Derjenige, der singt, wendet sich ja vor allem an das Gehör des Publikums und nimmt nicht Rücksicht darauf, welchen Anblick er bietet. Wenn uns schon der Sprechfilm vor neue schwierige Probleme gestellt hat, als die Schauspieler für das Ohr deutlich sprechen mußten, und nicht mehr für das Auge (wie im alten Stummfilm), dann ist die Mundbewegung des Sängers in der Nahaufnahme ein noch viel schwieriger zu lösendes Problem. Die strenge Formung der Vokale und der Konsonanten haben der Mimik des Mundes eine groteske Leere verliehen. Beim Gesang ist das in noch viel höherem Maße so. Aus der Entfernung der Bühne stört all dies weniger. Aus der Nähe der Filmaufnahme hingegen kann es sehr peinlich wirken.

Der Filmstil ermöglicht es mir, eine lange Arie anzuhören, ohne daß ich die ganze Zeit auf den Mund des Sängers schauen müßte. Die Kamera kann inzwischen schwenken und jene Objekte zeigen, auf die sich die Musik bezieht: den Gegenstand der Liebe, oder die Landschaft, das Heim und die drohende Gefahr. Die Bühne soll Bühne bleiben, was dem Publikum stets bewußt ist, sie ist nur in den Nahaufnahmen des Films nicht immer zu sehen. Darum wirken auch starre, reglose Dekorationen und Statistengruppen nicht störend. Denn sie sind zwar reglos, aber die Kamera bewegt sich, und der Bildwechsel ist bewegt, ebenso der Rhythmus der Montage. Dieser Montagerhythmus kann, dem Rhythmus der Musik angepaßt, diesen unterstreichen und versinnbildlichen.

Die Technik, vor allem die des Farbfilms, wird bei der Popularisierung der Oper eine wichtige Mission erfüllen. Heute werden die Opern in den meisten Fällen noch gekürzt werden müssen, weil es schwer ist, dem heutigen Publikum länger als zwei Stunden währende Filme vorzuführen (diese Schwierigkeit wird aufhören). Auch bei der Kürzung ist natürlich der musikalische Standpunkt richtunggebend, so daß man mit der Kürzung der Musik beginnen muß. Die dramaturgischen Kürzungen müssen sich jener anpassen. Andererseits kann dies nicht einfach durch Streichungen geschehen, sondern es bedarf einer Umgruppierung der Szenen, ja manchmal sogar des Ganges der Handlung. All dies wird den Geist der betreffenden Oper so lange nicht berühren, solange die Musik ihn bewahrt. Das sind keine leichten Aufgaben, und die Verwirklichung eines Opernfilms ist für Regisseure, Darsteller und die ganze Aufnahmegruppe kein geringeres Unternehmen als ein originaler Film.

Filmoper

Wenn wir von der Filmoper, also von einer im voraus für den Film gedachten und komponierten Oper sprechen, behandeln wir eine leider noch nicht verwirklichte Kunstform. Es wurden diesbezüglich Versuche unternommen, die ergebnislos verliefen. Es ist lohnend, die Gründe hiefür aufzuspüren, denn die *prinzipielle* Möglichkeit der Filmoper ist ja theoretisch beweisbar.
In Operetten, musikalischen Revuen und allen möglichen sonstigen musikalischen Theaterstücken (also auch in den von allem Anfang an populären Filmvarianten dieser Kunstformen) singen die Darsteller Lieder. In gewissen dramatischen Situationen verleihen die handelnden Personen ihren Gefühlen durch ein Lied Ausdruck. Darin allein liegt noch keinerlei Unnatürlichkeit, keine Stilisiertheit – es kommt ja auch im täglichen Leben vor, daß Menschen in gewissen Stimmungen zu singen beginnen. Das allein ist nicht unwahrscheinlich. In der Oper jedoch, also auch in der Filmoper, *singen die Darsteller nicht nur Lieder, sondern unterhalten sich auch singend miteinander.* Dies jedoch wirkt unnatürlich, stilisiert, unwahrscheinlich.
In der Operette oder in sonst irgendeinem musikalischen Bühnenwerk kann die „Einlage", das Lied, auch eine dramaturgische Rolle spielen. Das Lied kann zum Beispiel das Zeichen für den Beginn irgendeiner Handlung sein, oder aber die Gestalten des Films erkennen einander durch ein Lied, oder das Lied erfüllt jemanden, der schon alle Hoffnung verloren hat und müde geworden ist, mit neuer Hoffnung, neuem Vertrauen. Aber auch in solchen Fällen wird das Lied als geschlossenes und fertiges musikalisches Werk *verwendet*, gleichsam als Requisit. Ein Lichtsignal könnte die gleiche dramaturgische Funktion erfüllen. Als Folge eines solchen Liedes könnte eine ganze dramatische Situation entstehen. *Aber das Lied selbst ist nicht die Folge jener*

dramatischen Situation. Es wird nicht vor unseren Augen aus jener Situation geboren. Jenes Lied war bereits vorher fix und fertig vorhanden und wurde in dieser Situation lediglich verwendet, angewandt. Ein so verwendetes Lied kann eine ganze große Handlung ins Rollen bringen. Aber im Liede selbst schreitet die Handlung nicht fort. Das Lied drückt einen gewissen Seelenzustand aus, aber die Entwicklung der Seele zeigt sich nicht in der Musik. Das Lied kann eine Etappe der Handlung ausdrücken, aber die Handlung setzt sich nicht in der Musik fort, deren seelische Stufungen darstellend – wie in der Oper.

Die Musik war vom Anfang an organisch mehr mit dem Film verwachsen als mit dem Theater. Sie gehört zum Mechanismus jedes Filmbildes, wie Licht und Schatten. Die Musik war nicht nur ein unerläßliches Element des Stummfilms, sie ist auch im Tonfilm unentbehrlich.

Die Begleitmusik im Theater verleiht der Szene stets einen irgendwie melodramatischen, also festlichen oder gehobenen lyrischen Charakter. Sie wird im Theater zumeist auch nicht verwendet, nur dann, wenn die Stimmung irgendeiner Szene betont werden soll.

Die Begleitmusik stummer Filmszenen wird normalerweise keinerlei besonders andächtige Stimmung hervorrufen, wenn nicht der Charakter der Bilder ein besonders festlicher oder lyrischer ist. Andererseits empfinden wir die Musik stets als notwendig, auch beim Anblick der sachlichsten Nachrichten- oder Kulturfilme.

Ein Stummfilm ohne Musikbegleitung wirkt peinlich, was seine physiko-psychologische Erklärung hat. Für den Stummfilm ist nämlich die Musik nicht nur ergänzender Stimmungsausdruck, sondern in gewisser Hinsicht die ergänzende dritte Dimension.

Solange der Zuschauer Musik hört, wird er sich dessen nicht bewußt, daß die grauen Filmbilder nur zweidimensional sind und im Grunde genommen keine echte Tiefe besitzen. Der Zuschauer akzeptiert sie als reale Bilder der lebendigen Wirklichkeit. Im gleichen Augenblick aber, in dem die Filmbilder tatsächlich verstummen, erscheinen sie plötzlich flach und als ein Spiel blutloser Schatten. Es ist eine Erfahrungstatsache, daß der größere Teil des Publikums sich gar nicht dessen bewußt ist, im Kino Musik zu hören. Erst wenn sie aufhört, bemerkt man, daß sie da war. Die psychologische Ursache dieser Erscheinung ist, daß wir die Wirklichkeit niemals nur mit *einem Organ* perzipieren. Was wir *nur* sehen, *nur* hören usw., das hat keinen dreidimensionalen Wirklichkeitscharakter.

Hieraus folgt, daß die Filmmusik nicht nur künstlerisch eine Rolle spielt, sondern auch dazu da ist, den Filmbildern einen natürlichen und lebendigen Ausdruck zu verleihen, die Bilder „atmosphärischer" zu machen und gleichsam die dritte Dimension zu vertreten. Die Musik ist akustischer Hintergrund, akustische Perspektive. Sobald sie jedoch zum Selbstzweck wird und sich damit vom Bilde löst, zerstört sie dessen lebendigen Ausdruck.

Alle Problematik der Filmoper ist auf diese Eigenschaften der Filmmusik zurückzuführen.

Ein gesungener Dialog, eine gesungene Dramenhandlung ist – wie bereits festgestellt – *keine natürliche,* sondern eine stark stilisierte Kunstform. In gesungenen Dialogen kann man sehr echte Gefühle sehr realistisch ausdrücken. Aber die *Art* des Ausdrucks wird nicht natürlich, sondern stilisiert, *also unfilmisch* sein. Dies ist der Grund, weshalb bisher auch kein Lyrik-Film gelang.

In der Filmoper, die demnach eine Stilisierung ebenfalls schwer ertragen kann, wird nicht die Frage der Dekoration und der Regie am schwersten zu lösen sein, sondern die Frage der Musik. Der musikalische Ausdruck, der Ausdruck des Sprechens und der gestisch-mimische Ausdruck sind nämlich nicht von gleicher Zeitdauer. Das tiefste und komplizierteste Gefühl kann in einem einzigen Gesichtsausdruck, in einer oder wenigen Gesten zum Ausdruck kommen, die eine oder zwei Sekunden in Anspruch nehmen, also, in der Fachsprache des Films ausgedrückt, nur wenige Meter. Allein schon die Beschreibung eines solchen Seelenzustandes mit Hilfe von Worten nähme mehr Zeit, mehr Meter in Anspruch. Während jedoch der Betreffende von seinen Gefühlen spricht, die er eben durch seine Worte gleichsam konserviert, kann die Begleitmimik auf seinem Antlitz verbleiben, solange er von dem gleichen Gefühl redet. Der melodische Ausdruck desselben Gefühls dauert jedoch länger. Schon wenige Takte nehmen mehr Zeit und Meter in Anspruch, und sobald der Sänger mit seinem Lied im Film fertig geworden ist, wird der Darsteller, der sich mit natürlicher Lebendigkeit bewegt, schon lange mit einem anderen Mienenspiel eine andere Stimmung ausdrücken. Wagner hat seine Opern nicht ohne Grund so eingerichtet, daß die Sänger sich viel langsamer bewegen, als es natürlich wäre. Die gebundene, stilisierte Rede des antiken Theaters wurde von Kothurnen herab gesprochen, die den Schauspielern nur ein verlangsamtes Schreiten ermöglichten, und auch die Oper entstand – wie wir wissen – im 16. Jahrhundert dadurch, daß man nach einem Spielstil für die langatmigen Verse antiker Tragödien suchte und im Absingen der Rezitationen die gewünschte Verlangsamung erblickte.

Weshalb jedoch diese stilisierte Verlangsamung auf der Bühne möglich und im Film unmöglich ist, das hat noch tiefere Ursachen.

Als Senta und der Holländer in Wagners „Fliegendem Holländer" einander zum ersten Male erblicken, starren sie einander in regloser Sprachlosigkeit in die Augen. Diese fast zwanzig Minuten während wortlose Starre wirkt auf der Bühne – wie bereits an anderer Stelle erwähnt – nicht tot, weil die Musik des Orchesters die dramatische Bewegtheit des inneren Lebens der beiden ausdrückt. *Im Film kann jedoch die musikalische Bewegung die visuelle Bewegung nicht ersetzen.* Denn das unbewegte Bild erstarrt schneller, als das unbewegte Leben. Die Detaillierung der Bilder und der Rhythmus der Montage können die stets mörderische Wirkung der *Bildpause* eine Zeitlang überbrükken. Doch nicht für lange. Denn auf der Bühne wird die Lebendigkeit der regungslosen Gestalten bewahrt, weil das Publikum *weiß*, daß sie lebendig sind – also voraussetzt und glaubt, daß sie innerlich leben, wie starr auch immer sie erscheinen mögen. Die Erstarrung einer Photographie jedoch ist kein Schein, sondern Wirklichkeit. (Die Regungslosigkeit guter Gemälde ist eine Verdichtung der Bewegung und wirkt niemals tot.) Aber der Film kann nur bei der Momentaufnahme irgendeines Filmbildes stehenbleiben und ist im selben Augenblick tot.

Daraus folgt noch nicht, daß die Filmoper unmöglich sei, sondern nur, daß ihre Bilder nach Möglichkeit stilisiert werden müssen, was – wie wir wissen – mit Hilfe der Aufnahmetechnik weitgehend möglich ist.

Diese Stilisierung könnte am überzeugendsten aus dem Inhalt abgeleitet werden. Denn bei Märchen und Legenden, bei phantastischen Erzählungen stört es keinen Menschen, wenn auch der formale Teil der Darstellung nicht natürlich, sondern stilisiert ist. Das Wunderbare an einem Wunder ist nicht verwunderlich, seine Natürlichkeit wäre es weit eher. Märchengegenden sind um so seltsamer, in je genauerer Photographie wir sie erblicken, und auch die singende Sprache paßt zur Gesangsgeste.

Vierundzwanzigstes Kapitel

Held, Schönheit, Star und der Fall Greta Garbo

Der Held, das Beispiel und Muster, ist ein nicht wegzudenkendes Element aller menschlichen und nationalen Dichtung, von den alten Epen bis zum modernen Film. Dies ist eine Äußerung des Lebensinstinkts der geschlechtlichen Zuchtwahl, des Dranges zur Fortentwicklung. Das ist die Forderung nicht eines ästhetischen, sondern eines biologischen Gesetzes. Die im Laufe der Kulturgeschichte wechselnden und sich differenzierenden Geschmacksrichtungen haben lediglich das Bild des Helden verändert, je nachdem aus den Wunschträumen welcher Klasseninteressen sein Wert, seine Schönheit geboren wurden.

Die körperliche Beschaffenheit des Helden, die Schönheit des Ideals, waren nicht nur richtunggebend für die biologische Auswahl und Entwicklung. Sie erschienen auch von Anfang an in der Literatur und in der Kunst sublimiert, als physiognomischer Ausdruck geistiger und *moralischer Werte*. Im Zeitalter der begrifflichen Kultur, das mit der Buchdruckerkunst begann, wie wir in der Einleitung dieses Buches dargelegt haben, verlor die körperliche Sichtbarkeit menschlicher Werte ihre Bedeutung. Die Schönheit war nicht Traum und Erlebnis der Volksmassen. Erst die mit der Filmkultur beginnende Neuentwicklung der visuellen Kultur machte die Schönheit wieder zum bedeutsamen Massenerlebnis. Wenn heute alle illustrierten Zeitungen der Welt voll sind mit Bildern schöner Frauen, dann bedeutet das nicht nur, daß die gesamte Menschheit leichtlebiger geworden ist. Es gab auch vor der Erfindung des Films illustrierte Blätter, und doch waren sie nicht voll von Galerien körperlicher Schönheit. Im alten Athen hingegen, wo es noch keine illustrierten Zeitungen gab, waren die Straßen und die Plätze angefüllt mit Götterstatuen, mit Idealgestalten menschlicher Körper, und schwangere Frauen gingen hin, sie zu sehen, damit die Frucht ihres Leibes ihnen ähnlich werde. Denn die Abbilder der Schönheit waren Äußerungen des Urwillens der Entwicklung. Im Menschen, der im Zeitalter der Filmkultur wieder sichtbar geworden war, erwachen das Bewußtsein und das Gewissen der Schönheit neu, und die *visuelle Propaganda der Schönheit* wird zum Ausdruck der tiefsten biologischen und gesellschaftlichen Tendenzen.

Die Inkarnation des Geistes des Helden oder der Heldin ist die Schönheit, die genau die Ideologie und die Sehnsucht jener Völker und Klassen ausdrückt, die sich für sie begeistern. Wir müssen lernen, die Schönheit so zu lesen wie jeden anderen Gesichtsausdruck. Die Schönheiten, die ihnen wünschenswert erscheinen, verraten besser die politischen Wünsche gewisser Schichten, als ihr politisches Programm es vermag. Eine wissenschaftliche Analyse des Sex-Appeals würde die gesellschaftliche Seelenkunde und die Kenntnis der Ideologien sehr bereichern.

Zeiten bzw. Klassen, die keine Heldendichtung und kein Schönheitsideal hatten, waren stets Zeiten des Niedergangs bzw. niedergehende Klassen. Eine Gesellschaft, die das Schlagwort des „neuen Menschen" sehr betont, wird auch nach dessen körperlichem Idealtypus suchen. Es ist hier nicht von seelischen Schönheiten die Rede, die auf dem Antlitz lebendig werden können, und noch viel weniger von jener „Schönheit", mit der wir ungenau die Ausdruckskraft künstlerischer Schöpfungen zu loben pflegen. Es geht hier einfach und wörtlich um jene natürliche körperliche Schönheit, die in der Filmkunst eine außerordentliche Rolle spielt.

In den Reihen der Snobs machen sich Mißtrauen und Verachtung gegenüber den schönen Filmstars breit. Sie sind geneigt, die Schönheit als eine störende, niedere Instinkte mobilisierende Nebenwirkung zu betrachten, die mit der „wahren Kunst" nichts zu tun habe. Man darf jedoch eine so weit verbreitete Kulturerscheinung wie den Film nicht nur vom Standpunkt der streng genommenen künstlerischen Produktion aus beurteilen. Im Film offenbaren sich *darüber hinaus* die Lebensinstinkte der Menschheit und ihre gesellschaftlichen Tendenzen in so bedeutsamer Form, daß wir sie in Betracht ziehen müssen.

Die erfolgreichsten Stars des Films hatten ihre Popularität – auch wenn sie hervorragende Schauspieler waren – nicht ihrer Gestaltungskunst zu verdanken. Die populärsten unter ihnen gestalteten nicht. Sie spielten in allen ihren Rollen sich selbst. Nicht nur Chaplin wanderte – immer derselbe Charlie – aus einem Film in den anderen, ohne seine Maske, sein Kostüm oder sein Wesen zu ändern. Fairbanks und Asta Nielsen, Lilian Gish und Conrad Veidt und noch einige von den Größten blieben immer dieselben. Sie waren keine Menschendarsteller. Ihr Name, ihr Kostüm, ihre gesellschaftliche Stellung änderte sich in ihren verschiedenen Rollen, aber sie stellten immer denselben Menschen dar: sich selbst. Denn in ihrer Wirkung dominierte die körperliche Erscheinung. Sie tauchten als alte Bekannte in ihren neuen Filmen auf, und *nicht sie* nahmen das Antlitz der Rolle an, sondern umgekehrt: Die Rollen wurden ihnen im vorhinein „auf den Leib geschrieben". Denn das Publikum liebte nicht ihre schauspielerische Gestaltungskunst, sondern sie selbst, den Zauber ihrer Persönlichkeit. Freilich, auch die Fähigkeit, diese auszudrücken, ist

Kunst. Doch ist sie mehr der Lyrik ähnlich, die nicht außenstehende Dinge darstellt, sondern die Seele des Dichters. Sie waren die großen Lyriker der Mimik und der Gesten, und ihre Rollen waren nichts weiter als zufällige Gelegenheiten.

Keine noch so geniale schauspielerische Produktion vermag eine solche die ganze Welt umspannende Massenschwärmerei auszulösen, wie sie diese legendären Stars umgab. Es gibt sehr viele hervorragende, ja große Schauspieler. Es gab und gibt solche, die als Schauspieler besser waren als jene Halbgötter des Films, in denen viele Millionen Menschen ihre Wunschträume verkörpert sahen. Ihre Kunst erschöpft sich darin, daß sie ihre eigene Persönlichkeit mit restloser Intensität auszudrücken vermögen. Aber diese Persönlichkeit ist *nicht nur* ein interessanter und sympathischer Mensch, denn auch solche gibt es sehr viele. Wenn Chaplin imstande war, die zärtliche Liebe der halben Menschheit zu erringen, dann sehen jene vielen Millionen Menschen in seiner Persönlichkeit etwas, was für sie alle etwas bedeutet, dann drückt die Persönlichkeit Chaplins etwas aus, was in uns allen lebt, als verborgenes Gefühl, als Sehnsucht und als unbewußter Gedanke, etwas, was weit über die Grenzen persönlichen Charmes oder persönlicher Kunst hinausreicht. Der ungeschickte, schlaue Lausbub mit dem goldenen Herzen, der von Maschine und Kapital unterdrückte Mensch ist es, der sich mit grotesk geschickten Nadelstichen zur Wehr setzt. Der melancholische Optimismus Chaplins drückt unser aller Revolte gegen die unmenschliche Gesellschaft aus.

Bisher war Greta Garbo der populärste Star der Welt. Wir sagen dies nicht auf Grund von Studien irgendwelcher Ästheten. Es gibt dafür einen genauen, ja haargenauen Gradmesser. Man kann es aus der Zahl der Dollars errechnen, die man für ihre Popularität gezahlt hat. Nicht die *Schauspielerin* Garbo eroberte die Welt. Sie ist keine schlechte Schauspielerin, aber ihre Popularität verdankt sie ihrer *Schönheit*. Freilich ist es nicht ganz einfach, zu präzisieren, worin diese Schönheit besteht. Die reine Schönheit ist eine Sache des Geschmacks sowie des Sex-Appeals und kann schon aus diesem Grunde nicht auf eine Masse von vielen Millionen Menschen auf der ganzen Welt in gleicher Weise wirken. Es gibt außer ihr noch viele vollkommen schöne Frauen, so daß also die Harmonie ihrer Linien allein ihr noch nicht eine so einzigartige, privilegierte Stellung gesichert hätte.

Aber die Schönheit der Garbo ist nicht nur eine Harmonie der Linien, nicht nur ein Ornament. In der Schönheit Greta Garbos drückt sich die Physiognomie eines bestimmten Seelenzustandes aus.

Auch Greta Garbos Mimik wechselte während des Spiels. Auch sie lacht und ist betrübt, wundert sich und ist böse, so wie es ihre Rolle vorschreibt. Auch

Greta Garbos Antlitz ist einmal das einer Königin und einmal das einer verkommenen Prostituierten, je nachdem, was sie spielt. Aber durch jeden Zug ihres Mienenspiels schlägt stets jener fast schon anatomisch fixierte, unveränderte Garbo-Ausdruck durch, der die Welt erobert hat. Nicht die Schönheit im allgemeinen, sondern jene, etwas Besonderes bedeutende, eine bestimmte Sache ausdrückende Schönheit ist es, die die Herzen der halben Menschheit bewegte. Was ist dies wirklich?

Greta Garbo ist *traurig*. Nicht nur in bestimmten Situationen, aus bestimmten Gründen. Greta Garbos Schönheit ist eine leidende, eine das ganze Leben, die Umwelt erleidende Schönheit. Und diese Trauer ist ein sehr genau feststellbarer Ausdruck: Die Trauer der Einsamkeit und der Fremdheit, die keine Gemeinschaft mit den Menschen verspürt. In dieser Schönheit liegt alle Trauer der Reinheit einer in sich selbst verkapselten, inneren Vornehmheit, der fröstelnden Empfindsamkeit des „Noli me tangere". Selbst dann, wenn sie eine verkommene Prostituierte spielt. Ihr schwerer Blick kommt auch dann von weither und geht weithin. Auch dann ist sie eine in die Fremde Vertriebene, die nicht weiß, wie sie dorthin gelangte.

Doch wodurch wirkte eben diese eigenartige Schönheit auf viele Millionen mehr als jede heitere, strahlende Schönheit? Was bedeutet jener Ausdruck?

Wir empfinden die Schönheit Greta Garbos als edler, vornehmer, und zwar *gerade darum*, weil sich in ihr jener Kummer der Fremdheit und der Einsamkeit ausdrückt. Denn wie harmonisch auch die Linien eines Gesichtes sein mögen, das zufrieden lächelnd, glücklich und fröhlich wirkt – wenn es *in dieser Gesellschaft, heute,* so sein kann, dann kann es nur einen seelisch primitiven Menschen ausdrücken. So empfindet heute selbst der Kleinbürger ohne jedes bewußt politische Wissen, daß die leidende und traurige Schönheit, deren Gesten so sind, als ekelte ihr vor der Berührung mit dieser schmutzigen Welt, einen höher organisierten, seelisch reineren, geistig vornehmeren Menschen ausdrückt. Die Schönheit der Garbo ist in der bürgerlichen Welt eine *oppositionelle* Schönheit.

In der Physiognomie Greta Garbos sehen die Millionen einen schmerzlichen und passiven Protest. Millionen, die sich ihres eigenen leidenden Protestes vielleicht noch gar nicht bewußt geworden sind.

Aber gerade darum gefällt ihnen Greta Garbos Schönheit, und diese ist für sie die schönste der Schönheiten.

Weg und Ziele des Sowjetfilms

Die Entwicklung wird stets von der Absicht des Beginns und vom Geist des Anfangs entscheidend beeinflußt, so, wie auch die Bahn eines Geschosses von den Bedingungen des Abschusses bestimmt wird. Der Ausdruck „Sowjetfilm" ist natürlich keine nur geographische Bestimmung, er bezieht sich nicht nur auf die auf dem Gebiet der Sowjetunion hergestellten Filme. Wenn wir von „amerikanischen" oder „französischen" Filmen sprechen, denken wir ebenfalls an einen bestimmten Stil, an einen eigenen Geist, der sich nicht nur in der ideologischen Einstellung des Inhalts zeigt, sondern auch die formale künstlerische Ausdruckform des Films bestimmt. Die stilistischen Eigenheiten der Filme aus der Sowjetunion und jene der Filme anderer Länder sind viel weiter voneinander entfernt, als die Eigenheiten der Filme anderer Länder untereinander. Dieser Unterschied ist durch die Tatsache bedingt, daß der Sowjetfilm darüber hinaus nationale Eigenheiten besitzt und auch die Zeichen einer wesentlich anderen wirtschaftlichen und gesellschaftlichen Struktur erkennen läßt.

Was bestimmt im vorhinein den Geist des Sowjetfilms, der auch seine künstlerische Formsprache beeinflußt hat? Vor allem die Tatsache, daß die Filmproduktion im Lande des Sozialismus kein kapitalistisches Unternehmen und der Film selbst nicht nur Handelsware ist. Ich sage, „nicht *nur*", denn die Sowjetfilmgesellschaft verkauft ja ihre Filme ebenso ins Ausland wie jedes kapitalistische Unternehmen. Es ist andererseits nicht zu bezweifeln, daß auch die auf Gewinn eingestellte kapitalistische Filmindustrie Filme von hohem künstlerischem Wert zu produzieren vermag. Bei all dem können jedoch Anfang und Endziel bei der Produktion des Sowjetfilms niemals ausschließlich vom Profitstandpunkt aus entschieden werden. Es wird hier zur unerläßlichen Forderung, daß der Film zum *Träger einer Idee* werde. Dieser Umstand ist an sich noch keine Garantie für künstlerische Vollkommenheit, er drückt jedoch dem allgemeinen Stil des Sowjetfilms seinen Stempel auf. Eine Gemeinschaft, die aus einer Weltanschauung geboren wurde, wird natürlich auch in ihrer Kunst ihre Weltanschauung zum Ausdruck bringen.

Die Filmindustrie war in Rußland einer der ersten Produktionszweige, die wieder mit der Arbeit begannen. Noch rauchten die Barrikaden, als gemeinsam mit den revolutionären Partisanenliedern diese eigene „ideologische Industrie" geboren wurde. Dies beeinflußte den Stil ihrer ersten genialen Meisterleistungen und deren heftigen revolutionären Schwung entscheidend. Dieser Einfluß erklärt die gewagte Neuartigkeit und den Schwung von Einstellung und Schnitt in den Filmen von Eisenstein, Pudowkin, Dowshenko und Trauberg. Darum war der zum Begriff gewordene „russische Rhythmus" so erstaunlich, darum war das Spiel so intensiv real. Wie das auch sonst zu geschehen pflegt, sprengte der allgemeine Wille zur Erneuerung nicht nur die veralteten gesellschaftlichen, sondern auch die alten Kunstformen. „Panzerkreuzer Potemkin", „Die Mutter", „Die Erde" und andere Filme wurden nicht wegen ihrer revolutionären Ideologie, sondern trotz ihrer revolutionären Ideologie zu Welterfolgen in allen bürgerlichen Ländern. Dies geschah also nicht wegen ihrer politischen Tendenz, sondern infolge ihrer *ästhetischen Neuartigkeit und ihrer ästhetischen Kraft,* die von solchem Umfang war, daß sie dem revolutionären Geist der Filme in den Augen des bürgerlichen Publikums die Waage zu halten vermochte.

Wie sieht jedoch jene eigene künstlerische Formsprache aus, die den Stil des Sowjetfilms früher bestimmt hat und auch jetzt bestimmt? Feststellungen dieser Art werden nur dann umfassend und klar sein, wenn wir gleichzeitig auch die Wurzeln der Entwicklung bloßlegen.

Der Sowjetfilm sieht es natürlich als seine bedeutendste Aufgabe an, dem Sowjetpublikum das Leben in der Sowjetunion zu zeigen, er wendet sich also an ein Publikum, das durch das Fegefeuer der sozialen Revolution hindurchgegangen ist und nunmehr das egozentrische und von der Gemeinschaft abgetrennte Privatleben nicht mehr kennt, ja gar nicht imstande ist, es zu verstehen. Das Leben des Sowjetmenschen spielt sich inmitten der Gesellschaft ab, das *ganze* Volk hat daran teil. Die alltäglichsten, intimsten Erlebnisse haben *gleichzeitig* auch eine soziale, also politische Bedeutung.

Eisensteins Bilder im „Panzerkreuzer Potemkin", welche die Kosaken des Zaren zeigen, die von der Treppe des Hafens von Odessa auf das waffenlose und wehrlose Volk schießen, wurden zu klassischen Bildern in der Geschichte der Filmkunst. Wir sehen gar nicht die Kosaken selbst, sondern nur ihre Stiefel. Diese ungefügen, dummen, auf Befehl vorwärtsschreitenden Stiefel, die in Menschengesichter treten. So gewinnt das Bild metaphorische Kraft. Das ist Sowjetstil. Es ist ebenfalls Eisenstein, der uns in einem anderen Film das Winterpalais des Zaren in Petersburg zeigt, als die Aufständischen es belagern. Den entscheidenden letzten Sturm bekommen wir jedoch nicht zu sehen, sondern nur den im Thronsaal hängenden Riesenluster, der im Kanonendonner erbebt. Es ist ein mächtiger, lichtsprühender Luster, der die Form einer Krone

hat. Er wird zum Symbol der Zarenmacht. Wir sehen ihn beben, wanken und schließlich herabstürzen. Und ohne daß das Bild aufgehört hätte, ein reales Bild eines realen Gegenstandes zu sein, wird es zum Symbol. Denn es gewann daneben eine zweite, eine tiefere Bedeutung. *Das ist der Stil des Sowjetfilms.*
In einem seiner ersten Stummfilme zeigt uns Pudowkin den ersten Weltkrieg in abwechselndem Schnitt von Bildern der Front und solchen der Börse. Hier fallen die Soldaten – dort steigen Aktien. Menschen fallen – Aktien steigen. Diese Bildassoziation erweckt unwiderstehlich eine Ideenassoziation in uns. Wir sehen nicht nur realistische Szenen, wir sehen auch die in ihnen verborgenen Wahrheiten, auch ohne jede wörtliche Erklärung. *Dies ist der Sowjetstil.* Mit Hilfe von eigener Perspektive, Einstellung, Beleuchtung und auf assoziative Wirkungen eingestellter Montage hat der klassische Sowjetstummfilm auch völlig realen Bildern tiefe dichterische Symbolik, soziale Philosophie und psychologische Bedeutung verliehen. Dieser Stil stellte den sowjetischen Stummfilm an den ersten Platz der Filmkunst der Welt.
Hier müssen wir eine Frage aufwerfen, die einem auf Schritt und Tritt begegnet: „Was ist die Ursache des gegenwärtig merkbaren Niederganges des Sowjetfilms?" Besonders, wenn wir dabei in Betracht ziehen, daß auch die großen Regisseure, wie Eisenstein, Pudowkin usw., die in der ersten Zeit geniale Meisterwerke schufen, in den letzten Jahren nicht mehr mit jener siegreichen, überzeugenden Kraft gearbeitet haben. Was ist die Ursache?
Nach der Verbreitung des Tonfilms war das Absinken des Sowjetfilms nicht stärker als das der Filmproduktion anderer Ländern, wo infolge der Anfangsschwierigkeiten des Sprechfilms die bereits erreichte hohe Ausdrucksfähigkeit des Stummfilms verlorenging. Auf je höherer Stufe jedoch der Sowjetstummfilm infolge seiner vorhin analysierten metaphorischen und symbolischen Formsprache stand, um so augenfälliger war sein Absinken. Der entscheidende Unterschied gegenüber dem westlichen Film (in erster Linie dem amerikanischen) liegt darin, daß dieser sich auf dem niederen Niveau, auf das er zurücksank, gleich zu Hause fühlte, die Träume, Perspektiven und Ambitionen jener ersten großen Hollywooder Generation, die die neue große Kunstform des Stummfilms geschaffen hatte, kampflos aufgab und sich im allgemeinen mit photographiertem Theater begnügte.
Der Sowjetfilm nahm die Krise nicht so leicht, er fand sich nicht einfach darein, fabrizierte nicht abgerundete und an die Zeit angepaßte Ware und gab sich mit den wieder anfängerhaft gewordenen, verminderten Möglichkeiten des Tonfilms nicht zufrieden. Die Sowjettonfilme mögen viele Schwächen haben, aber sie erkauften nicht um den Preis prinzipiellen Entgegenkommens eine *scheinbare Vollkommenheit.* Jener hohe Anspruch, dem der Sowjetfilm nie-

mals entsagte, war die Ursache seiner Unvollkommenheiten, die mehr als Mängel in seiner Entwicklung angesehen werden müssen.

Mit welchen Problemen haben die heutigen Sowjetregisseure zu tun? Sie wollen die Monumentalität ihrer Filme bewahren, die jener zweifachen Perspektive allen Geschehenes entspringt, wonach jedes Einzelschicksal gleichzeitig auch gesellschaftliche und geschichtliche Tiefen enthält. Beim klassischen Stummfilm erreichten sie all dies mit Hilfe des metaphorischen und symbolischen Stils der Montage. Mit dem Ende des Stummfilms hörten diese Ausdrucksmöglichkeiten jedoch auf. Die Worte machten die stummen Metaphern der Bilder überflüssig. Die vielfältige, ideenreiche, monumentale Bedeutung der Bilder mußte der Film nun durch die Erzählung, die Story, das Drehbuch erreichen. Dies ist dem Sowjetfilm noch immer nicht gelungen. Wir müssen bemerken, daß die mitunter augenfällige Schwere der Sowjetfilme immer durch die Filmstory bedingt ist. Niemand bezweifelt die große Kunst der Sowjetschauspieler und die Virtuosität sowjetischer Operateure. Es liegt nicht im Spiel oder in der Photographie begründet, daß das an leichte Unterhaltungsfilme gewöhnte westliche Publikum sie manchmal mit Befremden aufnimmt. Die Ursache ist hier, daß der Sowjetfilm noch immer nach einer Lösung der Filmhandlung sucht, die das einfache Privatleben zeigt, aber so, daß sie damit gleichzeitig das Schicksal des ganzen Volkes wie ein persönliches Erlebnis spiegelt. Diese große Aufgabe haben die sowjetischen Filmschriftsteller noch nicht vollkommen gelöst. Aber in den neueren Sowjetfilmen zeigen sich bereits Ansätze einer Lösung. Die neue Form des sowjetischen Tonfilms ist die, die dem menschlichen Alltag gleichzeitig historisches Gewicht verleiht, die in breitem Horizont ein soziales Bild zu zeigen vermag, und zwar innerhalb eines dennoch intimen Films.

Anhang

Asta Nielsen

wie sie liebt und wie sie alt wird

Aus dem Buch „Der sichtbare Mensch", 1924

Wenn man schon verzweifeln möchte an der Berufenheit des Films, eine eigene, wirkliche Kunst zu werden, die würdig ist, daß sie eine zehnte Muse auf dem Olymp vertritt, wenn es einem fast selbst schon so vorkommt, als wenn der Film nur ein verkrüppeltes Theater wäre und sich zu diesem verhielte, wie die photographische Reproduktion zum Ölgemälde, ja, wenn man zu zweifeln anfängt, dann ist es doch nur die Asta Nielsen, die einem Glauben und Überzeugung wiedergibt.

Da spielt sie zum Beispiel Liebe und Liebelei in einem Film, der schon darum kein photographierter Nachguß eines Bühnendramas sein kann, weil er gar keinen bühnenfähigen Inhalt hat. Der von Jessner inszenierte „Erdgeist"-Film hat sich alles Literarischen entledigt. Es ist überhaupt kein Drama. Es ist ein großartiges Gebärdenspiel der Erotik.

Der einzige Inhalt dieses Films ist, daß Asta Nielsen mit sechs Männern kokettiert, flirtet, liebelt und sie verführt. Der Inhalt dieses Films ist die erotische Ausstrahlung dieser Frau, die uns hier das große, vollständige Gebärdenlexikon der sinnlichen Liebe gibt. (Vielleicht ist das sogar die klassische Form der Filmkunst, wo keine „Handlung" mit äußeren *Zwecken* die Gebärden hervorruft, sondern jede Gebärde nur *Gründe* hat und darum nach innen deutet.) Nun ist aber die Erotik – hier wird es klar – das eigenste Filmthema, der Filmstoff an sich. Erstens darum, weil es immer, zumindest immer *auch* ein körperliches Erleben, also sichtbar ist. Zweitens gibt es nur in der Erotik eine restlose Möglichkeit des *stummen Verständnisses*. Ein Dialog der Verliebten kann nur mit den Augen geführt werden, ohne daß etwas ungesagt bleibt, und die plumpen Worte würden nur stören. Minnespiel und Mienenspiel waren von jeher Schwestern.

Die Variabilität der Gebärden, der Reichtum an mimischen Ausdrücken, ist bei Asta Nielsen betäubend.

Der große Wortschatz gehört bei Dichtern zum Zeichen ihrer Größe. Shakespeare wird nachgerühmt, daß er 15.000 Wörter verwendete. Wenn mit Hilfe der Kinematographie einmal unser erstes Gebärdenlexikon zusammengestellt sein wird, kann erst der Gebärdenschatz Asta Nielsens ermessen werden.

Der besondere künstlerische Wert der Asta-Nielsen-Erotik besteht aber darin, daß sie durchaus vergeistigt ist. Die Augen sind es hier vor allem, nicht das Fleisch. Ihre abstrakte Magerkeit ist ein einziger zuckender Nerv mit einem verzerrten Mund und zwei brennenden Augen. Sie ist nie entkleidet, sie zeigt nicht die Schenkel wie Anita Berber (bei der zwischen Gesicht und Hintern kaum zu unterscheiden ist), und doch könnte dieses tanzende Laster zu Asta Nielsen in die Schule gehen. Sie ist mit ihren Bauchtänzen ein Lamm gegen die angekleidete Asta Nielsen. Denn diese kann obszöne Entblößung *schauen*, und sie kann lächeln, daß der Film von der Polizei als Pornographie beschlagnahmt werden müßte. Diese spiritualisierte Erotik ist das Gefährlich-Dämonische, weil sie durch alle Kleider hindurch fernwirkend ist.

Und darum wirkt Asta Nielsen nie geil. Sie hat immer etwas Kindliches. Aber in dieser Rolle, wo sie doch eine Dirne spielt, die im Moment, da sie Oberhand gewinnt, sofort beobachtend, berechnend wird, in dieser Dirnenrolle wirkt ihre Naivität schon pflanzenhaft. Sie ist nicht unmoralisch, sondern eine gefährliche Naturgewalt und unschuldig wie ein Raubtier. Sie frißt die Männer nicht mit böser Absicht, und ihr Abschiedskuß (sie küßt den Mann, den sie erschossen hat) ist rührender als alle Tränen verlassener Filmjungfrauen. Ja, senkt die Fahnen vor ihr, denn sie ist unvergleichlich und unerreicht.

In Asta Nielsens Kindlichkeit liegt ihr Filmgeheimnis, das Geheimnis ihres mimischen Dialogs, *der ohne Worte einen lebendigen Kontakt* mit dem Partner schafft. Sonst mimen auch die besten Schauspieler nur Monologe auf dem Film, die, einander gegenübergestellt und angepaßt, den Anschein eines Dialogs erwecken sollen. Aber die Brücke der Worte fehlt, und die Einsamkeit der Stummheit scheidet die Spieler. Denn nur aus der gesprochenen Antwort ist zu erfahren, wie weit einer den anderen verstanden, wie weit einer den anderen innerlich berührt hat. Wie sehr dieses Medium der Worte trotz allem fehlt, hat jeder erlebt, der einmal einer Kinovorstellung ohne Musik beigewohnt hat.

Nun, die Szenen Asta Nielsens spielen sich auch ohne Musik nicht in einem kalten, luftleeren Raum ab. Asta Nielsen hat auch ohne das verbindende Medium der Musik innigsten Kontakt mit ihrem Partner. Wodurch?

Asta Nielsens Mienenspiel ahmt, wie das der kleinen Kinder, während des Gesprächs die Mienen der anderen nach. Ihr Gesicht trägt nicht nur den eigenen Ausdruck, sondern kaum merklich (aber immer fühlbar) reflektiert sich darin, wie in einem Spiegel, der Ausdruck des anderen. Wie ich im Theater hören kann, was die Heldin hört, so kann ich an ihrem Gesicht sehen, was sie sieht. Sie trägt den ganzen Dialog auf ihrem Gesicht und verschmelzt ihn zur Synthese des Erfassens und Erlebens.

Sie spielte einmal Hamlet und trat im vorletzten Akt mit der regungslos-apathischen Maske der Melancholie vor den hohen Thron des Norwegerkönigs

Fortinbras. Dieser erkennt in Hamlet den alten Kameraden und kommt mit ausgebreiteten Armen lächelnd auf ihn zu. Großaufnahme von Asta Nielsens Gesicht. Sie schaut ihn, den sie nicht erkennt, mit leeren Augen, verständnislos an. Ihre Lippen ahmen mit einer sinnlosen Grimasse das Lächeln des Nahenden nach. Das Gesicht Fortinbras' ist an dem ihrigen wie in einem Spiegel zu erkennen. Sie nimmt das Gesicht auf, es taucht in ihr unter, kehrt als erkanntes wieder, und das Lächeln, das nur eine von außen aufgedrückte Maske war, wird von innen allmählich durchwärmt und wird zu lebendigem Ausdruck. Das ist ihre ganz eigene Kunst.

Senkt die Fahnen vor ihr, denn sie ist unvergleichlich und unerreicht. Senkt die Fahnen vor ihr, denn durch ihre Kunst wird selbst der „Absturz" des alternden Weibes zum steilen Aufstieg der Schauspielerin. Asta Nielsen ist die erlöste Künstlerin, die ihr Leben so restlos in Kunst gestaltet, daß aus jedem Schmerz und jedem Verlust doch nur die Freude einer neuen Rolle wird.

Sie hat diesen „Absturz" gespielt. Wir sehen eine Frau, die uns durch Jahrzehnte hindurch zwang, ihre Jugend mit allen Stürmen zu erleben, wir sehen diese Frau, im Herbststurm entlaubt, vor unseren Augen alt werden. Asta Nielsen ist jetzt öffentlich, vor den Augen des Publikums, alt geworden. Denn sie hat dabei nichts zu verbergen. Für diese Künstlerin ist das Alter keine Niederlage, kein Welken und Verderben. Denn indem sie diese Niederlage, dieses Welken spielt – wird das Alter bloß zu einer neuen Rolle, die als Kunst neu und frisch ist wie nur irgendeine Jugend. So überwindet die Kunst das Leben. Asta Nielsen legt ihre Jugend ab wie ein Kostüm, dessen sie überdrüssig ward, und kleidet sich in das Alter – in ihre jüngste Kreation – mit siegessicherem Stolz.

Das Textbuch dieses Films ist gleichgültig. Es ist gut, denn es gibt Spielgelegenheit für Asta Nielsen. Es ist ausgezeichnet, weil der wesentliche Inhalt nicht eine auch novellistisch erzählbare Fabel ist, sondern ein Schicksal, dessen Stürme auf einem Gesicht sichtbar werden. Und dieses Gesicht wird zu einer dramatischen Bühne, die aus den Fugen geht vor den auf ihr tobenden Leidenschaften, es wird zu einem Schlachtfeld, auf dem sich aufregendere Kämpfe abspielen als zwischen den Komparsenmassen der Hindenburg-Regisseure. Es ist das Gesicht Asta Nielsens.

Der kurze Inhalt ist, daß eine noch schöne, noch glänzende Sängerin einem jungen Liebhaber sagen muß: „Nein, heiraten wollen wir nicht, ich bin ja zu alt für dich." Dieser junge Liebhaber nun begeht ihretwegen einen Mord und wird auf zehn Jahre ins Zuchthaus gesperrt. „Ich will auf dich warten", schreibt ihm die Frau, und der Junge träumt im Kerker, zehn Jahre lang, von seiner Geliebten und sieht sie strahlend schön wie am ersten Tag. Doch in

diesen zehn Jahren wird die Frau alt und häßlich. Mehr noch – Asta Nielsen treibt alles aufs Äußerste, wie jeder fanatische Künstler –, sie wird ekelhaft. Krankheit und Elend ziehen sie in den Abgrund faulender Verkommenheit. (Wie Asta Nielsen das spielt! Mit welcher Wut dieses Weib in ihren Wunden wühlt!) Nun kommt der große Tag. Die alt und schäbig gewordene Frau mit dem verwüsteten Gesicht steht zitternd vor dem Gefängnistor, aus dem der Junge herauskommen soll. Er kommt. Er weiß, daß seine Geliebte ihn erwartet. Er späht umher. Er geht langsam und schaut jedem ins Gesicht. Er sieht auch eine schäbige, alte Frau halb ohnmächtig an einen Baum gelehnt – und geht traurig weiter. Seine Geliebte hat ihn nicht erwartet. Und jetzt kommen über hundert Meter Großaufnahme von Asta Nielsens Gesicht! Ein bebendes Hoffen, tödlicher Schreck, Augen, die um Hilfe schreien, daß es einem in den Ohren gellt, dann stürzen die Tränen – sichtbar, wirklich – über die mageren Wangen, die jetzt plötzlich, vor unseren Augen, ganz verwelken, und wir sehen eine Seele sterben – Premierplan, auf dem Gesicht Asta Nielsens. Wir sehen das nah und ganz deutlich wie der Operateur, der das zuckende Herz in der Hand hält und die letzten Schläge zählt.
Es ist ein hoffnungsloses Unternehmen, in einem Aufsatz ein Bild von Asta Nielsen zu geben. Es ist höchste Zeit, daß man ein gutes Buch über sie schreibt. Ich möchte aus diesem Film nur noch eine Szene hervorheben. Es sind eigentlich zwei. Asta Nielsen schminkt sich in diesem Film zweimal. Das erstemal tut es die gefeierte Diva in ihrer Garderobe, bevor sie auf die Bühne tritt, um den sicheren Sieg davonzutragen. Sie legt die Farben an, wie der unbesiegbare Held seine Rüstung anlegt, mit jauchzendem Übermut, zum Überfluß. Sie hat es ja gar nicht nötig. Und im letzten Akt schminkt sie sich wieder. Da schminkt sich die alte, verwelkte Frau, um dem noch jungen Geliebten nach zehn Jahren entgegenzutreten. Das ist das Höchste, was ich bisher in der Filmkunst gesehen habe. Es ist eine letzte, hoffnungslose, verzweifelte Schlacht. Kein spielerisch-koketter Übermut. Mit einem bleichen, düsteren Ernst blickt sie in den Spiegel, mit Sorge und unsagbarer Angst. Wie ein Feldherr, der, umzingelt, sich noch ein letztesmal über die Karte beugt: „Was ist da noch zu machen?" Und sie fängt mit bebender Hand zu arbeiten an. Sie hält den Stift, wie Michelangelo in seiner letzten Nacht den Meißel gehalten haben mochte; es geht um Leben und Tod. Dann mustert sie das Resultat und zuckt die Achseln. Dieses Achselzucken sagt: Jetzt bin ich tot. Dann nimmt sie einen schmutzigen Fetzen und wischt die Schminke weg. Diese kurze Bewegung ist, wie wenn sich einer vor unseren Augen aufhängen würde. Es wird einem ungut.
Senkt die Fahnen vor ihr, denn sie ist unvergleichlich und unerreicht!

Vorrede in drei Ansprachen

Aus dem Buch „Der sichtbare Mensch", 1924

I

Wir bitten um .Einlaß!

Es scheint wohl angebracht, mein Büchlein nach altem Brauch mit einer Bitte um Gehör einzuleiten. Denn euer Aufhorchen ist nicht nur Vorbedingung, sondern das eigentliche, erhoffte, letzte Ziel meines unbescheidenen Unterfangens. Nicht mich anhören, sondern die Sache erhören sollt ihr; wie man ein Ding er-schafft, er-baut, so sollt ihr sie er-hören.

Denn was ich euch vorläufig sagen kann, ist nicht sehr viel. Doch habt ihr einmal euer Ohr diesen Dingen geliehen, habt ihr überhaupt bemerkt, daß hier etwas zu bemerken ist, dann werden noch andere kommen und euch mehr berichten. Aber unter Tauben wird man stumm.

Darum fange ich diesen Versuch einer *Kunstphilosophie des Films* mit einer Bitte an die gelehrten Hüter der Ästhetik und Kunstwissenschaft an und sage: Vor den Toren eurer hohen Akademie steht seit Jahr und Tag eine neue Kunst und bittet um Einlaß. Die Filmkunst bittet um eine Vertretung, um Sitz und Wort in eurer Mitte. Sie wünscht, von euch endlich einer theoretischen Betrachtung gewürdigt zu werden, und ihr sollt ihr ein Kapitel widmen in jenen großen ästhetischen Systemen, in denen von den geschnitzten Tischbeinen bis zur Haarflechtkunst so vieles besprochen und der Film gar nicht erwähnt wird. Wie der entrechtete und verachtete Pöbel vor einem hohen Herrenhaus, steht der Film vor eurem ästhetischen Parlament und fordert Einlaß in die. heiligen Hallen der Theorie.

Und ich will ein Wort für ihn sprechen, denn ich weiß, daß die Theorie gar nicht grau ist, sondern für jede Kunst die weiten Perspektiven der *Freiheit* bedeutet. Sie ist die Landkarte für den Wanderer der Kunst, die alle Wege und Möglichkeiten zeigt, und was zwingende Notwendigkeit zu sein schien, als einen zufälligen Weg unter hundert anderen entlarvt. Die Theorie ist es, die den Mut zu Kolumbus-Fahrten gibt und jeden Schritt zu einem Akt freier Wahl macht.

Warum das Mißtrauen gegen die Theorie? Sie muß gar nicht stimmen, um große Werke zu inspirieren. Fast alle großen Entdeckungen der Menschheit gingen von einer falschen Hypothese aus. Auch ist eine Theorie sehr leicht zu beseitigen, wenn sie nicht mehr funktioniert. Aber die „praktischen Er-

fahrungen" des Zufalls verrammeln wie schwere, undurchsichtige Wände den
Weg. Noch nie ist eine Kunst groß geworden ohne Theorie.

Damit will ich nicht gesagt haben, daß der Künstler unbedingt „gelehrt" sein
muß, und ich kenne auch die allgemeine (allzu allgemeine!) Ansicht vom
Wert des „unbewußten Schaffens". Doch kommt es darauf an, auf welchem
Bewußtseinsniveau des Geistes einer „unbewußt" schafft. Denn die unbewußten Kompositionen eines Naturalisten fallen anders aus, als die geradeso unbewußten Schöpfungen eines Musikers, der Kontrapunkt studiert hat.

Doch von dem Wert der Theorie brauche ich wohl die gelehrten Herren, an
die ich mich jetzt wende, am wenigsten zu überzeugen. Eher davon, daß *der
Film* einer Kunsttheorie würdig ist.

Aber gibt es denn Dinge, die einer Theorie nicht würdig sind? Ist es denn
nicht die Theorie, die den Dingen erst die Würde verleiht, die Würde der
Bedeutsamkeit, die Würde: Träger eines Sinnes zu sein? Und ihr werdet euch
doch nicht einreden, daß diese Sinngebung ein großmütiges Geschenk von
eurer Seite ist? Die Sinngebung ist unsere Selbstwehr gegen das Chaos. Wenn
ein elementares Sein so gewaltig wird, daß wir es nicht mehr hindern noch
ändern können, dann beeilen wir uns, in ihm einen Sinn zu erkennen, damit
es uns nicht verschlingt. Die theoretische Erkenntnis ist der Kork, der uns
über Wasser hält.

Nun, ihr Herren von der Philosophie, wir müssen uns beeilen, denn es ist
höchste Zeit. Der Film ist eine Tatsache, eine so allgemeine, sozial und psy-
chisch so tiefwirkende Tatsache geworden, daß wir, gerne oder nicht, uns
mit ihr auseinandersetzen müssen. Denn der Film ist die *Volkskunst* unseres
Jahrhunderts. Nicht in dem Sinn, leider, daß sie aus dem Volksgeist entsteht,
sondern daß der Volksgeist aus ihr entsteht. Freilich wird eines durch das
andere bedingt, denn es kann sich nichts im Volke verbreiten, was dieses nicht
von vornherein haben will. Und da mögen die Ästheten ihre feinen Nasen
rümpfen, wir können daran nichts ändern. Die Phantasie und das Gefühlsleben des Volkes wird im Kino befruchtet und gestaltet. Ob das ein Glück
oder Unglück ist, darüber zu reden ist eitel. Denn in Wien allein spielen allabendlich fast 200, sage *zweihundert* Kinos mit durchschnittlich 450 Plätzen.
Sie geben drei bis vier Vorstellungen pro Tag. Das macht, mit dreiviertel-
vollen Häusern gerechnet, täglich fast 300.000 (*dreihunderttausend!*) Menschen in einer nicht sehr großen Stadt.

Hat je eine Kunst so eine Verbreitung gehabt? Hat überhaupt irgendeine geistige Äußerung (ausgenommen vielleicht die religiöse) je so ein Publikum gehabt? Der Film hat in der Phantasie und im Gefühlsleben der städtischen Be-
völkerung die Rolle übernommen, die früher einmal Mythen, Legenden und

Volksmärchen gespielt haben. Bitte, keine wehmütigen ästhetischen und moralischen Vergleiche zu ziehen! Wir kommen noch darauf zu sprechen. Vorderhand haben wir das als eine soziale Tatsache zu betrachten und uns zu sagen, daß geradeso, wie Volkslied und Volksmärchen (im übrigen auch nicht von jeher der Beachtung würdig befunden) Gegenstand der folkloristischen Wissenschaft und Probleme der Kulturgeschichte sind, man von nun an nie mehr eine Kulturgeschichte oder Völkerpsychologie wird schreiben dürfen, ohne ein großes Kapitel dem Film zu widmen. Und wer von euch diese Tatsache als eine große Gefahr ansieht, der hat erst recht die Pflicht, mit ernster theoretischer Kontrolle beizuspringen. Denn hier geht es nicht um eine intime Angelegenheit literarischer Salons, sondern um Volksgesundheit!

Nun, möge die Kulturgeschichte sich – so höre ich euch sagen – mit dem Film befassen, ein Problem der Ästhetik und der Kunstphilosophie ist er nicht. Wahrlich, die Ästhetik gehört zu den hochmütig-aristokratischen Wissenschaften, denn sie ist eine der ältesten und stammt noch aus der Zeit, da mit jeder Frage die letzte Frage nach Sinn und Sein gemeint wurde. Darum hat sich auch die Ästhetik die Welt immer ganz aufgeteilt und findet für Neuerscheinungen sehr schwer Platz. Es gibt keine so exklusive Gesellschaft wie die der Musen. Und nicht mit Unrecht. Denn jede Kunst bedeutet ein eigenes Verhältnis des Menschen zur Welt, eine eigene Dimension der Seele. Solange der Künstler in diesen Dimensionen bleibt, können seine Werke nie dagewesen, neu sein, seine Kunst ist es nicht. Wir können mit Teleskop und Mikroskop tausend neue Dinge entdecken, es wird doch immer nur das Gebiet des Gesichtssinns sein, das erweitert wurde. Doch eine neue Kunst wäre wie ein neues Sinnesorgan. Und diese vermehren sich auch nicht allzu häufig.

Und dennoch sage ich euch: Der Film ist eine neue Kunst und so verschieden von allen anderen wie Musik von der Malerei und diese von der Literatur. Sie ist eine von Grund aus neue Offenbarung des Menschen. Dies zu beweisen, will ich versuchen.

Sie mag auch neu sein, sagt ihr, aber eine Kunst ist sie doch nicht, weil sie, von Anfang an industrialisiert, keine bedingungslose und spontane Äußerung des Geistes sein kann. Nicht die Seele, sagt ihr, sondern das Geschäftsinteresse und die Maschinentechnik müssen dabei entscheiden.

Nun, es ist noch nicht ausgemacht, daß Industrie und Technik unbedingt und für immer etwas Menschen-, also Kunstfremdes sein müssen. Hier möchte ich aber darauf noch nicht eingehen, sondern nur fragen: *Woher wißt ihr, daß ein Film unkünstlerisch ist?* Um das beurteilen zu können, müßt ihr doch einen bestimmten Begriff vom künstlerischen, vom guten Film haben. Ich fürchte, daß ihr die Güte der Filme an einer falschen Norm messet und die Maßstabe anderer, ihnen wesensfremder Künste an sie legt. Der Aeroplan ist kein schlechtes Auto, weil er auf der Landstraße nicht gut zu gebrauchen ist. Und auch der Film hat andere, eigene Wege.

Aber wenn auch jeder Film, der bis jetzt gemacht wurde, schlecht und unkünstlerisch wäre, ist es nicht gerade die Aufgabe von euch Theoretikern, seine *prinzipiellen Möglichkeiten* zu erforschen? Diese wären wahrscheinlich des Wissens wert, auch wenn nie eine Hoffnung für ihre Realisierung bestände. Die gute, die schöpferische Theorie ist keine Erfahrungswissenschaft und wäre vollkommen überflüssig, wenn sie warten müßte, bis die Kunst in allem vollendet schon vorhanden ist. Die Theorie ist, wenn auch nicht das Steuerruder, doch zumindest der Kompaß einer Kunstentwicklung. Und erst wenn ihr euch einen Begriff von der guten Richtung gemacht habt, dürft ihr von Verirrungen reden. Diesen Begriff: die Theorie des Films, müßt ihr euch eben machen.

II

An die Regisseure und alle anderen Freunde vom Fach

Ihr schafft den Sinn, ihr braucht ihn nicht zu verstehen. Ihr müßt es in den Fingerspitzen haben, nicht im Kopf. Und dennoch, Freunde, es gehört zur Würde eines jeden Berufes, daß er seine Theorie hat. Denn mit der Praxis ist es so wie mit der Kunst des Wunderdoktors. Er kennt keine Theorie, die Erfahrung diktiert ihm seine Rezepte, und er kuriert oft besser als der gelehrte Arzt. *Aber doch nur Fälle, die ihm schon untergekommen sind.* Neuen Problemen steht er ratlos gegenüber. Denn Erfahrung kann sich naturgemäß nur darauf beziehen, was schon dagewesen ist, und er hat keine Methode, das Neue zu erforschen. Zum Experimentieren ist aber der Film ein zu teures Ding. Auch in der Technik wird nie aufs Geratewohl daraufloxexperimentiert. Erst steckt die Theorie bestimmte Ziele und rechnet alle Möglichkeiten aus, und nur die Wege werden im Experiment ausgeprobt.

Ihr wißt es am besten, daß in der jungen Kunst des Films jeder Tag neue Probleme bringt, wobei euch keine alte Erfahrung zu raten weiß. In diesen Fällen muß sich wohl auch der Regisseur der Prinzipien, die er unbewußt angewendet hat, einmal bewußt werden, damit sie ihm zur handlichen Methode werden.

Auch wird euch eure genial-unbewußte Intuition wenig nützen, wenn ihr ganz neue Dinge schaffen wollt. Denn dem „unbewußt" arbeitenden Regisseur steht meist ein höchst bewußt rechnender Generaldirektor der Firma gegenüber, dem er die Brauchbarkeit seiner neuen Idee nicht erst mit dem fertigen Werk praktisch beweisen kann. Denn er kommt gar nicht dazu, den Film zu machen, wenn er nicht die Möglichkeit hat, jenen Geschäftsleiter von vornherein, also theoretisch, zu überzeugen und zu beruhigen.

Und überhaupt: Ihr liebt doch die Materie, mit der ihr arbeitet. Ihr denkt an sie, wenn ihr sie auch nicht gerade unter der Hand habt, und wollt mit ihr im Gedanken spielen. Dieser spielende Gedanke ist aber schon Theorie. (Nur das Wort klingt häßlich.) Ihr liebt die Materie, aber sie wird euch nur widerlieben, wenn ihr sie kennt.

III

Vom schöpferischen Genuß

Ich werde wohl auch einige Worte der Entschuldigung und Rechtfertigung an das Publikum richten müssen, denn ich fühle mich fast schuldig vor ihm. Ich komme mir vor wie die Schlange, die den Kindlich-Unschuldigen vom Sündenbaum des Wissens zu essen geben will. Denn das Kino war ja bis jetzt das glückliche Paradies der Naivität, wo man nicht gescheit, gebildet und kritisch sein mußte, in dessen Dunkel, wie in der Rauschatmosphäre einer Lasterhöhle, auch die kultiviertesten und ernstesten Geister sich ihrer verpflichtenden Bildung und ihres strengen Geschmacks ohne Scham entkleiden konnten, um sich in nackter, urnatürlicher Kindlichkeit dem bloßen primitiven Zuschauen hinzugeben. Nicht nur von der Arbeit, sondern auch von der seelischen Differenziertheit hat man sich dort ausgeruht. Man durfte darüber lachen, daß einer auf den Hintern fällt, und durfte (im Dunkeln!) über Dinge dicke Tränen weinen, die man als Literatur mit Verachtung von sich zu weisen verpflichtet war. Man hat sich geniert, an schlechter Musik Gefallen zu finden. Aber das Kino war, Gott sei Dank, keine Bildungsangelegenheit! Es war ein einfaches Genußmittel wie der Alkohol. Und jetzt soll das auch eine Kunst werden, von der man etwas zu verstehen hat? Jetzt soll man auch da gebildet werden und einen Unterschied erfahren zwischen gut und schlecht wie nach dem Sündenfall?

Nein, wahrlich, ich bin nicht gekommen, um euren Genuß zu stören. Im Gegenteil. Ich will es versuchen, eure Sinne und Nerven zu größerer Genußfähigkeit zu stimulieren. Denn das Verständnis für den Film ist der unbefangenen süßen Kindlichkeit nicht abhold. Der Film ist eine junge, noch unverschmockte Kunst und arbeitet mit neuen Urformen der Menschlichkeit. Darum gehört es gerade zu seinem richtigen Verständnis, sich auf das ganz Primitive und Naive einstellen zu können. Ihr werdet weiter lachen und weinen und werdet es nicht als „Schwäche" leugnen müssen.

Und was den Genuß betrifft, muß man den nicht „verstehen"? Auch das Tanzen muß gelernt werden. Ist nicht der Genußmensch auch immer der Feinschmecker und Kenner? Und jeder Wollüstling wird es euch sagen: Das bewußte Genießen ist der höchste Genuß. (Vielleicht ist die Theorie auch nur ein Raffinement der Lebenskunst?)

Wenn ihr Schlechtes von Gutem scheiden werdet, geht für euch vielleicht manches verloren. Doch ihr gewinnt dafür den Genuß des Wertes. Ihr kennt ihn wohl, wenn es sich um echte oder falsche Edelsteine handelt. Die Filmfabrikanten kennen ihn auch, und darum pflegen sie bei ihren Ausstattungsfilmen mit den Milliardenkosten Reklame zu machen. Denn der Wert der Sache hat einen ganz besonderen Reiz. Aber die Milliarden zeigen nur den Preis und nicht eigentlich den Wert des Films an, der Film aber hat nicht nur Geld, sondern auch Talent, Geist, Geschmack und Leidenschaft gekostet, die alle in ihm glühen und schillern wie das Feuer im echten Edelstein, und die für den Kenner sichtbarer sind als das investierte Geld.

Für den Feinschmecker ist es ein besonderer Genuß, im Weine die Traube und den Jahrgang zu kennen. Er analysiert ihn mit der Zunge. Auch die ästhetische Theorie ist nichts weiter als so ein bedächtiges Schlürfen, mit dem man auch das verborgene Werk des inneren Lebens empfinden und genießen will. Der Mensch, der bei der Kunst dazu nicht fähig ist, kommt mir vor wie jener, der beim Rennen nur den letzten Moment des Finishs sieht. Jedoch der Weg zum Ziel, der Kampf ums Ziel ist das eigentlich Aufregende. Für den Kenner aber steigert sich jede bloße Tatsache zu einer *Leistung,* jede Erscheinung zu einem Gelingen, jede Tat zu einem Sieg, an dem noch die lebendige Hitze des Ringens zu spüren ist.

Doch werdet ihr sagen, was die gelehrten Ästheten sagen: Der Film ist eben keine Kunst, weil er ja von vornherein auf den unkritischen Geschmack eingestellt ist und auch gar keine Anforderungen an ein besonderes Verhältnis stellt. Das im allgemeinen zu behaupten, ist ein Unrecht. Aber zugestanden, daß es fast soviel schlechte Filme wie schlechte Bücher gibt, und zugestanden, daß die Herstellung eines Films so ungeheuer kostspielig ist, daß die Unternehmer einen Mißerfolg nicht riskieren können und daher unbedingt mit dem bereits vorhandenen Bedürfnis rechnen müssen. Was folgt daraus? Nur, daß es von euch, von eurem Bedürfnis, von eurer Genußfähigkeit abhängt, was für Filme ihr bekommen werdet. Der Film ist, mehr als jede andere, eine soziale Kunst, die gewissermaßen vom Publikum geschaffen wird. Jede andere Kunst ist doch im wesentlichen durch den Geschmack, durch das Talent der Künstler bedingt. Beim Film werden aber der Geschmack und das Talent des Publikums entscheiden. In dieser Mitarbeit liegt eure große Mission. Das Schicksal einer neuen, großen, unermeßliche Möglichkeiten bietenden Kunst ist in eure Hände gelegt. Ihr müßt erst etwas von guter Filmkunst verstehen, um sie dann zu bekommen, ihr müßt erst lernen, ihre Schönheit zu sehen, auf daß sie überhaupt entstehen kann. Und wenn wir sie verstehen lernen, so werden wir, wir Publikum, mit unserer Genußfähigkeit zu ihrem Schöpfer.

Ideologische Bemerkungen

Aus dem Buch „Der Geist des Films", 1930

Der Geist des Films ist, wie der Geist der Sprache, Gegenstand der „Völker-psychologie". Konkreter: der Klassenpsychologie. Denn die ökonomischen und technischen Bedingungen des Films lassen individuelle Formen wenig oder gar nicht aufkommen. Filmregisseure können wohl auch ihre persönliche Note haben, wie Schriftsteller ihren besonderen Stil. Jedoch nur, soweit die Allgemeinverständlichkeit und Popularität des Films nicht gefährdet ist. Sonst bleibt es isolierter Einzelfall und wirkt nicht organisch weiter in der Entwicklung. Aber historisch bedeutsam ist nur das Weiterwirkende oder Allgemeingültige.

Der Geist des Films ist, wie der Geist der Umgangssprache, ein Gegenstand der Soziologie. Ob etwas, nach unserer Meinung, künstlerisch wertvoll ist oder nicht, mag eine Frage sein für die Geschichte der Kunst. Für die Geschichte der *Menschen,* für die Kulturgeschichte, gilt die Frage, *warum etwas allgemein gefällt oder allgemein mißfällt.* Nie war noch eine Kunst dadurch so bedingt wie der Film. Kein geistiges Erzeugnis, außer der Umgangssprache, wurde so zum Dokument der Denk- und Gefühlsart der Massen.

Kunstgeschichte und ästhetische Wertung

Ich habe irgendwo die Bemerkung gemacht, man müßte die Geschichte der schlechten Literatur und der schlechten Kunst schreiben: die Geschichte der Banalitäten, der abgegriffenen Redensarten, der Klischees. Ich meinte damit: *eine Kunstgeschichte, die, ohne ästhetische Wertung,* nur die sozialpsychologischen Ursachen der großen Erfolge, der breitesten Popularität, der allgemeinen Angewohnheiten untersucht. Eine solche ideologische Analyse des Films ergäbe eine Kulturgeschichte unserer Zeit, eine Symptomatie der lebendigen Ideologien überhaupt.

Denn der Geschmack ist keine metaphysische Angelegenheit. Jedem Tier schmeckt das, was ihm bekommt. Auch der ästhetische Geschmack ist eine Selbstwehr des geistigen Organismus. Auch der Klassengeschmack ist ein Organ des Klassen-Selbsterhaltungstriebes. Geschmack ist unbewußte Ideologie. Die Ideologie des Films aufzudecken, sie auf die ökonomischen und sozialen

Wurzeln zurückzuführen, wäre eine lohnende Arbeit. Eine große Arbeit für ein besonderes Buch. Was ich hier geben kann, sind nur Notizen und unsystematische Hinweise. Oft nur Fragen, auf die Berufenere antworten mögen.

Popularität

Technische Kollektivität

Schon die Technik des Films schaltet den absoluten Individualismus aus. Nie kann ein Film so der ausschließliche Ausdruck eines einzelnen sein wie irgendein anderes Kunstwerk. Man kann allein schreiben, malen und komponieren. Der Film aber ist das Kollektivwerk des Manuskriptautors, des Regisseurs, des Kameramannes, des Architekten und der Darsteller. Von dem Produzenten gar nicht zu reden, der in alles hineinredet. Und etwas, was nur aus dem Einverständnis einer ganzen Menschengruppe entstehen kann, bringt schon in seiner innersten Struktur eine zwischenmenschliche Gemeinsamkeit, als Vorbedingung für die Allgemeinverständlichkeit, mit.
Der ökonomische Zwang zur größtmöglichen Popularität bestimmt den Charakter und die soziale Bedeutung des kapitalistischen Films. Die Kunst, die eine große Industrie geworden ist, konnte nicht Bildungsprivileg der herrschenden Klassen bleiben. Es ist eine dialektische Erscheinung der kapitalistischen Wirtschaft, daß zuweilen ein Privileg um der Rentabilität willen aufgegeben werden muß.

Ästhetischer Wert und Popularität

Doch schien es bisher ein allgemeines Gesetz zu sein, daß in der Kunst geistiger Wert und Popularität in umgekehrtem Verhältnis zueinander stehen. Für die Bildungsaristokratie galt „unverständlich" als ein Adelsprädikat. Wiewohl es immer eine *Volkskunst* gegeben hat, die in keiner Hinsicht minderwertiger oder würdeloser gewesen ist als jene der Hochgeschulten. *Nämlich die Volkskunst, die von dem Volk gemacht wird. Jene, die für das Volk von oben gemacht wird, enthält natürlich nur die negativen Bedingungen der Popularität.*

Deutsche Geistigkeit

Es war von jeher eine besondere deutsche Ideologie, daß gute Kunst und volkstümliche Kunst unvereinbare Widersprüche seien. Große Popularität ist hierzulande mit Recht verdächtig. Sie gilt als Beweis der Banalität. Das liegt an der Eigenart einer Intellektualität, die sich in abstrakt-spekulativer Richtung entwickeln mußte, und hat seine historischen Gründe. Der idealistische deutsche Geist erhob sich zu den Wolken, weil ihm der Weg auf der Erde versperrt war.

Marx beschreibt die Isolierung des freien deutschen Denkens von der politisch geknebelten Wirklichkeit in seiner Einleitung zur „Kritik der Hegelschen Rechtsphilosophie": „Wie die alten Völker ihre Vorgeschichte in der Imagination erlebten, in der Mythologie, so haben wir Deutsche unsere Nachgeschichte in Gedanken erlebt, in der Philosophie –". „Die Deutschen haben gedacht, was die anderen getan haben. Die Abstraktion und Überhebung ihres Denkens hielt immer gleichen Schritt mit der Einseitigkeit und Untersetztheit ihrer Wirklichkeit."

Diese Entfremdung der Geistigkeit von der Wirklichkeit, die Marx in der Philosophie feststellt, äußerte sich natürlich auch in der Kunst. So entwickelte sie ihre besten Werte zu einer Geheimsprache der Gebildeten. Wollte sie populär sein, so wurde sie trivial.

Wo gibt es in der deutschen Literatur den Typus Mark Twain, Kipling, Jack London? Dichter, die in jedermanns Sprache für jedermann verständlich fabulieren und doch große Künstler sind? Diese Oberflächenkunst, die nicht oberflächlich ist, diese Feinheit ohne Finessen, diese sinnliche Freude am Gegenständlichen, dieser Charme der leichten Mitteilung, diese Magie des einfachen Geschichtenerzählens, die ohne intellektuelle Kompliziertheit bedeutsam und poetisch ist?

Wenn die deutsche Kunst populär sein will, so muß sie „Konzessionen machen". Aber erkauft etwa Chaplin seine Popularität mit „Konzessionen"? Wird er dort banal, wo er allgemein verständlich ist? Es ist eine Lebensbedingung der Filmkunst, daß sie nicht nur auf ihrer niedrigsten, sondern auch auf ihrer höchsten Stufe volkstümlich werde.

Patrouille

Aber allein, daß etwas unpopulär ist, bedeutet noch nicht, daß es keine Verbindung mit der sozialen Wirklichkeit hat. In einer Gesellschaft, in der Bildung nicht Gemeingut ist, wird selbst das Wissen um den eigenen Zustand auch vorerst nur in einzelnen Köpfen reifen.

Auch in der Kunst ist eine anfängliche Unpopularität noch kein unbedingtes Zeichen der isolierten Abseitigkeit. Ebensowenig wie Verständlichkeit schon Verständnis beweist. Latente Tendenzen der Allgemeinheit werden in einzelnen oft früher bewußt und geformt. Selbst unverstanden und bekämpft, regen sie eine allgemeine geistige Entwicklung an. Zuweilen besteht dann noch die Kampfparole gegen eine Idee, die man sich inzwischen schon lange assimiliert hat.

Dies möchte ich ganz besonders zu einigen, gewiß noch sehr unpopulären Vorstößen im Bereich des absoluten Films bemerkt haben. Es mag viel verspieltes Ästhetentum, viel theoretisch verbohrte Pedanterie dabei sein, individualistische Abseitigkeit und auch Bluff. Ich habe meine Bedenken nicht verschwiegen. Aber ich weiß, daß jene, die um die spezifischen Mittel des Ausdrucks ringen, experimentieren und riskieren, die Aufklärungspatrouillen der Entwicklung sind. Nicht immer finden sie den gangbaren Weg, aber sie sind es, die suchen.

Popularität ist nicht hoffnungslos

Der Zwang zur Popularität senkt anfangs notwendigerweise das Niveau des Ausdrucks. Aber es bleibt nicht dabei. Gerade durch die Popularisierung wird ein Bildungsprozeß angeregt, der die undifferenzierte Primitivität bald überwindet. Die Entwicklung der visuellen Kultur durch den stummen Film hat das bewiesen.

Die Herstellung eines Tonfilms, zum Beispiel, ist bedeutend teurer als die eines stummen Films. Die Rentabilität kann also nur durch eine noch größere Popularität gesichert werden. Das Niveau der ersten Tonfilme sah dementsprechend aus. Aber der Rückfall der ersten Sprechfilme in die Trivialität der ersten stummen Filme kam nur von der noch unentwickelten Technik. Er beweist, daß die visuelle Kultur des breiten Kinopublikums inzwischen bereits viel differenzierter geworden ist als seine intellektuelle Kultur. Doch es wird nicht dabei bleiben.

Der Kleinbürger als Basis der Filmproduktion

Die kapitalistische Großindustrie der Filmproduktion trachtet naturgemäß nach dem größtmöglichen Absatz. Sie muß also der Ideologie der breiten Massen entgegenkommen, aber ohne ihre eigene aufzugeben. Sie muß sich rentabilitätshalber an „untere" Schichten wenden. Doch nur an jene, deren geistige und emotionelle Bedürfnisse sie befriedigen kann, ohne die Interessen der herrschenden Klasse zu gefährden. Da kommt also vor allem jene Masse in Frage, der die eigenen Interessen am wenigsten bewußt sind.

Darum sind die europäische und die amerikanische Filmproduktion ideologisch auf das Kleinbürgertum eingestellt. Der Kleinbürger hat kein Klassenbewußtsein. Er wird also nicht alles ablehnen, was seinen ökonomischen und sozialen Interessen widerspricht. Vor allem aber ist das Kleinbürgertum darum das größte Absatzgebiet, weil seine Mentalität nicht auf eine gesellschaftliche Schicht beschränkt bleibt. Der Kleinbürger steckt auch in vielen Proletariern, in sehr vielen Intellektuellen und Großbürgern auch. Sie finden sich im Kino alle in einem Gefühl.

Die Grenzen des Kleinbürgers

Das Kleinbürgerliche ist die begrenzte Sicht des unsozial und unpolitisch betrachteten Lebens. Der „bescheidene", weil kurzsichtige Egoismus, für den nur das unmittelbar Nächstliegende Realität hat. Das ist die fest umzäunte feste Burg des Kleinbürgers. Da gibt es ein Innerhalb und ein Außerhalb. Aus dieser Polarität entstehen die Grundelemente der kleinbürgerlichen Kunst.

Für den Kleinbürger, der in diesen Schranken seiner Beschränktheit Geborgenheit sucht, gibt es also eine besondere Innigkeit der Idylle innerhalb und die große Romantik außerhalb dieser Schranken. Aus diesem korrespondierenden Gegensatz müssen mithin die wesentlichen Motive und Gegenspieler des gangbaren Films geholt werden:

Liebesidylle	Dämonische Gefahren der Erotik
Intime Häuslichkeit . . .	Märchenpracht der höheren Stände und dunkle Laster
Privateigentum	Abenteuerliches Verbrechen
Bescheidene Armut . . .	Der Traum des möglichen Aufstiegs in höchste Sphären

Abwehrmaßnahme der Romantisierung

Romantisch also ist das Ferne und alles, was *fern sein und bleiben soll.* Alles, was die Ruhe bedroht, wird jenseits der Schranken verdrängt. Romantisiert. Romantisierung ist eine Abwehrmaßnahme des Kleinbürgers. Kein Gruseln darf den Glauben an die Unantastbarkeit seiner Lebensbasis (die vielleicht gar nicht mehr vorhanden ist) erschüttern. Das Happy-End ist da, um diesen Glauben aufrechtzuerhalten. Wie schlimm seine Situation auch sein mag, der Wechsel erscheint dem Kleinbürger als das Schlimmste. Denn für den, der keine historischen und sozialen Zusammenhänge sieht, bedeutet jeder Wechsel das dunkle Chaos.

Liebe

Liebe etwa ist am leichtesten ohne Klassenkampf zu behandeln. Als Naturkraft scheint sie allgemeingültig zu sein und darum allgemeines Interesse zu beanspruchen. Jedenfalls das gangbarste Motiv. Im dramatischen Konflikt mit sozialen Hindernissen erweist sich die Gewalt der Liebe in den Filmen fast immer siegreich. Da überbrückt die Liebe alle Klassenunterschiede und „stellt fest", daß Klassengegensätze gar nicht so viel ausmachen.
Dem Selbstbewußtsein, radikal und emanzipiert zu sein, wird auch Nahrung gegeben. Soziale Einrichtungen und Vorurteile, die den Menschen das Recht auf Liebe nehmen, werden oft ganz rebellisch kritisiert. Es sind immer solche, die in der Praxis des Kleinbürgers kaum vorkommen. Erotische Leidenschaft ist jedenfalls wie eine Naturkatastrophe, wie eine schwere Krankheit, die den Menschen überfallen kann, jedoch nicht zum Bestand des normalen Lebens gehört. Nicht dazu gehören soll! Darum ist Leidenschaft in der kleinbürgerlichen Ideologie immer etwas Exotisch-Romantisches. Sie scheint nur an den Peripherien vorzukommen. *Sie wird durch Romantisierung an die Peripherie verdrängt.* Romantisierung ist eine Schutzmaßnahme des Kleinbürgers. Wo er nicht mehr sehen will, dort beginnt er zu phantasieren.

Familie

Familiengefühle sind auch „allgemein menschlich", daß heißt ziemlich ähnlich bei allen Klassen, und können darum normiert werden. Mutterliebe ist eine international und bei allen Gesellschaftsschichten verwertbare Ware. Daß der amerikanische Film zumal den Gemütsgehalt des Familienlebens ausbeutet wie Ölfelder und Kohlenreviere, das kommt daher, daß in dem überorganisierten, mechanisierten Betrieb des amerikanischen Lebens die Familie die einzige Insel ist, wo der Mensch noch menschliche Beziehungen erlebt. Und er möge sie gar nicht anderswo suchen. Familienglück ist Trost für jede Unbill, lehrt der Film. Laß der Welt und der Ausbeutung ihren Lauf. Was schert dich der Klassenkampf? Die Familie ersetzt dir alles.

Gemütlichkeit

Mit der Verdinglichung des taylorisierten und rationalisierten Menschen wächst sein Bedürfnis nach Sentiment. Das Gefühl, aus dem sachlichen Leben verdrängt, fließt, wie die herausgepreßte Limonade, nebenher und gerinnt zu eigenen Wunschtraumgebilden. Da der Kleinbürger nicht daran denkt, an seiner eigenen Wirklichkeit etwas zu ändern, so schafft er sich die Filmmythologie vom gemütlichen Wien, wo kein Maschinentempo Gefühl und Stimmung frißt. Die Mythologie vom Zeitalter des goldenen Herzens! Es ist eigentlich eine abgelenkte Opposition. Es sind Wunschträume, entsprossen einem Unbehagen und einer Unzufriedenheit.

Abreagieren

Ein ähnliches ideologisches Ventil öffnen auch die parodistischen Filme, in denen Kleinstadtleben und längst verschollene Duodezfürstenhöfe verspottet werden. Um nicht revoltieren zu müssen gegen die Wirklichkeit, die ihn demütigt, richtet der Kleinbürger sein Selbstgefühl an der Komik noch kläglicherer Zustände wieder auf. Wie der Feldwebel die Ohrfeige, die er bekommen hat, dem Rekruten weitergibt. Und wenn er sich diesen Rekruten erfinden muß.

Der Detektiv

Die Angst und Sorge des Kleinbürgers um seinen Besitz wird auch außerhalb seiner sozialen Sphäre lokalisiert. Um die Angst vom legalen, alltäglichen Raub der kapitalistischen Ausbeutung abzulenken, wird die Gefahr romantisiert und erscheint ausschließlich in der Gestalt des Verbrechens. (Denn, was erlaubt ist, das ist auch in Ordnung.) Der Vollständigkeit wegen zitiere ich hier eine Stelle aus „Der sichtbare Mensch": „Der Film hat mit dem Detektiv begonnen. Denn der Detektiv bedeutet die Romantik des Kapitalismus. Das Geld ist der vergrabene Märchenschatz, der heilige Gral, die blaue Blume der großen Sehnsucht. Des Geldes wegen setzt der kühne Verbrecher sein Leben aufs Spiel. Er ist nicht der arme Prolet, den äußerste Not zum Diebstahl zwingt. Er ist meist der elegante Berufseinbrecher im Frack, der nicht um einen Bissen Brotes wegen in der Nacht seine Maske umbindet, sondern um des romantischen Schatzes willen, der die mystische Krone des Lebens ist. Der Held dieser Filme aber ist der unerschrockene Beschützer des Privateigentums, der Detektiv. Er ist der heilige Georg des Kapitalismus. Wie in alten Heldengesängen der gepanzerte Ritter sich in den Sattel schwang, um für die Königstochter eine Lanze zu brechen, so steckt der Detektiv seinen Browning in die Tasche und wirft sich ins Auto, um mit seinem Leben die heiligen Wertheimkassen zu schützen.

Was ist dabei romantisch, was scheint die Grenzen des Natürlichen zu überschreiten? Alles, was die Grenzen des Strafgesetzes überschreitet. Für den Kleinbürger bedeuten Weltordnung und Rechtsordnung ein und dasselbe. Symbol und Repräsentant der Weltordnung ist also der Polizist. Der Polizeikordon bedeutet die Grenze des Lebens. Darüber hinaus beginnen das Geheimnis und das Abenteuer."

Kitsch

„Das Gefühl, aus dem sachlichen Leben verdrängt, fließt, wie die herausgepreßte Limonade, nebenher." Ist das nicht eine Beschreibung des Kitsches überhaupt? Aber wichtiger als die ästhetische Frage, *was* Kitsch sei, ist das kultursoziologische Problem, *warum* der Kitsch den kleinbürgerlichen Massen so gut gefällt?

Kitsch ist nicht einfach schlechte Kunst. Es gibt unbeholfenen und sogar unbegabten Ausdruck, der gar nicht kitschig ist. Hingegen gibt es Edelkitsch von hohem künstlerischem Schliff.

Kitsch nennt man im allgemeinen das unechte oder übertonte Gefühl. Einen gewissen sentimentalen und pathetischen Ausdruck, der sich von dem normal-natürlichen unterscheidet und die Stimmung als einen Sonderfall abhebt. Kitsch ist extrahiertes Sentiment. Er verhält sich zur Kunst wie jene „herausgepreßte Limonade" zur lebendigen Frucht. Das kondensierte Stimmungspräparat ist aus Konserven zu holen und kann nach Bedarf immer beigemischt werden.

Aber warum schmeckt das so gut? Warum ist der Kitsch ein so tiefes und allgemeines Bedürfnis des Kleinbürgers? Die Absonderung des Sentiments ist eine Erscheinung der Verdinglichung und Versachlichung des Lebens in der kapitalistischen Gesellschaft. Das Gefühl spaltet sich ab von der mechanisierten Wirklichkeit, die keinen Raum für Sentiment hat. Empfindung ist nicht mehr organischer Inhalt des Lebens, sondern wird ein Ding für sich. Nie gab es noch ein so filtriertes Schmalz der Sentimentalität, wie ihn die konfektionierten Stimmungen der „Schlager" bieten. Der Schlager und der Saxophontango sind psychische Abfallprodukte der modernen Sachlichkeit.

Ich sagte, Romantisierung sei eine Form der Verdrängung. Nun, der Kitsch ist romantisierte Empfindung. Das Gefühl wird an die Peripherie der Alltagswirklichkeit verschoben, damit es den normalen Lebensbetrieb und den Geschäftsgang nicht störe. Darum muß es in der Kunst etwas Feierliches, Sonntägliches bekommen und eine andere Sprache sprechen. Im Gefühl, meint der Kleinbürger, soll man vollständig aufgehen. Freilich, gerade darum kann man sich so etwas nicht alle Tage leisten. Die allzu große Forderung war immer schon ein guter Vorwand gewesen, überhaupt nichts zu tun. Man steigert die Sache zu etwas Außergewöhnlichem, damit sie nicht mehr anzuwenden sei. Und das gerade ist der Kitsch: Gefühl ohne Konsequenz.

Opposition gegen den Kitsch

Aber nicht nur das Bedürfnis nach dem Kitsch, sondern auch die starke Opposition gegen den Kitsch haben ihre ideologischen Gründe. Eine Gesellschaftsordnung, die in Meßkredit geraten ist, verliert auch ihre ästhetische Autorität. Die Opposition gegen eine Klasse äußert sich nicht nur im politischen Kampf, sie beginnt schon viel früher mit der Geschmackskritik. Die Französische Revolution lag erst als latente Spannung in der Luft, als Rousseau die Abkehr von den herrschenden Sitten und die „Rückkehr" zur Natur predigte. Mit dieser Rückkehr war ein Schritt vorwärts gemeint. Es war bereits eine revolutionäre Parole gewesen. Nämlich eine Absage an die herrschenden Sitten. Und heute ist unser stets wachsendes Verlangen nach Natürlichkeit und Einfachheit, nach möglichst verhaltenem Ausdruck bloß eine Negation. Eine Negation der herkömmlichen Ausdrucksformen, denen wir nicht mehr trauen, wiewohl wir noch keine neuen haben.

Mit der bloßen Negation ist es aber nicht getan. Die Dinge, die man nicht wahrnehmen will, werden über die Grenze geschoben. Über die Grenze der unmittelbar erlebten, real gesehenen Wirklichkeit, in den blauen Dunst einer Märchenferne. Für den alten Kleinstadtbürger begann die Romantik beim Schlagbaum der Stadtgrenze. Seine Märchenwelt war genau um so viel größer, als seine wirkliche Welt kleiner als die unsrige war. Für den Kleinbürger der modernen Großstadt aber wird die ideologische Flucht in die Ferne immer schwieriger. Der Weltverkehr hat die geographische Ferne entromantisiert. Unabwendbare soziale Erkenntnisse haben die Illusionen gesellschaftlicher und historischer Ferne diskreditiert. Wenn dem modernen Großstadtbürger der Anblick seiner Wirklichkeit unbehaglich wird, so kann er sich nicht mehr gut Seeräubergeschichten oder indischen Maharadschalegenden zuwenden. Auch die Unterwelt der Verbrecher, auch die Oberwelt der Milliardäre genügen immer weniger, um von der eigenen Welt abzulenken. Der Großstadtkleinbürger ist zu aufgeklärt. Er hat also einen anderen Ausweg gefunden. Der moderne Film bietet seine ganze Kunst auf, bei dieser Bewußtseinsflucht zu helfen.

Der moderne Großstadtkleinbürger hat plötzlich die *kleinen Wirklichkeiten* entdeckt, um mit ihnen die große Wirklichkeit zu verdecken. Daß der Naturalismus des modernen Films sich zu so einer subtilen und wirklich hohen Kunst entwickeln konnte, lag zum großen Teil daran, daß er dem neuen ideologischen Bedürfnis des Kleinbürgers entgegenkam. Daher kam auch die schon lange fühlbare Divergenz zwischen den wahrhaftigen, guten Details und der verlogenen Stupidität der Gesamtfabel. Dieser neue Tatsachenfanatismus, diese Freude an kleinen, lebensnahen Beobachtungen, diese Betonung der Alltagsmomente ist eine Flucht vor dem Ganzen in die Einzelheiten. Denn aus Einzelheiten kann man keine Konsequenzen ziehen. Nur das Ganze hat Bedeutung. Es ist die umgekehrte Romantik des Kleinbürgers. Es ist die Ideologie seiner neuen Vogel-Strauß-Politik: Den Kopf in die Fülle der Lebensdetails zu stecken, um das Leben nicht sehen zu müssen. „So ist das Leben" und „Menschen am Sonntag" und wie die neuen deutschen Filme „aus dem wirklichen Leben des gewöhnlichen Menschen" alle heißen, sie verbergen in einer Fülle von Tatsachen – ihren Sinn. Es ist die Kleinbürgerromantik mit negativem Vorzeichen. Sie verdeckt die Wahrheit mit der Wirklichkeit.

Sachlichkeit und Wirklichkeit

So wurde auch der wunderbare Realismus des modernen Films in der durchschnittlichen Filmproduktion zu einer Ideologie des Kleinbürgers. Zur Ideologie der Sachlichkeit, des objektiven Berichts, in dem keine gefühlsbetonte Deutung der Zusammenhänge zur Stellungnahme zwingt und Forderungen stellt.
Die Sachlichkeit ist auch eine allgemeine Parole der deutschen ästhetischen Kritik geworden, und darum muß einiges noch dazu gesagt werden. Vor allem, daß sie, in dieser Form, nichts weniger als eine sozialistische oder revolutionäre Parole ist. Im Gegenteil. Diese Sachlichkeit ist als Bild der taylorisierten Welt aus der Weltanschauung des Trustkapitals entstanden. Sie ist die Ästhetik des laufenden Bandes. Sie ist die letzte Etappe jener „Verdinglichung", die Karl Marx als den größten Fluch des bürgerlichen Kapitalismus bezeichnet.
Verdinglichung nannte Marx eben diese Versachlichung. Er beschreibt sie als die „gespenstische Gegenständlichkeit", die alle Lebensäußerungen der kapitalistischen Gesellschaft bekommen, so daß in ihnen das Wesentliche, daß sie nämlich Beziehungen zwischen Menschen und Menschen sind, kaum mehr zu erkennen ist. Das Resultat dieser Verdinglichung ist, daß dem Menschen seine Arbeit, sein eigenes Leben, als etwas von ihm Unabhängiges, Menschenfremdes, Eigengesetzliches gegenübergestellt wird. (Also „einfach zu photographieren" ist.) Der Mensch wird als mechanisierter Teil eingefügt in ein mechanisches System und seiner Individualität entfremdet. (Also unpersönlich!, ohne privates Schicksal dargestellt.) Das ist die Versachlichung, die Marx beschreibt. Die entsprechende Sachlichkeit ist die daraus folgende Ohnmacht, die über das bloße Anschauen nicht hinwegkommen kann.

Die falsche Opposition

Gewiß ist das Bedürfnis nach Wirklichkeit ursprünglich aus einer Auflehnung gegen die verlogene Romantik entstanden. Aber Einzelwirklichkeiten ergeben noch keine Wirklichkeit, Tatsachen noch keine Wahrheit. Hingegen kann die Bedeutung der Zusammenhänge, der Sinn der Wirklichkeit, auch in einem Märchen enthalten sein. Also gar kein Anlaß, jeder Dichtung zu mißtrauen.
Dieselbe Kritik, die von dem Film unbedingten Naturalismus fordert, kann nicht umhin, sich für Chaplin zu begeistern. Zeigen denn seine Filme das Leben „so wie es tatsächlich ist"? Ist das Leben wirklich genau so wie bei jenen Goldgräbern, die er in „Goldrausch" darstellt? Ist seine Gestalt überhaupt eine Gestalt der alltäglichen Wirklichkeit? Und doch kann man sich bei den

grotesken und phantastischen Szenen von Chaplin nicht des Eindrucks der Wahrheit erwehren.

Denn das Gegenteil von „falsch" ist nicht „wirklich", sondern „echt". Das Gegenteil von „verlogen" ist nicht „wirklich", sondern „wahrhaftig". Sogar das Gegenteil von „unwirklich" ist in der Kunst nicht das dokumentarisch Tatsächliche, sondern das Lebendige, sinnfällig Gegenständliche. Aber echt, wahrhaft lebendig kann auch ein Chaplin-Märchen sein.

Der Mensch gehört dazu

Gewiß ist die Erkenntnis der Wirklichkeit eine Bedingung der Befreiung von jeder falschen Ideologie. Das Bedürfnis nach Tatsachenkenntnis ist der Wunsch des freien politischen Bewußtseins: sich selber zu orientieren. Aber dieselbe Sachlichkeit wird zu einer reaktionären Ideologie, wenn sie den Menschen mit seinem inneren Erleben ausschaltet. Denn zur Tatsachenwirklichkeit gehört auch der Mensch dazu, mit all seinen Resonanzen auf die Umwelt. Auch mit seinen Sehnsüchten, Phantasien und Träumen. Um diese zu gestalten, genügt die Reportage von den „greifbaren" Dingen allein nicht. Da wird es zuweilen auf die Sensibilität und die Bildkraft der Dichter ankommen, um die nicht greifbare Atmosphäre der Wirklichkeit zu gestalten. Dichtung ist ein natürliches Organ der Menschheit zur Wahrnehmung der nicht gerade greifbaren und darum doch nicht weniger existenten Wirklichkeit.

Gewiß: Das Allgemeine ist wichtiger als das Private, das Gesetz ist wichtiger als der Einzelfall, die Masse ist wichtiger als die Person. Aber in der Kunst kann das allgemeine Gesetz nur dann überzeugend dargestellt werden, wenn der Nachweis erbracht wird, daß es in jedem konkreten Einzelfall in Wirkung tritt.

Philiströse Pedanten der Sachlichkeit verwerfen jede Privatpsychologie. Aber man wird sie oft zeigen müssen, um zeigen zu können, daß sie schlechthin abhängig ist von der sozialen Umwelt. Wir haben das Problem des konkreten Individuums nicht gelöst, sondern umgangen, wenn wir nicht auch im Einzelschicksal das Allgemeingültige und Repräsentative zeigen.

Trotz alledem!

Das Interesse des Produzenten und das Bedürfnis des Konsumenten bestimmen den Charakter der Ware. Aus der Ideologie des Kapitals und aus der

Ideologie des Kleinbürgers ist zu 95 Prozent der Geist der Filme in Europa und Amerika gemischt. Das ist an Schreibtischen und in Atelierecken nicht zu ändern. Es ist das Gesetz des Marktes.

Trotz alledem! Der Geist der Filme und der Geist des Films sind nicht identisch. Auch durch die Buchdruckerkunst wurde viel Lüge, Dummheit und Kitsch verbreitet. Trotz alledem war sie ein entscheidender Schritt zur Emanzipierung der Menschheit. Der Geist der Technik läßt sich nicht einschränken durch seine gelegentliche Verwendung. Auch der Kinematograph revoltiert gegen seine Besitzer durch seine innere Bestimmung.

Die Gesetze des Filmmarktes zwingen das nationalistische Kapital, die nationalistische Ideologie einzuschränken. Der Film hat das Weltesperanto der international verständlichen Filmsprache geschaffen. Verständnis aber ist hinderlich für imperialistische Propaganda. (An der Sprachbeschränktheit des Tonfilms beginnt Hollywood zugrunde zu gehen.) Unaufhaltsam schafft der Film einen internationalen Normalmenschentypus und überwindet allmählich auch die animalische Rassenfremdheit. Aus Gründen der Rentabilität mußte das Kapital die Filmkunst als Bildungsprivileg der herrschenden Klassen aufgeben. – Trotz alledem!

Es liegt im Wesen seiner Technik, daß der Film die Distanz zwischen Zuschauern und einer in sich abgeschlossenen Welt der Kunst aufgehoben hat. Es liegt eine unabwendbare revolutionäre Tendenz in dieser Zerstörung der feierlichen Ferne jener kultischen Repräsentation, die das Theater umgeben hat. Der Blick des Films ist der nahe Blick der Beteiligten. Für den Blick des Films gibt es auch keinen absoluten und ewig gültigen Standpunkt. Denn der Film kennt die Bedeutung der wechselnden Einstellung und daher die Relativität der Bedeutung. Und wenn auch gerade diese Technik zu gefährlichsten Täuschungen mißbraucht werden kann, so ist doch der Geist dieser Technik revolutionär. – Trotz alledem!

Der Film ist die Kunst des Sehens. Er ist also die Kunst der Konkretion. Der Film sträubt sich, seiner inneren Bestimmung nach, gegen die mörderische Abstraktion, die im Geiste des Kapitalismus aus den Dingen Waren, aus den Werten Preise und aus den Menschen unpersönliche Arbeitskräfte gemacht hat. Die photographische Technik der Großaufnahme drängt den Film, trotz alledem, zu einem Realismus der Nähe, die zur unerbittlichen Gegenwart wird. Man kann etwa beim Frühstück vom „Heldentod" Tausender lesen, ohne den Appetit zu verlieren. Ziffern haben kein Gesicht. Worte haben keinen Schaum vor dem Mund. Aber brechende Augen in Großaufnahme, eine Ton-Nahaufnahme des Röchelns, verderben den Appetit. –

Die Großaufnahme konfrontiert. Und es ist bekanntlich schwerer, ins Angesicht zu lügen.

Trotz alledem!

Der Film ist die Kunst des Sehens. Seine innerste Tendenz drängt also zur Enthüllung und Entlarvung. Trotzdem er das gewaltigste Blendwerk liefert, ist er seinem Wesen nach die Kunst der offenen Augen. Wird auch gerade sein Realismus zeitweilig zur ideologischen Flucht vor der Wirklichkeit, so wirkt Realismus letzten Endes doch immer revolutionär. Im Kampfe um die Wahrheit bleibt das Aufzeigen der Tatsachen die entscheidende Waffe. Im Kampfe um den Menschen ist die beste Propaganda das Aufzeigen des Menschen.

Die Kunst des Sehens bleibt nicht die Kunst jener, die so oft nicht hinsehen wollen. Sie kann sich in den Händen jener nie ganz entfalten, die vieles zu verbergen haben. Jene, die Scheuklappen vor das Objektiv und Schleier über das Objekt legen müssen, sind auch als Künstler gehandikapt. Sie können ihr Werkzeug nicht voll verwerten. Denn sie müssen ihre Waffe erst abstumpfen vor Gebrauch.

Der Geist des Films, den ich in diesem Buch zu beschreiben versucht habe, ist der Geist des Fortschritts. Trotz alledem! Dieser Geist bestimmt den Film dazu, die Kunst des Volkes, des Weltvolkes zu werden. Und wenn es dieses einmal geben wird, so wird es für seinen Geist den Film, als adäquate Ausdruckstechnik, fertig vorfinden.

Namenverzeichnis

Filmtitelverzeichnis

Sachverzeichnis

303

Inhalt des Buches

ZWEITER TEIL